Oellers · Schiller

Norbert Oellers

Schiller

Elend der Geschichte, Glanz der Kunst

Mit 38 Abbildungen

Philipp Reclam jun. Stuttgart

2. Auflage

Alle Rechte vorbehalten
© 2005 Philipp Reclam jun. GmbH & Co., Stuttgart
Satz und Druck: Reclam, Ditzingen
Buchbinderische Verarbeitung: Kösel, Krugzell
Printed in Germany 2005
RECLAM ist eine eingetragene Marke
der Philipp Reclam jun. GmbH & Co., Stuttgart
ISBN 3-15-010565-X

www.reclam.de

Inhalt

Einleitung

Es war wohl zuviel der Schillerbegeisterung, Jahrzehnt um Jahrzehnt, und anscheinend war es zuviel der falschen Begeisterung. Nachdem 1959, zum 200. Geburtstag des Dichters, noch einmal in Deutschland-West und Deutschland-Ost der Preis des Dichters der Nation lautstark erklungen und weltweit des Klassikers mit Respekt und Anerkennung gedacht worden war, schwand seine Anerkennung – im Westen mehr als im Osten – allmählich dahin, bis sie in den 70er und 80er Jahren auf einem bis dahin kaum für möglich gehaltenen Tiefpunkt angelangt war: Der Dichter konnte als »in unserem Gedächtnis verschollen«[1] gelten. Auf den Bühnen war er noch gelegentlich präsent, meistens mit Parodien seiner Stücke, die den Regisseuren nicht selten nur Anlass waren, sich selbst zu inszenieren.

Im letzten Jahrzehnt haben sich die Verhältnisse ein wenig geändert: Das Interesse der Literaturwissenschaft an Schiller ist erneut erwacht; davon zeugen eine respektable Ausgabe seiner Werke und Briefe[2], die allmähliche Vollendung der historisch-kritischen Edition, die bei ihrer Begründung im Kriegsjahr 1940 *Nationalausgabe* ge-

---

1 Werner Strodthoff, in: *Kölner Stadt-Anzeiger* vom 10./11. November 1984, S. 37.
2 *Werke und Briefe in zwölf Bänden*, hrsg. von Otto Dann [u. a.], Frankfurt a. M. 1988–2004 (Deutscher Klassik Verlag). Nach den Bänden 11 und 12 dieser Ausgabe (Sigle: FA) werden die Briefe Schillers, die in der *Nationalausgabe* (siehe S. 12, Anm. 12) häufiger als dort der handschriftlichen Überlieferung nicht entsprechen, zitiert. Die Briefe, die nicht in die FA aufgenommen wurden, werden nach der *Nationalausgabe* (Sigle: NA) zitiert.

nannt wurde[3], viele Einzelstudien und Monographien, darunter eine voluminöse Biographie[4], und die sich langsam vollziehende Rückkehr des lange Missachteten an Schulen und Universitäten. Nicht zuletzt findet wieder die Auseinandersetzung mit dem ›wirklichen‹ Dramatiker Schiller auf dem Theater statt, allerdings nur zögernd und nach dem Muster der Echternacher Springprozession (drei Schritte vorwärts, zwei zurück). Es scheint, als würden Vorkehrungen getroffen, das Schillerjahr 2005 mit einigem Aufwand zu begehen, und zwar anders, als es die Tradition vorgegeben hat. Wurde in der Vergangenheit, Jahrzehnt um Jahrzehnt, die Erinnerung an Schiller im wesentlichen dadurch bewahrt, dass gezeigt wurde, wie er ›wirklich‹ gewesen ist (von 1759 bis 1805!), so werden vermutlich die Reden, Ausstellungen und Veröffentlichungen, die der 200. Todestag des Dichters zeitigen wird, mit dem alten, selten aber befriedigend gelösten Oberlehrer-Problem: was ein vor langer Zeit Gestorbener noch zu sagen habe, unkonventioneller umgehen, indem sie sich, ohne umständliche Rekurse auf die Tradition, mit Entschiedenheit für die Beantwortung der Frage interessieren, wie lebendig, wie modern, wie aktuell Schiller ist – in poetischer, philosophischer und politischer Hinsicht. Das heißt dann auch: Wer Schillers Modernität behauptet, wird sich an die Binsenwahrheit halten, dass die Gegenwart immer das Resultat der Vergangenheit ist.

3 Zur Zeit fehlen noch drei Bände, deren Erscheinen für 2005 versprochen ist: 19 II (*Historische Schriften* 4 mit den Anmerkungen zu den Bänden 17 und 18), 41 II B (*Lebenszeugnisse* 2, Anmerkungen) und 43 (*Nachträge, Korrekturen, Register*).

4 Peter-André Alt, *Schiller. Leben – Werk – Zeit*, 2 Bde. (mit zusammen 1423 Seiten), München 2000.

Bei allem vorsichtigen Optimismus sollte allerdings nicht damit gerechnet werden, dass in naher (und ferner) Zukunft eine Schiller-Renaissance den Geist (oder Ungeist) einer Epoche nennenswert beeinflusst. Zu sehr haben Ökonomie und Naturwissenschaft als gesellschaftliche Zwänge Kunst und Philosophie und alle Geisteswissenschaften an den Rand lebendiger Erfahrungen und der Wirkungen, die von ihnen ausgehen können, gedrängt. Die Forderung nach einer ›geistig-moralischen‹ Wende, die zuweilen von Politikern erhoben wird, hat aus begreiflichen Gründen keine bemerkenswerten Konsequenzen. Und das Feuilleton, das die Forderung ernsthafter vertritt, erreicht in der Regel nur Leser, die auch vor der Lektüre mit ihm einverstanden waren.

Ein Blick in die Geschichte der Schiller-Rezeption kann immerhin denjenigen, denen Schiller mehr ist als ein bloßer Name, hilfreich sein, leichter den Gefahren auszuweichen, die ihn vor nicht langer Zeit auf den Bühnen ziemlich kläglich erscheinen ließen und die auch zu der öffentlichen Empfehlung führten, der Dichter solle »aus den Schulen vertrieben« werden[5], da er, wie alle ›Klassiker‹, völlig »antiquiert« sei.[6]

Gewiss ist Egon Friedells Feststellung aus dem Jahr 1909, als Schillers 150. Geburtstag mit einigem Getöse begangen wurde, richtig, dass man sich über den Gefeierten nie »einig« war – »er war der Kanon edelster Dichtkunst und das Muster roher Theatralik, er war der Predi-

---

5 Die bedauernde Feststellung traf Walter Jens 1980 in einem Interview (»Vom Umgang mit Klassikern«, in: *die horen* 1980, Bd. 3, S. 3–4).
6 Vgl. etwa Hans-Joachim Grünwaldt, »Sind Klassiker etwa nicht antiquiert?«, in: *Diskussion Deutsch* 1970, H. 1, S. 16–31; dazu die Entgegnung von Helmut Schmiedt, »Warum die Klassiker nicht antiquiert sind«, in: *die horen* 1980, Bd. 3, S. 9–12.

ger der höchsten politischen und religiösen Ideale und
der Vertreter einer inhaltlosen und abgelebten Ideen-
welt«[7] –, aber ebenso richtig ist, dass Lob und Tadel selten gleichmäßig verteilt waren. Am ehesten war dies vielleicht noch zu Schillers Lebzeiten der Fall, als nicht nur
die Romantiker, insbesondere die Brüder Schlegel, dem
Dichter der *Würde der Frauen* und des *Lieds von der
Glocke* mit Geringschätzung und Spott begegneten, sondern auch einflussreiche Spätaufklärer wie Friedrich Nicolai, August Hennings und Ernst Brandes gegen den
›Klassiker‹ polemisierten und Goethes Freund Karl Philipp Moritz über *Kabale und Liebe* eine bitterböse Kurz-
Rezension veröffentlichte, die beginnt: »In Wahrheit wieder einmal ein Produkt, was unsern Zeiten – Schande
macht! Mit welcher Stirn kann ein Mensch doch solchen
Unsinn schreiben und drucken lassen, und wie muß es in
dessen Kopf und Herz aussehen, der solche Geburten
seines Geistes mit Wohlgefallen betrachten kann! –«.[8]

7 In: *Die Schaubühne* 1909, Bd. 2, Nr. 46 vom 11. November, S. 501.
8 *Königlich privilegirte Berlinische Staats- und gelehrte Zeitung* vom
21. Juli 1784, S. 690. – Die anonym erschienene Rezension, die in der
Schillerliteratur zwar gelegentlich erwähnt und auch zitiert wird, aber
nirgendwo fehlerfrei, verdient es wohl, noch einmal vollständig bekannt gemacht zu werden. Den beiden Eingangssätzen folgt (ebd.):
»Doch wir wollen nicht deklamiren. Wer 167 Seiten voll eckelhafter
Wiederhohlungen gotteslästerlicher Ausdrücke, wo ein Geck um ein
dummes affektirtes Mädchen mit der Vorsicht rechtet, und voll krassen
pöbelhaften Witzes, oder unverständlichen Galimathias, durchlesen
kann und mag – der prüfe selbst. So schreiben heißt Geschmack und
gesunde Kritik mit Füßen treten; und darinn hat denn der Verfasser
diesmal sich selbst übertroffen. Aus einigen Scenen hätte was werden
können, aber alles was dieser Verfasser angreift, wird unter seinen
Händen zu Schaum und Blase. – Kostet in der Voßischen Buchhandlung allhier 10 Gr.« – Eine detaillierte Kritik, unterzeichnet mit »M.«,
ließ Moritz in derselben Zeitung am 6. September 1784 (S. 831–833)
folgen.

Und Friedrich Leopold Graf zu Stolberg tadelte mit vielen Worten *Die Götter Griechenlandes*, weil er in diesem Gedicht christliche Tugenden verhöhnt sah.

Schiller konnte sich aber auch vieler Zustimmung, ja Begeisterung erfreuen. Schon 1781 prophezeite Christian Friedrich Timme, ein Schulmann aus Arnstadt, in einer Besprechung der anonym erschienenen *Räuber*: »Haben wir je einen teutschen Shakespear zu erwarten, so ist es dieser.«[9] Mehr und mehr fand Schiller, spätestens seit der Veröffentlichung seines *Dom Karlos*[10], Anhänger und Bewunderer, er wurde, trotz aller Kritik, schon 1791 öffentlich als »Liebling der deutschen Musen« apostrophiert[11], und 1802 nannte ihn der Dresdner Freund Körner wie selbstverständlich den »Lieblingsdichter der Na-

9 *Erfurtische Gelehrte Zeitung* 1781, 35. Stück vom 24. Juli. – Die vorangestellte Begründung für dieses Urteil lautet (ebd.): »Volle blühende Sprache, Feuer im Ausdruk und Wortfügung, rascher Ideengang, kühne fortreisende Fantasie, einige hingeworfene, nicht genug überdachte Ausdrüke, poetische Deklamazionen, und eine Neigung nicht gern einen glänzenden Gedanken zu unterdrüken, sondern alles zu sagen, was gesagt werden kan, alles das karakterisirt den Verfasser als einen jungen Mann, der bei einem raschen Kreislauf des Bluts und einer fortreisenden Einbildungskraft, ein warmes Herz voll Gefül und Drang für die gute Sache hat.«
10 Alle von Schiller autorisierten Drucke bis 1799 weisen diesen Titel auf; erst die Ausgabe von 1801 ändert ihn in *Don Karlos*. Schillers Erläuterungen des Dramas erschienen allerdings 1788 unter der Überschrift *Briefe über Don Karlos*. – Die später übliche Schreibung »Carlos« haben diejenigen gewählt, die glaubten, Schiller korrigieren zu müssen, oder die nicht wussten, dass es »Karlos« heißen sollte. Dass Schiller in seiner Korrespondenz nicht selten »Carlos« geschrieben hat, kann kein Grund sein, den Titel seines Dramas zu ändern.
11 Am 8. Juni 1791 in der in Salzburg erscheinenden *Oberdeutschen allgemeinen Litteraturzeitung*; dort war nach Schillers schwerer Erkrankung (Anfang 1791, mit einem gefährlichen Rückfall im Mai) sein Tod gemeldet worden.

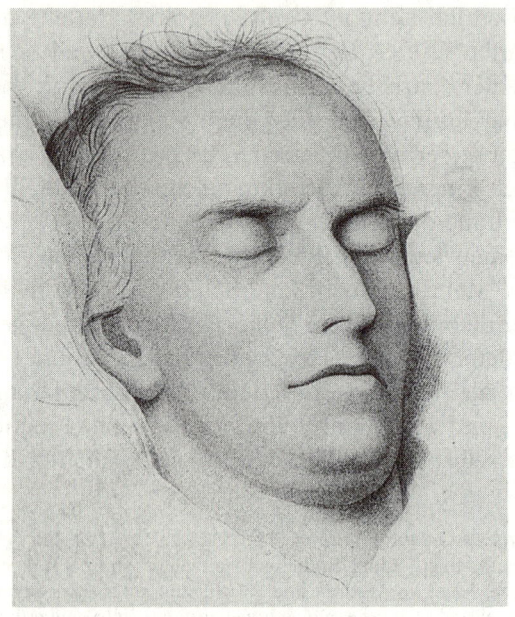

Schiller auf dem Totenbett
Kreidezeichnung von Ferdinand Jagemann, 10. Mai 1805

tion«[12] – eine Charakterisierung, die nach Schillers Tod immer wieder fast formelhaft verwandt wurde.

Als sich im Mai 1805 die Nachricht von Schillers Tod verbreitete, wurde, wie sich der romantisierende Literarhistoriker Franz Horn 1812 erinnerte, der Verlust »allgemein

12 Brief an Schiller vom 10. Februar 1802 (NA 39 I, 192). – Die Zitate aus Schillers Werken, seinen Gesprächen und den Briefen an ihn sind grundsätzlich der Schiller-*Nationalausgabe* (Weimar 1943 ff.) entnommen (Sigle: NA). Allerdings sind einige Bände dieser Ausgabe, hauptsächlich wegen der ›modernisierten‹ Orthographie und Interpunktion, überholt (besonders Bd. 8: *Wallenstein*, 1949, Bd. 9: *Maria*

und tief betrauert«.[13] Auch wenn die überlieferten Zeugnisse nicht ausreichen, diese Behauptung zu bestätigen[14],
so ist doch nicht zweifelhaft, dass Schillers problemati-
scher Nachruhm mit den Nekrologen und Totenfeiern seinen Anfang nahm, erscheint er doch schon hier als über-
großer Mensch, als Heros, der seinem siechen Körper unsterbliche Werke abrang. Und da sein Geist so viele Jahre
der Krankheit getrotzt hatte[15], wurde schon bald gerätselt,
warum sein Leben nicht auf diese Weise hätte weitergehen
sollen. War der Dichter vielleicht eines unnatürlichen, gewaltsamen Todes gestorben? Und sprach die nächtliche
Bestattung in einem Massengrab, dem Weimarer Land-
schaftskassengewölbe, nicht dafür, dass etwas Unrechtes
geschehen war, das nicht ans Licht kommen sollte?[16]

Goethe hat mit seinem *Epilog zu Schillers Glocke*

Stuart und *Die Jungfrau von Orleans*, 1948, Bd. 16: *Erzählungen*,
1954, und Bd. 22: *Vermischte Schriften*, 1958). Deshalb werden die
Werke, die in diesen Bänden vorliegen, mit Hinweis auf die NA nach
den einigermaßen verlässlichen Nachdrucken der Erstdrucke zitiert,
und zwar nach: *Schillers sämmtliche Schriften. Historisch-kritische
Ausgabe*, hrsg. von Karl Goedeke [u. a.], 15 Tle. (in 17), Stuttgart
1867–1876 (abgekürzt: Schrr.). In einigen Fällen, in denen auch diese
Ausgabe nicht korrekt ist, werden Zitate unmittelbar nach den Erst-
drucken wiedergegeben (mit Verweis auf Schrr. und NA). – Über die
gewählte Textgrundlage der Schillerschen Briefe siehe S. 7, Anm. 2.

13 Franz Horn, *Die schöne Litteratur Deutschlands während des acht-
zehnten Jahrhunderts*, Bd. 1, Berlin/Stettin 1812, S. 201.

14 Vgl. dazu im einzelnen: Oellers, *Schiller* (1967), S. 21–28 und 34–82.

15 Siehe dazu den unten, S. 98 wiedergegebenen Obduktionsbericht des
Leibmedikus Huschke.

16 Vgl. Oellers (wie Anm. 14), S. 28–34. – Über die – von Goethe gebil-
ligte – Ermordung Schillers durch Logenbrüder spekulierte Mathilde
Ludendorff in ihrem weitverbreiteten Machwerk *Der ungesühnte Frevel an Luther, Lessing und Schiller im Dienste des allmächtigen
Baumeisters aller Welten* (München 1928). In späteren Auflagen wird
auch noch Mozart in die Reihe der Opfer eingefügt.

(1805) der Heroisierung des Freundes den Weg bereitet.
Er entwarf in dem Gedicht den Typus des leidenden und
über das Leid triumphierenden großen Menschen, der
»In's Ewige des Wahren, Guten, Schönen« (V. 30) voran-
geschritten sei und »das Gemeine« (V. 32) hinter sich gelassen habe. Goethes dreifaches »Denn er war unser!«
(V. 17, 25) wurde sehr schnell variiert, indem die Erinnerung an das Gewesene zur Teilnahme am stets Gegenwärtigen gewendet wurde: Er *ist* unser. Damit wurde nicht
mehr in erster Linie der Mensch, nach dem sich Goethe
zurücksehnte, gemeint, sondern der in seinen Werken zur
dauernden Zeitgenossenschaft emporgestiegene Dichter.
Der Besitzanspruch der Nachlebenden erwies sich immer
dann als heikel, wenn nicht gar anmaßend, wenn die
Dichtungen Schillers (wie es meistens geschah) als fixierte
historische Erscheinungen aufgefasst wurden, zu denen
keine begehbare Brücke zur jeweiligen Gegenwart geschlagen wurde. Die Historisierung erwies sich allzu oft
als Voraussetzung der Entfremdung von dem als lebendig
Gedachten, der in Wahrheit zum Monument erstarrte.

Neben Goethes *Epilog* hat ein zweites Werk dazu beigetragen, das Bild Schillers schon bald nach dessen Tod
ins übernatürlich Große zu stilisieren: Danneckers
1807/08 entstandene Kolossalbüste seines Freundes, der
ins Idealische gesteigert, fast entrückt erscheint – geist-,
würde- und hoheitsvoll, vor allem: edel. Er wolle, schrieb
Dannecker nach Schillers Tod an Wilhelm von Wolzogen, »Schiller lebig machen, aber der kan nicht anders
lebig sein, als, Colossal. Schiller muß Colossal in der
Bildhauerey leben, ich will eine Apoteose.«[17]

17 Zitiert nach: *Friedrich Schiller. Leben, Werk und Wirkung* (Ausstel-
lungskatalog), Marbach a. N. 1959, S. 149.

1830 veröffentlichte Wilhelm von Humboldt seinen Briefwechsel mit Schiller und schrieb dazu einen »Vorerinnerung« genannten Essay, der bis heute zu den bemerkenswertesten Würdigungen des Menschen und Dichters gehört: *Ueber Schiller und den Gang seiner Geistesentwicklung.* Darin wird dargelegt, »wie ein merkwürdiger Mann des Jahrhunderts die Bahn alles Denkens, das Gesetz an die Erscheinung zu knüpfen, über das Endliche hinaus nach dem Unendlichen zu streben, in seiner individuellen Weise durchlief«.[18] »[...] dieß Dichtergenie«, heißt es da, »war auf das engste an das Denken in allen seinen Tiefen und Höhen geknüpft, es tritt ganz eigentlich auf dem Grunde einer Intellectualität hervor, die Alles, ergründend, spalten und Alles, verknüpfend, zu einem Ganzen vereinen möchte.« Die Wirkung der scharfsinnigen und im Detail nicht unkritischen Ausführungen Humboldts war gering, was angesichts der Tatsache, dass sie der populären Schillervorstellung so gar nicht entsprachen, kaum anders sein konnte.

Schillers Popularität erreichte 1859 ihren Höhepunkt, als sein 100. Geburtstag dazu genutzt wurde, den Dichter der Nation als Johannes der erwarteten Zeit der Erfüllung, nämlich der nationalen Einheit zu feiern. »Die gesamte deutsche Nation«, resümierte Berthold Auerbach am Ende dieses denkwürdigen Jahres, habe »Zeugnis abgelegt, wie sie sich zum deutschen Geiste bekennt, und Schiller ist und bleibt der Fahnenruf zur schönen Menschlichkeit, zur deutschen Brüderlichkeit und natio-

---

18 *Briefwechsel zwischen Schiller und Wilhelm von Humboldt*, Stuttgart/Tübingen 1830, S. 9. – Das folgende Zitat ebd., S. 10.

Bildnisbüste von Schiller
Bildnisbüste von Johann Heinrich Dannecker, 1794

nalen Kraft.«[19] Wahrscheinlich hat es in Deutschland nie eine machtvollere politische Demonstration unter Berufung auf einen Dichter gegeben als in jenen Monaten des Schiller-Taumels.

Der Taumel ließ nach, aber die Popularität blieb; nach der Reichsgründung äußerte sie sich ein wenig leiser, weil Goethe, ›der andere‹, die Aufmerksamkeit stärker auf sich zog als zuvor, und vernehmlicher wurden daher auch kritische Stimmen, die aus wissenschaftlichen, halbwissenschaftlichen und religiösen (besonders katholischen) Kreisen in die Öffentlichkeit drangen; aber Schiller blieb der ›Mann des Volkes‹, der ›Liebling der Frauen‹, der ›Dichter der Jugend‹; er behielt für lange Zeit in Schulen und auf Universitäten seinen Platz neben Goethe, und auf den Bühnen war er Jahrzehnt um Jahrzehnt der meistgespielte deutsche Dramatiker.

Im Gang der Literaturwissenschaft gewannen ein Jahrhundert lang jene Schiller-Bilder deutliche Konturen, die den Methoden und Moden, die jeweils à jour waren, entsprachen. Positivistisch wurde das Leben des Dichters erforscht, um in biographischen Details die Ursachen für sein poetisches Werk zu erkennen; geistesgeschichtlich wurde er als Repräsentant einer Epoche gedeutet, deren wesentliche Kennzeichen (Stichwort: Idealismus) auf ihn übertragen werden konnten, wobei in der Praxis das deduktive Verfahren, die Ableitung des Besonderen (der Individualität) aus dem Allgemeinen (dem ›Geist der Zeit‹), Vorrang hatte vor der genauen Untersuchung des historisch Einmaligen; damit wurde, wie die Schiller-Rezeption zur Zeit des Nationalsozialismus belegt, die Tür geöffnet

19 Berthold Auerbach, *Deutsche Abende. Neue Folge,* Stuttgart 1867, S. 97 f.

für die Vereinnahmung des Dichters durch eine politisch
motivierte Ideologie: *Schiller als Kampfgenosse Hitlers.*[20]

Die sogenannte ›werkimmanente Interpretation‹ nach
dem Zweiten Weltkrieg, die sich, weitgehend losgelöst
von historischen (biographischen, geistesgeschichtlichen,
sozialgeschichtlichen) Fakten, der deutschen Dichter annahm, förderte zwar einige subtile Struktur- und Form-
analysen Schillerscher Werke zutage, konnte den Dichter
aber, anders als Goethe, nicht so recht ›gebrauchen‹, weil
nicht zu übersehen war, dass er wie kaum ein anderer
seiner Zeit nur im Geflecht politischer (sozialer) und
geistiger (philosophischer) Bezüge – und damit verbunden: auf dem Hintergrund seiner Lebensgeschichte – den
ihm eigenen Platz behauptet hat und nur von daher angemessen zu verstehen ist. Mehr und mehr wurde Schiller in den ersten Jahrzehnten nach 1945, nicht zuletzt
durch die marxistische Literaturwissenschaft in der DDR,
auf das Feld sozialgeschichtlicher Forschungen gezogen,
wobei es an ideologisch begründeten Vereinfachungen
nicht fehlte, und zwar gerade dann, wenn er – etwa als
»Bahnbrecher einer neuen, sozialistischen Welt«[21] – ver-
einfachend aktualisiert wurde.

20 So der Titel (Untertitel: *Nationalsozialismus in Schillers Dramen*)
eines schon 1932 in Bayreuth veröffentlichten Buches des NS-Funk-
tionärs Hans Fabricius (1891–1945). Die 3. Auflage (1940) erschien
unter verändertem Titel: *Schiller unser Kampfgenosse – ein Natio-
nalsozialist erlebt Schillers Dramen.* – Ärger noch als Schiller erging
es in jenen dunklen Zeiten allerdings Heinrich von Kleist und Hölderlin, die den Machthabern als besonders verlässliche Gefährten galten – deutsch durch und durch.
21 Aus der *Erklärung des Schiller-Komitees der Deutschen Demokrati-
schen Republik 1959 (Der Menschheit Würde. Dokumente zum
Schiller-Bild der deutschen Arbeiterklasse,* ausgew. und eingel. von
Günther Dahlke, Weimar 1959, S. 319–326, hier S. 326).

Es kam dann für einige Zeit zur ostentativen Geringschätzung Schillers, dessen ›Gebrauchswert‹ nicht mehr
viel galt, weil er zu lange – anscheinend nach Belieben –
zweckentfremdet worden war. Freilich haben neuere Literaturtheorien und Methoden, die unter Bezeichnungen
wie ›Dekonstruktion‹, ›Diskursanalyse‹ oder ›System-
theorie‹ den Umgang mit dem Kunstschönen dominierten, wenig dazu beigetragen, der Schiller-Forschung neue
Impulse zu geben. Eine »symptomale Lektüre« erleich-
tert das Verständnis poetischer Texte in der Regel nicht
wesentlich, sowenig wie die Vertauschung des Erkennt-
nisobjekts (»vom Signifikat zum Signifikanten«) oder die
Behauptung und Demonstration eines ausschließlich
»szientistischen« Interesses an kulturellen Erscheinungen in Vergangenheit und Gegenwart.[22] Methoden aber
wechseln wie Moden.

Die Schiller-Rezeption der letzten Jahre[23] lässt hoffen,
dass der keineswegs antiquierte Klassiker als Zeitgenosse
wieder so ernst genommen wird, wie er sich das gewünscht hat. Am 25. Januar 1795 schrieb er an Friedrich
Heinrich Jacobi: »Wir wollen, *dem Leibe nach*, Bürger

---

22 Vgl. Klaus-Michael Bogdal (Hrsg.), *Neue Literaturtheorien. Eine
Einführung*, 2., neubearb. Aufl., Opladen 1997, S. 22–29.
23 Siehe oben, S. 7 f. – Dass Schiller allerdings nach wie vor gegen Missbrauch nicht geschützt ist, macht die als Schulbuch konzipierte und
leider ausgeführte ›Fassung‹ des *Wilhelm Tell* deutlich, die im Jahr
2003 in der Reihe »Einfach klassisch« des Cornelsen Verlags (Berlin)
erschienen ist. Der Bearbeiter Diethard Lübke geht mit dem Text nach
Belieben um: Kürzungen entstellen ebenso wie Veränderungen einzelner Formulierungen und Eingriffe ins Metrum den Sinn des Dramas;
nicht wenige Erläuterungen sind überflüssig, andere irreführend, einige falsch. Es ist zu wünschen, dass die zuständigen Ministerien der
Bundesländer den ›Einsatz‹ des billigen, 96 Seiten umfassenden
Büchleins an den Schulen untersagen.

unserer Zeit seyn und bleiben, weil es nicht anders seyn kann; sonst aber und *dem Geiste nach* ist es das Vorrecht und die Pflicht des Philosophen wie des Dichters, zu keinem Volk und zu keiner Zeit zu gehören, sondern im eigentlichen Sinne des Worts der Zeitgenoße aller Zeiten zu seyn.« (FA 11, 789.)

Diese Gesamtdarstellung von Werk und Leben will den Weg zu Schiller abkürzen und anregen, sich mit seinen Werken, von denen viele so belehrend wie unterhaltend und einige auch eminent ›modern‹ sind, *sine ira et cum studio* zu beschäftigen. Sein anscheinend so eintöniges, weil über ein Jahrzehnt durch Krankheiten ans Bett und an den Schreibtisch gefesseltes Leben ist spannend genug, um zu allen Zeiten auch ohne ausdrückliche Hinweise auf Vergleichbares in der Gegenwart (Süchte, Liebschaften, Steuerung der ›Literaturpolitik‹, Kontingenzprobleme) Interesse wecken zu können. Das Werk hingegen ist so zu beschreiben, zu analysieren und – wenigstens andeutend – zu interpretieren, dass erkennbar wird, welcher Platz ihm im Kontext gegenwärtiger Kunst- und Lebensanschauungen zukommt. Die vielen Zitate aus Schillers Dramen, Gedichten, Erzählungen, Abhandlungen und Briefen sollen dazu anregen, sich intensiv mit den ungekürzten Texten zu beschäftigen, um so eine Nähe zu Schiller zu gewinnen, die durch gelehrte Abhandlungen ebenso wie durch Festreden und Pro- und Contra-Pamphlete verschiedener Art nicht selten verhindert wird.

Die Schiller-Leser unserer Zeit sollten nicht, wie weiland Goethes Schwiegertochter Ottilie, zu der Feststellung kommen, der Dichter »langweile«. Des Alten einschüchternde Replik, der natürlich mit guten Gründen begegnet werden kann, lautete: »Ihr seid viel zu armselig und irdisch für ihn!«[24] Das passt zur etwa gleichzeitigen Bemerkung in einem Brief an Zelter: »Schillern war eben diese echte Christus-Tendenz eingeboren, er berührte nichts Gemeines ohne es zu veredeln.«[25] Mit diesen Ansichten hat Goethe die Konturen seines mythisierenden Schiller-Bildes, das er in seinem *Epilog zu Schillers Glocke* entworfen hatte, noch einmal nachgezeichnet. So wurde es tradiert; so wurde es eine Beute der Kritik, die es sich oft leicht machte – wie Nietzsche, der glaubte, Schiller als »Moral-Trompeter von Säckingen«[26] prägnant charakterisieren zu können. Schillers große Dichtungen zeichnen sich dadurch aus, dass in ihnen keine Moral trompetet wird.

24 *Goethes Gespräche [...]*, hrsg. von Wolfgang Herwig, Bd. 5, Zürich/ München 1987, S. 124 (Nr. 7269).
25 Brief vom 9. November 1830, in: Johann Wolfgang Goethe, *Sämtliche Werke nach Epochen seines Schaffens* (Münchner Ausgabe, künftig abgekürzt: MA), Bd. 20.2: *Briefwechsel zwischen Goethe und Zelter 1828–1832*, hrsg. von Edith Zehm und Sabine Schäfer, München 1998, S. 1395.
26 Siehe dazu S. 438, Anm. 2.

Schillers Leben

Überblick

Johann Christoph Friedrich Schiller wurde am Samstag, dem 10. November 1759, in Marbach am Neckar, einem Städtchen, das etwa 20 km nordnordöstlich von Stuttgart liegt, geboren und am folgenden Tag getauft. Als er Anfang 1773 auf die nahe bei Stuttgart gelegene Solitude kam, um auf der dortigen Eliteschule des württembergischen Herzogs Carl Eugen, der 1775 nach Stuttgart verlegten »Militair-Pflanzschule«, von den besten Lehrern des Landes kostenlos unterrichtet zu werden, hatte er schon – seit 1765 – mehrere Schulen besucht und sich für besondere Aufgaben qualifiziert: Auf der »Pflanzschule«, die 1781 als »Hohe Carlsschule« in den Rang einer Hochschule befördert wurde, ließ der Herzog die begabtesten Kinder Württembergs zusammenkommen, um sie dort durch fachlich kompetente Lehrer und unter den Augen strenger Inspektoren auf den höheren Landesdienst vorbereiten zu lassen.

Ende 1780 endete Schillers Schul- und Studienzeit, die sich seit 1776 auf die medizinische Ausbildung konzentriert hatte. Was der in Stuttgart tätige Regimentsmedikus in den folgenden 21 Monaten zu Wohl oder Wehe seiner Patienten im einzelnen leistete, ist nicht bekannt. Rühmliches hat die Nachwelt nicht erfahren.

Schulden, Frauengeschichten, vor allem aber der Druck, dem Schiller durch den Herzog ausgesetzt war, der ihm das Dichten untersagt hatte, veranlassten den knapp 23jährigen, sein Heil in der Flucht zu suchen: Am Abend des 22. September 1782 verließ er Stuttgart; zwei Tage später traf er in Mannheim ein, wo er sich in den kommenden zweieinhalb Jahren, von Krankheiten ge-

plagt, als freier Schriftsteller zu behaupten versuchte –
ohne großen Erfolg.

Neue Schulden und andere Frauengeschichten ließen
es Schiller im Frühjahr 1785 geraten erscheinen, seinen
Wohnsitz aufs neue zu wechseln. Er folgte einer Einla-
dung ihm unbekannter sächsischer Verehrer, traf am 17.
April in Leipzig ein und zog vier Monate später nach
Dresden weiter. Er lebte ohne materielle Not über zwei
Jahre im Kurfürstentum Sachsen, meistens in oder bei
Dresden, gelegentlich in oder bei Leipzig.

Keine Schulden, aber das drückende Gefühl der finanziellen Abhängigkeit von den Freunden, weitere Frauengeschichten und die quälende Erkenntnis poetischer Sta-
gnation veranlassten Schiller im Juli 1787 zu einem erneuten Ortswechsel. Er ging nach Weimar, um an dem
durch Wieland, Goethe und Herder begründeten Ruhm
der thüringischen Residenzstadt, die bereits »Ilm-Athen«
genannt wurde, zu partizipieren und diesen Ruhm zu
mehren.

Finanzielle Sorgen, die auch mit Frauen zu tun hatten,
und die Einsicht in die Notwendigkeit, angesichts einer
angestrebten ehelichen Verbindung die wirtschaftlichen
Probleme wenigstens zu reduzieren, brachten Schiller in
einen bürgerlichen, freilich nur kläglich besoldeten Beruf: Im Frühjahr 1789 wurde er an der Jenaer Universität
Professor der Philosophie, beauftragt mit der Abhaltung
von Geschichtsvorlesungen. Über zehn Jahre lebte er in
Jena, seit 1790 verheiratet, seit 1791 krank bis zu seinem
Tod, daher nur wenige Semester als akademischer Lehrer
tätig. Im Sommer 1794 wurde er Goethes Freund.

Ein letztes Mal zog Schiller, im Dezember 1799, um.
Menschliche Gründe, die mit poetischen zusammenhin-

gen, bestimmten ihn, sich wieder in Weimar einzurich-
ten. Am Donnerstag, dem 9. Mai 1805, etwa um 17.45
Uhr, starb er hier – Friedrich von Schiller: »Doctor Medicinae«, Mitglied der »Kurpfälzischen deutschen Gesellschaft« zu Mannheim, »Fürstlich Sachsen-Weimarischer
Rath«, »Sachsen-Meiningischer Hofrath«, Mitglied der
»Akademie der nützlichen Wissenschaften« zu Erfurt,
»Citoyen François«, Mitglied der »Naturforschenden Gesellschaft« zu Jena, Mitglied der »Académie Royale des
Inscriptions, Belles Lettres, Histoire et Antiquités à
Stockholm«, »Professor philosophiae ordinarius honora-
rius« der Universität Jena, von Kaisers Gnaden geadelt –
ein großer Dichter, der sich als ›Workaholic‹ aufgebraucht hatte.

»Die Schuld von Schillers allzu frühem Tod gab er
[Goethe] der Art und Weise, wie er arbeitete«, notierte
der weimarische Legationsrat Carl Friedrich Anton Con-
ta nach einem Gespräch mit Goethe im Mai 1820.[1] Und
im Januar 1827 äußerte sich Goethe gegenüber Eckermann ähnlich: dass Schiller »Anforderungen an seine
physische Natur« gemacht habe, »die für seine Kräfte zu
gewaltsam waren.«[2]

Die letzten Worte Schillers, die seine Frau, seine
Schwägerin und sein Diener überliefert haben, sind,
auch wenn ihre Authentizität bezweifelt werden mag, der
Nachwelt teuer, passen sie doch in das von ihr gepflegte
Bild des mit höheren Mächten eng verbundenen Über-

---

1 *Goethes Gespräche* (wie S. 21, Anm. 24), Bd. 3 I, Zürich/Stuttgart
  1971, S. 175.
2 Johann Wolfgang Goethe, *Sämtliche Werke, Briefe, Tagebücher und
  Gespräche* (Frankfurter Ausgabe, künftig abgekürzt: FA/Goethe), hrsg.
  von Karl Eibl [u. a.], Bd. 39: *Eckermanns Gespräche mit Goethe*, hrsg.
  von Christoph Michel, Frankfurt a. M. 1999, S. 213.

menschen, der das Gemeine hinter sich gelassen hat. »Am Vorvorabend sagte er einmal, nach oben sehend, ist das Euer Himmel, ist das Eure Hölle, und sah dann freundlich nach oben als hätte er eine liebe Erscheinung.« (NA 42, 432.) Am folgenden Tag habe er auf die Frage nach seinem Befinden geantwortet: »Immer besser, immer heitrer.« (NA 42, 433.) Am Tage seines Todes schließlich, so heißt es, habe er viel Latein gesprochen (vgl. NA 42, 435) und: »[...] am letzten Morgen seines Lebens riß er sich einigemal auf, sah edel in die Höhe als habe er alle Kraft gesammlet und sagte einigemal Judex.« (NA 42, 434.)[3]

In Württemberg 1759–1782

Das Leben Friedrich Schillers begann im Krieg und endete im Krieg. Es umfasste 45½ Jahre der letzten 46¾ Jahre des Ersten Deutschen Reiches, das seit dem 15. Jahrhundert das Heilige Römische Reich Deutscher Nation hieß. Schillers Leben war auch ein Leben mit der Agonie des Reiches, in das er hineingeboren wurde.

Deutschland war in der zweiten Hälfte des 18. Jahrhunderts ein gegenüber Frankreich und England politisch, sozial und ökonomisch (zunächst auch kulturell) rückständiges Land, ein feudalrechtlicher Lehnsstaat, zerrissen in etwa 300 selbständige Einzelstaaten unter-

3 Die »Judex«-Version stammt von Schillers Diener Georg Gottfried Rudolph; ihr ist mit besonderer Skepsis zu begegnen, weil Rudolph, als Schiller starb, vermutlich gar nicht zugegen war; außerdem ist nur schwer vorstellbar, dass Schiller, der sich dem Christentum entfremdet hatte (siehe dazu auch S. 134, Anm. 18), am Ende den Weltenrichter angerufen hat – um Gnade bittend?

schiedlichen Gewichts, in denen wieder – je nach Größe – zahlreiche eigenständige Herrschaften das Leben ihrer Untertanen diktierten. »Ein ›barockes System‹, eine schier unentwirrbare Gemengelage von großen absolutistischen Territorialstaaten, von ständisch mitregierten Landesfürstentümern, theokratischen Herrschaften mit geburtsaristokratischen Leitungsgremien, halbautonomen Städten mit patrizischen Geschlechteroligarchien, Adelssitzen mit fast privatwirtschaftlichem Charakter, obskuren Zwergobrigkeiten [...].«[4]

Um die Mitte des 18. Jahrhunderts hatte das Deutsche Reich eine Einwohnerzahl von etwa 20 Millionen, die bis zur Jahrhundertwende auf ungefähr 28 Millionen anstieg. Über 80 % von ihnen lebten auf dem Land, zumeist Angehörige des vierten Standes, dessen Anteil an der Gesamtbevölkerung über 70 % betrug: Dienstboten, Handlanger, Tagelöhner, Soldaten minderen Ranges, vor allem die vielfach am Rande des Existenzminimums existierende, oft nur vegetierende bäuerliche Bevölkerung.

In dem – seit 1495 bestehenden – Herzogtum Württemberg, dem größten Territorium im deutschen Südwesten mit einer Vielzahl von Reichsstädten, Reichsgrafen, Reichsrittern und Reichsprälaten, lebten Ende des 18. Jahrhunderts etwa 650 000 Menschen auf einem Staatsgebiet von ungefähr 9500 km². Der von 1744 bis 1793 absolutistisch regierende Herzog Carl Eugen brachte sein Land durch Geltungs-, Prunk- und Verschwendungssucht, zu der sowohl seine lebhafte Mätressenwirtschaft als auch seine Förderung der am Hof gepflegten Künste

---

4 Hans-Ulrich Wehler, *Deutsche Gesellschaftsgeschichte*, Bd. 1: *Vom Feudalismus des Alten Reiches bis zur Defensiven Modernisierung der Reformära, 1700–1815*, München 1987, S. 47.

(aber auch die Förderung der Wissenschaften) gehörten, immer wieder an den Rand des wirtschaftlichen Ruins. Das veranlasste ihn zu drakonischen Maßnahmen gegen seine Untertanen – zu Steuererhöhungen oder zum Verkauf von Landeskindern an die zur Festigung ihrer Macht auf tüchtige Söldnerheere angewiesene britische Krone. Öffentliche Kritik seiner Untertanen duldete der Herzog nicht. So ließ er beispielsweise den Schriftsteller Christian Friedrich Daniel Schubart, der den Mut gehabt hatte, in seiner *Deutschen Chronik* auf die Übel der Feudalherrschaft hinzuweisen, Anfang 1777 kurzerhand auf dem Hohenasperg einsperren. Als der nach einem Jahrzehnt Freigelassene in herzogliche Dienste aufgenommen wurde, hütete er sich vor weiterer Kritik an der Obrigkeit.

In eine solche Zeit, in eine solche Welt wurde Schiller hineingeboren. An ihren Verhältnissen hat er sich gerieben; sie bildeten offensichtlich die Folien seiner Jugenddramen, und sie sind auch erkennbar hinter den Werken der späten Zeit, die auf den ersten Blick zeitabgewandt erscheinen, zurückverlegt in ferne Vergangenheiten, aber gerade deshalb für Gegenwart und Zukunft disponiert, und zwar nicht nur als Objekte ästhetischen Wohlgefallens. Denn der Kunst wird die Aufgabe übertragen, die dunkle Gegenwart in eine hellere Zukunft zu führen.

»Ich möchte nicht gern in einem andern Jahrhundert leben, und für ein andres gearbeitet haben. Man ist eben so gut Zeitbürger, als man Staatsbürger ist«, heißt es 1795 im 2. Brief der Abhandlung *Ueber die ästhetische Erziehung des Menschen* (NA 20, 311). Und später, im 9. Brief: »Der Künstler ist zwar der Sohn seiner Zeit, aber schlimm für ihn, wenn er zugleich ihr Zögling oder

Herzog Carl Eugen von Württemberg
Kupferstich von Johannes Esaias Nilson (1721–88)

gar noch ihr Günstling ist.« (Ebd., 333.) Allein durch
Kunst und Wissenschaft, Erziehung und Bildung, so
Schillers zwar gelegentlich abgeschwächtes, aber nie völlig aufgegebenes Credo, ist die Welt aus ihren politischen
und sozialen Drangsalen zu retten – indem die Menschen

zu ihrer Würde, das heißt zur Freiheit, zur Befreiung
von ungerechter Herrschaft gelangen. In das politische
Deutschland setzte Schiller im letzten Jahrzehnt seines
Lebens immer weniger Hoffnung. Um so mehr erwartete
er von einem Deutschland der Kultur. Das klingt bereits
im Distichon *Das deutsche Reich* (1796) an:

> Deutschland? aber wo liegt es? Ich weiß das Land
>   nicht zu finden,
> Wo das gelehrte beginnt, hört das politische auf.
>   (NA 1, 320)

Und dann: In dem vermutlich im April 1802 entstandenen Gedichtentwurf, der erst nach hundert Jahren veröffentlicht wurde und von dem Herausgeber Bernhard Su-
phan den Titel *Deutsche Größe* erhielt, bestimmte Schiller hoffnungsvoll: »Abgesondert von dem politischen hat
der Deutsche sich einen eigenen Werth gegründet und
wenn auch das Imperium untergienge, so bliebe die deutsche Würde unangefochten. [...] Sie ist eine sittliche Größe, sie wohnt in der Kultur u: im Character der Nation,
der von ihren politischen Schicksalen unabhängig ist.«
(NA 2 I, 431.) Diese Hoffnung des deutschen Idealisten,
seine allergrößte, scheiterte an der politischen Wirklichkeit des 19. und 20. Jahrhunderts.

Als er noch ein Knabe war, glaubte Schiller, mit Gottes
Hilfe werde alles gut. Als er ein Jüngling war, träumte er
mit Karl Moor davon, »das schlappe Kastraten-Jahrhundert« mit Feuer und Schwert bekämpfen zu können: »die
Freyheit brütet Kolosse und Extremitäten aus« (*Die
Räuber* I,2; NA 3, 21); doch aus dem Traum erwacht,
ließ er den ihm so nahen Räuberhauptmann zur Er-

kenntnis kommen: »O über mich Narren, der ich wähnte die Welt durch Greuel zu verschönern, und die Geseze durch Gesezlosigkeit aufrecht zu halten.« (V,2; ebd., 134.) Dann floh er aus den bedrückenden Verhältnissen seines ›Vaterlandes‹.

In Marbach also kam Schiller am 10. November 1759 zur Welt, in einem vielleicht 250 Einwohner zählenden Städtchen, das die Franzosen 1693 zerstört hatten und das noch nicht wieder völlig aufgebaut war. Der Siebenjährige Krieg währte schon drei Jahre. In ihn war auch Schillers Vater verwickelt, der im württembergischen Kontingent des französischen Heeres Dienst tun musste. Als sein einziger Sohn geboren wurde, befand er sich in der Maingegend.

Johann Caspar Schiller, 1723 als Sohn eines Bäckers im württembergischen Bittenfeld geboren, hatte sich als Barbiergeselle und Sanitätsfeldwebel sein Brot verdient, bevor er sich 1749 als Wundarzt in Marbach niederließ. Im selben Jahr heiratete er Elisabetha Dorothea Kodweiß, die 1732 geborene Tochter des Wirtes »Zum Goldenen Löwen« in Marbach. Als der finanzielle Ruin der Schwiegereltern auch durch die Einnahmen aus seinem bürgerlichen Beruf nicht mehr aufzuhalten war, verdingte sich Johann Caspar Schiller 1752 beim Militär und lebte fortan, zunächst mit geringem Erfolg, als Feldscher (Militärarzt untersten Ranges), dann als Fourier (Quartiermacher), schließlich als Fähnrich, Adjutant und Hauptmann, hauptsächlich fern der Heimat. 1757 wurde die Tochter Christophine geboren. Sie heiratete im Jahr 1786 den Meininger Bibliothekar Wilhelm Friedrich Hermann Reinwald, nach dessen Tod (1815) sie noch 32 Jahre lebte, kinderlos. Sie liebte und bewunderte ihren Bruder sehr.

Johann Caspar Schiller
Gemälde von Ludovike Simanoviz, 1794

1764 kam die Familie in der Freien Reichsstadt Schwäbisch Gmünd wieder zusammen, wo Johann Caspar
Schiller als Werbeoffizier stationiert worden war; wenig
später ging es weiter ins benachbarte Lorch, in dem es
sich billiger leben ließ. Hier kam 1766 die Tochter Louise
zur Welt, die 1801 den protestantischen Pfarrer Johann
Gottlieb Franckh heiratete, der sie mit nach Cleversulzbach nahm, wo sie 1836 starb. 1766 erfolgte auch ein er-

neuter Umzug der Familie nach Ludwigsburg. Der Dienst
in der dortigen Garnison ließ Johann Caspar Schiller genügend Zeit, um sich seiner Lieblingsbeschäftigung widmen zu können: der Anlage und Pflege eines Baumgartens sowie dem Nachdenken über die Verbesserung des
Landbaus. An seinen Vorschlägen hatte der Herzog Freude. 1775 ernannte er seinen tüchtigen Untertanen zum
Leiter der Hofgärten auf seinem Schloss Solitude, wo
dieser bis wenige Monate vor seinem – vermutlich durch
einen Prostata-Krebs mit Knochenmetastasen herbeige-
führten – Tod (am 7. September 1796) eine segensreiche
Tätigkeit ausübte. Hier wurde ihm 1777 zum letzten Mal
ein Kind, die Tochter Christiane, geboren, die 1796 (vielleicht an einer tuberkulösen Rippenfellentzündung, vielleicht an Typhus) starb. Die beiden 1768 und 1773 in
Ludwigsburg zur Welt gekommenen Töchter Maria Charlotte und Beata Friederike starben früh: diese im Jahr
ihrer Geburt, jene 1774.

Johann Caspar Schiller war ausgezeichnet durch Eigenschaften, die auch seinen Sohn charakterisieren: Wil-
lensstärke, Disziplin, Intelligenz, Rechtlichkeit, Tapfer-
keit, Abenteuerlust, Erfolgshunger. Im *Lied von der Glocke* ist er zu erkennen:

> Der Mann muß hinaus
> In's feindliche Leben,
> Muß wirken und streben
> Und pflanzen und schaffen,
> Erlisten, erraffen,
> Muß wetten und wagen
> Das Glück zu erjagen.   (NA 2 I, 230)

Gegenüber Frau und Kindern war Johann Caspar Schiller
streng, wohl auch hart – ein absoluter Herrscher in seinem kleinen Reich, ebenso gefürchtet wie geliebt. Was er
tat und befahl, konnte er mit seinem vom schwäbischen
Pietismus geprägten protestantischen Glauben rechtfertigen; denn er war sehr gottesfürchtig und bereitete sich
und die Seinen rigoros auf ein besseres Leben im Jenseits
vor. Den Kindern war er der Stellvertreter des – mehr for-
dernden als gütigen – göttlichen Vaters. Dass sein Sohn
einmal einen geistlichen Beruf erwählen werde, war sein
oft geäußerter Wunsch, der auch einige Jahre erfüllbar zu
sein schien – bis ein dritter Vater des Heranwachsenden,
der Herzog, die Bahnen in eine andere Richtung lenkte.

Schillers Mutter hatte es schwer mit ihren armen Eltern,
um die sie sich bis zu deren Tod (1771 starb der Vater,
1773 die Mutter) kümmerte. Sie hatte es schwer mit ihrem
zur Heftigkeit neigenden Mann, dem sie bis zu dessen Tod
untertan war. Und mit den Kindern hatte sie es auch nicht
leicht. Dass der Sohn den Vater vermutlich mehr liebte als
sie, wird sie geschmerzt haben. Die Apostrophe im *Lied
von der Glocke* hat sie vermutlich dennoch auf sich bezogen, denn sie liebte in ihrem Sohn auch sich selbst:

> Und drinnen waltet
> Die züchtige Hausfrau,
> Die Mutter der Kinder,
> Und herrschet weise
> Im häuslichen Kreise,   (NA 2 I, 230)

Elisabetha Dorothea Schiller, eine mit viel Phantasie
begabte Frau, war fromm bis zur Bigotterie. Bei der Erziehung der Kinder folgte sie den Vorgaben ihres Man-

Elisabetha Dorothea Schiller, geb. Kodweiß
Ölgemälde von Ludovike Simanoviz, 1793

nes, strengen Prinzipien also. Im Alter wurde sie wehlei-
dig, hypochondrisch, verbittert, bejammerte ihr Schicksal, das ihr andere zugefügt hatten. Sie starb am 29. April
1802 in Cleversulzbach, wahrscheinlich an Gebärmutter-
Krebs. In den letzten Monaten hatten ihre Tochter Louise und ihr Schwiegersohn sie gepflegt. »Möge der Himmel der theuren Abgeschiednen alles mit reichen Zinßen
vergelten, was sie im Leben gelitten und für die ihrigen

gethan«, schrieb Schiller seinem Schwager am 23. Mai
1802 und weiter: »Nie werde ich mich meiner verewigten
Mutter erinnern, ohne zugleich das Andenken desjenigen
zu segnen, der ihr ihre lezten LeidensTage so gütig erleichterte.« (FA 12, 619f.)

Im Jahr 1765 begann in Lorch Schillers Schullaufbahn,
über die bis zum Wechsel auf die herzogliche »Pflanzschule« nicht viel Buchenswertes überliefert ist. Der
Knabe war fleißig, machte schon mit neun Jahren lateinische Verse, besuchte eifrig und, wie die Schwester versicherte, gern den Gottesdienst und zweifelte einige Jahre
nicht daran, dass er für den geistlichen Stand bestimmt
sei. Die Voraussetzungen dafür erfüllte er, indem er sich
mit Erfolg dreimal (1769, 1770, 1771) dem sogenannten
Landexamen in Stuttgart unterzog. 1772 machten sich
erste Krankheiten bemerkbar, die schulischen Leistungen
waren nicht mehr die besten.

Als Carl Eugen zum dritten Mal Schillers Vater aufforderte, den Sohn in die »Militär-Pflanzschule« auf der Solitude zu schicken, gab der Bedrängte Anfang 1773 endlich nach. Damit musste die Hoffnung auf eine theologi-
sche Ausbildung aufgegeben werden, denn die Schule,
die im März 1773 in »Herzogliche Militair-Akademie«
umbenannt wurde, bereitete auf kein geistliches Amt vor.
Schiller erhielt zunächst Unterricht in den Fächern, die
ihm ein humanistisches Weltbild vermitteln sollten: Latein und Griechisch, Mythologie und römische Antiqui-
täten, Religion und Moral, Französisch und Mathematik,
Geschichte und Geographie; acht Stunden täglich. Später kamen Metaphysik, Rhetorik, »Poesie und schöne
Wissenschaften« hinzu. Die unterrichtsfreie Zeit war keine Freizeit: Nach strengem Reglement mussten die Zög-

linge, die sich in Uniform und mit Perücke zu präsentieren hatten, rapportieren, essen, spazierengehen, schlafen.
Eine Stunde ›Erholung‹ täglich, von 18 bis 19 Uhr, war
angeordnet. Strenge Separation vom Elternhaus gehörte
zum Erziehungsprogramm.

Schiller unterwarf sich den Regeln, aber er litt unter
ihnen. Als er 1784 die erste von ihm herausgegebene
Zeitschrift, die *Rheinische Thalia*, in verschiedenen Zeitschriften und in einem vierseitigen Einzeldruck ankün-
digte, blickte er auf die Jahre in der Carlsschule mit Bit-
terkeit zurück:

Ich schreibe als Weltbürger, der keinem Fürsten dient.
Frühe verlor ich mein Vaterland, um es gegen die grosse
Welt auszutauschen, die ich nur eben durch die Fernröhre kante. [...] Neigung für Poesie beleidigte die Geseze des Instituts, worin ich erzogen ward, und wider-
sprach dem Plan seines Stifters. Acht Jahre rang mein
Enthusiasmus mit der militairischen Regel [...]. Verhältnissen zu entfliehen, die mir zur Folter waren, schweifte
mein Herz in eine Idealenwelt aus – aber unbekant mit
der wirklichen, von welcher mich eiserne Stäbe schieden – unbekant mit den Menschen, – denn die vierhun-
dert, die mich umgaben, waren ein einziges Geschöpf,
der getreue Abguß eines und eben dieses Models [...] –
unbekant mit den Neigungen freier, sich selbst überlassener Wesen [...]. – Unbekant mit dem schönen Ge-
schlechte, – die Thore dieses Instituts öfnen sich, wie
man wissen wird, Frauenzimmern nur, ehe sie anfangen
interessant zu werden, und wenn sie aufgehört haben es
zu sein [...]. (Schrr. 3, 528 f.; vgl. NA 22, 93 f.)

Auch wenn Schiller, um in der Öffentlichkeit für sich und seine Zeitschrift zu werben, seine Erinnerung an die Jahre in der Carlsschule mit kräftigen Farben übermalte, ist doch nicht zu bezweifeln, dass er »die Geseze des Instituts« als peinigend erfuhr und dass die Sehnsucht, einmal ein Leben in Freiheit zu führen, immer stärker wurde. Sein zum großen Teil in der Carlsschule geschriebenes Erstlingsdrama *Die Räuber*, in dem die Welt noch aus der »Fernröhre« gesehen wird, ist ja auch eine Proklamation gegen »eiserne Stäbe« und für die »Neigungen freier, sich selbst überlassener Wesen«.

Im Jahr 1774 wurde die Carlsschule um eine juristische ›Abteilung‹ erweitert, und Schiller beschloss, vermutlich nach Konsultation des Vaters und mit ausdrücklicher Genehmigung des Herzogs, sich dem Studium der Rechtswissenschaften zu widmen. Allerdings gab es in diesem Fach nicht viel zu studieren: Nur wenige Stunden wurden Naturrecht und Rechtsgeschichte gelehrt; die Ausbildung in den Hauptfächern mit ihren riesigen Stoffmassen stand weiterhin im Vordergrund des Unterrichts. Schiller war – auch in den folgenden Jahren – ein mäßig fleißiger Schüler, oft kränkelnd wie andere, manchmal krank wie andere und häufiger als die meisten seiner Mitschüler wegen mangelnder Reinlichkeit getadelt. Nicht dem Kasernenleben ist es in erster Linie zuzuschreiben, sondern einem offenbar angeborenen Hang Schillers, dass er sich mit möglichst vielen Freunden umgeben wollte; er war nicht nur freundschaftsfähig, sondern auch freundschaftssüchtig – als hinge seine Selbstachtung, sein Selbstwertgefühl von der Anerkennung anderer ab.

Als Ende 1775 die inzwischen nach Stuttgart verlegte Carlsschule auch eine medizinische Fakultät bekam, ent-

schied sich Schiller für den Arztberuf. Das Vorbild seines
Vaters mag diese Entscheidung begünstigt haben. Doch
mit großem Eifer wurde, wie es scheint, das neue Studium nicht betrieben; die Leistungen waren nur durch-
schnittlich. Nach wie vor interessierte sich Schiller
hauptsächlich für Philosophie und Geschichte, für die
Fächer also, die er später selbst lehrte und deren Inhalte
das ›Gerüst‹ vieler seiner Dichtungen bilden sollten. Immerhin reichte Schiller im Herbst 1779 seine – nur in Teilen überlieferte – erste Examensarbeit, *Philosophie der
Physiologie* (vgl. NA 20,10–29), ein, die von den Gutachtern wegen des anmaßenden Tons gegenüber anerkannten Autoritäten kritisiert wurde und deshalb nicht
den gewünschten Erfolg hatte, zumal der Herzog hatte
verlauten lassen, es sei ihm recht, wenn der begabte
Schiller noch ein weiteres Jahr in seinem Institut aufs Leben vorbereitet werde. Eine zweite ›Dissertation‹, *Versuch über den Zusammenhang der thierischen Natur
des Menschen mit seiner geistigen* (NA 20, 37–75), die
er zusammen mit einer lateinischen Schrift, *De discrimi-
ne febrium inflammatoriarum et putridarum* (vgl. NA
22, 31–62), den Gutachtern vorlegte, wurde Ende 1780
akzeptiert. Nach bestandenen mündlichen Prüfungen
konnte Schiller als Doctor medicinae Mitte Dezember
1780 die Militärakademie verlassen.

Schillers wichtigster Lehrer auf der Carlsschule war Jakob Friedrich Abel (1751–1829), der sich sowohl wegen
seiner fachlichen wie auch seiner menschlichen Qualitäten die Zuneigung vieler Schüler erwarb. Er unterrichtete
nicht nur die Geschichte der Philosophie bis zur Gegenwart (insbesondere die der Franzosen und Engländer),
sondern stellte auch seine eigenen philosophischen An-

Friedrich Schiller
Ölgemälde von Jakob Friedrich Weckherlin, um 1780

sichten, die er als ›Selbstdenker‹ gewonnen hatte, zur
Diskussion. Einige seiner durch und durch aufklärerischen Ideen, die mit Prinzipien des Sturm und Drang
aber sehr wohl vereinbar waren, fasste er in einem Ende
1776 gehaltenen Vortrag, der wenig später als *Rede über
das Genie* gedruckt wurde, zusammen. Darin wird das

Genie, »der große Geist«, von seinen Voraussetzungen
her, der Natur und der Erziehung, analysiert und das Besondere in der Abweichung von allem ›Normalen‹, in der
Originalität der Imagination und Empfindung, in der Beherrschung der Formen und dem eigenwilligen Gebrauch
des gesammelten Wissens hervorgehoben. Als Beispiel eines Genies, in dem sich die genannten Fähigkeiten und
Fertigkeiten vereinten, nannte Abel den vielbewunderten
Shakespeare. Diesen wählte sich Schiller schon früh als
Vorbild; ihm eiferte er nach Kräften nach.

Durch Abel wurde Schiller auch in seinen literarischen
Neigungen gefördert: Früh schon (vor der Bekanntschaft
mit Shakespeare) hatte er sich für Klopstocks Dichtungen, den *Messias* eingeschlossen, begeistert, hatte bald
nach ihrem Erscheinen die Dramen der Stürmer und
Dränger, Gerstenbergs *Ugolino*, Goethes *Götz von Berlichingen* (später dessen *Clavigo* und *Stella*), Klingers
Zwillinge, Leisewitz' *Julius von Tarent*, außerdem Dramen Lessings sowie *Die Leiden des jungen Werthers*,
vielleicht auch Werke Wielands und natürlich mancherlei
aus der klassischen Antike (Ovid, Vergil, Horaz, vermutlich auch Dramen der griechischen Klassiker) gelesen.
Das Spektrum erweiterte sich kontinuierlich, etwa um
Rousseau, Plutarch, Herder, Winckelmann, Ernst Platner,
Cervantes, Montesquieu, Mercier, Helvétius, Ferguson,
Young, Shaftesbury, Pope, so dass Schiller am Ende seiner
Ausbildungszeit über ansehnliche literarische und philosophische Kenntnisse verfügte. Es ist selbstverständlich,
dass er sich bei seinen ersten poetischen Versuchen die
Autoren, die er besonders schätzte, als Vorbilder zunutze
machte und dass er mit anderen, insbesondere den Moral-
philosophen, einen nicht erklärten Disput führte.

Schon 1776 unternahm Schiller einen ersten Dramen-
versuch. *Cosmus von Medicis,* in Anlehnung an Leisewitz' Bruderhass-Tragödie, misslang ihm freilich, so dass
er das Stück für die Nachwelt nicht aufbewahrte. Einzelne Gedichte, wie *Hymne an den Unendlichen* und *Die
Herrlichkeit der Schöpfung,* bewegten sich in den Bahnen Klopstocks, so auch *Der Abend,* mit dem Schiller im
Oktober 1776 in die literarische Öffentlichkeit trat, begleitet vom Beifall Balthasar Haugs, der als Herausgeber
des *Schwäbischen Magazins* das Gedicht zur Veröffentlichung angenommen hatte: Als »os magna sonaturum«
(nach Horaz' *Sermones*), als »Mund, aus dem Großes tönen werde«, lobte er den jugendlichen Autor an Ort und
Stelle. *Die Räuber,* an denen Schiller seit 1777 arbeitete,
sind in hohem Maße Shakespeare, in geringerem Maße
den Stürmern und Drängern, Cervantes' *Don Quixote*
und verschiedenen Aufklärungsphilosophen verpflichtet.

Im Dezember 1780 trat Schiller als Regimentsmedikus
in herzogliche Dienste. Bekannt ist, dass ihm an medizini-
scher Weiterbildung nicht viel lag und dass er Krankheiten am schnellsten und sichersten aus der Welt schaffen
wollte, indem er gegen sie Medikamente in Riesenportio-
nen einsetzte. Wahrscheinlich hoffte er, seine radikalen
Methoden würden ihm mehr Zeit verschaffen, um seiner Lieblingsbeschäftigung nachzugehen: zu dichten. *Die
Räuber* mussten ja noch zum Abschluss gebracht werden,
und die Verfertigung von Gedichten sollte nicht ins Sto-
cken geraten. Aber es galt noch andere Bedürfnisse zu befriedigen.

Der Zuchtanstalt entkommen, gab sich Schiller, meist
im Kreise alter Schulfreunde, lang entbehrten Genüssen
hin. Nach Berichten von Augenzeugen trank er viel (mehr,

als er von seinem kärglichen Gehalt bezahlen konnte),
huldigte dem Karten- und Kegelspiel, konsumierte Un-
mengen an Schnupftabak und machte nun endlich die
ersten intimen Bekanntschaften mit dem weiblichen Geschlecht. Sein Freund aus Carlsschultagen, Johann Wilhelm Petersen, seit 1779 Unterbibliothekar an der herzoglichen Bibliothek, hat sich später an das ausgelassene Treiben (gewiss ein wenig übertreibend) so erinnert:

> Sommers alle Abende Kegelspiel, Winters Manille, ein
> leichtes Kartenspiel. [...] / Ein Schnupfer wie Schiller
> war nicht leicht zu finden. Hatte er bisweilen gerade
> keinen Tabak, so kitzelte er s. Geruchs-Nerven mit
> Staub. Mehrere waren Zeugen, daß er während eines
> einzigen Beischlafs, wobey er brauste u. strampfte, 25
> Prise Tabak schnupfte – in die Nase nahm. Kretzende
> Weine, schlechter Schnupftabak, garstige Weiber wa-
> ren Beweise für mangelndes Feingefühl im Sinnlichen.[5]

Sehr viel behutsamer (vielleicht auch korrekter) hat Georg Scharffenstein, Carlsschüler von 1771 bis 1778, danach eine steile Karriere im württembergischen Militär
beginnend, über die ›wüsten‹ Stuttgarter Jahre mit Schiller berichtet: Dass dieser »gern getrunken« habe, könne
er nicht bestätigen, auch nicht, dass sexuelle Ausschwei-
fungen üblich gewesen seien:

> Ein paar Räusche, die er gehabt haben mag, bekam er
> durch gesellschaftliche Verführung. Zu Hause hielt er
> sich meistens etwas von Likör, aber mehr für seinen da-
> mals schon schwachen Magen; es kann sein, daß dies

5 Nach der Handschrift im Schiller-Nationalmuseum, Marbach a. N.

ihn mehr verdarb. Schiller war, solange ich mit ihm lebte, nicht sinnlich, und liebte die Weiber im Grunde nicht.
[...] Außer ein paar Sprüngen mit Soldatenweibern, auch
en compagnie, weiß ich keine Debauche von ihm.[6]

Von erheblichen Magenkrankheiten Schillers ist freilich
nichts bekannt; im Obduktionsbericht von 1805 heißt es:
»Urinblase u. Magen waren allein natürl.«[7] Dass der Regimentsmedikus Schiller ein ungesundes Leben führte
und damit seine späteren schweren Leiden vorbereitete,
ist schwerlich zu bestreiten.

Die Gerüchte über Schillers ausschweifenden Lebens-
wandel in Stuttgart kamen auch Johann Friedrich Abel,
dem Lehrer und väterlichen Freund, zu Ohren. In seinen
– nach Schillers Tod aufgezeichneten Erinnerungen – hat
er versichert, dass dem jungen unerfahrenen Medikus
(»Charakterstärke war ohnehin noch nicht vorhanden«)
durch die umlaufenden Klatschereien »nicht ganz aber
doch gröstentheils Unrecht gethan wurde«:

Zweymal oder dreymal geschah es [...], daß der junge,
onerfahrene, zutrauensvolle des Weins gar nicht ge-
wohnte Mann in einer lustigen Gesellschaft die ihn
dazu aufmunterte u. sogar täuschte, zu viel tranck [...].
In Rücksicht auf eine zweyte Art von Ausschweiffun-
gen habe ich nicht ein einziges zuverlässiges Factum
gehört; allerdings liebte er zwar eine Person, der seine
Dichtkunst viel mehr Vorzüge beylegte als sie wirklich
besaß [...].

6 Zitiert nach: Julius Hartmann, *Schillers Jugendfreunde*, Stuttgart/Ber-
lin 1904, S. 156.
7 Siehe unten, S. 98.

Dagegen ist es allerdings wahr, daß seine Ungewohn-
heit u. Unfähigkeit mit dem Geld umzugehen, ihn in
einige, wiewohl nicht bedeutende, Schulden stürzte die
jedoch nicht unbezalt blieben.[8]

Im Juni 1781 erblickten *Die Räuber*, mit der Gattungsbezeichnung »Ein Schauspiel«, das Licht der Welt – anonym und mit den fingierten Verlagsorten »Frankfurt und
Leipzig« (in Wahrheit im Selbstverlag); sie erregten alsbald Aufsehen in der literarischen Welt.[9] Schon nach wenigen Wochen fragte der Intendant des Mannheimer Nationaltheaters, Wolfgang Heribert von Dalberg, bei Schiller, dessen Verfasserschaft nicht lange geheim geblieben
war, an, ob er das Stück für eine Aufführung bearbeiten
wolle. Der Dichter machte sich an die Arbeit, sträubte sich
allerdings lange, der Forderung Dalbergs zu entsprechen
und die Handlung aus der Gegenwart ins späte Mittelalter
zu verlegen. Dann aber gab er nach: Zwar erschien Mitte
Januar 1782 die »Zwote verbesserte Auflage« des wenig
verbesserten Schauspiels (mit der nicht von Schiller stammenden Unterschrift unter der einen springenden Löwen
darstellenden Vignette: »in Tirannos«), aber vorher hatte
er das Stück nach den Wünschen Dalbergs geändert, und
es war uraufgeführt worden, und nach drei Monaten erschien es, von der Schwanischen Buchhandlung in Mannheim verlegt, in dieser überarbeiteten (Theater-)Fassung.[10]
Neben der Arbeit an den *Räubern* beschäftigte sich
Schiller im Herbst 1781 mit der Zusammenstellung der

8 Zitiert nach: Richard Weltrich, *Friedrich Schiller. Geschichte seines
 Lebens und Charakteristik seiner Werke*, Bd. 1 (mehr nicht erschienen), Stuttgart 1899, S. 844.
9 Siehe oben, S. 11. – Vgl. auch NA 3, 305–309.
10 Siehe unten, S. 116.

Anthologie auf das Jahr 1782, für die er noch viele eigene Gedichte schrieb und einige von anderen Autoren sammelte. Die poetische Blütenlese kam mit einiger Verspätung im Februar 1782 auf den Markt, ohne Herausgebervermerk und mit der fingierten Angabe: »Gedrukt in der Buchdrukerei zu Tobolsko«.

Am 13. Januar 1782 wurden *Die Räuber* in Mannheim uraufgeführt. Schiller war, in Begleitung Petersens, heimlich angereist (fast verspätet, weil er durch ein »schmuckes Kellermädchen in Schwetzingen« aufgehalten worden war[11]) und wohnte der Aufführung incognito bei. Dass sich nicht nur auf der Bühne, sondern auch unter dem Publikum dramatische Szenen abspielten, daran hat sich ein Besucher – wohl etwas zu lebhaft – erinnert: »Das Theater glich einem Irrenhause, rollende Augen, geballte Fäuste, stampfende Füße, heisere Aufschreie im Zuschauerraum! Fremde Menschen fielen einander schluchzend in die Arme, Frauen wankten, einer Ohnmacht nahe, zur Thüre. Es war eine allgemeine Auflösung wie im Chaos, aus deßen Nebeln eine neue Schöpfung hervorbricht!«[12]

Schiller war nach wenigen Tagen wieder zurück in Stuttgart; seine Entfernung war höheren Ortes nicht bemerkt worden. Darum glaubte er nicht viel zu riskieren, als er Ende Mai noch einmal für drei Tage sein ›Vaterland‹ Württemberg verließ, um sich in der kurpfälzischen Hauptstadt ein zweites Mal an einer *Räuber*-Aufführung zu erfreuen. Begleitet wurde er von zwei Frauen: von Henriette von Wolzogen, der Mutter der Carlsschüler August, Karl und Wilhelm von Wolzogen, sowie von seiner

---

11 So berichtete Petersen. Siehe oben, S. 45, Anm. 5.
12 Anton Pichler, *Chronik des Großherzoglichen Hof- und NationalTheaters in Mannheim*, Mannheim 1879, S. 67 f.

Louise Dorothea Vischer
Getuschter Schattenriss, 1781

Vermieterin Louise Dorothea Vischer, einer Hauptmannswitwe, mit der er, wie Freunde und Bekannte als gewiss
behaupteten, in Liebschaft verbunden war – »einem wie
an Geist so an Gestalt gänzlich verwahrlosten Weibe, einer wahren Mumie«, wie Freund Petersen sehr ungalant
bemerkte.[13] Die Aufführung fand nicht statt, aber die Rei-

13 Zitiert nach Hartmann (wie S. 46, Anm. 6), S. 207.

se zeitigte trotzdem für Schiller einen wichtigen Erfolg: Dalberg versicherte ihm, er wolle sich darum bemühen, ihn als Theaterdichter nach Mannheim zu holen. Gegen diese Absichten stand des Herzogs Carl Eugen entschiedenes Veto. Hatte er sein begabtes Landeskind acht Jahre lang ausbilden lassen, um es wenig später zu verlieren?

Die zweite Mannheim-Reise wurde nach vier Wochen bekannt. Carl Eugen ahndete das Vergehen mit einer vierzehntägigen Arrest-Strafe. In dieser Zeit (vom 28. Juni bis zum 11. Juli) brachte Schiller sein zweites, schon längst begonnenes Drama, *Die Verschwörung des Fiesko zu Genua*, ein gehöriges Stück voran, und zu einem weiteren, zunächst *Louise Millerin*, später *Kabale und Liebe* genannten Werk, entwarf er einen ersten Plan. Kurz darauf befahl ihm der Herzog, mit der Poesie Schluss zu machen; denn in Graubünden hatte die Stelle aus den *Räubern*, in der Spiegelberg das Land als »das Athen der heutigen Jauner« (II,3; NA 3, 55) verunglimpft, einen nach Stuttgart weitergeleiteten Protest ausgelöst. Schiller war nun entschlossen, Württemberg den Rücken zu kehren und seinen Arztberuf aufzugeben.

Am späten Abend des 22. September 1782 flüchtete Schiller mit einem Koffer und 23 Gulden aus Stuttgart. Er wurde begleitet von Andreas Streicher, einem ehemaligen Carlsschüler, mit dem er seit einem Jahr befreundet war. Streicher hatte geplant, seine Musik-Studien 1783 in Hamburg bei Carl Philipp Emanuel Bach fortzusetzen; er verließ nun, Schiller zuliebe, seine Heimatstadt ein Jahr früher. Nach Hamburg kam er, da ihm das Geld ausging, nicht.

Am Vormittag des 24. September trafen Schiller und Streicher in Mannheim ein.

Mannheim und Bauerbach, Leipzig und Dresden
1782–1787

Der Flüchtling bat um Aufnahme beim Mannheimer Regisseur und Schauspieler Wilhelm Christian Dietrich Meyer. Diesem war nicht wohl bei dem Gedanken, dass er sich zum Komplizen eines Straftäters machen könne, und riet Schiller zur Rückkehr nach Stuttgart; darauf sei der Herzog Carl Eugen freilich vorzubereiten. Noch am selben Tag wurde der Brief geschrieben, in dem Schiller darum bittet, das ihm auferlegte Schreib- und Reiseverbot aufzuheben und den Uniformzwang zu lockern. Der Brief schließt:

> Ich erwarte die gnädigste Antwort mit zitternder Hoffnung, ungedultig aus einem fremden Lande zu meinem Fürsten zu meinem Vaterlande zu eilen, der ich in tiefster Submission und aller Empfindung eines Sohns gegen den zürnenden Vater ersterbe
>
> Eurer Herzoglichen Durchlaucht
> unterthänigst treugehorsamster
> *Schiller.* (FA 11, 49)

Auf den Brief ließ der Herzog ausrichten, Schiller solle sich wieder nach Stuttgart verfügen. »Er werde von der Gnade Sr. Herzogl. Durchl. dadurch profitiren« (NA 23, 270). Diese Antwort genügte Schiller nicht. Im Oktober ließ Durchlaucht ihn aus der Regimentsliste streichen. Der Flüchtling wurde damit als Deserteur kriminalisiert.

Schillers Hoffnung, mit seinem fast fertigen *Fiesko* Eindruck zu machen, erfüllte sich nicht: Eine von ihm am 27. September veranstaltete Lesung wurde zu einem Misserfolg, nicht zuletzt deshalb, weil der Dichter nicht hochdeutsch, sondern schwäbisch sprach. Dass Meyer, der Mannheimer Regisseur, nach der Lektüre des Stücks ein günstigeres Urteil fällte, half einstweilen nichts.

Da Schiller fürchtete, die Häscher Carl Eugens könnten ihn in Mannheim ergreifen und nach Stuttgart zurückschleppen, entschloss er sich, seine Flucht fortzusetzen. In Begleitung Streichers machte er sich am 3. Oktober auf den Weg nach Frankfurt, wo er zwei Tage später eintraf. Die finanzielle Not – ein Schuldenberg von mehr als 300 Gulden (nach heutigem Geldwert über 4000 Euro) drückte, und die Hoffnung auf Einnahmen war gering – trieb ihn nach einer Woche zurück nach Mannheim. Von dort zog er sich, zusammen mit Streicher, der seine kärglichen Mittel großzügig teilte, für sechs Wochen nach Oggersheim in ein Wirtshaus zurück; er nannte sich Doktor Schmidt. In Oggersheim überarbeitete er seinen *Fiesko*, entwarf Szenen seines nächsten Trauerspiels *Louise Millerin* und bereitete seinen Abschied aus der Pfalz vor, um die Gefahren, die noch immer aus Stuttgart drohten, zu verringern.

Am 30. November 1782 brach Schiller nach Thüringen auf. Eine Woche später traf er, nun ohne Begleitung, auf dem Gut der mütterlichen Freundin Henriette von Wolzogen in Bauerbach ein. Hier lebte er, nun unter dem Namen Doktor Ritter, siebeneinhalb Monate (bis zum 24. Juli 1783), beschäftigt im wesentlichen mit *Louise Millerin*, einem ersten *Dom Karlos*-Entwurf, dem Plan zu einem *Maria Stuart*-Drama und letzten Arbeiten für den Druck des – Ende April 1783 im Verlag des Mannheimer Buchhändlers Christian Friedrich Schwan erscheinenden – *Fiesko*. Die Uraufführung dieses Trauerspiels am 20. Juli durch die Großmannsche Theatertruppe in Bonn zeitigte nur einen mäßigen Erfolg.

Schiller in der Mannheimer Zeit
Unvollendetes Ölgemälde

Schillers Bauerbacher Aufenthalt war nicht nur geprägt
von seiner poetischen Tätigkeit, sondern auch von per-
sönlichen Beziehungen, die zum Teil tief in sein Leben
eingriffen. Schon auf seiner Reise nach Bauerbach war er
in einem Meininger Gasthof seinem späteren Schwager,
dem Bibliothekssekretär Wilhelm Friedrich Hermann
Reinwald, begegnet, mit dem er in den folgenden Monaten einen Freundschaftsbund pflegte, der die Zeiten freilich nicht überdauerte, weil Schiller schon bald fand, dass
der um 22 Jahre Ältere hypochondrisch und spießig, zu
eng im Denken und zu ängstlich im Handeln sei. Die 1786
geschlossene Ehe zwischen seiner Schwester Christophine und Reinwald missbilligte Schiller. Doch sein Bedürfnis nach Befreiung aus der Bauerbacher Einsamkeit ließ
ihn 1783 einige enthousiastische Briefe an Reinwald schreiben, wie den vom 14. April, in dem Freundschaft, Liebe
und Poesie in eins gesetzt werden:

Jede Dichtung ist nichts anderes, als eine enthousiastische Freundschaft oder platonische Liebe zu einem
Geschöpf unsers Kopfes. [...] Wenn Freundschaft und
platonische Liebe nur eine Verwechslung eines fremden Wesens mit dem unsrigen, nur eine heftige Begeh-
rung seiner Eigenschaften sind, so sind beide gewiser-
masen nur eine andre Wirkung der Dichtungskraft –
oder beßer: Das was wir für einen *Freund*, und was wir
für einen Helden unsrer Dichtung empfinden ist eben
das. [...] Sie sind der edle Mann, der mir solange ge-
fehlt hat, der es werth ist, daß er mich mit samt allen
meinen Schwächen und zertrümmerten Tugenden besi-
ze, denn er wird *jene* dulden, und *diese* mit einer Träne ehren. Theurer Freund! Ich bin *nicht*, was ich gewis

hätte werden können. Ich hätte *vielleicht* gros werden
können, aber das Schiksal stritte zu früh wider mich.
Lieben und schäzen Sie mich wegen dem, was ich un-
ter beßern Sternen geworden wäre, und ehren Sie die
Absicht in mir, die die Vorsicht in mir verfehlt hat.
Aber bleiben Sie *Mein*.   (FA 11, 69–73)

Nicht nur platonisch wollte Schiller in Bauerbach lieben.
Charlotte von Wolzogen, die siebzehnjährige Tochter seiner Gönnerin, erregte seine heftige Zuneigung, und er
stellte sich vor, er werde mit ihr eine dauerhafte Verbindung eingehen können: »Daß ich bei Ihnen bleibe und
wo möglich begraben werde, versteht sich«, schrieb er
ihr am 30. Mai (FA 11, 84). Doch Mutter und Tochter
winkten ab. Und auch als nach über einem Jahr Schiller
der Mutter einen förmlichen Bewerbungsbrief schrieb
(vgl. FA 11, 109–113), blieb der Erfolg aus. Da hatte der
Dichter bereits die jungverheiratete Charlotte von Kalb
kennengelernt, die auf seine Avancen mit interessiertem
Wohlgefallen reagierte.

Bereits im März 1783 knüpfte der Mannheimer Intendant Wolfgang Heribert von Dalberg die Beziehung zu
Schiller wieder an, erwartend, dass eine engere Zusammenarbeit mit dem Dichter seinem Theater nützlich sein
könne. Nach einigem Zögern, für das nicht zuletzt die
Neigung zu Charlotte von Wolzogen ein Grund war, entschloss sich Schiller im Juli, seine Bauerbacher Exilzeit
zu beenden und sein Glück aufs neue in Mannheim, wo
er sich nicht länger gefährdet glaubte, zu suchen. Den
Entschluss hatte auch die um ihre Tochter besorgte Gast-
geberin befördert, da sie ihrem Schützling nahegelegt
hatte, ihr Gut für einige Zeit zu verlassen.

Mannheim wurde für etwas mehr als zwanzig Monate Schillers Wirkungsstätte. Einen Monat nach seiner Ankunft, Ende August 1783, schließt er mit Dalberg einen einjährigen Vertrag als Theaterdichter, in dem er sich verpflichtet, binnen Jahresfrist neben *Fiesko* und *Louise Millerin* ein drittes Drama für die Mannheimer Bühne zu liefern. Als Jahresgehalt werden 300 Gulden[14] zuzüglich der Einnahmen von je einer Aufführung der drei Stücke vereinbart. Damit ließen sich zwar nicht die angehäuften Schulden tilgen, aber das Existenzminimum war gesichert. Und für den größten Teil der Stuttgarter Schulden wollte der rechtschaffene Vater »auf eine Zeit lang gut stehen« (NA 33 I, 16), obwohl auch er sich jeden Bissen vom Munde absparen musste.

Bevor Schiller sich der Fortsetzung seiner dramatischen Arbeiten zuwenden konnte, erkrankte er schwer an der in Mannheim grassierenden Malaria, von der er sich nur langsam erholte. Zog sich »das kalte Fieber« zurück, machte sich der Dichter, aller Schwäche zum Trotz, an die Arbeit, unternahm auch Ausflüge und versuchte, ein normales geselliges Leben zu führen. Doch das Fieber kam immer wieder, und als es für längere Zeit ausblieb, stellte sich die Gesundheit noch lange nicht ein. Im Neujahrsbrief 1784 an Henriette von Wolzogen heißt es:

Denken Sie Sich in meine äuserst anstrengende Situazion. – Um mit Anstand hier zu leben, und die mir vorgesezte Summe Geld zu Bezalung meiner Schulden herauszuschlagen – um zugleich die Ungeduld des

---

14 Bei einem Vergleich der Preise für Grundnahrungsmittel, Kleidung, Miete und Bücher ergibt sich, dass der Wert eines Guldens etwa 14–16 Euro entspricht.

Theaters, und die Erwartungen des hiesigen Publicums zu befriedigen habe ich unter meiner Krankheit mit dem Kopf arbeiten müssen, und durch starke Porzionen China[15] meine wenigen Kräfte so hinhalten müssen, daß mir dieser Winter vielleicht auf Zeitlebens einen Stoß versezt.   (NA 23, 125)

Am 8. Oktober 1784 schreibt Schiller nach Bauerbach:

Jezt gleich kann ich Ihnen unmöglich etwas von meiner Schuld bezahlen. [...] Ich bin fast das ganze verfloßene Jahr krank gewesen.   (FA 11, 123)

Mitte Dezember 1783 war die für die Mannheimer Bühne besorgte *Fiesko*-Fassung fertig; die Aufführung am 11. Januar 1784 enttäuschte das Publikum, das ein anderes Spektakelstück, eines im Stile der *Räuber*, erwartet hatte. Nach zwei weiteren Aufführungen wurde das Drama vom Spielplan genommen. Da war bereits *Louise Millerin*, die wenig später auf Vorschlag des Mannheimer Starschauspielers August Wilhelm Iffland in *Kabale und Liebe* umbenannt wurde, an den Verleger Schwan gegangen. Unter dem geänderten Titel erschien das bürgerliche Trauerspiel Mitte März 1784; einen Monat später, am 13. April, fand die Uraufführung in Frankfurt, zwei Tage später die Premiere in Mannheim statt, mit Beifall bedacht, aber sowohl hier wie dort ohne langanhaltende Wirkung.
Einer *Kabale und Liebe*-Aufführung in Frankfurt (am 3. Mai) wohnte Schiller bei. Die Bewunderung für die

15 Ein aus den Chinarindenbäumen gewonnenes Mittel zur Unterdrückung des Fiebers; die häufige Einnahme kann zu erheblichen Verdauungsproblemen führen. Unter diesen litt Schiller jahrelang.

Darstellerin der Hauptfigur, Sophie Albrecht, steigerte sich in den wenigen Tagen ihrer Bekanntschaft so, dass vermutlich nur die Anwesenheit des Ehemanns Ausbrüche von Leidenschaft verhinderte. In eine ähnliche Situation hatte sich Schiller Ende 1783 gebracht, als er sein Interesse an der siebzehnjährigen Mannheimer Schauspielerin Caroline Ziegler bekundet hatte, wissend, dass diese sich Anfang Januar mit dem Schauspieler Heinrich Beck, dem Darsteller des Kosinsky in der *Räuber*-Uraufführung, ehelich verbinden werde. Mit der Schauspielerin Katharina Baumann, der Mannheimer Darstellerin der Amalia in den *Räubern* und der Louise Millerin in *Kabale und Liebe*, der er noch im Januar 1785 ein Miniaturbild von sich schenkte, stand Schiller auf gutem Fuß (in Gerüchten war schon von der Hochzeit des Paars die Rede gewesen); und mit Margarethe Schwan, der Tochter seines Verlegers, pflegte er ein Verhältnis, das ihm stabil genug erschien, um im April 1785, eine Woche nach seiner Ankunft in Leipzig, den Vater bitten zu dürfen, ihm zu seinem Glück, zur »Verbindung mit Ihrer edlen Tochter« (FA 11, 146), zu verhelfen. Schwan antwortete nicht.

Im Rückblick auf das ›glückliche Ereignis‹ des Beginns seiner Freundschaft mit Schiller hat Goethe 1817 bemerkt: »[...] Schillers Anziehungskraft war groß, er hielt alle fest, die sich ihm näherten [...]« (MA 12, 89). Und viele, denen er sich näherte, wurden von ihm angezogen. Das betrifft nicht wenige Frauen, die in seinem Leben eine Rolle gespielt haben, Frauen verschiedenen Standes und verschiedener Reputation, die in ihm das Bedürfnis nach einer engen Verbindung erweckten. Zu ihnen gehörte Charlotte von Kalb, geboren 1761, seit Oktober 1783 mit einem Offizier in französischen Diensten verheiratet. Das Ehe-

paar traf, auf der Durchreise in die Garnison Landau, am
8. Mai 1784 in Mannheim ein, wo sie einige Tage blieben.
In dieser Zeit kamen sich Schiller und Charlotte von Kalb,
wahrscheinlich nicht nur bei einem gemeinsamen Besuch
des Mannheimer Antikensaals am 10. Mai, nahe. Ende
Juli verlegte Charlotte (im achten Monat schwanger) ihren
Wohnsitz von Landau nach Mannheim. In den folgenden
Monaten entwickelte sich das Verhältnis der beiden Liebenden so, dass Charlotte Grund hatte zu glauben, sie
werde ihre Ehe lösen und Schiller heiraten können. Doch
dieser entzog sich, indem er die Einladung ihm unbekannter Verehrer nach Sachsen annahm. Am 22. Februar 1785
schrieb er an den Dresdner Konsistorialrat Körner:

> Ich kann nicht mehr in Mannheim bleiben. [...] Men-
> schen, Verhältniße, Erdreich und Himmel sind mir zu-
> wider. Ich habe keine Seele hier, keine einzige die die
> Leere meines Herzens füllte, keine Freundin, keinen
> Freund; und was mir *vielleicht* noch theuer seyn könn-
> te, davon scheiden mich Konvenienz und Situationen.
>
> (FA 11, 132 f.)

Die Verhältnisse, die Schiller zuwider waren, wurden
nicht zuletzt durch seine unbefriedigende berufliche Lage
und die damit verbundene Verschärfung der finanziellen
Misere bestimmt. Zwar wurde er Anfang Januar 1784
in die »Kurpfälzische deutsche Gesellschaft« aufgenommen, aber diese Ehre war mit keinem Salär verbunden,
so dass sich Schillers Hoffnung auf eine Verlängerung
seines Theaterdichter-Vertrags unter verbesserten Kondi-
tionen richtete. Aber der Vertrag wurde gar nicht verlängert, wie Dalberg wohl schon Ende Mai 1784 beschloss.

Charlotte von Kalb, geb. Marschalk von Ostheim
Ölgemälde von Johann August Friedrich Tischbein (?)

Auch Schillers am 26. Juni vor der »Kurpfälzischen deutschen Gesellschaft« gehaltene Rede *Vom Wirken der Schaubühne auf das Volk* trug nicht dazu bei, die Stellung des Dichters in Mannheim zu festigen.

In seiner literarischen Arbeit konzentrierte sich Schiller im zweiten Halbjahr 1784 auf die Fortsetzung des *Dom Karlos* sowie auf die Vorbereitung der Zeitschrift *Rheinische Thalia*, deren erstes, von Schwan verlegtes Heft (mit der am 26. Juni gehaltenen Rede und dem ersten Akt des *Dom Karlos* als wichtigsten Beiträgen) im März 1785 erscheinen konnte. Die Gedichte *Freigeisterei der Leidenschaft* und *Resignation*, deren biographischen Hintergrund vermutlich die Beziehung zu Charlotte von Kalb bildet (vgl. NA 2 II A, 141–144), könnten auch in dieser Zeit entstanden sein.

Mit der noch unfertigen Tragödie hatte Schiller Ende 1784 einen ihm schmeichelnden Erfolg: Charlotte von Kalb hatte für eine Einladung an den Darmstädter Hof gesorgt, vor dem der Dichter am 26. Dezember den ersten Akt des *Dom Karlos* vorlas. Der anwesende Herzog von Sachsen-Weimar-Eisenach, Carl August, war von dem Gehörten so angetan, dass er am folgenden Tag Schiller einen Titel versprach (vgl. NA 33 I, 48). Mit Dekret vom 14. Januar 1785 erteilte er ihm »in Rücksicht auf deßen Uns angerühmte gute Eigenschaften, Begabniße und Kenntniße, den Character Unsers Fürstlichen Raths« (NA 41 II A, Nr. 219).

Anfang Dezember 1784 erinnerte sich Schiller an ein Paket, das er ein halbes Jahr vorher von ihm unbekannten Menschen aus Leipzig erhalten hatte: von Christian Gottfried Körner, seiner Verlobten Anna Maria Jacobine (Minna) Stock, deren Schwester Johanna Dorothea (Dora) Stock und dem mit letzterer verlobten Schriftsteller

Ludwig Ferdinand Huber. Den vier Briefen der Bewunde-
rung für den *Räuber*-Dichter lagen vier Miniaturporträts
der Absender und eine gestickte Brieftasche bei. Am 7. De-
zember schrieb Schiller an Huber über seine missliche
Lage in Mannheim, kündigte eine Reise nach Leipzig zur
Frühjahrsmesse an und gab seiner Hoffnung Ausdruck, die
Wohltäter dann »von Angesicht zu Angesicht zu sehen«
(FA 11, 127). Der kurze Briefwechsel der folgenden Wo-
chen hatte ein handfestes Ergebnis: Am 9. April 1785 reiste
Schiller aus Mannheim ab. Er sah die Stadt nicht wieder.

Am 17. April 1785 traf Schiller in Leipzig ein, wo er von
den Stock-Schwestern und Huber empfangen wurde, die
enttäuscht waren, dass der *Räuber*-Dichter keine Ähnlichkeit mit seinem Karl Moor hatte; sie lernten, wie sich Minna Körner erinnerte, einen »schüchternen jungen Mann«
kennen, »dem die Tränen in den Augen standen, und der
kaum wagte uns anzureden.« (NA 42, 93.) Dass Schiller zunächst in dem Hause Unterkunft fand, in dem auch Sophie
Albrecht, die ihn in Frankfurt ja nicht nur wegen ihrer Darstellung der Louise Millerin entzückt hatte, logierte, wird
ihm ein höchst willkommener Zufall gewesen sein. Als er
nach zwei Wochen ins nahegelegene Dorf Gohlis zog, nahmen auch Sophie Albrecht und ihr Mann dort Wohnung.

Zu den wichtigsten Bekanntschaften, die Schiller während seiner ersten Leipziger Zeit machte, gehört die mit
dem angesehenen Verleger Georg Joachim Göschen, der
die nächsten Werke Schillers – die Fortsetzung der *Rheinischen Thalia* (nun als *Thalia*, 1792/93 als *Neue Thalia*)
und *Dom Karlos* – verlegte. Zur ersten Begegnung mit Körner, dem Initiator der Reise nach Sachsen, der dem Dichter
bereits am 14. Mai das freundschaftliche Du angeboten hatte, kam es erst am 1. Juli auf dem Gut Kahnsdorf (zwischen

Christian Gottfried Körner
Silberstiftzeichnung von Dora Stock, 1784

Leipzig und Dresden). Bei dieser Zusammenkunft wurde nicht über Geld gesprochen. Eine Woche später machte Körner brieflich ein generöses Angebot: »[...] ein Jahr wenigstens laß mir die Freude, Dich aus der Nothwendigkeit des Brodverdienens zu setzen.« (NA 33 I, 75.)

Schiller war mit dem Geld des Freundes allein nicht zufrieden; er wünschte auch dessen Nähe. Am 11. September reiste er, zusammen mit dem Ehepaar Albrecht, nach Dresden, wo er von Körner, der seit fünf Wochen verheiratet war, herzlich aufgenommen wurde. Die folgenden Wochen (bis zum 20. Oktober) lebte er zusam-

men mit den Gastgebern in den Weinbergen bei Loschwitz, wo Körner ein Häuschen besaß. Dort wurde die Arbeit am *Dom Karlos* entschieden gefördert; dort erheiterte sich das Gemüt des Dichters in unbeschwerter, bisher
nicht gekannter Geselligkeit.

Die gute Stimmung dauerte zunächst an, nachdem die
Gesellschaft den Weinberg verlassen hatte und nach
Dresden zurückgekehrt war, wo Schiller eine gemeinsame Wohnung mit Huber bezog. Im Winter 1785/86 konzentrierte er sich auf die schriftstellerische Arbeit, die im
wesentlichen der Fortsetzung seiner Zeitschrift galt: Das
zweite Heft der *Thalia,* das die Gedichte *An die Freude,*
Freigeisterei der Leidenschaft und *Resignation,* außerdem die Erzählung *Verbrecher aus Infamie* sowie die
drei ersten Szenen des zweiten Akts von *Dom Karlos*
enthält, kam im Februar 1786 heraus, das dritte Heft (mit
der Fortsetzung der Tragödie und den *Philosophischen*
Briefen) folgte nach weniger als einem Vierteljahr. Mit
großem Eifer studierte Schiller historische Schriften: zunächst über die spanische und niederländische, danach
über die englische und französische Geschichte.

Im Frühjahr 1786 trübte sich Schillers Stimmung mehr
und mehr ein. Es quälte ihn, noch nicht auf eigenen Beinen zu stehen; er beneidete den Freund um das Glück
seiner Ehe; er sträubte sich, als »Körners adoptiver
Sohn«, wie ihn Huber einmal bezeichnete[16], angesehen
zu werden. Am 24. Mai sprach er in einem Brief an Wie

---

16 In der Erläuterung eines der Bilder der *Avanturen des neuen Tele*
machs [...], überschrieben »Körners Familienleben«. Vgl. *Schiller.*
Ständige Ausstellung des Schiller-Nationalmuseums und des Deut
schen Literaturarchivs, Marbach a. N. 1980 (Marbacher Kataloge 32),
S. 87.

land von einer geplanten Reise nach Weimar und deutete
seinen dauernden Abschied von Dresden an:

> Da es bißher noch nicht in meiner Gewalt gestanden,
> über mein Schiksal unumschränkt zu gebieten, so bin
> ich auch jezt noch nicht ganz für die Zukunft be-
> stimmt. Ich mache an mir selbst die ziemlich gewöhnli-
> che Erfahrung, daß es, wenn der Zufall es nicht gethan
> hat, der Ueberlegung schwer wird, einen Entschluß für
> das Leben zu faßen.
> Diese schwankende Lage meines Schiksals hat mich
> gezwungen manche Idee abzuweisen, die meine Phan-
> tasie sich gebildet hatte. Unabhängigkeit, die ich sonst
> für das höchste Gut gehalten, wird mir nunmehr eben
> dadurch lästig, weil sie mir aufgedrungen wird.   (FA
> 11, 175 f.)

Noch länger als ein Jahr blieb Schiller in Dresden, bereitete in dieser Zeit das im Januar 1787 erscheinende vierte
Heft der *Thalia* vor (mit *Dom Karlos* III,1–9 und dem
Anfang des Romans *Der Geisterseher*), legte erste Hand
an sein erstes großes Geschichtswerk, die *Geschichte
des Abfalls der vereinigten Niederlande von der Spanischen Regierung*, und schloss den *Dom Karlos* ab,
den Göschen Ende Juni 1787 ausliefern konnte. Da war
der Abschied schon beschlossen. Die bereits im Vor-
jahr geknüpfte Beziehung zum Hamburger Theaterdirektor Friedrich Ludwig Schröder wurde wieder aufgegrif-
fen: »Ich werde«, schrieb er diesem am 4. Juli, »nun
gerade nach Weimar gehen wo ich einige Monate zuzubringen gedenke. Um die L[eipziger] Michaelsmeße, vielleicht noch vorher, sehen Sie mich in Hamburg. [...] Ha-

ben wir uns gesehen, hab ich mich in Ihrer Bühne erst
orientiert, so kann vieles anders werden.« (FA 11, 201.)
Schiller ist nie bis Hamburg gekommen.

Dass Schiller am 20. Juli 1787 Dresden verließ, hat
Körner nicht nur gebilligt, sondern auch begrüßt. Er sah
mit Sorge, dass sich der Freund mit Selbstvorwürfen
quälte; und er war gar nicht einverstanden mit einer Verbindung, die der Dichter zur Faschingszeit mit der Tochter einer Kammerdame eingegangen war, wodurch er sich
ins öffentliche Gerede gebracht hatte. Schillers Freundschaft zu Sophie Albrecht, die sich als Schauspielerin der
in Leipzig und Dresden spielenden Bondinischen Gesellschaft häufiger hier als dort aufhielt, mag Körner als
Problem ihres Mannes angesehen haben, ebenso wie
Schillers herzliches Verhältnis zu Wilhelmine Friederike
Schneider, der Frau eines Leipziger Buchhändlers, die,
um mit Schiller zusammensein zu können, gelegentliche
Reisen nach Dresden unternahm. Die Liaison mit der
neunzehnjährigen Henriette von Arnim stand für Körner
und die Seinen auf einem anderen Blatt.

Schiller war während einer langen Ballnacht nicht von
der Seite der ihn charmierenden jungen Frau, die als
›Kokette‹ nicht den besten Ruf genoss, zu trennen. »Von
jetzt an fehlte Schiller jeden Abend an unserem Tee-
tische«, klagte später die sittenstrenge Minna Körner.
»Unser Freund war ganz toll und blind verliebt, und
selbst nachdem ich ihm die Überzeugung verschafft hatte, daß er nicht der Alleinbegünstigte in jener Familie sei,
ließ er sich nicht abwendig machen.« (NA 42, 106f.) Das
Verhältnis dauerte ein Vierteljahr; dann kündigte Schiller
es auf. Er war schon zur Abreise aus Dresden entschlossen. Am 19. November 1787, als er über eine mögliche

Beziehung zu Wielands siebzehnjähriger Tochter Caroline räsonierte, schrieb er an Körner:

> Es ist sonderbar, ich verehre ich liebe die herzliche
> empfindende Natur und eine Kokette, jede Kokette,
> kann mich feßeln. Jede hat eine unfehlbare Macht auf
> mich durch meine Eitelkeit und Sinnlichkeit, entzün-
> den kann mich keine, aber beunruhigen genug. Ich
> habe hohe Begriffe von häuslicher Freude und doch
> nicht einmal soviel Sinn dafür, um *mir* sie zu wün-
> schen. Ich werde ewig isoliert bleiben in der Welt, ich
> werde von allen Glückseligkeiten naschen ohne sie zu
> genießen. (NA 24, 178)

Weimar, Jena 1787–1799

Am 21. Juli 1787 traf Schiller in Weimar ein. Die kunst-
sinnige Herzoginmutter Anna Amalia und ihr regierender
Sohn Carl August hatten durch die Anwerbung bedeutender Geister (Wieland, Goethe, Herder) das etwa 6500
Seelen zählende Residenzstädtchen in den Rang eines
›Musensitzes‹ erhoben, dessen Ehrennamen »Ilm-Athen«
bereits weite Verbreitung gefunden hatte. Dass es Schiller
mit seinem Vorhaben, Weimar nur als Durchgangsstation
auf seiner Reise nach Hamburg für eine kurze Zeit zu besuchen, nicht ganz ernst war, lässt sich aus seinem
schnellen Entschluss folgern, die Reise einstweilen nicht
fortzusetzen, obwohl er sein wichtigstes Ziel: die Bekanntschaft Goethes zu machen, verfehlte. Goethe war
noch in Italien und kehrte erst im Juni 1788 nach Weimar zurück.

Caroline von Beulwitz, geb. von Lengefeld
Pastell der Zeit

Schiller wurde in Weimar freundlich aufgenommen, ein wenig distanziert von Herder, mit offenen Armen von Wieland, der den Dichter schätzte und zur Mitarbeit an seinem *Teutschen Merkur* aufforderte und darauf drängte, dass die *Geschichte des Abfalls der vereinigten Niederlande von der Spanischen Regierung* zu Ende geschrieben werde. Von diesem Werk erschien im Februar 1788 die Einleitung in Wielands Zeitschrift, im folgenden Monat das große, wegen seiner anscheinend antichristlichen Tendenz heftig umstrittene Gedicht *Die Götter Griechenlandes*; im Juli und Dezember desselben Jahres schließlich brachte Wieland Schillers *Briefe über Don Karlos* in die Öffentlichkeit.

Charlotte von Kalb, die Freundin aus Mannheimer Tagen, trug sicher auch dazu bei, Schiller in Weimar festzuhalten. Sie lebte dort für längere Zeit (bis November 1787) ohne ihren Mann und pflegte das Verhältnis zu ihrem Freund, der sich allerdings am Ende des Jahres mehr und mehr von ihr löste, vielleicht weil es ihm die charmante Schauspielerin Corona Schröter angetan hatte, die gerne mit ihm Whist spielte, vielleicht weil er um seine Freiheit fürchtete. Als Charlotte von Kalb im März 1788 Weimar verließ, war an eine dauernde Verbindung nicht mehr zu denken. »Eine Frau habe ich noch nicht«, schrieb Schiller am 12. Februar 1788 an Körner; »aber bittet Gott, daß ich mich nicht ernsthaft verplempere« (FA 11, 277). Da hatte er bereits Charlotte von Lengefeld und deren unglücklich verheiratete ältere Schwester Caroline von Beulwitz kennengelernt, zu denen er sich sehr hingezogen fühlte. Im Mai 1788 siedelte er für drei Monate nach Volkstedt über, wenige Kilometer von Rudolstadt, dem Wohnsitz der Lengefelds, entfernt; von Mitte August bis Mitte November lebte er in Rudolstadt. Schiller liebte beide Schwestern, wahrscheinlich die temperamentvolle Caroline (die erst 1794 geschieden wurde und dann Wilhelm von Wolzogen, Schillers Freund aus Carlsschulzeiten, heiratete) zunächst heftiger.[17] Am 22. Februar

---

17 Varnhagen von Ense notierte am 9. April 1847 nach einem Gespräch mit Alexander von Humboldt: »Humboldt sagte mir heute ohne alle Umschweife, daß Frau und [sic] Wolzogen, ehe Schiller ihre Schwester heirathete, mit ihm in heißen Liebesflammen gestanden [...] habe. Er sagte ganz derb heraus: ›Elle a commencé à coucher avec Schiller, et plus tard avec Dalberg‹, dem sie bis zuletzt mit Zärtlichkeit anhänglich blieb.« (Nach der Handschrift in der Biblioteka Jagiellońska Kraków.)

Charlotte Schiller, geb. von Lengefeld
Ölgemälde von Ludovike Simanoviz, 1794

ar 1790 heiratete Schiller Charlotte von Lengefeld in Wenigenjena. Charlotte gebar vier Kinder: Carl (1793), Ernst (1796), Caroline (1799) und Emilie (1804).

Seit der nur ungenügend kurierten Malaria-Erkrankung im Jahr 1783 fühlte sich Schiller nur selten ganz gesund. Auftretende Übel versuchte er in der Regel – wie bei seinen früheren Patienten, so auch bei sich – mit Radikalmitteln zu unterdrücken, die im Laufe der Jahre seine Widerstandskraft verminderten und in immer rascherer Folge zu immer länger andauernden Krankheiten führten. In Volkstedt und Rudolstadt litt der Dichter wenigstens dreimal jeweils über eine Woche an akuten Beschwerden, über deren Symptome er seinen Freunden in Dresden berichtete: heftiges Fieber, Schüttelfrost, Bronchialkatarrh, Zahnschmerzen.

In den beiden Jahren, in denen Schiller zum ersten Mal seinen Hauptwohnsitz in Weimar hatte, rückten seine poetischen Arbeiten gegenüber den historischen in den Hintergrund. Der Roman *Der Geisterseher* wurde zwar fortgesetzt (hauptsächlich aus Gründen des Gelderwerbs und um die *Thalia* zu füllen[18]), auch entstanden in dieser Zeit einige Szenen des unvollendet gebliebenen Dramas *Der versöhnte Menschenfeind* (vgl. NA 5 N, 247–277) sowie das im März 1789 in Wielands *Teutschem Merkur* veröffentlichte Gedicht *Die Künstler*. Vorrang aber hatten zunächst intensive Geschichtsstudien, die Fertigstellung der *Geschichte des Abfalls der vereinigten Niederlande von der Spanischen Regierung*, die, von Siegfried Lebrecht Crusius in Leipzig verlegt,

---

18 Die Fortsetzungen des im vierten *Thalia*-Heft begonnenen Romans erschienen in den nächsten vier Heften der Zeitschrift, die von Mai 1788 bis Oktober 1789 veröffentlicht wurden.

Ende Oktober 1788 erschien, und die Vorbereitungen für die *Allgemeine Sammlung Historischer Memoires vom zwölften Jahrhundert bis auf die neuesten Zeiten*, die, von Schiller herausgegeben, 1790 mit den ersten drei Bänden ans Licht kam.

Von Schillers Ruf als Historiker hörte auch Goethe, der nach seiner Rückkehr aus Italien keinen engeren Kontakt zu seinem Nachbarn gesucht hatte und es vielleicht für erfreulich hielt, dass dieser ihm aus den Augen gerückt werden könne. Im Dezember 1788 schlug er dem Geheimen Consilium, der obersten Regierungsbehörde in Weimar, vor, Schiller als außerordentlichen Professor für Geschichte an die Universität Jena zu berufen. Dem Vorschlag wurde entsprochen, und Schiller nahm nach einigem Hin und Her – als einzige Einnahmequelle stand nur das Kolleggeld in Aussicht – die Vokation zum Sommersemester 1789 an, obwohl seine Neigung zur Dichtung gerade in dieser Zeit wieder sehr lebhaft geworden war. Im Brief an Körner vom 9. März 1789 heißt es:

Könntest Du mir innerhalb eines Jahrs eine Frau von 12 000 Th[a]l[ern] verschaffen, mit der ich leben, an die ich mich attachieren könnte, so wollte ich Dir in 5 Jahren – eine Fridericiade, eine klassische Tragödie und weil Du doch so darauf versessen bist, ein halb Dutzend schöner Oden liefern – und die Academie in Jena möchte mich dann im Asch lecken.   (FA 11, 399)

Am 11. Mai zog Schiller von Weimar nach Jena um, 15 Tage später hielt er im größten Hörsaal der Universität, der die herbeigeeilten Studenten kaum fassen konnte, seine Antrittsvorlesung *Was heißt und zu welchem Ende studiert man Universalgeschichte?*, die im November 1789 in Wielands *Teutschem Merkur* und fast gleichzeitig als Einzeldruck erschien.

Zwei Jahre plagte sich Schiller mit der akademischen Lehre, ohne große Begeisterung und ohne nennenswerten Erfolg; die Zahl seiner Hörer schrumpfte von Semester zu Semester. Mit dem im Januar 1790 gewährten Jahresgehalt von 200 Talern ließ sich der Lebensunterhalt für zwei Monate bestreiten. Die Einnahmen aus den Publikationen flossen spärlich. Zum Glück brachte Charlotte von Lengefeld etwas Geld mit in die Ehe, genauer: ihre Mutter. Louise von Lengefeld, verwitwete Hofmeisterin in Rudolstadt und nicht unvermögend, versprach einen jährlichen Haushaltszuschuss von 150 Talern. Um die Konnexion zu erleichtern (um den Standesunterschied der Verlobten ein wenig auszugleichen), wurde Schiller im Januar 1790 durch den Herzog von Sachsen-Meiningen zum Hofrat ernannt.

1790 galt Schillers Hauptbeschäftigung der *Geschichte des Dreyßigjährigen Kriegs*, deren erster Teil im Oktober als von Wieland herausgegebener *Historischer Calender für Damen für das Jahr 1791* erschien. Kurz vorher und kurz nachher wurden die im Zuge der akademischen Lehrveranstaltungen entstandenen Abhandlungen *Die Sendung Moses* (im zehnten *Thalia*-Heft) sowie *Etwas über die erste Menschengesellschaft nach dem Leitfaden der mosaischen Urkunde* und *Die Gesetzgebung des Lykurgus und Solon* (im elften *Thalia*-Heft) veröffentlicht.

Am 3. Januar 1791 nahm Schiller in Erfurt an einer Sitzung der »Akademie der nützlichen Wissenschaften« teil,

die ihn als Mitglied aufnahm. Während eines anschließenden Konzerts wurde er von schweren Fieberkrämp-
fen geschüttelt. Die ärztliche Diagnose: Lungenentzündung. Sie heilte nie mehr richtig aus, sie griff die unteren
Organe an und bewirkte eine bleibende Vereiterung des
Rippenfells. Noch etwas über 14 Jahre lebte Schiller, nie
mehr gesund. Am 9. Januar konnte er nach Weimar, zwei
Tage später nach Jena transportiert werden; die folgenden Wochen litt er, zwischen Tod und Leben schwebend;
da halfen auch Aderlässe, Blasenpflaster und Klistiere
nichts. Ende Februar schrieb er an Körner:

> Meine Brust, die noch immer nicht ganz hergestellt ist,
> erlaubt es nicht, daß ich viel schreibe [...]. Dieser noch
> fortdauernde Schmerz auf einer bestimmten Stelle auf
> meiner Brust, den ich bei starkem Einathmen, Husten
> oder Gähnen empfinde und der von einem Gefühl der
> Spannung begleitet ist, beunruhigt mich in manchen
> Stunden, da er durchaus nicht weichen will, und läßt
> mich zweifeln, ob meine Krankheit durch eine voll-
> kommene Crise gehoben ist. (FA 11, 557 f.; Brief vom
> 22. Februar 1791)

Der Zweifel war berechtigt: Am 8. Mai erlitt Schiller in
Rudolstadt, wo er seit einem Monat Erleichterung suchte, einen erneuten, noch schwereren Anfall seiner Krankheit. Die Lage war so ernst, dass sich bereits die Nachricht verbreitete, Schiller sei gestorben.[19] Dieser stellte
die Bedrohung im Brief an Körner vom 24. Mai so dar:

---

19 Siehe oben, S. 11, Anm. 11.

Der Athem wurde so schwer, daß ich über der Anstrengung, Luft zu bekommen, bei jedem Athemzug ein Ge-
fäß in der Lunge zu zersprengen glaubte. [...] Ich habe
[...] mehr als ein mal dem Tod ins Gesicht gesehen, und
mein Muth ist dadurch gestärkt worden. Den Dienstag
[10. Mai] besonders glaubte ich nicht zu überleben [...].
Mein Geist war heiter [...].   (FA 11, 568 f.)

Ein vierwöchiger Kuraufenthalt in Karlsbad im Juli und
August 1791 brachte nur eine vorübergehende Besserung
des Gesundheitszustandes.

Die Nachricht von Schillers Überleben führte in Däne-
mark zu einer großzügigen Hilfsaktion, die der Dichter
Jens Baggesen anregte und der Erbprinz Christian Friedrich von Schleswig-Holstein-Augustenburg zusammen mit
seinem Finanzminister Ernst Heinrich Graf von Schim-
melmann ausführte. Im Dezember erhielt Schiller die
Nachricht, dass der Erbprinz ihm mit einem Geschenk
von 3000 Talern, verteilt auf drei Jahre, das Leben erleichtern wolle. Schiller bedankte sich, indem er seinem Wohltäter 1793 eine Reihe von ästhetischen Briefen schrieb, die
er in den beiden folgenden Jahren zu einer Abhandlung
ausarbeitete. – 1796 ließ Christian Friedrich (inzwischen
Herzog) noch einmal 1000 Taler nach Jena überweisen.

Die *Geschichte des Dreyßigjährigen Kriegs* wurde bis
weit ins nächste Jahr fortgesetzt, aber nicht vollendet.
Das Geschriebene veröffentlichte Wieland in seinem
Historischen Calender für die Jahre 1792 und 1793. Damit war die Epoche der Geschichtsschreibung für Schiller nach fünf Jahren beendet. Schon vorher hatte er sich
mit großer Energie auf ein anderes Feld der Wissenschaft
begeben – das der Philosophie. Auf dem Krankenlager

Friedrich Schiller am Stehpult
Hinterglassilhouette der Zeit

begann er im Februar 1791 mit der Lektüre der Hauptschriften Kants, die er in den folgenden beiden Jahren
intensiv studierte, mit schnellem und nachhaltigem Erfolg, wie sich die Schwägerin Caroline von Wolzogen erinnerte:

Ich las ihm [im Mai 1791] die
Stellen aus Kants Kritik der
Urteilskraft, die auf Unsterblichkeit deuten, vor. Den Lichtstrahl
aus der Seele des ruhigen
Weisen, und den tröstenden
Glauben meines Herzens,
daß solch ein Wesen in der
Blüte seiner Kraft nicht
enden, uns nicht für immer
entzogen werden könne –
nahm er ruhig auf.

(NA 42, 134)

Die Beschäftigung mit Kant hat
in Schillers philosophischen
Schriften der Jahre 1791–95,
beginnend mit *Ueber den
Grund des Vergnügens
an tragischen Gegen-
ständen*[20], endend mit
*Ueber naive und sentimen-
talische Dichtung*[21], ihren

Friedrich Schiller
Scherenschnitt der Zeit

Niederschlag gefunden. Nachdem er sich fast ein halbes
Jahrzehnt auf die Geschichte konzentriert hatte, aus finanziellen Erwägungen, aber auch, um sich den Stoff
(das Was) für künftige dramatische Arbeiten anzueignen,

20 Die Abhandlung wurde schon im Sommer 1790 begonnnen, aber erst
   gegen Ende 1791 ausgearbeitet; sie wurde im Januar 1792 im ersten
   Stück der *Neuen Thalia* veröffentlicht; diese setzte die *Thalia* fort,
   deren letztes Heft (das zwölfte) vermutlich im Mai oder Juni 1791
   ohne einen Beitrag Schillers erschienen war.
21 Erschienen 1795/96 in den *Horen*.

schloss er eine fast ebensolange Periode der philosophischen Auseinandersetzungen an, nur mit der Nebenab-
sicht des Gelderwerbs[22], hauptsächlich aber, um sich
Klarheit über Prinzipien des Schönen und der poetischen
Praxis (das Wie) zu verschaffen. Am 17. Dezember 1795
heißt es dann in einem Brief an Goethe: »Ich habe mich
lange nicht so prosaisch gefühlt, als in diesen Tagen und
es ist hohe Zeit, daß ich für eine Weile die philosophische Bude schließe. Das Herz schmachtet nach einem
betastlichen Objekt.« (FA 12, 110) Schon einige Zeit vorher hatte er, ebenfalls gegenüber Goethe, seine Überzeugung geäußert: »Soviel ist indeß gewiß, der Dichter ist
der einzige wahre *Mensch*, und der beßte Philosoph ist
nur eine Carricatur gegen ihn.« (FA 11, 778; Brief vom
7. Januar 1795)

Im August 1793 reisten Schiller und seine Frau nach
Württemberg, lebten zunächst in Heilbronn, dann in
Ludwigsburg, schließlich in Stuttgart (wo der Herzog
Carl Eugen den 1782 Geflohenen nicht mehr bedrohen
konnte, denn er war im Oktober 1793 gestorben). Insgesamt neun Monate hielt sich Schiller in seiner alten Heimat auf; er sah seine Eltern und Schwestern wieder, lern-
te Hölderlin kennen, knüpfte mit dem Tübinger Verleger
Johann Friedrich Cotta eine folgenreiche Beziehung an

---

22 Mit seinen Abhandlungen gab er zunächst seiner *Neuen Thalia*, später den *Horen* Gewicht: *Ueber die tragische Kunst* erschien im März
   1792 im zweiten Stück der *Neuen Thalia*, Jahrgang 1792, *Ueber Anmuth und Würde* im Juni 1793 im zweiten Stück der *Neuen Thalia*,
   Jahrgang 1793, *Vom Erhabenen* im September 1793 im dritten Stück
   desselben Jahrgangs, *Zerstreute Betrachtungen über verschiedene
   ästhetische Gegenstände* im Oktober 1794 [!] im fünften Stück desselben Jahrgangs; mit *Ueber die ästhetische Erziehung des Menschen
   in einer Reihe von Briefen* wurden im Januar 1795 *Die Horen* eröffnet, im Februar und Juni fortgesetzt.

und gewann, trotz häufiger gesundheitlicher Probleme, neuen Lebensmut. Mitte Mai 1794 traf das Paar mit ihrem am 14. September 1793 geborenen Sohn Carl wieder in Jena ein. Dort kam es schnell zu einer näheren Bekanntschaft mit Wilhelm von Humboldt, der im Februar nach Jena gezogen war (und bis Anfang Juli 1795 dort blieb); und aus der Bekanntschaft wurde schon bald eine sich in intensiver Arbeitsgemeinschaft bewährende Freundschaft.

Schillers wichtigstes Geschäft war im Sommer 1794 die Vorbereitung der mit Cotta vereinbarten Zeitschrift *Die Horen*. Dazu bedurfte es der Werbung um vorzügliche Mitarbeiter: Dichter, Philosophen, Historiker. Goethe sagte seine Mitarbeit an dem Unternehmen zu.

Am 20. Juli nahmen Goethe und Schiller an einer Tagung der Jenaer »Naturforschenden Gesellschaft« teil; anschließend führten sie in Schillers Wohnung ein ernstes Gespräch über die Frage, ob die von Goethe ›angeschaute‹ symbolische Pflanze eine Erfahrung sei oder eine Idee. Der Dissens blieb, »keiner von beiden konnte sich für den Sieger halten«, aber Goethe war von der Intellektualität und Menschlichkeit des Gesprächspartners sehr berührt. »Nach diesem glücklichen Beginnen entwickelten sich, in Verfolg eines zehnjährigen Umgangs, die philosophischen Anlagen, inwiefern sie meine Natur enthielt, nach und nach [...].« (MA 12, 89.) Die an diesem denkwürdigen Tag, einem Sonntag, begonnene Freundschaft und Zusammenarbeit zwischen Goethe und Schiller führte zur Höhe der Weimarer Klassik, leitete die wahrscheinlich bedeutendste Epoche der deutschen Literaturgeschichte ein.

Schiller, oft leidend (und daher seit dem Sommer 1793

Wilhelm von Humboldt
Porträtskizze von Johann Gottfried Schadow, 1802

von seinen Lehrverpflichtungen entbunden), aber –
meist in häuslicher Zurückgezogenheit – rastlos tätig, in
intensivem Gedankenaustausch mit Goethe und Wilhelm von Humboldt, bereitete im zweiten Halbjahr 1794
die Herausgabe der *Horen* vor, die, wie es in der Vorbemerkung des ersten Stücks im Januar 1795 heißt, das
Ziel verfolgte, die Leser »durch ein allgemeines und höheres Interesse an dem, was *rein menschlich* und über
allen Einfluß der Zeiten erhaben ist, [...] in Freyheit zu
setzen, und die politisch getheilte Welt unter der Fahne
der Wahrheit und Schönheit wieder zu vereinigen.«
(Vgl. NA 22, 106.) Die Zeitschrift, die programmatisch
mit einer *Epistel* Goethes (»Jetzt, da jeglicher liest und
viele Leser das Buch nur / Ungedultig durchblättern
[...]«), den ersten neun der Schillerschen Briefe *Ueber
die ästhetische Erziehung des Menschen*, dem Anfang
der *Unterhaltungen deutscher Ausgewanderten* Goethes und Fichtes Abhandlung *Ueber Belebung und Er-
höhung des reinen Interesse für Wahrheit* eröffnet wurde, entwickelte sich in den beiden ersten Jahren ihres
Bestehens zu einem kulturpolitischen Periodikum von
in Deutschland bis dahin nicht gekannter Qualität. Dazu trugen vor allem die philosophischen Beiträge Schillers bei (*Von den nothwendigen Grenzen des Schönen besonders im Vortrag philosophischer Wahrheiten,
Ueber die Gefahr ästhetischer Sitten, Ueber naive und
sentimentalische Dichtung* und *Ueber den moralischen Nutzen ästhetischer Sitten*), denen, gleichsam
flankierend, Proben aus der dichterischen Praxis zuge-
sellt wurden.
  Nach mehr als sechsjähriger Abstinenz nahm Schiller
1795 seine poetischen Arbeiten wieder auf, von denen er

diejenigen, die ihm besonders gelungen erschienen – darunter die Gedichte *Das Reich der Schatten* (später: *Das Ideal und das Leben*), *Natur und Schule* (später: *Der Genius*) und *Elegie* (später: *Der Spaziergang*) –, in die *Horen* aufnahm.

Die Zeitschrift fand nur im ersten Jahr ihres Bestehens ein interessiertes Publikum. Danach verminderte sich die Zahl der Subskribenten kontinuierlich. Daran änderte auch nichts, dass – weil Cotta um größere Allgemeinverständlichkeit der Beiträge bat – Schiller das Niveau senkte. Im Januar 1798 beschloss er, es mit den letzten Stücken des Jahrgangs 1797 genug sein zu lassen. In dieser Zeit war – und dies schon seit fast zwei Jahren – die Arbeit am *Wallenstein* sein Hauptgeschäft. Und noch war er die Herausgabe des ihm inzwischen auch lästig gewordenen *Musen-Almanachs* nicht los.

Kaum hatte Schiller im Mai 1794 den *Horen*-Vertrag mit Cotta geschlossen, unterzeichnete er (Mitte August 1794) einen Kontrakt mit dem Neustrelitzer Verleger Salomo Michaelis über die Herausgabe eines jährlich zur Herbstmesse zu veröffentlichenden *Musen-Almanachs*, einer poetischen Blumenlese, an der sich die angesehensten Lyriker der Zeit beteiligen sollten. Durch dieses Unternehmen wollte Schiller seine Finanzlage stabilisieren (als Herausgeberhonorar waren 300 Taler pro Jahrgang vereinbart), aber er hoffte auch, durch den Zwang, eigene Beiträge zu liefern, zur Poesie zurückzufinden. Und so geschah's: Die fünf 1795–1799 (für die Jahre 1796–1800) erschienenen Almanache, deren Verlag schon nach einem Jahr Cotta übernahm, enthalten die meisten der ›klassischen‹ Gedichte Schillers, beginnnend u. a. mit *Die Macht des Gesanges, Der Tanz, Würde der Frauen* im

Friedrich Schiller
Kupferstich von Johann Gotthard Müller, 1793

ersten, endend mit *Das Lied von der Glocke* im letzten
Jahrgang. Das besondere Gepräge der Almanache für
1797 und 1798 wird durch die Zusammenarbeit zwischen
Schiller und Goethe bestimmt: In jenem wurden die Kultur, Gesellschaft und Politik der Gegenwart kritisch und
nicht selten witzig musternden 414 *Xenien,* von denen
etwa zwei Drittel Schiller zugeschrieben werden können,
veröffentlicht, in diesem zahlreiche Balladen (von Schiller
u. a. *Der Ring des Polykrates, Der Handschuh, Der Taucher, Die Kraniche des Ibycus*), die in enger Kooperation
der beiden Dichter entstanden. Wenige Wochen nach Erscheinen des letzten von ihm herausgegebenen *Musen-
Almanachs* zog Schiller von Jena nach Weimar um.

Nachdem Schiller Ende 1795 beschlossen hatte, die
Gunst der Verhältnisse, nämlich die freundschaftliche
Beziehung zu Goethe, zu nutzen, sich von der Philosophie abzuwenden und wieder die Dichtung in den Mittelpunkt seines Arbeitens zu stellen, machte er sich bald
an die Ausführung eines Plans, den er schon seit längerer
Zeit erwogen hatte: eine Wallenstein-Tragödie zu schreiben. Vom März 1796 bis zum März 1799 war diese Arbeit sein wichtigstes Geschäft, das von Goethe nicht nur
interessiert verfolgt, sondern auch mit Rat und Tat unterstützt wurde. Die Entscheidung, die Masse des Stoffs auf
drei Stücke zu verteilen, wurde von dem Freund mitbe-
stimmt; und die Einsicht, dass die ursprüngliche Prosa-
Fassung tunlichst in Verse umzuarbeiten sei, ergab sich
aus den gründlichen poetologischen Überlegungen, die
Schiller und Goethe in den Jahren 1797 und 1798 miteinander anstellten. Kaum hatte das letzte der Stücke,
Wallensteins Tod, seine erfolgreiche Uraufführung auf
dem Weimarer Hoftheater erlebt (am 20. April 1799; vor-

ausgegangen waren am 12. Oktober 1798 *Wallensteins Lager* und am 30. Januar 1799 *Die Piccolomini*), wandte sich Schiller seiner nächsten Tragödie zu: *Maria Stuart*. Sie beendete er nach etwas über einem Jahr in Weimar.

Das private und gesellschaftliche Leben Schillers in seinem Jenaer Jahrzehnt weist, verglichen mit der vorangegangenen Zeit, keine besonderen Höhepunkte auf. Die Familie wurde größer[23], die Finanzlage besserte sich dank der Großzügigkeit Cottas, der mit Vorschüssen auf zu erwartende Werke nicht geizte, und dank der 1795 vom Herzog versprochenen und 1799 gewährten Verdoppelung des Jahresgehalts auf 400 Taler. Von den öffentlichen Auszeichnungen, die dem Dichter zuteil wurden, sind die Ernennung zum französischen Bürger (»Citoyen François«) durch die französische Nationalversammlung im August 1792[24] und die Aufnahme in die schwedische Akademie der Wissenschaften im Februar 1797 beson-

23 Bemerkenswert erscheint, dass der Mediziner Schiller über die Schwangerschaften seiner Frau erst spät Gewissheit hatte: Am 3. Juli 1793 schrieb er an Körner: »Nunmehr ist es durch die Aussage des Accoucheur entschieden, daß meine Frau sich schon im siebenten Monat der Schwangerschaft befindet [...].« (FA 11, 647.) Sohn Carl wurde am 14. September geboren. – Am 9. Mai 1796 heißt es in Schillers Brief an seine Schwester Christophine: »Meine Lotte [...] ist seit einiger Zeit selbst nicht wohl, und erst heute haben wir Gewißheit daß sie sich in andern Umständen befindet.« (FA 12, 169.) Sohn Ernst wurde am 11. Juli geboren. – Die nächste Schwangerschaft, die am 11. Oktober 1799 mit der Geburt der Tochter Caroline ihr Ende fand, scheint auch erst zwei Monate vorher bestätigt worden zu sein. (Vgl. Brief an Körner vom 9. August 1799; FA 12, 475.) – Seinen Hausarzt Johann Christian Stark bat er am 4. April 1804 um seine »Gegenwart«, weil Charlotte »allem Anschein nach sich schon im siebenten Monat der Schwangerschaft befindet.« (NA 32, 122.) Emilie kam am 25. Juli zur Welt.
24 Das Diplom, das gerichtet war an »M. Gille Publiciste allemand«, erhielt Schiller erst Anfang März 1798.

ders ehrenvoll, auch wenn der Ausgezeichnete nicht erkennen ließ, dass sie ihn mit Stolz erfüllten. Den Gang
der Französischen Revolution beurteilte er spätestens
nach der im Januar 1793 erfolgten Hinrichtung Lud-
wigs XVI. mit Skepsis und schon bald mit entschiedener
Ablehnung. Die Freundlichkeiten der jungen Dichterin
Amalie von Imhoff, einer Nichte Charlotte von Steins,
waren für sein Lebensgefühl vermutlich erhebender als
der Glanz, der ihm aus der Ferne zukam.[25]

Während seiner Arbeit am *Wallenstein* drängte es
Schiller mehr und mehr, sich mit der Theaterpraxis ver-
traut zu machen und Goethe, dem Direktor des Weima-
rer Hoftheaters, bei der Einstudierung neuer Stücke zur
Seite zu stehen. Bei den *Wallenstein*-Proben war er als
Partner Goethes tätig, danach entschied er sich, wenigs-
tens in den Wintermonaten in Weimar zu leben. Anfang
September 1799 schrieb er an den Herzog, um eine Ge-
haltserhöhung wegen der zu erwartenden ›doppelten
Haushaltsführung‹ bittend:

25 Ehe und Krankheit (und Arbeitsethos) haben Schillers heftige Leidenschaft im Umgang mit dem weiblichen Geschlecht in den letzten anderthalb Jahrzehnten seines Lebens deutlich schwächer werden lassen. Die Zuneigung, die er gegenüber Amalie von Imhoff (1776–1831),
seit 1803 verheiratet mit dem schwedischen Offizier Carl von Helvig,
empfand, scheint freilich nicht nur platonischer Natur gewesen zu
sein. Dafür sprechen die Briefe an die »liebe«, die »theure«, die
»liebste Freundin« (vgl. u. a. FA 12, 296, 327, 332, 454) und auch die
Gegenbriefe der »treuen Freundin Amalie« (vgl. u. a. NA 37 I, 114,
122, 150). Die Briefe hat Schiller, beginnend am 7. August 1797, in
seinem Kalender nicht mit dem Familiennamen der Partnerin, sondern mit dem Vornamen – »Amélie« – verzeichnet (vgl. NA 41 I). Im
Mai 1804 wurde Schiller Pate des erstgeborenen Kindes Amalie von
Helvigs, ihrer Tochter Charlotte. – Herzlich blieb auch Schillers Verhältnis zu seiner Schwägerin Caroline von Wolzogen.

Die wenigen Wochen meines Auffenthalts zu Weimar
und in der größern Nähe Eurer Durchlaucht im lezten
Winter und Frühjahr haben einen so belebenden Einfluß auf meine Geistesstimmung geäusert, daß ich die
Leere und den Mangel jedes Kunstgenußes und jeder
Mittheilung, die hier in Jena mein Loos sind doppelt
lebhaft empfinde. [...] Da zugleich meine dramatische
Beschäftigungen mir die Anschauung des Theaters
zum nächsten Bedürfniß machen und ich von dem
glücklichen Einfluß desselben auf meine Arbeiten vollkommen überzeugt bin, so hat alles dieß ein lebhaftes
Verlangen in mir erweckt, künftighin die Wintermona-
te in Weimar zuzubringen.   (FA 12, 483)

Anfang Dezember 1799 zog Schiller nach Weimar und
blieb dort bis zu seinem Tod.

Weimar 1799–1805

Die Weimarer Jahre, in denen Schiller nicht gesünder
war als zuvor, zeitigten eine erstaunliche dramatische
Produktion, die den Dichter endgültig, auch in der Einschätzung der zeitgenössischen Kritik und einer wachsenden Leser-Gemeinde, zum »teutschen Shakespear«[26]
avancieren ließ. Nach der Beendigung der *Maria Stuart*
im Juni 1800 (Uraufführung in Weimar: 14. Juni 1800),
begann er sogleich mit der »romantischen Tragödie« *Die
Jungfrau von Orleans*, die bereits im April des folgenden
Jahres abgeschlossen wurde (Uraufführung in Leipzig:

26 Dass Schiller diesen Rang einmal einnehmen könne, hatte Timme
   schon 1781 vorausgesagt (siehe oben, S. 11).

11. September 1801); dieser Tragödie folgte *Die Braut von Messina*, die im Februar 1803 zu Ende gebracht und bald darauf (am 19. März) in Weimar uraufgeführt wurde. Sein letztes vollendetes Drama, das Schauspiel *Wilhelm Tell*, schloss der Dichter im Februar 1804 ab; es wurde am 17. März dieses Jahres in Weimar zum ersten Mal auf die Bühne gebracht. Die Vollendung des *Demetrius* verhinderte der Tod.

Wie ernst es Schiller gewesen war mit seinem Wunsch, dem Weimarer Theater nahe zu sein, und mit seiner von Goethe erbetenen Bereitschaft, bei der Leitung des Theaters nach Kräften mitzuwirken, lässt sich nicht nur durch seine Besuche vieler Aufführungen und durch die Intensität bei der Leitung von Proben seiner eigenen Stücke belegen, sondern auch durch sein Engagement für das Gelingen von Aufführungen anderer Dramen. Kaum in Weimar angekommen, beteiligte er sich an der Einstudierung von Voltaires Tragödie *Mahomet*, die Goethe auf Wunsch des Herzogs übersetzt hatte. Bald danach leitete er die Theaterproben des von ihm selbst in wenigen Wochen bearbeiteten *Macbeth*; später widmete er sich unter anderem Voltaires *Tancred* (in der Bearbeitung Goethes), Lessings *Nathan* (den er 1801 in freien Stunden bearbeitet hatte), Gozzis »tragikomischem Mährchen« *Turandot* (im Druck: »nach Gozzi von Schiller«), Goethes *Iphigenie*, Friedrich Schlegels *Alarcos*, Shakespeares *Kaufmann von Venedig*, Racines *Mithridate*. Die Aufführung des kurz vor seinem Tod zusammen mit Heinrich Voß d. J. bearbeiteten *Othello* Shakespeares erlebte Schiller nicht mehr.

Kaum mehr Zeit als für seine Bearbeitungen von Dramen der Weltliteratur benötigte Schiller für das zur Vermählung des weimarischen Erbprinzen Carl Friedrich mit der russischen Prinzessin Maria Paulowna gedichtete Festspiel (»Ein lyrisches Spiel«) *Die Huldigung der Künste* (1804) und für seine 1803 besorgten Übersetzungen aus dem Französischen: Louis Benoît Picards *Médiocre et rampant* (*Der Parasit*) und *Encore des Ménechmes* (*Der Neffe als Onkel*). Und in knapp vier Wochen gelang ihm um die Jahreswende 1804/05 die vom Herzog gewünschte Übersetzung der *Phèdre* Racines. Er werde seit langem »von einem Catarrh geplagt«, schrieb Schiller am 20. Januar 1805 an Körner. »Um nur nicht ganz müßig zu seyn und doch durch einige Arbeit über die harte Periode mir hinüber zu helfen habe ich die Phedre von Racine übersezt« (FA 12, 725). Dann wandte er sich wieder seinem *Demetrius* zu und beschäftigte sich auf Goethes Bitte mit dessen Übersetzung von Diderots *Le Neveu de Rameau*.

Schiller hat sich, als er 1799 die Herausgabe des *Musen-Almanachs* aufgab, nicht völlig von der lyrischen Produktion verabschiedet. In den letzten Jahren schrieb er gelegentlich für verschiedene Taschenbücher Gedichte, die er zum größeren Teil – wie *Die Worte des Wahns, Hero und Leander, Am Antritt des neuen Jahrhunderts, An ***, An die Freunde, Die Gunst des Augenblicks, Der Graf von Habsburg* und *Der Alpenjäger* – für eine geplante ›Prachtausgabe‹ seiner Gedichte vorsah, die der Leipziger Verleger Crusius 1805 veröffentlichen sollte. Dazu kam es nicht, weil Charlotte von Schiller den Band von Cotta verlegt wissen wollte, die für den Verlagswechsel notwendige Genehmigung von Crusius aber nicht erhielt. Die im Manuskript so gut wie abgeschlossene ›Ausgabe letzter Hand‹ erschien erst 1904 (vgl. NA 2 II B, 126–129).

Friedrich Schiller
Gemälde von Emma Körner, 1812

Schon 1800 gab Schiller bei Crusius eine Sammlung seiner Gedichte heraus, aus der er seine Jugendlyrik fast ganz ausschloss; außer einigen *Votivtafeln* erschienen hier nur zwei Gedichte zum ersten Mal: *Nänie* und *An Göthe als er den Mahomet von Voltaire auf die Bühne brachte.* Es waren vermutlich in erster Linie merkantile Gründe, die Schiller bestimmten, 1803 eine zweite Sammlung von Crusius auf den Markt bringen zu lassen; sie enthält eine Vielzahl von aus Qualitätsgründen zunächst nicht wieder publizierten Gedichten, darunter 18

aus der *Anthologie auf das Jahr 1782*. Das Publikum erfüllte Schillers Erwartungen: Es gab bald Neuauflagen.

Schiller zog aus seiner wachsenden Popularität im
letzten Lebensjahrfünft die verständliche Konsequenz,
seinen Verlegern gegen ordentliche Honorare Werke ver-
gangener Zeit anzubieten. Bereits 1792 war ein erster
Band seiner *Kleineren prosaischen Schriften* (»Aus
mehrern Zeitschriften vom Verfasser selbst gesammelt
und verbessert«) bei Crusius erschienen; nun, in den
Jahren 1800 bis 1802, schlossen sich drei weitere Bände
an, die nur zwei bisher unveröffentlichte, aber wohl
längst geschriebene Texte enthalten: *Ueber das Erhabene* und *Gedanken über den Gebrauch des Gemeinen
und Niedrigen in der Kunst*. Außerdem kam es zu Neuauflagen der historischen Hauptschriften, der *Geschichte des Abfalls der vereinigten Niederlande von der
Spanischen Regierung* (1801 bei Crusius) und der *Geschichte des dreyßigjährigen Kriegs* (1802 bei Göschen).
Schließlich kam 1801 bei Göschen eine um etwa 800
Verse gekürzte Fassung des *Don Karlos*[27] heraus, die in
den folgenden Jahren mehrere Auflagen erlebte und im
wesentlichen der ›Ausgabe letzter Hand‹ von 1805 entspricht.[28]

Schillers Entscheidung, nach Weimar zu ziehen, hatte

27 Vorher, auch noch in der Ausgabe von 1799: *Dom Karlos*.
28 Auch die Dramen der ›klassischen‹ Zeit waren sehr erfolgreich: Bis zu
   Schillers Tod erschienen von *Wallenstein* vier, von *Maria Stuart* und
   Die Jungfrau von Orleans drei, von *Wilhelm Tell* zwei Auflagen.
   Dass *Die Braut von Messina* es auf keine zweite Auflage brachte, er-
   klärt sich auch damit, dass Cotta von dem Trauerspiel 1803 sofort
   6000 Exemplare drucken ließ. (Zum Vergleich: Die Erstauflage von
   Wallenstein [1800] betrug 3500 Exemplare.) Allerdings war *Die
   Braut von Messina*, vor allem nach Schillers Tod, bei weitem nicht so
   populär wie *Wilhelm Tell*.

Johann Wolfgang Goethe
Kreidezeichnung von Friedrich Bury, 1800

natürlich nicht nur mit seinem Bedürfnis zu tun, dem Theater näher zu sein, sondern auch mit seiner Erwartung, durch die Aufhebung der räumlichen Distanz (von etwa 22 Kilometern) werde sich der fruchtbare Gedankenaustausch mit Goethe noch intensivieren lassen. Inwieweit sich diese Erwartung erfüllte, ist im einzelnen nicht zu belegen. Gewiss kam es nun zu häufigeren Zusammenkünften (entsprechend schrumpfte der Briefwechsel), und fast alle größeren Arbeiten beider Dichter wurden (wie bisher) im Prozess ihrer Entstehung diskutiert, aber Goethe zog sich nicht seltener als vorher nach Jena zurück, um den Geschäften und dem gesellschaftlichen Treiben in der Residenzstadt zu entfliehen, und gelegentlich, etwa bei der Arbeit an der *Natürlichen Tochter,* verschloss er sich den Ratschlägen seines Freundes. Dieser hatte wenig Verständnis dafür, dass Goethe zuweilen müßig erschien. Ende 1800 erinnerte er ihn daran, »daß sich die poetische Muse im Nothfall auch commandieren läßt« (NA 30, 221), anspielend auf eine Mahnung, die er am 5. März 1799 ausgesprochen hatte:

> Die Natur hat Sie einmal bestimmt, hervorzubringen; jeder andere Zustand, wenn er eine Zeitlang anhält, streitet mit Ihrem Wesen. Eine so lange Pause, als Sie dasmal in der Poesie gemacht haben, darf nicht mehr vorkommen, und Sie müssen darinn ein Machtwort aussprechen und ernstlich wollen.   (FA 12, 449)

Schiller arbeitete unter dem Diktat der Machtworte, die er zu sich sprach, Jahr für Jahr, Tag für Tag. Dass er nicht nur Quellenstudien bei der Arbeit an seinen Dramen trieb, sondern sich auch über die wichtigste Literatur seiner Zeit auf dem laufenden hielt und immer wieder die Hauptwerke der ›Alten‹ studierte, gehörte zur Erfüllung der rigorosen Ansprüche, die er an sich stellte.

Unter den außerliterarischen Ereignissen der letzten Weimarer Jahre Schillers sind zwei besonders wichtig: eine Ehrung und eine Reise.

Mitte November 1802 erhielt Schiller mit einem herzoglichen Handschreiben das Reichsadelsdiplom, das Kaiser Franz II. am 7. September in Wien, der Hauptstadt des Deutschen Reiches, unterzeichnet hatte. In ihm wird versichert, dass sich Schiller, »der rühmlichst bekannte Gelehrte und Schriftsteller«, große Verdienste »in ganz Teutschland und im Auslande« erworben habe. Dann heißt es:

> So haben Wir demnach, in gnädigster Rücksicht auf die ehrerbietigsten Wünsche Seiner des Herzogs zu Sachsen Weimar Liebden, wie auch auf oben angeführte ausgezeichnete seltene Verdienste, mit wohlbedachtem Muthe, gutem Rathe und rechtem Wissen ihm, *Johann Christoph Fridrich Schiller*, die kaiserliche Gnade gethan, und ihn sammt seinen ehelichen Leibeserben und derselben Erbenserben, beiderlei Geschlechts, in gerader Linie absteigenden Stammes, in des heiligen römischen Reichs Adelstand gnädigst erhoben, eingesetzt und gewürdigt [...]. (NA 41 II A, Nr. 674)

Schiller, der seit dem Sommer wusste, dass der Nobilitierungsantrag gestellt war, zeigte sich zufrieden mit

seiner Standeserhöhung, und zwar hauptsächlich seiner
Familie wegen, wie er an Cotta schrieb:

> Von Wien habe ich jezt mein Adels Diplom in optima
> forma erhalten. Die Anregung zu dieser Sache ist vom
> Herzog von Weimar geschehen, der mir dadurch etwas
> angenehmes erzeigen und meine Frau, welche bisher
> nicht nach Hof gehen konnte, auf einen gleichern Fuß
> mit meiner Schwägerin [Caroline von Wolzogen] set-
> zen wollte; denn es hatte etwas unschickliches, daß
> von 2 Schwestern die Eine einen vorzüglichen Rang
> am Hofe, die andre gar keinen Zutritt zu demselben
> hatte. Wäre meine Frau nicht von adelichem Stand, so
> würde ihr mein Adel nichts geholfen haben; so aber ist
> es anders und es könnte auch in der Folge auf die Ver-
> sorgung meiner Kinder einen guten Einfluß haben. Sie
> können übrigens leicht denken, daß mir, für meine ei-
> gene Person, die Sache ziemlich gleichgültig ist.   (FA
> 12, 634; Brief vom 27. November 1802)

Goethe adressierte fortan seine Briefe an Schiller korrekt: »Des Herrn Hofrath von Schiller Hochwohlgeboh-
ren«.
Am 26. April 1804 trat Schiller mit seiner Frau und seinen beiden Söhnen noch einmal eine große Reise an.
Fünf Tage später traf er in Berlin ein, herzlich aufgenommen von Schriftstellern, Gelehrten und Theaterleuten,
geehrt vom preußischen Königspaar und Prinz Louis Ferdinand. Der Aufenthalt war für Schiller nicht wegen der
Geselligkeiten (zu denen die vermutlich neun Theaterbe-
suche zu rechnen sind) strapaziös, sondern wegen des
Unwohlseins, das ihn oft überfiel. Als er sich am 18. Mai

Friedrich Schiller
Steinzeichnung von Johann Gottfried Schadow, 1804

auf die Rückreise machte, hatte er ein Pfund in der Tasche, mit dem er in Weimar wuchern konnte: Der preußische Kabinettsrat Karl Friedrich Beyme hatte für seine Übersiedlung nach Berlin ein festes Jahresgehalt von 3000 Talern zugesagt. – Am 21. Mai kehrte Schiller nach Weimar zurück. Er blieb dort, nachdem ihm der Herzog die nochmalige Verdoppelung seines Gehalts – auf nunmehr 800 Taler – zugesagt hatte. Er freue sich »unendlich«, schrieb Serenissimus, »Sie für immer den Unsrigen nennen zu können.« (NA 40 I, 215; Brief vom 6. Juni 1804.) Immer: das war weniger als ein Jahr. Als am 9. Mai 1805 der Tod seinen Untertanen, der zum Ruhm seines Herzogtums einiges beigetragen hatte, fortnahm, trauerte auch der Herzog.

Goethe, der im Frühjahr 1805 längere Zeit krank gewesen war, verstummte für mehr als drei Wochen. Am 1. Juni 1805, elf Tage bevor er sich zu einem Kondolenzschreiben an Caroline von Wolzogen (nicht an Schillers Frau!) aufraffte, schrieb er an Freund Zelter nach Berlin:

Seit der Zeit, daß ich Ihnen nicht geschrieben habe, sind mir wenig gute Tage geworden. Ich dachte mich selbst zu verlieren, und verliere nun einen Freund und in demselben die Hälfte meines Daseins. Eigentlich sollte ich eine neue Lebensweise anfangen; aber dazu ist in meinen Jahren auch kein Weg mehr.   (MA 20.1, 98)

Zehn Tage nach Schillers Tod, der vermutlich durch eine akute Lungenentzündung herbeigeführt wurde, teilte der weimarische Hofmedikus und Leibarzt Wilhelm Ernst Christian Huschke seinem Herzog das Ergebnis

der am 10. Mai durchgeführten Obduktion mit; es hatte
sich »folgendes Merckwürdige« ergeben:

1) Die Rippenknorpel waren durchgängig und sehr
starck verknöchert.
2) Die rechte Lunge mit der Pleura [dem Rippenfell]
von hinten nach vorne u. selbst mit dem Herzbeutel li-
gamentartig [in fester Verbindung] so verwachsen, daß
es kaum mit dem Messer gut zu trennen war. Diese
Lunge war faul u. brandig, breiartig u. ganz desorgani-
sirt.
3) Die lincke Lunge beßer, marmorirt mit Eiterpunk-
ten.
4) Das Herz stellte einen leeren Beutel vor u. hatte
sehr viel Runzeln, war häutig ohne Muskelsubstanz.
Diesen häutigen Sack konnte man in kleine Stücken
zerflocken.
5) Die Leber natürl. nur die Ränder brandig.
6) Die Gallenblase noch einmal so groß als im natürl.
Zustande u. strotzend von Galle.
7) Die Milz um 2/3^{tel} größer als sonst.
8) Der vordere concave Rand der Leber mit allen nahe
liegenden Theilen bis zum Rückgrad verwachsen.
9) Die rechte u. lincke Niere in ihrer Substanz aufge-
lößt u. völlig verwachßen.
10) Auf der rechten Seite alle Därme mit dem Perito-
neum [Bauchfell] verwachsen.
11) Urinblase u. Magen waren allein natürl.

Huschkes Kommentar: »Bey diesen Umständen muß
man sich wundern, wie der arme Mann so lange hat leben können.« (NA 41 II A, Nr. 535.)

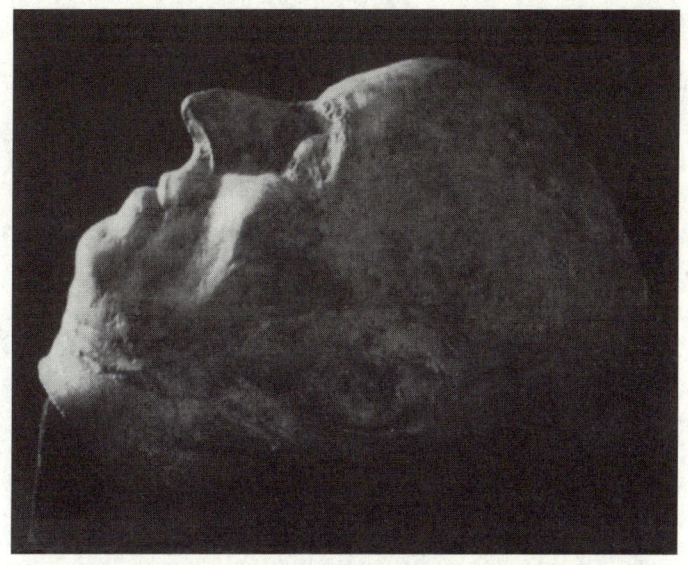

Schillers Totenmaske
Abgenommen von Christian Friedrich Ludwig Klauer, 10. Mai 1805

Schillers Werk

I. Dramen

1. Zur Dramenliteratur der Zeit

Als Schiller geboren wurde, war es mit dem Drama und dem Theater in Deutschland, anders als in England und Frankreich, nicht zum besten bestellt. Die klassizistische Regelpoetik Johann Christoph Gottscheds (1700–66), der er mit seinem Trauerspiel *Der sterbende Cato* (1732) für ein Vierteljahrhundert Geltung verschaffen konnte, galt um 1760 nur noch wenigen Dramatikern als musterhaft. Nach dem frühen Tod Johann Elias Schlegels (1719–49), des bedeutendsten Dramatikers der Frühaufklärung, behauptete sich allein Christian Felix Weiße (1726–1804), vor allem mit seinen zahlreichen Singspielen, aber auch mit seinem Trauerspiel *Richard der Dritte* (1759), im Bewusstsein einer literarischen Öffentlichkeit, die sich erst in der zweiten Hälfte des 18. Jahrhunderts, dann allerdings mit großer Geschwindigkeit und in beachtlichem Umfang, zu einem Kunstverständnis heranbildete, auf das die Dichter bei ihren Arbeiten zählen konnten. Das gilt sowohl für die Verfechter einer Wirkungsästhetik, die durch ihre Werke gezielt politisch und moralisch aufklären (erziehen, bilden) wollten, als auch für die produktionsästhetisch orientierten Autoren, die – wie die Stürmer und Dränger – vorgaben, unabhängig von poetologischen Normen und ohne Rücksicht auf den Geschmack und das Bedürfnis des Publikums, schöne Literatur hervorzubringen – nur ihrem ›Genius‹ folgend und sich dabei als ›Originalgenie‹ beweisend.

Für Schiller hat es die Entgegensetzung nie gegeben.

Er war stets – mit unterschiedlichem Gewicht – wohlun-
terrichteter und wohlkalkulierender Aufklärer, aus sich
selbst schaffender, also eigenwilliger Artist und Vertreter
einer Schönheitslehre, deren Gesetze, da unabhängig
von Raum und Zeit, nicht auf rationalem Weg erlassen,
sondern allenfalls ›entdeckt‹ werden können. Schiller
war deshalb auch ein Gegner der einschränkenden
zweckgerichteten Aufklärung nach den Vorgaben Gottscheds und dessen Nacheiferern. Schiller lässt sich wie
jeder große Künstler allenfalls partiell in ein Schema
pressen; deshalb war das Bedürfnis, ihn verkürzend auf
Begriffe zu bringen, immer schon so groß. Die Summe
der Schiller-Bilder ergibt natürlich nicht *das* Schiller-
Bild, und *der* Schiller hat von Generation zu Generation
ein wechselndes Ansehen, wie es nicht anders sein kann
bei einem stets präsenten, also immer ›modernen‹ Zeitgenossen.

   Der Zustand des deutschen Theaters war in der Mitte
des 18. Jahrhunderts trotz den nicht ganz vergeblichen
Reformbestrebungen Gottscheds keineswegs erfreulich:
Noch immer präsentierten umherziehende Schauspiel-
truppen auf öffentlichen Plätzen oder in angemiete-
ten Sälen vornehmlich Spektakelstücke nach dem Geschmack eines unterhaltungsbedürftigen Publikums. Erst
allmählich wurden aus den Wandertruppen Schauspiel-
gesellschaften mit festen Spielstätten; und es bedurfte
nach 1750 großer Theaterdirektoren (wie Johann Friedrich Schönemann in Leipzig, Franz Schuch in Hamburg,
Konrad Ernst Ackermann in Königsberg und Hamburg,
Gottfried Heinrich Koch und Carl Theophil Döbbelin in
Berlin), um das Theaterwesen zur Schauspielkunst zu
heben.

Das Jahr 1767 bedeutet einen Meilenstein in der Geschichte des deutschen Theaters: In Hamburg wurde unter der Leitung Ackermanns das erste deutsche »Nationaltheater« gegründet; es wollte sich dem deutschen ›Originalschauspiel‹ widmen und der Verbesserung des geistigen, künstlerischen und moralischen Niveaus ›der Deutschen‹ dienen. Für die literarische Kunst sollte Lessing, der als Dramaturg verpflichtet wurde, für die Schauspielkunst nicht zuletzt Konrad Ekhof, der berühmteste deutsche Schauspieler seiner Zeit, sorgen. Obwohl das Unternehmen – hauptsächlich aus Mangel an geeigneten Dramen – nach zwei Jahren scheiterte (und in den Status eines ›Stadttheaters‹ zurückfiel), hatte es Signalwirkung: In Wien wurde das Theater nächst der Burg 1776 von Joseph II. in den Rang eines »Hof- und Nationaltheaters« erhoben, 1779 wurde das Mannheimer »Nationaltheater«, 1786 das Berliner »Königliche Nationaltheater« gegründet, und mancherorts leisteten sich regierende Fürsten »Hoftheater«, so in Gotha (1775), Stuttgart (1780) und Weimar (1791). Und überall (auch in den Theatern der freien Reichsstädte) gehörte das Bemühen der Direktoren um die Hebung des künstlerischen Niveaus zum Programm; dafür arbeiteten sie. Dazu gehörte die professionelle Ausbildung der Schauspieler, dazu gehörte die verstärkte Aufnahme ›hoher‹ Dramenliteratur in die Repertoires. Seit etwa 1770 (also mit dem Beginn der Epoche des sogenannten Sturm und Drang) bildete sich zwischen den Bühnen und Dramatikern eine förderliche Wechselbeziehung heraus, am deutlichsten in Weimar, dessen Hoftheater von 1791 bis 1817 von Goethe geleitet wurde. Die ›klassischen‹ Dramen Schillers verdanken diesem

Theater kaum weniger, als das Theater dem ›Klassiker‹ Schiller verdankt.[1]

Von den deutschen Dramatikern, deren Hauptwirksamkeit in die beiden Jahrzehnte vor Goethes *Götz von Berlichingen* (1773) fällt, hat nur Gotthold Ephraim Lessing (1729–81) einen dauerhaften Platz auf der Bühne und in den Literaturgeschichten gefunden. Er hat mit seinen bürgerlichen Trauerspielen *Miß Sara Sampson* (1755) und *Emilia Galotti* (1772) den privat und öffentlich Herrschenden Lektionen über Recht und Unrecht, Tugenden und Laster, Wirklichkeit und Schein erteilt, ganz so, wie es später der junge Schiller in seiner Rede *Vom Wirken der Schaubühne auf das Volk* (1784) gefordert hat; er hat mit seinem Lustspiel *Minna von Barnhelm oder Das Soldatenglück* (1767), in dem sich ernste Sozialkritik in das heitere Spiel von Irrungen und Wirrungen mischt, den Grund für die Tradition der ›eigentlichen‹ Komödie in Deutschland gelegt. Er hat schließlich, kurz vor seinem frühen Tod, die Bühne als seine Kanzel genutzt (wie er Elise Reimarus am 6. September 1778 schrieb) und mit dem in Blankversen geschriebenen Schauspiel *Nathan der Weise* (1779) ein zeitlos gültiges Plädoyer für die Einsicht in die Relativität der ›Wahrheit‹ von Religionen gehalten. Es sind freilich nicht nur die ›Inhalte‹ (und deren eindeutige Tendenzen), die Lessings Sonderstellung unter den Dramatikern seiner Zeit aus-

---

1 Freilich überwog auch auf Goethes Theater der Anteil der leichten Unterhaltungsliteratur den der ›klassischen‹ Dramen bei weitem: An etwas über 4000 Spieltagen ließ Goethe knapp 700mal Stücke von Shakespeare, Calderón, Corneille, Racine, Voltaire, Lessing, Schiller und sich aufführen; fast ebenso oft wurden Dramen von Kotzebue gespielt. An anderen Theatern (wie in Hamburg und Berlin) waren die ›Klassiker‹ mit weniger als 10 % der Aufführungen vertreten.

machen, sondern auch und vielleicht vor allem formale
Besonderheiten: die luzide Sprache, der konzentrierte,
nie in Nebensächlichkeiten abschweifende Dialog und
die ausgeklügelte, keinen Spannungsabfall zulassende
Komposition der Handlungselemente. Das mag, gerade
weil sich der Formwille so nachdrücklich zu erkennen
gibt, zuweilen ein wenig angestrengt, auch ›papieren‹ erscheinen, aber es erfüllt im Prinzip Schillers Forderung,
dass sich der wahre »Meister« der Kunst in der Form des
Gestalteten beweisen müsse (vgl. NA 20, 382).

Mit Lessings Dramen machte sich Schiller schon als
Fünfzehnjähriger vertraut; die Spuren seiner vermutlich
wiederholten Lektüre lassen sich in manchen seiner poetischen und theoretischen Werke nachweisen. Die 1801
für die Weimarer Hofbühne besorgte Bearbeitung von
Nathan der Weise ist der sichtbarste Ausdruck der Achtung, die Schiller dem großen Aufklärer entgegenbrachte.

Drei Jahre nach Lessings Tod hat ihm Kant in seiner
Abhandlung *Beantwortung der Frage: Was ist Aufklärung?* ein Denkmal gesetzt, ohne ihn zu nennen. Denn
kein bedeutender Vertreter der deutschen Aufklärung hat
sich ein Vierteljahrhundert hindurch so intensiv darum
bemüht, den »Ausgang des Menschen aus seiner selbst
verschuldeten Unmündigkeit« (so Kants Definition des
Begriffs »Aufklärung«[2]) zu befördern, wie Lessing. Und
keiner hat sich von dem »Wahlspruch der Aufklärung«,
den Kant als das Horazische »Sapere aude!«[3] (»Habe
Mut, dich deines *eigenen* Verstandes zu bedienen!«) bestimmte, in seinen poetischen, ästhetischen und anthropologischen Schriften kompromissloser leiten lassen als

2 Siehe unten, S. 258, Anm. 88.
3 *Epistulae* I 2, 40.

er – »der gebildete Zögling der Critik, und ein so wach-
samer Richter seiner selbst«, wie ihn Schiller einmal re-
spektvoll charakterisierte (NA 20, 479). Dass die Umsetzung des Wahlspruchs auch am Ende des Jahrhunderts
noch zu wünschen übrig ließ, hat Schiller in seinen Briefen *Ueber die ästhetische Erziehung des Menschen* aus-
drücklich beklagt: »Ein alter Weiser« habe die Richtung
vorgegeben, der so wenige folgten: »sapere aude. / Erkühne dich, weise zu seyn.« (NA 20, 331.)

»Sei weise!« lautet in Johann Anton Leisewitz' Trauerspiel *Julius von Tarent* (1776) der eindringliche Rat des
greisen weisen Fürsten Constantin an seinen erstgeboren-
nen Sohn, der aus mangelnder Weisheit mit seinem Bruder Guido in tödlicher Fehde verstrickt ist. Das Stück,
das oft als Muster der Sturm-und-Drang-Dramatik rubri-
ziert wird, ist auch ein Stück der Aufklärung im Sinne
Lessings und Kants; denn der aufgeklärte pflichtbewusste
Fürst ist ein leuchtendes Beispiel maßvoller und gerechter
Herrschaft. Sein Lebenswerk wird jedoch durch den Ta-
tendrang und die Schwärmerei seiner jeder rational begründeten sozialen Ordnung hohnsprechenden Söhne
vernichtet. Dieses Mit- und Gegeneinander aufklärerischer und anti-aufklärerischer Tendenzen hat den jungen
Schiller, der das Stück bald nach seinem Erscheinen las,
fasziniert. Die Wirkung der Lektüre ist in Schillers ersten
Dramen, *Die Räuber* und *Fiesko*, mit Händen zu greifen.

Schiller, der Carlsschüler, lebte mit der Literatur seiner
Zeit. Die Dramen der etwa ein Jahrzehnt älteren Dichter,
die sich – mal mehr, mal weniger – auszeichneten durch
eine ›neue Sprache‹ (meist kraftvoll, zuweilen auch zotig,
nicht stilisiert, sondern ›natürlich‹), durch Heftigkeiten
im Fühlen und Handeln der Figuren (›kraftgenialisch‹),

durch die Abweichung von Normen (wie den drei Einheiten der Zeit, des Orts und der Handlung) und durch
die offene Parteinahme für Rechte des Individuums in
der Auseinandersetzung mit gesellschaftlichen Zwängen –
die Dramen der Stürmer und Dränger also, die in der Öffentlichkeit (auch auf dem Theater) eine größere Aufmerksamkeit fanden als die Stücke der vorangegangenen
Epoche, wurden, sobald sie erreichbar waren, von Schiller begierig aufgenommen.[4] Nicht verbürgt und kaum mit
Gewissheit vergleichend zu erschließen ist allerdings,
dass er bereits früh, das heißt vor dem Verlassen der
Carlsschule, die Werke von Jakob Michael Reinhold
Lenz, dem aufklärerischen Stürmer und Dränger, *Der
neue Menoza* (1774), *Der Hofmeister* (1774) und *Die
Soldaten* (1776), kennengelernt hat. Heinrich Leopold
Wagners *Die Kindermörderin* (1776) las er vermutlich
erst im Jahr 1782.

Schillers Hang zum Theatralischen, zum pompös
Opernhaften, der sich insbesondere in den Werken seiner
Frühzeit zu erkennen gibt, war ihm zweifellos angeboren
und wurde verstärkt durch die phantasievoll überhöhten
Lektüre-Erlebnisse; er wurde aber auch gefördert durch
die Kenntnis des um 1780 in Ludwigsburg und Stuttgart
blühenden Musiktheaters, das der italienischen Oper der
Metastasio und Sacchini eine in Deutschland wohl ein-
zigartige Vorrangstellung einräumte.[5] Im großen Spektakel erfuhr Schiller das dem Theater ganz und gar Ange-
messene, das die Sinne Betörende. Und es blieb ja, im

---

4 Siehe oben, S. 43.
5 Vgl. dazu Peter Michelsen, »Die große Bühne«, in: ders., *Der Bruch
 mit der Väter-Welt. Studien zu Schillers »Räubern«*, Heidelberg 1979,
 S. 9–63.

strikten Gegensatz zu den Prinzipien Lessings, bei dieser Nonchalance Schillers im Umgang mit Situationen und Ereignissen, für die sich oft weder logisch einsichtige noch kausal eindeutige Zusammenhänge herstellen lassen. Tells Apfelschuss ist hochdramatisch, aber schlecht motiviert. Es gilt: Opern sind keine Lehrstücke, und Schillers Dramen wollen nicht auf rationalem Weg das Wissen des Publikums mehren.

Mit seinen ersten drei Bühnenwerken setzte Schiller, durchaus eigenwillig (›originell‹), das Rezipierte fort und schloss gleichzeitig – im selben Jahr, in dem Kant die Frage nach der Aufklärung resümierend beantwortete – die Epoche der Sturm-und-Drang-Dramatik ab, bevor er mit *Don Karlos* zu neuen Themen und einer neuen Form fand, zurückkehrend zu Ideen der Aufklärung und gleichzeitig seinen Beitrag zur Dramenliteratur der ›Weimarer Klassik‹ vorbereitend, die mit Goethes *Iphigenie auf Tauris* (1787), *Egmont* (1788) und *Torquato Tasso* (1790) ihren Anfang genommen hatte. Erst mit den in fünf Jahren (1799–1804) erschienenen fünf Bühnenwerken des nun ganz ›autonomen‹ Schiller wurde die ›klassische‹ deutsche Dramenliteratur zum Höhepunkt geführt – auch zum Nutzen der den »teutschen Skakespear« immer drängender umwerbenden deutschen Bühnen.

2. *Die Räuber*

Ob Schiller schon 1776 oder erst 1777 beschlossen hat, ein Bruderzwist- und Räuber-Drama zu schreiben, ist ebenso ungewiss wie belanglos. Gewiss ist, dass die Wurzeln des Stücks ins Jahr 1775 zurückreichen. In diesem

Jahr[6] hatte Christian Friedrich Daniel Schubart seine Erzählung *Zur Geschichte des menschlichen Herzens* veröffentlicht, in der es heißt:

> Ein B....... Edelmann [...] hatte zween Söhne von sehr ungleichem Charakter.
> Wilhelm, war fromm, wenigstens betete er, so oft man es haben wollte, war streng gegen sich selber, und gegen andere, wann sie nicht gut handelten, war der gehorsamste Sohn seines Vaters, der ämsigste Schüler seines Hofmeisters [...].
> Carl hingegen war völlig das Gegentheil seines Bruders. Er war offen, ohne Verstellung, voll Feuer, luftig, zuweilen unfleißig, machte seinen Eltern und seinem Lehrer durch manchen jugendlichen Streich Verdruß [...].[7]

Carl führt zunächst ein höchst lasterhaftes Leben, beschließt aber bald, auf den Pfad der Tugend zurückzukehren, und bittet in einem »zärtlichsten Brief« den Vater um Vergebung. Der Brief wird von Wilhelm abgefangen; dieser will, da er den Vater allein beerben will, die Aussöhnung verhindern; er schmiedet auch, um möglichst schnell in den Besitz des Erbes zu gelangen, ein Mordkomplott, dem der Vater nur dank dem beherzten Eingreifen Carls (der sich »anderthalb Stunden von dem Rittersize seines Vaters« als Knecht verdungen hat) ent-

---

6 Im Januarstück 1775 des *Schwäbischen Magazins von gelehrten Sachen*. In dieser Zeitschrift (im Oktoberheft 1776) findet sich Schillers erste Veröffentlichung, sein Gedicht *Der Abend*. Vgl. NA 2 II A, 18.
7 Zitiert nach Richard Weltrich (wie S. 47, Anm. 8), S. 184. Der vollständige Abdruck der Erzählung ebd., S. 183–188.

geht. Wilhelm muss dem Vater »aus den Augen«, aber Carl »wohnet noch bei seinem Vater, und ist die Freude seines Lebens, und die Wollust seiner künftigen Unterthanen.«

Diese Geschichte, die den *Räuber*-Plan angeregt hat, war Schiller entschieden zu harmlos. Er sah sich in Kriminalakten um, stieß in Cervantes' *Don Quixote* auf den edlen Räuber Roque Guinart, ließ sich von seinem Lehrer Abel berichten, was sich mit dem sogenannten Sonnenwirt Friedrich Schwan aus dem württembergischen Ebersbach zugetragen hatte (aus gekränkter Ehre hatte er ein Räuberleben geführt und war 1760 hingerichtet worden[8]), und trug, als er sein Stück ausarbeitete, Einzelheiten aus der von ihm gelesenen Dramenliteratur zusammen (aus Gerstenbergs *Ugolino*, Goethes *Götz*, Klingers *Die Zwillinge* und *Otto*, Leisewitz' *Julius von Tarent*, Shakespeares *Richard III.* und *Othello* u. a.). Wie sehr er vertraut war mit der Bibel und den Werken Klopstocks[9], wird an verschiedenen Stellen der *Räuber* deutlich. Und weiter: In dem Drama weht erkennbar der Geist Jean Jacques Rousseaus, dessen Gleichheits- und Freiheitsparolen, dessen leidenschaftliche Anklagen gegen Feudalismus und Sittenverfall der Herrschenden den Carlsschüler – vermutlich seit 1776 – ebenso begeisterten wie Plutarchs *Vitae parallelae*, die vergleichenden Lebensgeschichten berühmter Griechen und Römer, die dem jungen Dichter, der das Werk 1779 zum erstenmal las, vor Augen führten, wie groß und erhaben Menschen einmal gewesen waren und vielleicht wieder werden

8 Mit diesem Fall hat sich Schiller 1785 in seiner Erzählung *Verbrecher aus Infamie* (siehe unten, S. 383–390) gründlich auseinandergesetzt.
9 Siehe dazu unten, S. 325–327.

könnten – wenigstens in der Dichtung. Und bekannt war Schiller offenbar auch Louis-Sébastien Merciers Schrift *Du Théâtre ou Nouvel Essai sur l'Art Dramatique* (1773), die in einer Übersetzung Heinrich Leopold Wagners 1776 erschienen war (*Neuer Versuch über die Schauspielkunst. Aus dem Französischen. Mit einem Anhang aus Goethes Brieftasche*) und für die Stürmer und Dränger als antiklassizistisches Manifest keine geringe Bedeutung hatte. Schließlich: Anthropologische Grundannahmen des jungen Dramatikers, die ihn etwa die Gestalt Franz Moors prägen ließen, könnten auf das durch Abel vermittelte Studium der einschlägigen Schriften Johann Georg Sulzers (*Erklärung eines psychologischen paradoxen Satzes: Daß der Mensch zuweilen nicht nur ohne sichtbare Gründe sondern selbst gegen dringende Antriebe und überzeugende Gründe handelt und urtheilet*, 1759), Ernst Platners (*Anthropologie für Aerzte und Weltweise*, 1772/73) und Claude Adrien Helvétius' (*De l'homme*, 1773; deutsche Übersetzung 1774) zurückgehen.

Dass die an literarischen Anspielungen und Zitaten so reichen *Räuber* keineswegs den Eindruck eines Centos, eines Flickwerks, machen, ist auf einfachste Weise zu erklären: Handlung, Sprache und Komposition (Aufbau, Form) sind das unverwechselbare Eigentum des Dichters, der gerade in der Anverwandlung des Fremden, in der Verschmelzung von überlieferten Fakten und ausgedachten Fiktionen seine Selbständigkeit bewies.

Wie weit das Drama bis 1779 gedieh, ist nicht bekannt. Sicher ist, dass die Hauptarbeit 1780, in Schillers letztem Schuljahr, entstand. Als er im Herbst dieses Jahres seine medizinische Dissertation *Versuch über den Zusam-*

Paul Bildt als Spiegelberg
Die Räuber. Staatstheater Berlin, 1926.
Inszenierung: Erwin Piscator

*menhang der thierischen Natur des Menschen mit sei-
ner geistigen* schrieb, in der es von Hinweisen auf poetische Werke zahlreicher Autoren (Shakespeare, Goethe,
Klopstock, Albrecht von Haller, Gerstenberg, Joseph Ad-
dison, Vergil, Ovid, die Bibel) nur so wimmelt, nutzte er
die Gelegenheit, sich selbst in die Reihe der großen Geister zu stellen, indem er im Schutz der Anonymität – mit

der Quellenangabe *Life of Moor. Tragedy by Krake* – die Hauptbösewichter seiner *Räuber*, Franz Moor und Spiegelberg, in seiner Arbeit zitierte (vgl. NA 20, 60 und 65). Mit der Veröffentlichung des ganzen Werks dauerte es noch ein wenig.

Nachdem Schillers Bitte an seinen Freund Petersen, ihm bei der Suche nach einem Verleger behilflich zu sein (vgl. FA 11, 21 f.), erfolglos geblieben war, entschloss sich der Dichter, das Werk (»Ein Schauspiel«) im Selbstverlag (mit den fingierten Verlagsorten »Frankfurt und Leipzig«) erscheinen zu lassen: »Geschrieben in der Ostermesse. 1781.« Die ursprüngliche Vorrede wurde aus dem Konvolut entfernt (von Schiller ›unterdrückt‹), im Mai dann noch dies und jenes gestrichen und ergänzt, und im folgenden Monat kam das Drama, nicht arm an Druckfehlern und typographischen Mängeln, auf den Markt – ein großes Verlustgeschäft für den armen Verfasser, der auf den Schulden, die er des Drucks wegen hatte machen müssen, zum größten Teil sitzen blieb. Erst durch die spektakuläre Uraufführung am 13. Januar 1782 und die bald darauf vom Mannheimer Buchhändler Tobias Löffler besorgte »Zwote verbesserte Auflage« (»Ein Schauspiel von fünf Akten«, wieder mit der Angabe »Frankfurt und Leipzig« als Verlagsorten) wurde das Werk weiten Kreisen der literarischen Welt bekannt und sorgte für erheblichen Rumor.

Die Arbeit an der zweiten Auflage wurde begleitet von der Herstellung einer Bühnenfassung, die der Mannheimer Intendant Heribert von Dalberg, nicht zuletzt mit Rücksicht auf die Zensur, für dringend erforderlich hielt. Eine Forderung betraf die Zeit, in der das Drama (nun vom »Schauspiel« zum »Trauerspiel« gewandelt) spielt.

»Der Ort der Geschichte ist Teutschland, die Zeit der Geschichte um die Mitte des achtzehenden Jahrhunderts«, heißt es unter dem Personenverzeichnis der zweiten Auflage der Schauspiel-Fassung. Auf dem Theaterzettel der Uraufführung (des »Trauerspiels«) ist zu lesen: »Das Stück spielt in Deutschland im Jahre, als Kaiser Maximilian den ewigen Landfrieden für Deutschland stiftete.« (Die ›Stiftung‹ war 1495 erfolgt.) Leicht variiert findet sich diese Angabe auch in der Ausgabe, die Mitte April 1782 bei Schwan in Mannheim erschien: *Die Räuber / ein Trauerspiel / von Friedrich Schiller. / Neue / für die Mannheimer Bühne verbesserte / Auflage.* So wurden die Anklagen gegen die politischen Verhältnisse der Gegenwart durch die Verschiebung der Handlung in eine ferne Vergangenheit anscheinend entschärft. Aber das Publikum wusste, was gemeint war.[10]

Das Schauspiel[11], das reich ist an Unkorrektheiten, Unwahrscheinlichkeiten und fehlenden Motivzusammenhängen[12], handelt von den Söhnen eines alters-, verstandes- und entschlussschwachen Feudalherrn, der im Personenverzeichnis als »*Maximilian*, regierender Graf von Moor« eingeführt wird. Karl, der Erstgeborene, ein

10 In der ›Ausgabe letzter Hand‹, die 1806, also ein Jahr nach Schillers Tod, im zweiten Band der Sammlung *Theater von Schiller* bei Cotta in Tübingen erschien, lautet der Titel: *Die Räuber. Ein Schauspiel.* Und dem Personenverzeichnis ist angefügt: »(Der Ort der Geschichte ist Teutschland, die Zeit ohngefähr zwei Jahre.)«
11 Die folgende Inhaltsangabe und die Deutungshinweise beziehen sich auf die »Zwote verbesserte Auflage« des Schauspiels (NA 3, 1–135).
12 Vgl. dazu Herbert Stubenrauchs detaillierte Erläuterungen in NA 3, 389–440. Schon die Zeitangabe (unter dem Personenverzeichnis): »Die Zeit des Schauspiels ohngefähr zwei Jahre« stimmt nicht; die Ereignisse spielen sich in etwa 14 Monaten ab.

im Grunde edler Jüngling, dem als Student ein paar
Dummheiten unterlaufen sind, hat einen unedlen Bruder, Franz, der hässlich, intelligent, gottlos und besitz-
gierig ist. Es gelingt diesem ohne Mühe, dem Vater, der
von den Charaktereigenschaften seiner Söhne keine
rechte Ahnung hat, einzureden, dass die Schlechtigkeit
Karls seine Verstoßung verlange, und bringt es dahin,
dass er, Franz, den das folgende Geschehen in Gang
setzenden Brief schreibt, den der Vater als von väterli-
cher Sorge, aber auch von Güte diktiert wünscht.
(»Schreib ihm daß ich tausend blutige Tränen, tausend
schlaflose Nächte – Aber bring meinen Sohn nicht zur
Verzweiflung.« – I,1; NA 3, 17.) In dem Brief heißt es
dann: »[...] du sollst hingehen, läßt dir der Vater sagen,
wohin dich deine Schandthaten führen. Auch, sagt er,
werdest du dir keine Hofnung machen, jemals Gnade zu
seinen Füssen zu erwimmern, wenn du nicht gewärtig
seyn wollest, im untersten Gewölb seiner Thürme mit
Wasser und Brod so lang traktirt zu werden, bis deine
Haare wachsen wie Adlers-Federn, und deine Nägel wie
Vogelsklauen werden. Das sind seine eigene Worte.«
(I,2; NA 3, 26.)
  Der Knoten ist damit geschürzt, seine Auflösung dau-
ert im Theater mehr als drei wort- und handlungsreiche
Stunden, bis sich Karl, der aus verlorener Vaterliebe zum
Verbrecher wurde, der Justiz ausliefert, am Ende so edel
wie am Anfang: »Ich erinnere mich einen armen Schelm
gesprochen zu haben als ich herüberkam, der im Taglohn
arbeitet und eilf lebendige Kinder hat – Man hat tausend
Louisdore geboten, wer den grossen Räuber lebendig liefert – dem Mann kann geholfen werden.« (V,2; NA 3,
135.) Dazwischen geschieht viel Grässliches, wie es auf

dem deutschen Theater bis dahin kaum je gesehen und gehört ward.

Karl, der seine Studententorheiten bereut, ist im Begriffe, nach Hause zurückzukehren, seinen Vater um Vergebung zu bitten, seine Braut Amalia von Edelreich, die Nichte seines Vaters, zu heiraten und fortan ein ordentliches Leben zu führen. In diesem Moment erreicht ihn der Brief seines Bruders. Da er diesen so wenig kennt wie seinen Vater (so wenig, wie der Vater seine Söhne kennt), zweifelt er nicht daran, dass ihm die geplante Rückkehr verwehrt ist; er verzweifelt an der Welt, und da er gerade mit Kumpanen zusammen ist, die sich zu einer kriminellen Bande formieren wollen, lässt er sich zum Räuberhauptmann machen in der Annahme, er könne der schlechten Welt (deren Repräsentanten: Vater und Bruder) das Unrecht heimzahlen, das sie an ihm begangen hat. Mit der Bande geht es ab in die böhmischen Wälder.

Franz, der nicht nur den Vater, sondern auch den Bruder beerben will (er begehrt Amalia, die sich ihm standhaft widersetzt), versucht, den Gang der Ereignisse zu beschleunigen, indem er dem Vater durch einen verkleideten Bedienten die Nachricht vom Tod Karls zukommen lässt; den Alten trifft der Schlag, der freilich nicht zum Tod führt. Während sich im Hause Moor die Untaten häufen, sieht es im fernen Böhmen anders, aber nicht besser aus: Die Räuber vergewaltigen, plündern, brandschatzen und morden nach Belieben, meist gegen den Willen ihres Hauptmanns, der nur die Mächtigen der Welt bestrafen will: Reichsgrafen, Minister, Finanzräte, Pfaffen. Zur Befreiung eines Gesinnungsgenossen lässt er allerdings auch schon mal eine ganze Stadt in Schutt und

Asche legen, wie es der Herr mit Sodom und Gomorrha
getan hat. Die Räuber, auch die schlimmsten unter ihnen, zeigen Charakter, als sie sich weigern, das Angebot
der Obrigkeit, ihnen kein Haar zu krümmen (»jedem unter euch soll der Weg zu einem Ehren-Amt offen stehn« –
II,3; NA 3, 71), wenn sie den Chef auslieferten, anzuneh-
men. So kann das Stück, mit sich überstürzenden Ereignissen, noch eine Weile weitergehen. Franz kommt mit
seinen teuflischen Unternehmungen nicht ans Ziel: den
lebendig begrabenen Vater holt ein Diener aus dem Sarg
und verbirgt ihn in einem Verlies; Amalia wird einstweilen kein Opfer der Gewalt, weil sie sich zu wehren weiß:
»*wie er* [Franz] *sie umarmen will, reißt sie ihm den De-
gen von der Seite*« (III,1; NA 3, 76).

In der Mitte des Dramas sollten sich Zuschauern und
Lesern die Fragen aufgedrängt haben, wie Karl wieder
nach Hause kommt, wie er Vater und Braut findet, wie
der böse Franz seiner gerechten Strafe zugeführt wird.
Die Antworten werden bald gegeben. Die Räuberbande
lagert, nach harten Gefechten, an den Ufern der Donau;
Karl ist elegisch gestimmt, preist die Schönheiten der Natur, beklagt sein Schicksal und hat großes Heimweh. Ein
neuer Räuber schließt sich der Bande an und gibt das
Stichwort: auch seine Braut heißt Amalia. Karl macht
sich also auf den Weg ins gräfliche Schloss.

Amalia erkennt ihren Bräutigam beim Wiedersehen
nicht, weil ihn das Räuberdasein sehr verändert hat. Der
treue Diener Daniel ist indes sofort im Bilde: eine Narbe
an der Hand (die Amalia offenbar nie bemerkt hatte)
lässt ihn an der Identität des ›Fremden‹ nicht zweifeln.
Als Karl erfährt, wie Franz mit dem Vater umgegangen
ist, beschließt er, die Freveltat zu rächen. Doch der Böse-

wicht kommt ihm zuvor: Er erdrosselt sich, nachdem er, voll böser, sich zur Lebensangst steigernden Ahnungen, noch einmal in sehr materialistischen, sehr gotteslästerlichen Reden sein Inneres nach außen gekehrt hat. Noch zweimal wird gestorben: Der alte Moor scheidet dahin, als er hört, Karl sei der Hauptmann von Räubern und Mördern; und Amalia, die nun weiß, dass der Bräutigam zurückgekehrt ist, wird auf ihre Bitten von diesem umgebracht, weil die Bande sie für sich fordert.

Was bleibt dem Helden, der ausgezogen war, das ihm angetane Unrecht an der Welt zu rächen? Die Einsicht in seine Irrtümer, in die Vergeblichkeit seiner Existenz. Wenn der Vorhang gefallen ist, steht fest: die Justiz wird mit ihm kurzen Prozess machen.

Die Vorrede, die Schiller seinem Schauspiel zunächst zugedacht, die er dann aber, nachdem sie schon gedruckt war, verworfen hatte, beginnt:

> Es mag beym ersten *in die Hand nehmen* auffallen, daß dieses Schauspiel niemals das Bürgerrecht auf dem Schauplaz bekommen wird. Wenn nun dieses ein unentbehrliches Requisitum zu einem Drama seyn soll, so hat freilich das meinige einen grossen Fehler mehr.
>
> (NA 3, 243)

Gegen eine Darstellung auf der Bühne spreche, so Schiller, »nicht sowohl die körperliche Ausdehnung meines Schauspiels, als vielmehr sein Innhalt«. Denn das Theaterpublikum (»der Pöbel«) würde verführt, den dargestellten Bösewichtern mit Erstaunen, ja Bewunderung zu begegnen, es »würde sich durch eine schöne Seite bestechen lassen, auch den häßlichen Grund zu schäzen, oder wohl gar eine Apologie des Lasters darinn finden«. Das Schauspiel sei zum Lesen, nicht zum Ansehen bestimmt: »Ich schreibe einen *dramatischen Roman*, und kein theatralisches Drama.« (NA 3, 244f.)

Die neu geschriebene Vorrede, die der ersten *Räuber*-Ausgabe hinzugefügt wurde, ist ein wenig länger geraten, mildert die Ausfälle gegen Theater und Publikum, erläutert die Bühnenuntauglichkeit des Stückes genauer und wirft einen Blick auf die Größe und Entsetzlichkeit der beiden Brüder, die der »Natur gleichsam wörtlich abgeschrieben« seien (NA 3, 7) und gerade deshalb bei der Darstellung auf der Bühne zu Fehldeutungen verleiteten. Der erste Satz lautet:

> Man nehme dieses Schauspiel für nichts anders, als eine dramatische Geschichte, die die Vortheile der dramatischen Methode, die Seele gleichsam bei ihren geheimsten Operationen zu ertappen, benuzt, ohne sich übrigens in die Schranken eines Theaterstüks einzuzäunen, oder nach dem so zweifelhaften Gewinn bei theatralischer Verkörperung zu geizen.   (NA 3, 5)

Am Ende ist der selbstbewusste Dichter zuversichtlich, dass seine Intention von den Lesern der *Räuber* richtig erkannt werde:

> Ich darf meiner Schrift, zufolge ihrer merkwürdigen Katastrophe mit Recht einen Plaz unter den moralischen Büchern versprechen; das Laster nimmt den Ausgang, der seiner würdig ist. Der Verirrte tritt wieder in die Gelaise der Geseze. Die Tugend geht siegend davon. Wer

nur so billig gegen mich handelt, mich ganz zu lesen,
mich verstehen zu wollen, von dem kann ich erwarten,
daß er – nicht den Dichter bewundere, aber den recht-
schaffenen Mann in mir hochschäze. (NA 3, 8)

Das Stück kam bald auf die Bühne, in der von Heribert von Dalberg gewünschten Neufassung (als »Trauerspiel«), die in die Substanz des Werks nicht wesentlich
eingriff. Da Schiller, entsprechend seinen *Vorrede*-Über-
legungen, eine unpassende Aufnahme durch das Publikum befürchtete, ließ er durch einen Theateranschlag die
Öffentlichkeit wissen, wie er sich die Reaktion der Zuschauer wünsche. Sie sollten Karl »beweinen und has-
sen, verabscheuen und lieben«, sich vor Franz entsetzen
und einsehen, »daß die unsichtbare Hand der Vorsicht,
auch den Bösewicht zu Werkzeugen ihrer Absicht und
Gerichte brauchen [...] könne« (Schrr. 2, 337; vgl. NA
22, 88).
Die ausführlichste Stellungnahme Schillers zu seinem
Drama findet sich in dem Ende März 1782 erschienenen
ersten Stück des *Wirtembergischen Repertoriums der
Litteratur,* und zwar in Form einer ausführlichen, mit
»K....r.« unterzeichneten Rezension. Die kritischen Bemerkungen sollten natürlich das Lesepublikum nicht ab-
schrecken, sondern für das sonderbare Werk interessieren. Dennoch erscheinen die Einwände im einzelnen
auch heute noch durchaus berechtigt. Einer detaillierten
Inhaltsangabe folgen die Charakterisierung der Hauptpersonen und die Beurteilung dessen, der sie schuf. Gar
nicht einverstanden ist der Rezensent mit der Figur des
abgründigen Bösewichts Franz:

[...] woher kam ihm eine so herzverderbliche Philosophie? Der Dichter läßt uns diese Frage ganz unbeantwortet; wir finden zu all denen abscheulichen Grund-
säzen und Werken keinen hinreichenden Grund, als
das armselige Bedürfniß des Künstlers, der um sein Gemälde auszustaffieren, die ganze menschliche Natur in
der Person eines Teufels, der ihre Bildung usurpirt, an
den Pranger gestellt hat.   (Schrr. 2, 362; vgl. NA 22, 122)

Heftiger Tadel gilt auch Amalia, die sich keineswegs als
»Repräsentantin ihres ganzen Geschlechts« erweise und
erst gegen Ende des Stücks interessant werde.

[...] ich habe mehr als die Hälfte des Stücks gelesen,
und weiß nicht was das Mädchen will, oder was der
Dichter mit dem Mädchen gewollt hat, ahnde auch
nicht was etwa mit ihr geschehen könnte [...], und zudem läßt ihr Geliebter bis zur lezten Zeile des – dritten
Akts kein halbes Wörtgen von ihr fallen. Dieses ist
schlechterdings die *tödtliche Seite des ganzen Stücks*,
wobei der Dichter ganz unter dem Mittelmässigen geblieben ist.   (Schrr. 2, 365 f.; vgl. NA 22, 125)

Es ist bemerkenswert, dass Schiller die ›Philosophie
der Liebe‹, die er nicht erst in seinen *Philosophischen
Briefen* (1786) begründet und erläutert, sondern bereits
während der Arbeit an den *Räubern* in ausgedachten
Liebesgedichten vorgestellt hat, in seinem Drama überhaupt nicht reflektiert.

Kritik übt Schiller auch an der Sprache seines Dramas,
die mal lyrisch und episch, mal metaphysisch, mal biblisch, mal platt sei. »Franz sollte durchaus anders spre-

Edith Clever als Amalia, Bruno Ganz als Franz Moor
Die Räuber. Bremen 1966. Inszenierung: Peter Zadek

chen. [...] Das Mädchen hat mir zuviel im Klopstock gelesen. [...] Im nächsten Drama erwartet man Besserung,
oder man wird ihn [den Dichter] zu der *Ode* verweisen.«
(Schrr. 2, 371 f.; vgl. NA 22, 130.)

Am Schluss nähert sich der anonyme Rezensent dem
anonymen Autor auf durchaus witzige Weise:

> Er soll ein Arzt bei einem Wirtembergischen *Grena-*
> *dier*-Bataillon seyn, und wenn das ist, so macht es dem
> Scharfsinn seines Landesherrn Ehre: So gewiß ich sein
> Werk verstehe, so muß er *starke Dosen* in Emeticis
> eben so lieben als in Aestheticis, und ich möchte ihm
> lieber zehen Pferde, als meine Frau zur Kur überge-
> ben.   (Schrr. 2, 372 f.; vgl. NA 22, 131)

Es ist nicht abwegig, Schillers Beschäftigung mit sich
selbst als Zeichen von Übermut, Koketterie oder auch
Selbstsucht anzusehen. Doch es kann nicht fraglich sein,
dass er seinen Überzeugungen über die Qualität der
Räuber Ausdruck verlieh – zu einer Zeit, als die »Trauerspiel«-Fassung (aus der er zitierte, obwohl er das
»Schauspiel« besprach!) noch gar nicht erschienen war.
Hätte er die bemerkten Schwächen nicht beheben können? Dazu fehlten ihm, dem stets Rastlosen, die Zeit
und das Vermögen. Auch in späteren Jahren stand er
nicht an, gelegentlich seine fertigen Werke kritisch zu
mustern; deren Fehler blieben seinem scharf analysieren-
den Verstand und seinem sicheren Geschmacksurteil
nicht verborgen, und indem er sie aufdeckte, hielt er für
sich fest, dass sie in seiner nächsten Dichtung zu vermeiden seien. Die Regel, dass ein Künstler gewöhnlich ein
schlechter Interpret seiner selbst ist, kann für Schiller

nicht gelten. Manche seiner Urteile sind auch in den vielen Jahrzehnten seines Nachlebens nicht überzeugend korrigiert worden.

Die Wirkung der *Räuber* war beträchtlich. Das Stück galt und gilt bis heute als eines der genialsten Erstlingswerke der deutschen Dramenliteratur, vergleichbar Goethes *Götz von Berlichingen* und Büchners *Dantons Tod*, überlegen Grabbes *Herzog Theodor von Gothland*, Gerhart Hauptmanns *Vor Sonnenaufgang* und Brechts *Baal*. Es galt oft auch mehr als spätere Dramen Schillers, als *Don Karlos* etwa oder *Die Jungfrau von Orleans*, zu schweigen von *Die Verschwörung des Fiesko zu Genua* und *Die Braut von Messina*. Das hat damit zu tun, dass keines seiner Dramen, ungeachtet der leicht zu konstatierenden Fehler, so ›großartig‹ ist wie *Die Räuber*. Was sich kritisieren lässt, trifft nicht, was Schiller wichtig war. Es geht ihm nicht so sehr um die Glaubwürdigkeit oder Wahrscheinlichkeit von Charakteren und Handlungen (oder vorsichtiger gesagt: Lesern und Zuschauern wird es leicht gemacht, darüber hinwegzusehen, dass es das eine nicht gibt und nicht das andere), vielmehr um das Dramatische ›an und für sich‹, das nur eine spannende, wenn auch im einzelnen nicht recht nachvollziehbare Handlung verlangt und eine Sprache, die über die Wirklichkeit hinausreicht und gerade in der Unwahrscheinlichkeit des Geschehens eine Stütze findet. Da sich Autor und Publikum von der Notwendigkeit, dem Gang der Handlung genau zu folgen, befreien sollen, kann sich ihre Aufmerksamkeit auf das richten, *was* gesagt und *wie* gesprochen wird. Da Schiller keine historischen Ansprüche stellt, schafft er sich die Möglichkeit, fünf Akte hin-

durch seine durch Erfahrung beglaubigten oder bloß angelesenen Ansichten über Gott und die Welt, über den
Teufel in Menschengestalt und über die Geschichte öffentlich auszusprechen – so allgemein, dass sich jede Zeit
in dem Gesagten wiederzufinden vermag.

Wenigstens äußerlich hält sich Schiller an die seinerzeit für gültig gehaltenen poetologischen Regeln für den
Aufbau eines Dramas. Im ersten Akt liefert er – ohne lange Vorbereitungen, das heißt auch ohne motivierende
Rückblicke – die Exposition: die Lage im Hause Moor,
die Lage im Kopf Karls, die Gründung der Räuberbande.
»Aber ist euch auch wohl, Vater? Ihr seht so blaß.« So
beginnt Franz das Stück, und der Zuschauer sollte ahnen, dass die Blässe ein Zeichen nahen Endes ist, dessen
Grund schon mit Franz' zweitem Satz angedeutet wird:
»Die Post ist angekommen – ein Brief von unserm Kor-
respondenten in Leipzig. –« Der zweite Akt bringt die
turbulenten Ereignisse, die von der Räuberbande in den
böhmischen Wäldern und von Franz im Hause seines
Vaters inszeniert werden: überall Gewalt. Da die ›Tech-
nik des Dramas‹ vor der Peripetie zunächst einmal Beruhigung (Verweilen, Retardation) verlangt, spielt Amalia
zu Beginn des dritten Aktes ein Lied auf der Laute (bevor Franz sie bedrängt), und dann hat es Karl und die
Seinen an die Donau verschlagen, wo nachgedacht wird
über den Zusammenhang zwischen Vergangenem und
Zukünftigem und der Zuschauer aufgefordert wird, mit-
zudenken und sich seine Urteile zu bilden. (›Epischer‹
geht es auch in Brechtschen Dramen nicht zu.) Der vierte Akt bringt dann, unterbrochen durch lyrisch-musikali-
sche Einlagen, die Vorbereitungen der Katastrophe, die
sich mit vielen Heftigkeiten (drei gewaltsamen Toden

und der Entscheidung Karls, sich der Gerichtsbarkeit zu
überantworten) vollzieht. Die Summe, die der Tagelöhner zu erwarten hat, ist wahrhaft fürstlich – etwa 100 000
Euro in heutiger Währung; ein solcher Betrag ist vermutlich im 18. Jahrhundert auf keinen gesuchten Verbrecher
ausgesetzt worden.[13] So zeigen diese »tausend Louisdore«[14] wie manches andere an, dass Schiller nicht daran
dachte, eine erkennbare Wirklichkeit in seinem »dramatischen Roman« darzustellen.

Schillers anfängliche Skepsis, das Stück könne auf der
Bühne Glück machen, hängt vielleicht auch damit zusammen, dass er nicht nur – was spätestens seit Lessing üblich
war – die Einheiten von Ort und Zeit überspielt hat, sondern auch die noch einigermaßen strenge Forderung nach
der Einheit der Handlung missachtet hat. Die Karl-Hand-
lung und die parallel geführte Franz-Handlung haben fast
gleiches Gewicht. Zur Einheit lassen sie sich freilich führen, wenn die Brüder, die ja nie zusammen auf der Bühne
erscheinen, in eine Person verschmolzen, vielleicht auch
durch einen Schauspieler repräsentiert würden, wenn sie
in ihrer Verschiedenheit, ja Gegensätzlichkeit zusammen-
gefügt würden, in die sich ergänzende Nachkommen-

---

13 Es mag psychologisch zu erklären sein, warum Schiller, der die Not
   der Verschuldung so gut kannte, mit großen Summen zu rechnen be-
   liebte. Als er 1787/88 ungeduldig auf Goethes Rückkunft aus Italien
   wartete, schrieb er einmal (am 19. Dezember 1787) an Körner: »Er
   [Goethe] verzehrt in Italien für nichtsthun eine Besoldung von 18 000
   thal. und sie [die anderen weimarischen Staatsbeamten] müssen für
   die Hälfte des Gelds doppelte Lasten tragen.« (NA 24, 185f.) Goethes
   jährliche Besoldung betrug nicht 18 000, sondern 1800 Taler.
14 In der Trauerspiel-Fassung hat Schiller, vermutlich auf Anraten des
   Theaterpraktikers Dalberg, die Summe erheblich erniedrigt: Der Tagelöhner hat nun nur noch »hundert Dukaten« (NA 3, 236) zu erwarten; das entspricht etwa 6000 Euro.

schaft Maximilians: der Erst- und Zweitgeborene, der ansehnliche und der hässliche Sohn, der idealistische Schwärmer und der materialistische Zyniker, der Möchtegern-Erzengel (der mit dem Schwert) und der Teufel in Menschengestalt, geeint in dem hochfahrenden Wunsch, Herrschaft abzuschaffen, um Herrschaft auszuüben, die Welt zu verändern, dass sie (noch) schlechter oder besser werde. Die Welt blieb, wie sie war, weil der Böse aus schierer Selbstsucht agierte und ganz auf sich gestellt blieb und der vermeintlich Gute seinen Zweck mit schlechten Mitteln (seiner Räuberbande) zu erreichen suchte. Der anscheinend glückliche oder doch gerechte Ausgang des Schauspiels ist in Wirklichkeit natürlich ein katastrophaler, eben weil der Welt, an deren Verkommenheit kaum gezweifelt werden kann, auf die geschilderte Weise nicht beizukommen ist; denn die Mittel der Veränderung waren, zehn Jahre vor der Französischen Revolution, in der Zwangsanstalt Militär-Akademie schwerlich auszudenken, geschweige denn poetisch vorzustellen.

Ich habe grosse Rechte, über die Natur ungehalten zu seyn, und bey meiner Ehre! ich will sie geltend machen. – Warum bin ich nicht der erste aus Mutterleib gekrochen? Warum nicht der Einzige? Warum mußte sie mir diese Bürde von Häßlichkeit aufladen? gerade mir? Nicht anders als ob sie bey meiner Geburt einen Rest gesezt hätte. Warum gerade mir die Lappländers Nase? Gerade mir dieses Mohrenmaul? diese Hottentotten Augen? Wirklich ich glaube sie hat von allen Menschensorten das Scheußliche auf einen Haufen geworffen, und mich daraus gebacken. (I,1; NA 3, 18)

So Franz, der ja in vielem Shakespeares Richard (III.) ähnlich ist, bei seinem ersten Auftritt.[15]

Mir ekelt vor diesem Tintengleksenden Sekulum, wenn ich meinen Plutarch lese von grossen Menschen. [...] Der hohe Lichtfunke Prometheus ist ausgebrannt, dafür nimmt man izt die Flamme von Berlappenmeel – Theaterfeuer, das keine Pfeiffe Tabak anzündet. Da krabbeln sie nun wie die Ratten auf der Keule des Herkules, und studieren sich das Mark aus dem Schädel, was das für ein Ding sey, das er in seinen Hoden geführt hat? [...] Pfui! Pfui über das schlappe Kastraten-Jahrhundert, zu nichts nüze, als die Thaten der Vorzeit wiederzukäuen, und die Helden des Alterthums mit Kommentationen zu schinden, und zu verhunzen mit Trauerspielen.   (I,2; NA 3, 20f.)

So Karl, der viel von Guido in Leisewitz' *Julius von Tarent* gelernt hat, bei seinem ersten Auftritt.[16] Da hatte Franz sich schon weiter zu erkennen gegeben:

Ich habe Langes und Breites von einer sogenannten *Blutliebe* schwazen gehört [...]. Das ist dein Bruder! – das ist verdollmetscht: Er ist aus eben dem Ofen geschossen worden, aus dem du geschossen bist [...]. Aber weiter – es ist dein Vater! Er hat dir das Leben gegeben, du bist sein Fleisch, sein Blut – also sey er dir

15 Richard, Herzog von Gloster, offenbart seine Gesinnung auch bereits, nachdem sich der Vorhang gerade gehoben hat. Auch er ist nicht zuletzt deshalb böse, weil er sich von der ›Natur‹ benachteiligt sieht.
16 Vgl. Guidos kraftmeierische Radotage gegen die »unthätigen Knaben in ihren Seßeln« in der vierten Szene des ersten Akts des Leisewitzschen Trauerspiels.

heilig. Wiederum eine schlaue Konsequenz! Ich möchte doch fragen, *warum* hat er mich gemacht? doch wol nicht gar aus Liebe zu mir, der erst ein *Ich* werden sollte? Hat er mich gekannt ehe er mich machte? Oder hat er mich gedacht, wie er mich machte? Oder hat er *mich* gewünscht, da er mich machte?   (I,1; NA 3, 19)

Und noch einmal Karl (bevor er zum Räuberhauptmann wurde):

Ich soll meinen Leib pressen in eine Schnürbrust, und meinen Willen schnüren in Geseze. Das Gesez hat zum Schneckengang verdorben, was Adlerflug geworden wäre. Das Gesez hat noch keinen grossen Mann gebildet, aber die Freyheit brütet Kolosse und Extremitäten aus. [...] Stelle mich vor ein Heer Kerls wie ich, und aus Deutschland soll eine Republik werden, gegen die Rom und Sparta Nonnenklöster seyn sollen.   (I,2; NA 3, 21)

Die Karten sind gemischt und verteilt, der Ausgang des Spiels ist aber nur scheinbar offen: Dass der Schiedsrichter-Autor am Ende beide verlieren lässt wegen angeblicher Verletzung der Spielregeln, wird schon früh erkennbar. Franz hält sich nicht an die Spielregel, die lautet: Es gibt einen Gott. Und Karl missachtet diese Regel: Der Zweck heiligt nicht die Mittel. Verständlich, dass sich Schiller mit der Verurteilung Karls einigermaßen schwertut; denn er steht ihm ziemlich nahe, glaubt wohl auch, er sei – wenigstens in einzelnen Momenten – erhaben. Dass er ihn auf der Bühne leben lässt und ihn durch einen aus Einsicht gewonnenen generösen Entschluss auszeichnet, ist auch ein Tribut an sich selbst.

Karls Verbrechen, für das er die Verantwortung übernimmt, besteht darin, dass er gegen die Schrecken der
Herrschaft die Schrecken der Herrschaftsbekämpfung gesetzt hat, dass er aus privaten Gründen einen öffentlichen
Krieg führt, ohne zu wissen, was an die Stelle des in Schutt
und Asche gelegten Alten treten werde. Revolutionen müssen anders begründet und anders organisiert werden, als
Karl, ein literarischer Vorfahre und historischer Nachfahre
von Michael Kohlhaas, sich das hatte träumen lassen.

Schiller hat seine Sympathie für Franz natürlich nicht demonstriert; aber es gab sie, denn Franz ist, wenn auch kein
erhabener, so doch ein großer Verbrecher, und mit (fast) jeder Größe sympathisierte Schiller, hier: mit einer unleug-
baren, durch die Aufklärung geschulten Verstandesschärfe,
mit der luziferischen Energie, die eine Emanzipation von
Gott zum Ziel hat, mit der Auflehnung gegen angebliche
Rechte von Natur und Geburt. Franz fällt, weil er in Gedanken, Worten und Werken gegen Bestehendes zu Felde
zieht, ohne darüber nachzudenken, wie aus den Ruinen
eine bessere Welt werden könne. Bevor er zum Werkzeug
seines Todes, zur goldenen Hutschnur, greift, hat er, wie es
Mercier vorschreibt[17], Existenzangst und Ewigkeitsfurcht
und betet wie weiland der Pharisäer im Tempel: »Ich bin
kein gemeiner Mörder gewesen mein Herrgott – hab mich
nie mit Kleinigkeiten abgegeben mein Herrgott –« (V,1; NA
3, 126). Doch nicht sein letzter Dialog (mit dem alten Diener Daniel) hallt am Ende wider, sondern sein vorletzter,
den er mit dem herbeigeeilten Pastor Moser führt:

---

17 »Ja! wann der Dichter, anstatt seinen Tyrannen auf eine feine und
plötzliche Art zu erstechen, mir nur ein einziges mal das Ungeheuer
zeigte, wie es wüthend den Geist aufgibt und für den Greuel seiner
Verbrechen schreckens- und verzweiflungsvoll büßet: wann ich den

Ich weis wol, daß derjenige auf Ewigkeit hofft, der hier zu kurz gekommen ist: aber er wird garstig betrogen. [...] Laß einen Wassertropfen in deinem Gehirne verirren, und dein Leben macht eine plözliche Pause, die zunächst an das Nichtseyn gränzt, und ihre Fortdauer ist der Tod. [...] Ich will aber nicht unsterblich seyn – sey es, wer da will, ich wills nicht hindern. Ich will ihn zwingen, daß er mich zernichte, ich will ihn zur Wuth reizen, daß er mich in der Wuth zernichte.

(V,2; NA 3, 121 und 124)

Das großartige Drama der vereitelten Herrschaftsanmaßung der zweigeteilten Nachkommenschaft des ungefährdeten Feudalsystems (das durch den Grafen von Moor allerdings nicht repräsentiert wird) lebt vor allem von rhetorischen Aufschwüngen, barock anmutendem theatralischen Pomp und Schauer-Effekten. Aber es gewinnt seine überdauernde Wirkung durch die ›Wahrheit‹ des gesprochenen Worts, die unabhängig von den moralischen Qualitäten der Sprechenden besteht als die Philosophie des Autors. Karl und Franz, die beiden Hauptfiguren, sind Sprachrohre Schillers (nicht bloße Kreaturen wie alle anderen); sie sind dessen Selbstprojektionen. So dachte, sprach und fühlte der Carlsschüler wohl: wie

rächerischen Tod sich immer merklicher seinem Gesicht eindrucken, seine Züge sich verlängern, angstvolles Zittern alle seine Gliedmasen und vor andern diese grausame Hand, die Mörderin der Unschuld, durchbeben sähe; wann alles die Heranrückung des Augenblicks, der die Erde tröstet, und den Himmel rechtfertigt, bezeichnete: dann wollte ich mich an den Martern dieses Elenden ordentlich laben; das Wort stehe da und ich werd es nicht ausstreichen.« (*Neuer Versuch über die Schauspielkunst. Aus dem Französischen. Mit einem Anhang aus Goethes Brieftasche*, Leipzig 1776, S. 65.)

Karl und dessen Alter ego Franz. Außerdem, das belegt die Wirkung des Stücks auf der Bühne, denken, sprechen und handeln die beiden Brüder so, dass viele Zeitgenossen sie wiedererkannten – als Repräsentanten ihrer gärenden Epoche.

Das Stück ist ein Aufstand Schillers gegen seine drei Väter, denen er in seinen zwei ersten Lebensjahrzehnten ausgeliefert war: gegen den leiblichen Vater Johann Caspar, gegen den Landesvater Carl Eugen und gegen den himmlischen Vater.[18] Das Ende mit Schrecken bedeutet nicht Schrecken ohne Ende, denn es bleibt ja die Dichtung, die keine Resignation und schon gar nicht Fatalismus verbreiten will. Sie vermag noch nach mehr als 200 Jahren zu faszinieren, und dass es in ihr von Obszönitäten und Gotteslästerungen wimmelt und dass es keine Begründungen für das Böse gibt, sichert ihr einen Platz unter der ›modernen‹ Literatur – ein Colloquium über die Zufälligkeit und Ungerechtigkeit der Natur, über die Willkür und Ungerechtigkeit gesellschaftlicher Herrschaft, über die Unterdrückung und Ausbeutung vieler durch wenige.

Unter dem Eindruck der Mannheimer Uraufführung der *Räuber* schrieb Schiller am 17. Januar 1782 zufrie-

---

18 Schon während der Zeit auf der Carlsschule wurde Schiller die christliche Religion ziemlich fremd, in den folgenden Jahren distanzierte er sich mehr und mehr von ihr. Dagegen spricht nicht, dass er seine vier Kinder taufen ließ und die Frömmigkeit seiner Frau tolerierte oder sogar guthieß. – Schillers 1799 geborene Tochter Caroline hat sich, Jahrzehnte nach ihres Vaters Tod, zuweilen über dessen mangelnden Christenglauben sehr bekümmert, ja besorgt geäußert; sie fürchtete, ihr Gott habe ihn nicht zu sich genommen. Vgl. ihre von B. von Maltzan herausgegebenen Briefe (Berlin 1901) sowie P[auline] Rennecke, »Eine Erinnerung an Schillers Tochter Caroline«, in: *Monatsschrift für Stadt und Land*, Jg. 61, November 1904, S. 1101–1105.

den und in froher Erwartung an Heribert von Dalberg:
»wenn Teutschland einst einen Dramatischen Dichter in
mir findet, so muß ich die Epoche von der *vorigen* Woche zählen« (FA 11, 36). Noch einige Zeit galt ihm das
Stück einiges, sonst hätte er es – zum Beispiel – in seiner
Mannheimer Rede *Was kann eine gute stehende Schaubühne eigentlich wirken?* (1784) nicht in eine Reihe großer Dramen der Weltliteratur gestellt, die im Zuschauer
die Liebe zur Tugend und den Hass gegen das Laster erregen (vgl. NA 20, 92).[19] Doch in späteren Jahren hielt er
das Drama für nicht mehr als eben dies: den Beginn einer Epoche. Eine Aufführung in Weimar (am 16. April
1796) mit Iffland als Franz Moor (wie bei der Uraufführung 14 Jahre zuvor) machte dem kränkelnden Dichter
kein Vergnügen; er verließ, wie sich ein Zeitgenosse erinnerte, das Theater »mürrisch und kränker«.[20] Längst verstand er Goethes Urteil, der Verfasser der *Räuber* sei
»ein kraftvolles, aber unreifes Talent«, das »die ethischen
und theatralischen Paradoxen, von denen ich mich [in
Italien] zu reinigen gestrebt, recht im vollen hinreißenden Strome über das Vaterland ausgegossen« habe (MA
12, 86).

Eckermann hat – durchaus glaubwürdig – von einem
Gespräch mit Goethe berichtet, in dem dieser sich erin-
nerte, ein »Fürst ***«[21] habe ihm einmal während eines
Badeaufenthalts gesagt: »Wäre ich Gott gewesen [...], im

---

19 Auch noch in der 1790 geschriebenen und 1792 erschienenen Abhandlung *Ueber die tragische Kunst* werden *Die Räuber* in einen
ähnlichen Zusammenhang gestellt. Vgl. NA 20, 155.
20 Ludwig Friedrich Göritz, in: *Morgenblatt für gebildete Leser* 1838,
Nr. 227.
21 Es handelt sich um den russischen Fürsten Putjatin, mit dem Goethe
am 5. Juli 1806 in Karlsbad zusammentraf. Vgl. MA 19, 768.

Begriff die Welt zu erschaffen, und ich hätte in dem Augenblick vorausgesehen, daß Schillers Räuber darin würden geschrieben werden, ich hätte die Welt nicht erschaffen.« Und Goethe habe, so erinnerte sich Eckermann, dem Bericht hinzugefügt: »Was sagen Sie *dazu* [...], das war doch eine Abneigung, die ein wenig weit ging, und die man sich kaum erklären konnte.« (MA 19, 189.)

Dass *Die Räuber* sich bis zum heutigen Tag auf der Bühne behauptet haben, das Interesse nicht nur, sondern auch den Beifall eines großen Publikums finden und wenigstens zum ›erweiterten‹ Lesekanon der Gebildeten zählen, hängt sicher mit den Gründen zusammen, die den Fürsten zu seiner – Goethe »ein wenig weit« gehenden – »Abneigung« veranlassten. Das Stück ›passt‹ in eine gottferne Welt, in eine Welt der Ungerechtigkeit und Gewaltsamkeit, in eine Welt schreiender Gegensätze und Beliebigkeiten. Und es fasziniert, unabhängig von seinem ideologischen ›Gehalt‹, durch die Kühnheit des theatralischen Entwurfs und die hochfahrende poetische Sprache.

3. *Die Verschwörung des Fiesko zu Genua*

Als Schiller im September 1782 aus Stuttgart floh, war sein zweites Drama schon fast fertig. Auf den Stoff war er vermutlich 1779 durch die *Denkwürdigkeiten von Johann Jakob Rousseau* aufmerksam geworden, die Helfrich Peter Sturz im selben Jahr veröffentlicht hatte; darin wird Fiesko als eine der bedeutendsten Gestalten der neueren Geschichte erwähnt, der einen Platz neben den antiken Helden, deren Leben Plutarch erzählt hat, verdient habe. In seiner Ende 1780 eingereichten Dissertation *Versuch über den Zusammenhang der thierischen Natur des Menschen mit seiner geistigen* hat Schiller beiläufig seine Kenntnis der Genua erschütternden Ereignisse des Jahres 1547 angedeutet: »Katilina war ein Wollüstling, eh er ein Mordbrenner wurde; und Doria hatte sich gewaltig geirret, wenn er den wollüstigen Fiesko nicht fürchten zu dörffen glaubte.« (NA 20, 65.) Das spricht dafür, dass er bereits mit historischen Quellen – vor allem mit William Robertsons *Geschichte der Regierung Kaiser Carls des V.* und *Des Kardinals von Retz Histoire de la conjuration du comte Jean Louis de Fiesque* – vertraut war (vgl. NA 4, 241–243).[22] Intensiv arbeitete Schiller aber wohl erst seit Anfang 1782, nach Abschluss der *Räuber*, an dem neuen Stück, dessen Handlung ihn, wie sein Freund Andreas Streicher sich erinnerte, wegen der außergewöhnlichen »Verwiklungen« (NA 4, 245.) besonders anzog. Am 15. Juli kündigte er Dalberg, dem Mannheimer Intendanten, an: »Mein Trauerspiel [...] wird biß in die Mitte des Augusts fertig, und fähig seyn, Euer Exzellenz zur Prüfung vorgelegt zu werden.« (FA 11, 43.)

Am 27. September 1782, drei Tage nach der Ankunft in Mannheim, präsentierte Schiller sein neues Stück im Hause des Regisseurs Wilhelm Christian Dietrich Meyer vor zahlreichen Mitgliedern des Theaters und erntete beißende Kritik, die Meyer so zusammengefasst haben soll:

---

22 Die Vorbemerkung der Druckfassung (1783) des *Fiesko* beginnt: »Die Geschichte dieser Verschwörung habe ich vorzüglich aus des Kardinals von Rez Coniuration du Comte Jean Louis de Fiesque, der Histoire des Coniurations, der Histoire de Gènes und Robertsons Geschichte Karls V. – dem 3ten Theil – gezogen.« (NA 4, 9)

»Wenn Schiller wirklich die Räuber und Fiesco geschrieben, so hat er alle seine Kraft an dem ersten Stük erschöpft, und kann nun nichts mehr, als lauter erbärmliches, schwülstiges, unsinniges Zeug hervorbringen.« (NA 4, 251.) Die Ablehnung hatte mit Schillers Vortragsweise zu tun. Die Verbindung von schwäbischer Aussprache und übersteigertem Pathos machte es den Zuhörern unmöglich, die Qualität des Textes zu erkennen. Meyer änderte indes seine Ansicht, nachdem er das – noch nicht ganz fertige – Stück gelesen hatte: Er wolle es dem Intendanten zur Aufführung empfehlen, versprach er Schiller bereits einen Tag nach dem Vorlese-Debakel.

Im Oktober und November 1782 vollendete Schiller im Oggersheimer Exil sein zweites Drama. Der Text, der vermutlich im wesentlichen der Druckfassung entspricht, die im April 1783 bei Schwan in Mannheim erschien, fand allerdings nicht die Billigung Dalbergs, so dass an eine Aufführung in Mannheim einstweilen nicht zu denken war. Erst im Herbst 1783, in Wochen schweren körperlichen Leidens, entstand eine Theaterfassung, die zuerst am 11. Januar 1784 auf der Mannheimer Bühne gegeben wurde – mit nur mäßigem Erfolg. Schon lange vorher, am 20. Juli 1783, hatte Gustav Friedrich Wilhelm Großmann auf dem Kurfürstlichen Theater in Bonn nach der gedruckten Fassung die Uraufführung des Stücks besorgt – ohne große Wirkung auf das Publikum. Es blieb dabei: Mit- und Nachwelt haben *Fiesko* nicht sonderlich geschätzt. Das schwache Stück, hieß es zuweilen, sei nur deshalb nicht der Vergessenheit anheimgefallen, weil sein Verfasser der hervorragendste deutsche Dramatiker sei.

Der Kenner des modernen – oft genug ›absurden‹ – Theaters kann sich als Leser und Zuschauer dieses »republikanischen Trauerspiels« in vertrauter Umgebung fühlen: Wenig ist verständlich, noch weniger wahrscheinlich; die überbordende Handlung ist so verwirrend, dass nur derjenige, der mit ihr vertraut ist, den roten Faden nicht verliert; und wenn er sich daran hält, muss er das Eigentliche des Stücks aus den Augen verlieren, nämlich seine Sprache, seine Dialoge, seine Gesten, viel Tumultuarisches, das Mit- und Durcheinander von Liebe und Gewalt, Intrigen und hohen Gesinnungen, deren Summe das dramatische Geschehen im einzelnen vergessen lässt.

Im Jahre 1547 droht dem staatsrechtlich als Republik konstituierten Herzogtum Genua, das vom greisen Dogen Andreas Doria, einem aufgeklärten Herrscher (nach dem Vorbild des Fürsten Constantin in Leisewitz' *Julius von Tarent*) regiert wird, eine Revolution, die zur ›wahren‹ republikanischen Staatsform führen soll, mit der des Herzogs Neffe, sein designierter Nachfolger Gianettino Doria, nichts im Sinn hat. Von ihm ist vielmehr das Schlimmste zu erwarten: der Rückfall in die Despotie. Gegen ihn (und damit auch gegen den regierenden Herzog) richten sich die Umsturzpläne.

An den historischen Ereignissen (wie sie als ›wirklich‹ geschehene überliefert sind) hatte Schiller kein besonderes Interesse. Er war fixiert auf das Denken und Handeln der von ihm ins Große, Erbärmliche und auch Tragische stilisierten Personen, die – sofern sie im Drama wichtige Rollen zu spielen haben – dem Leser schon im Personenverzeichnis mit ihren besonderen Merkmalen vorgestellt werden. So heißt es von Gianettino: »Rauh und anstößig in Sprache, Gang und Manieren. Bäurischstolz. Die Bil-

dung zerrissen.« Fieskos Vertrauter Lomellino wird als
»ausgetrokneter Hofmann« charakterisiert. Auch die Angaben über Julia, verwitwete Gräfin Imperiali, die Schwester Gianettinos, die anscheinend zur Partei der Herrschenden gehört, verheißen nichts Gutes: »Stolze Kokette. Schönheit verdorben durch Bizarrerie. Blendend und
nicht gefallend.« Da sie aber – als Frau – nicht politisch
agiert, fällt ihr die politisch folgenreiche Rolle der Diabola
zu – als Handelnde nicht nur, sondern auch als Duldende.

Fiesko, Graf von Lavagna, ist das Haupt der Verschwörung. In ihm mischt sich vieles, das einem Revolutionär,
einem Parvenü, einem Großmannssüchtigen zustatten
kommen kann: »Junger schlanker blühendschöner Mann
von 23 Jahren – stolz mit Anstand – freundlich mit Majes-
tät – höfischgeschmeidig, und eben so tükisch.« Ihm zur
Seite steht eine unter ihm und unter den Verhältnissen leidende Gemahlin. Ihr Name war den Kennern altdeut-
scher Sagen und neuerer Lyrik, der Balladen Bürgers vor
allem, Programm: Leonore. Schiller entwarf sie für sein
weibliches Publikum, das weinen möchte, weil es wusste
(und weiß?), dass es gebraucht (missbraucht) wird im
Planspiel der Herrschenden. Über das Eigentümliche
Leonores unterrichtet ebenfalls das Personenverzeichnis:
»Blaß und schmächtig. Fein und empfindsam. Sehr anzie-
hend aber weniger blendend. Im Gesicht schwärmerische
Melancholie. Schwarze Kleidung.«

Schillers Bedürfnis, sich in der Gestalt des Fiesko ein
wenig zu spiegeln, seinen Helden aber gleichzeitig moralisch zu überbieten, führte dazu, zwei weitere Hauptfiguren mit trefflichen Eigenschaften auszustatten: Verrina,
schon 60jährig (»Schwer, ernst und düster. Tiefe Züge.«),
erscheint zunächst als ein Republikaner aus reiner Über-

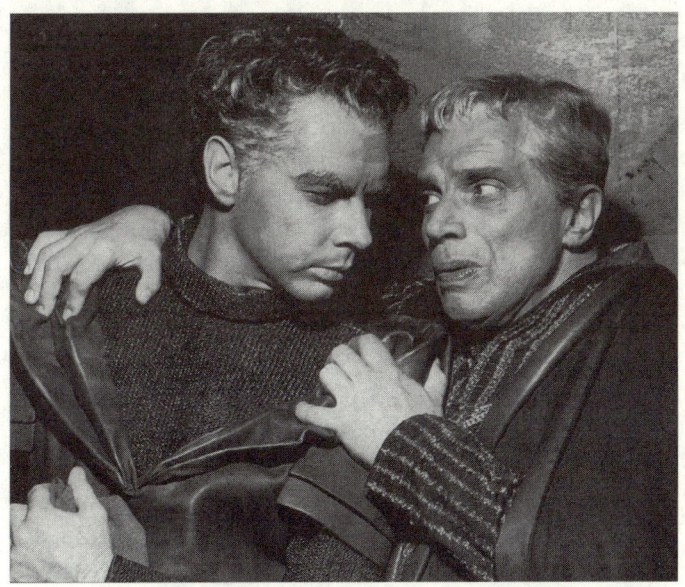

Rolf Henniger als Fiesko und Walter Franck als Verrina
Die Verschwörung des Fiesko zu Genua. Schiller-Theater Berlin, 1958.
Inszenierung: Gustav Rudolf Sellner

zeugung, dem es nur um das Gemeinwohl zu tun ist und der deshalb einen Umsturz, der Fiesko an die Spitze des Staates brächte, für nicht weniger bedrohlich hält als den Machtantritt Gianettino Dorias. Und dann ist da noch Bourgognino, Verrinas prospektiver Schwiegersohn, ein 20jähriger edler Jüngling, der das Ensemble der die Handlung bewegenden Figuren vervollständigt. Er ist uneigennützig um die gerechte Sache der Republik im Einsatz. Seine umworbene Bertha ist ganz Unschuld und hat deshalb viel zu leiden.

Zu den vielen Hauptpersonen, die alle (auch wenn ihre Charaktere ›gemischt‹ sind) männliche und weibliche Typen darstellen und untereinander ein kunterbuntes Vielerlei ausmachen, treten noch etliche Nebenpersonen, der einen oder anderen Partei zugeordnet. Nur einer dient, aus Kalkül, mehreren Herren: der Mohr Muley Haßan, der schließlich erfährt, dass ihm seine Dienste schlecht gelohnt werden: »Der Mohr hat seine Arbeit gethan, der Mohr kann gehen.« (III,4; NA 4, 73.)

Mit den ersten Worten des Dramas werden die unheilvollen Ereignisse präludiert: »Nichts mehr. Kein Wort mehr. Es ist am Tag.« So deutet Leonore, nachdem sie ihre Maske, mit der sie auf der Bühne erschienen ist, abgenommen hat, an, was sie erkannt hat: dass ihr maskierter Mann, Fiesko, der Gräfin Imperiali nahegekommen war. Eine Dreiecksgeschichte kündigt sich an, und das Interesse mag sich darauf richten, wie es zu ihr kam und wie sie enden wird. Doch die Geschichte ist so kompliziert, der Spannungsbogen so schwach, dass dem, der sich auf den Fortgang des Ehedramas konzentriert, leicht Wichtigeres entgehen kann: das *Wie* des Gesprochenen und Gespielten, außerdem die weiteren ineinander verknoteten Handlungen und auch hier: das *Wie*. Gianettino, in einen grünen Mantel gehüllt, gibt dem Mohr den Auftrag, den weiß Maskierten umzubringen. Wer versteckt sich hinter der Maske? Warum kommt es zum Komplott? Die Antworten werden verschoben, denn eine andere Partei, in schwarzen Mänteln, stellt sich vor: zwei Verschwörer, von denen einer Leonore liebt (es scheint, er habe sich deshalb gegen das Bestehende verschworen) und der andere von Schulden gedrückt ist (und wieder kann vermutet werden, dass er deshalb am

Umsturz interessiert ist). Die drei Eingangsszenen häufen Fragen auf Fragen, Rätsel auf Rätsel, alles wird sich aufklären, aber am Ende steht die unbefriedigende, weil banale Einsicht: Die Revolution bedarf der Zukurzgekommenen, die, wenn die Erhebung scheitert, nichts gewinnen und nichts verlieren. Kaum etwas anderes als die schiere Lust am theatralischen Verwirrspiel, am großen Spektakel, das dem ›wirklichen‹ Leben ähnelt, kann Schiller zu dieser Demonstration des Ungleichen in der Gleichzeitigkeit, der Ortlosigkeit des auf der einen und einzigen Bühne Gebotenen getrieben haben.

Fiesko (im weißen Mantel!) buhlt um Julia; dass er sie nicht liebt, wird angedeutet. Warum betreibt er den Aufwand? Erst später wird klar, dass er sie gegen ihren Bruder Gianettino benutzen will. Weiße Maske – weißer Mantel: Fiesko ist es also, der nach dem Willen des grün Gekleideten umgebracht werden soll? Dieser Grüne war Gianettino, und nun lässt sich eine einfache (und deshalb wahrscheinlich falsche) Antwort auf die Frage, warum dieser Mord geschehen solle, finden: Die Ehre der herzoglichen Familie darf durch den Grafen nicht angetastet werden.

Da nun Fiesko, der den Schein erweckt, als liebe er außerhalb der herkömmlichen Ordnung, indirekt als Gegenspieler Gianettinos kenntlich geworden ist, muss diesem Gelegenheit gegeben werden, sich in seinem Gebaren gegenüber dem schwachen Geschlecht zu zeigen: Er ist in der Lorenzokirche Bertha, der Tochter Verrinas, begegnet[23]; sie hat sein Begehren geweckt, und er schändet sie.

23 Dass sinnliche Begehren in einer Kirche geweckt werden, ist ein nicht selten behandeltes Thema (oder Motiv) der Literatur (nicht zuletzt der deutschen Literatur der zweiten Hälfte des 18. und der ersten Hälfte

Der erste Aufzug der Tragödie hat 13 Auftritte, die folgenden vier fügen weitere 62 hinzu; damit übertrifft Schillers *Fiesko* in der Zahl der Auftritte Goethes *Götz von Berlichingen* beträchtlich.[24]

Die zerrissene Haupthandlung lässt sich nur unter Vernachlässigung wichtiger Details zusammenfassen und beansprucht dennoch, damit der rote Faden nicht völlig verschwindet, ziemlich viele Sätze, die zuweilen auch andeutend zu kommentieren sind.

Gianettino, der despotische Wollüstling, strebt zur Herrschaft in Genua; auf dem Wege dorthin ist ihm Fiesko im Wege, und Bertha will er besitzen, weil sie die Tochter des aufrechten Republikaners Verrina ist. Dieser tritt erst am Ende des ersten Aufzugs in Erscheinung. Er lässt sich sein Schwert holen, als er erfährt, was Bertha angetan worden ist, tötet sie aber nicht: »Nein! Noch ist Gerechtigkeit in Genua!« (I,10; NA 4, 32.) Wenig später erfährt auch Bourgognino, der Brautwerber, das Schreckliche; er wendet sich ebenfalls nicht von der Geschändeten ab, hält ihr die Treue, nicht achtend das Comment einer Zeit, in der es verständlich war, dass Odoardo Galotti seine Tochter Emilia tötete um ihrer Tugend willen. »So gewis ich dieß Schwerd im Herzen Dorias umkehre,

des 19. Jahrhunderts), dem, wie es scheint, die Literaturwissenschaft noch nicht die gehörige Aufmerksamkeit geschenkt hat. Petrarcas erste Begegnung mit seiner Laura (1327 in einer Kirche in Avignon) ist kein Vorbild; denn in den meisten Fällen (so auch in Schillers *Die Braut von Messina*) hat die am geheiligten Ort angeknüpfte Beziehung keine erfreulichen Folgen gezeitigt. Die Aufhebung von – auch durch Standesschranken bedingten – Distanzen begünstigte offenbar in vielen Fällen das ›Versehen‹ dessen, der lieben wollte. Ein weites Feld.

24 Im *Götz von Berlichingen* kommt es allerdings zu häufigeren Ortswechseln als im *Fiesko*.

so gewis will ich den Bräutigamskuß auf deine Lippen drüken.« (I,12; NA 4, 35.) Verrinas Kommentar ist in doppelter Bedeutung unerhört: »Das erste Paar, das die Furien einseegnen.« (Ebd.)

Fiesko macht es spannend: Er lässt die Mitspieler und das Publikum lange im unklaren, was ihm an der Gräfin Imperiali liegt, also auch, ob er seiner besorgten Leonore untreu ist oder nicht; er spielt eine Oper, mengt gesten- und wortreich Privates, Gesellschaftliches, Politisches in- einander, wie es ihm beliebt, und es scheint, er wolle nur demonstrieren, dass er großartig sei. Er hat wohl Machia- vellis *Il principe* gelesen, doch fehlt ihm die »virtù«, um konsequent handeln zu können.

Die Ermordung Fieskos gelingt nicht. Der Mohr, eine Marionette nur, soll nun gegen den Despoten ins Feld ge- schickt werden; auch dieses Unternehmen scheitert na- türlich. Und irgendwann wird klar: Es geht in dem Stück nicht in erster Linie um den politischen Fortschritt, nicht um Siege und Niederlagen, nicht um republikanische Tu- genden. Die bestehende Herrschaft, die der eine ›legal‹ beerben und der andere durch einen Umsturz für sich ge- winnen will, ist ja so übel nicht. Allein die Gefahr künfti- gen Missbrauchs durch den Prätendenten führt die Ver- schwörer zusammen; und deren Anführer, Fiesko, er- scheint – nicht zuletzt aus moralischen Gründen – wenig geeignet, die Geschicke Genuas künftig zu lenken. Verri- na bildet die Ausnahme unter denen, die auf eine Verän- derung des Bestehenden drängen. Er bleibt sich treu – bis zur Unterwerfung unter die alte Herrschaft, nachdem die Bedrohung durch das Neue nach dem gewaltsamen Tod der Kontrahenten nicht mehr besteht.

Fiesko wirbt um eine neue Herrschaft in neuer Zeit;

dabei bringt er auch, republikanische Ideen auf den Kopf stellend, die Möglichkeit einer Monarchie ins Spiel. Und er will mit Hilfe ausländischer Hilfstruppen sein Ziel, als das er die Entmachtung Gianettinos ausgibt, erreichen. Dieser wittert die Gefahr und beschließt, kurzen Prozess zu machen: Zwölf Senatoren sollen sterben, ihr Tod wird ihm den Weg zur Herrschaft ebnen. Aber so schnell wie gedacht geht das nicht. Inzwischen ist Verrinas große Stunde gekommen; denn er hat eine Einsicht: »Den Tyrannen [gemeint ist Andreas Doria] wird Fiesko stürzen, das ist gewis! Fiesko wird Genuas gefährlichster Tyrann werden, das ist gewisser.« (III,1; NA 4, 66.) Die Rollen werden verteilt: Bourgognino wird seine Rechnung mit Gianettino begleichen, Verrina selbst wird sich Fieskos annehmen. Doch wann? Wenn Fiesko an der Macht ist? Und wer soll nach seiner Entmachtung in Genua herrschen? Im Figurenensemble des Stücks findet sich kein Anwärter; also war die republikanische Tragödie schon vor dem Anfang des Stücks – das, ganz im Sinne Merciers, keine Geschichte abbilden wollte[25] – unausweichlich. Die politische Tragödie, an die in der Dreiecksgeschichte Fiesko – Gianettino – Verrina erinnert wird, tritt hinter zwei private, moralisch verhandelte Dreiecksge-

---

25 »Die Geschichte [...] ist eine angenommene Fabel. [...] Die Geschichte ist der Zusammenfluß menschlicher Verbrechen, sie dünstet einen Todtengeruch von sich, und scheint, da alle vergangene Unglücksfälle die gegenwärtigen schwächen, durch eine, wie man annimmt, physische Verbindung sogar zukünftiges Elend zu zeugen [...]. Ich wollte sagen, daß alle Personen unsrer Trauerspiele entweder ihr Wesen, oder ihren Karakter dem Dichter zu danken haben; daß die Geschichte immer verfälscht wird, und daß es nie eine solche Regierungsform auf Erden gegeben hat, in welche man nach der Strenge die vollkommenste unsrer Tragödien verlegen könnte.« (*Neuer Versuch über die Schauspielkunst* [wie S. 133, Anm. 17], S. 60–63.)

schichten – Fiesko – Leonore – Julia und Gianettino – Bertha – Bourgognino – zurück. *Fiesko* ist auch ein bürgerliches Trauerspiel am Ausgang der Aufklärung und ist zugleich ein Drama der Zufälligkeiten am Beginn der Moderne.

Die Verwicklungen lösen sich so: Als Fiesko erfährt, dass Gianettino die Verschworenen ermorden lassen will, beeilt er sich, die ›republikanische‹ Erhebung ins Werk zu setzen. Andreas Doria ist freilich durch den Mohren über den Umsturzplan unterrichtet worden und schickt diesen gefesselt zu dessen Herrn zurück: »Dieser Mohr warnt mich vor einem Komplott – Ich sende ihn hier gebunden zurük, und werde heute Nacht *ohne Leibwache* schlafen.« (IV,9; NA 4, 92.) Fiesko, der Wankelmütige, ist beschämt, will das Unternehmen aufgeben, wird aber von Verrina mit Heftigkeit zur Rede gestellt und bedroht: »Bist du wahnsinnig Mensch? War es denn irgend ein Bubenstreich, den wir vorhatten? [...] woltest du nur dem *Andreas* zu Leibe, nicht dem Tyrannen? Halt! sag ich – ich verhafte dich als einen Verräther des Staats –« (IV,9; NA 4, 93). Fiesko, derart bedrängt, beschließt auf der Stelle, Anführer der Rebellen zu bleiben.

Es fügt sich, dass Bourgognino auf Gianettino trifft und die Gelegenheit nutzt, diesen zu töten. Der Tote wird fortgeschafft, sein Hut und sein Mantel bleiben zurück. Leonore, die es nicht in der Sicherheit ihres Hauses hält, wenn sie den geliebten Mann im Kampf weiß, findet Gianettinos Kleidungsstücke, zieht sie an und erleidet deshalb ein schreckliches Ende: Als sie auf Fiesko trifft, bringt dieser sie um. Natürlich wird alsbald die Identität der Ermordeten entdeckt, und Fiesko spricht Hochpathetisches über Gott, die Natur, das Schicksal.

Wie das, in raschem Wechsel der Haltungen, Gebärden und Gemütsbewegungen, zu geschehen hat, schreiben die Regieanweisungen vor, für die es in der Geschichte der Dramenliteratur vermutlich kein vergleichbares Beispiel gibt: Fiesko wirft *»einen forschenden Blik«* auf Leonore, zieht ihn *»starr und langsam unter Verzerrungen«* zurück, klagt *»hinauswüthend in einem gräßlichen Schrei«* die Hölle an, *»sinkt durchdonnert zu Boden«*, spricht *»matt aufgerichtet, mit dumpfer Stimme«*, wenig später *»mit schrökhafter Beruhigung«*, dann *»mit leiser bebender Stimme«* und wieder *»heftiger«*; er wankt *»todesmatt«* zurück, *»sucht mit verdrehten Augen im ganzen Kreis herum, [spricht] darauf mit leiser schwebender Stimme, die stufenweis bis zum Toben steigt«*, *»viehisch um sich hauend«*, *»mit frechem Zähnblöken gen Himmel«*, *»in holes Beben hinabgefallen«*, *»rascher, wilder«*, *»mit gräßlicher Freude«*, *»den stieren Blik in einen Winkel geheftet«*, *»mit Schauern zur Leiche gehend«*, *»nachdrüklicher«*, *»verächtlich«*, *»mit schröklichem Nachdruk«*, *»beissend lächelnd«*, *»erschöpft und stiller, indem er im Zirkel herumblikt«*, *»in stillen Schmerz geschmolzen«*, *»in ernster rührender Stellung vor der Todten verweilend«*; *»sinkt weinend an ihr nieder«*, spricht *»weich, mit Wehmut«*, *»lebhafter«*, *»rührender«*; *»er weint heftiger, und verbirgt sein Gesicht an der Leiche«*.

Nach dieser Demonstration mimischer, gestischer und sprachlicher Kunst (die vielleicht keinem Schauspieler zu Gebote steht und in ihrer Intensität schwerlich vom Publikum wahrgenommen werden könnte) steht Fiesko *»gefaßt und vest auf«* und hält eine kleine Ansprache: »Höret Genueser – die Vorsehung, versteh ich ihren

Wink, schlug mir diese Wunde nur, mein Herz für die nahe Größe zu prüfen? – Es war die gewagteste Probe – izt fürcht ich weder Quaal noch Entzüken mehr. Kommt. *Genua erwarte mich*, sagtet ihr?« (V,12f.; NA 4, 113–116.)

Verrina weiß es ja längst: Gelänge Fiesko der Sturz Andreas Dorias, wäre es um das Schicksal Genuas schlecht bestellt; darum stößt der verschworne Republikaner den tückischen Parvenü ins Meer; dann beschließt er das Trauerspiel: »Ich geh zum Andreas.« (V,17; NA 4, 121.)

Verrina, der republiksüchtige Moralist, avanciert im Laufe des Stücks zur problematischen Hauptperson: Er bewahrt Genua vor einem schlimmen Tyrannen, aber es gelingt ihm nicht, der Republik Genua eine Perspektive für die Zukunft zu eröffnen. Er hat sich in dem revolutionär auftrumpfenden Fiesko einige Zeit getäuscht, ihn dann als Mittel zum Zweck benutzt; und er hat gering geachtet, dass der 80jährige Doge ein gemäßigter Herrscher und keineswegs der Repräsentant eines verabscheuungswürdigen politischen Systems ist. Am Ende, nachdem er mit eigener Hand besorgt hat, was in der ›wirklichen‹ Geschichte durch Zufall geschah, akzeptiert er das Bestehende – weil der Traum von republikanischen Freiheiten (noch) nicht à jour war.

Aber um eine Geschichtslektion ging es Schiller ja nicht, auch nicht um den tragischen Untergang eines Helden, auch nicht um das tragische Ende einer Volkserhebung.[26] Tragisch endet, wie in den *Räubern*, eine Frau:

26 Da die Mannheimer Intendanz mit dem Schluss des Trauerspiels nicht einverstanden war, erfand Schiller für die Bühnenfassung kurzerhand ein völlig anderes Ende: Er lässt Verrina vor versammeltem Volk An

Leonore, ihres Mannes Spielball. Da sie mit größerer Aufmerksamkeit bedacht wird als Amalia, rührt ihr Schicksal mehr als das der Räuberbraut. Nicht tragisch im eigentlichen Sinn ist trotz ihrer Vergewaltigung Bertha; sie wird doch schließlich, so lässt sich – nicht ohne Zynismus – argumentieren, an der Seite Bourgogninos ihr Glück machen. Wenig Tragik also, aber trotzdem ein Trauerspiel: Das Großgedachte, der Fortschritt der Geschichte gelingt nicht.

Dass, wie gelegentlich gesagt wird, die unberechenbare Nemesis den Machtmenschen Fiesko in seine Schranken gewiesen habe, um die sittliche Ordnung der Welt zu sichern, lässt sich kaum dem Text des Trauerspiels entnehmen. Wenn die physische Welt verbirgt, was sie bewegt, mag es naheliegen, die Metaphysik zu bemühen, um den Weltlauf befriedigend zu erklären. Das kann dann ad libitum geschehen, wenn der Dramatiker keine Hinweise gibt, wie er verstanden werden möchte. *Fiesko* kommt ohne den Anspruch aus, Gerechtigkeit aus dem Jenseits (drohend oder verheißend) zu inszenieren. Der Dichter belässt es bei dem Unerklärlichen ›an und für sich‹, das um so größer, vielleicht sogar erhabener ist, je entschiedener sich das Geschehen jedem Zwang, auch einem von ›oben‹ wirkenden, entzieht. Hier rührt – wie auch in an-

klage erheben gegen Fiesko, beschwört ihn, auf den Purpur zu verzichten; dieser indes hängt auf einmal wieder allen republikanischen Tugenden an und bekennt sich zum neuen Staat, zur Freiheit: »Ein Diadem erkämpfen ist Gros – es wegwerfen, göttlich. Seid *frei*, Genueser! *er zerbricht das Zepter, und wirft die Stücke unter das Volk* Und die monarchische Gewalt vergehe mit ihren Zeichen!« Darauf Verrina: »*begeistert in seine Arme stürzend.* Ewig!« (V,6; NA 4, 229–230.) Die Mannheimer Bühnenfassung ist nicht mehr ein »republikanisches Trauerspiel«, behielt aber die Gattungsbezeichnung »Trauerspiel«.

deren Dramen Schillers – die Spannung gerade daher, dass die Konflikte und deren Lösungen nur äußerlich bleiben und dass alles Geschehene allein deshalb notwendig ist, weil es geschehen ist – zufällig. Der Zufall führt in *Fiesko* Regie, er trägt die Namen der Akteure, die scheitern, da sie Schein und Sein durcheinanderwerfen (Fiesko) oder von fixen Ideen beherrscht werden, die den Blick auf die Realität versperren (Verrina).

Fiesko ist – wie Karl Moor und sein Bruder Franz – von Schiller so konzipiert, dass er selbst ihn als Fleisch von seinem Fleisch, als Geist von seinem Geist hat wiedererkennen können, gleichsam als poetisches Modell seiner ›Selbstheit‹. Fiesko lässt nichts Geheimnisvolles um sich, macht das Publikum schaudern und bewundern, wenn er sich zum Beispiel, genau in der Mitte des Stücks, mit hohem Pathos offenbart:

Diese majestätische Stadt! [...] *Mein!* – und drüber emporzuflammen gleich dem königlichen Tag – drüber zu brüten mit Monarchenkraft – all die kochenden Begierden – all die nimmersatten Wünsche in diesem grundlosen Ozean unterzutauchen? – – Gewis! Wenn auch des Betrügers Wiz den Betrug nicht adelt, so adelt doch der Preiß den Betrüger. Es ist schimpflich eine Börse zu leeren – es ist frech, eine Million zu veruntreuen, aber es ist namenlos gros eine Krone zu stehlen. Die Schande *nimmt ab* mit der *wachsenden* Sünde. [...] *Gehorchen!* – *Herrschen!* – ungeheure schwindlichte Kluft – Legt alles hinein, was der Mensch kostbares hat – eure gewonnene Schlachten, Eroberer – Künstler, eure unsterblichen Werke – eure Wollüste, Epikure – eure Meere und Inseln, ihr Welt-

Gerald Fiedler als Fiesko (vorn)
Die Verschwörung des Fiesko zu Genua. Deutsches Nationaltheater
Weimar, 1991. Inszenierung: Leander Haußmann

umschiffer. *Gehorchen und Herrschen! – Seyn und
Nichtseyn!* Wer über den schwindlichten Graben vom
lezten Seraph zum Unendlichen sezt, wird auch diesen
Sprung ausmessen.   (III,2; NA 4, 67)[27]

Wie in den *Räubern* dienen auch im *Fiesko* mehrere
Personen als Sprachrohre des Dichters. Sie sind witzig,
zynisch und nur rhetorisch, empfindsam und kalt. Gia-

27 Für den Schluss der Buchausgaben seines *Geistersehers* (siehe unten,
S. 391) hat Schiller auf diese Gedanken zurückgegriffen, indem er den
Prinzen von *** ausrufen lässt: »Es giebt nur *Einen* Unterschied unter
den Menschen – Gehorchen oder Herrschen!« Und wenig später:
»Bey Gott! Es ist etwas Großes um eine Krone!« (*Der Geisterseher*
[...], Leipzig 1792, S. 309; vgl. Schrr. 4, 346 und NA 16, 156.)

nettino nennt seine Schwester »ein Stük Weiberfleisch, in einen grosen – grosen Adelbrief gewikelt« (III,8; NA 4, 79). Eine Nebenfigur (Kalkagno) erwartet nicht viel von den Folgen einer Staatsveränderung: »Wärme mir einer das verdroschene Mährgen von Redlichkeit auf, wenn der Banquerott eines Taugenichts, und die Brunst eines Wollüstlings das Glück eines Staats entscheiden.« (I,3; NA 4, 17.) Und ein anderer (Zibo), von Fiesko gefragt, worüber er nachsinne, antwortet: »*Ueber Nichts oder einem Possenspiel, das das Erdbeben heissen soll.*« (II,5; NA 4, 46.) Der Mohr ist sich gewiss, dass er mit Fiesko zu großen Taten befähigt sei: »Wir zwei wollen Genua zusammenschmeissen, daß man die Geseze mit dem Besen aufkehren kann –« (III,4; NA 4, 71). Leonore spricht die schönen, aus Herz und Verstand kommenden Sätze:

> *Liebe* hat *Thränen*, und kann Thränen *verstehen*; *Herrschsucht* hat eherne Augen, worinn ewig nie die Empfindung perlt – *Liebe* hat nur *ein* Gut, thut Verzicht auf die ganze übrige Schöpfung, *Herrschsucht* hungert beim Raube der ganzen Natur – *Herrschsucht* zertrümmert die Welt in ein rasselndes Kettenhaus, *Liebe* träumt sich in jede Wüste Elisium. (IV,14; NA 4, 100)

Für eine so edle liebende Seele ist die Welt nicht eingerichtet. Sie muss, und sei es durch puren Zufall, in den Händeln der Herrschenden zu Tode gebracht werden.

In einer Vorbemerkung zum Erstdruck des *Fiesko* hat Schiller seinen Lesern zu erklären versucht, warum er sich als Dichter über die Geschichte habe hinwegsetzen müssen: Der Held könne als nur politisch Handelnder

auf kein Interesse rechnen, er müsse in die »Menschheit«
eingebunden sein:

> Freiheiten, welche ich mir mit den Begebenheiten her-
> ausnahm, wird der Hamburgische Dramaturgist [Les-
> sing] entschuldigen, wenn sie mir geglükt sind; sind sie
> das nicht, so will ich doch lieber *meine* Phantasien als
> facta verdorben haben. [...]
> Ich habe in meinen Räubern das Opfer einer aus-
> schweifenden Empfindung zum Vorwurf genommen –
> Hier versuche ich das Gegentheil, ein Opfer der Kunst
> und Kabale. Aber so merkwürdig sich auch das un-
> glükliche Projekt des Fiesko in der Geschichte ge-
> macht hat, so leicht kann es doch diese Wirkung auf
> dem Schauplaz verfehlen. Wenn es wahr ist, daß nur
> Empfindung Empfindung wekt, so müßte, däucht
> mich, der *politische Held* in eben dem Grade kein
> Subjekt für die Bühne seyn, in welchem er den Men-
> schen hintansezen muß, um der politische Held zu
> seyn. Es stand daher nicht bei mir, meiner Fabel jene
> lebendige Glut einzuhauchen, welche durch das lau-
> tere Produkt der Begeisterung herrscht, aber die kal-
> te, unfruchtbare Staatsaktion aus dem menschlichen
> Herzen herauszuspinnen, und eben dadurch an das
> menschliche Herz wieder anzuknüpfen – den *Mann*
> durch den *Staatsklugen Kopf* zu verwikeln – und von
> der erfindrischen Intrigue Situationen für die Mensch-
> heit zu entlehnen – *das* stand bei mir.   (NA 4, 9f.)

Das ist ein wenig gedrechselt. Welcher Kunst fällt Fiesko
zum Opfer? Gemeint ist wohl die »erfindrische Intrigue«
– wessen? Denkt Schiller an die Machenschaften Gianet-

tinos? An das Spiel Verrinas? An die Verwicklungen, in die Fiesko sich selbst und andere führt? Er, der Dichter, will den Helden menschlich machen – wie er, der jugendliche Feuerkopf, das versteht. Kein Zweifel: Fiesko soll ein Verbrecher von großem Format sein, seine Sünden mögen ihm deshalb vergeben sein. Gegen die Größe oder gar Erhabenheit Fieskos spricht aber der Text, der nur überdauert, weil er – fern aller Moral für die »Menschheit« – ein großes (opernhaftes) Spektakel, einen ungewöhnlichen Augen- und Ohrenschmaus garantiert, sofern sich Leser, Theatermacher und Zuschauer über die erklärte Absicht des Stückeschreibers hinwegsetzen.

4. Kabale und Liebe

Mit der Materialsammlung zu seinem dritten Drama begann Schiller vermutlich schon im Sommer 1782, als die Ausarbeitung des *Fiesko* noch sein Hauptgeschäft war. Das Werk, das bis zu seiner Fertigstellung den Titel *Louise Millerin* trug, wurde im Winter 1782/83 in Bauerbach in einer ersten Fassung, danach – bis Anfang 1784 – in einer zweiten Fassung ausgearbeitet; diese erschien im März desselben Jahres bei Schwan in Mannheim: *Kabale und Liebe / ein bürgerliches Trauerspiel in fünf Aufzügen*. Mit der Titel-Änderung übernahm Schiller einen Vorschlag des Mannheimer Schauspielers August Wilhelm Iffland.

Die Uraufführung des Trauerspiels (nach der Buchfassung, aber aus politischen Gründen gekürzt) fand am 13. April 1784 in Frankfurt statt – offenbar ohne großen Erfolg. Die zwei Tage später erfolgte Erstaufführung auf

dem Mannheimer Theater, für die Schiller das Stück bearbeitet hatte[28], fand indes die Zustimmung des Publikums. Andernorts, in Leipzig etwa (zuerst am 12. Oktober 1784) und in Berlin (zuerst am 22. November 1784),
wurde dem Drama, ähnlich wie in der öffentlichen Kritik[29], wenig Beifall gezollt. Goethe ließ es während seiner
Zeit als Direktor des Weimarer Hoftheaters (1791–1817)
kein einziges Mal in Weimar spielen.[30] Und Schiller
selbst ließ nicht erkennen, dass ihm an einer andauernden Wirkung seines bürgerlichen Trauerspiels viel gelegen sei; in den beiden Jahrzehnten bis zu seinem Tod hat
er ihm – anders als allen seinen anderen Dramen – kaum

28 Vgl. den Paralleldruck von Druckfassung und Bühnenbearbeitung in
NA 5 N.
29 Vgl. die vernichtende Kritik von Karl Philipp Moritz (siehe oben,
S. 10, Anm. 8). – Erwähnenswert erscheint auch eine Rezension von
Clemens Brentano über eine Wiener *Kabale und Liebe*-Aufführung
aus dem Jahr 1814. Sie beginnt: »Ich kann Ihnen, verehrter Freund,
über die Darstellung dieses Trauerspiels keine vollkommene Rezension schreiben, denn in der Mitte des dritten Akts konnte ich es nicht
mehr im Theater aushalten und ging lieber einen beschwerlichen Weg
durch das Tauwetter, als daß ich meine Seele mannichfaltig mißhan-
deln ließ.« Später heißt es: »Das Schicksal, welches in Kabale und
Liebe zwei junge Herzen zertritt, ist meiner Empfindung ganz widrig,
ja beinah ekelhaft, denn es ist ein Wurm. Der Vater, ganz auf diese
Art, ist nicht tragisch, sondern empörend; es ist dieses mehr eine gars-
tige Geschichte als eine tragische. Wir sehen eine Regierung in den
Händen der elendsten Bösewichter, die nicht einmal irgend eine politische Tiefe haben [...]. Durch die Unnatur in der Sprache in Kabale
und Liebe, welche in der Bemühung, eine starke, großartige zu sein,
nur eine brockenvolle, großtuende ist, wird eine gute Aufführung dieses Stückes sehr erschwert.« (Clemens Brentano, *Werke*, hrsg. von
Friedhelm Kemp, 2. Aufl., München 1973, Bd. 2, S. 1108 f. und 1111.)
Vgl. auch Brentanos *Braut von Messina*-Rezension aus demselben
Jahr (unten, S. 282 f. und 289 f.).
30 In den Jahren 1796–1813 gab es allerdings insgesamt acht *Kabale und
Liebe*-Aufführungen bei Gastspielen der Weimarer Hoftheatergesell-
schaft in Lauchstädt, Rudolstadt und Halle.

Beachtung geschenkt[31] und es möglicherweise nur noch einmal vorgenommen: als er gegen Ende seines Lebens mit Cotta vereinbarte, seine Theaterstücke gesammelt zu veröffentlichen.[32]

Kabale und Liebe gilt gemeinhin als verspätetes, auf jeden Fall als letztes Drama der Epoche des Sturm und Drang. Es setzt nicht *Die Räuber* und nicht *Fiesko*, die Tragödien der großen Kerls und großen Worte, des übersteigerten Subjektivismus und schrankenlosen Individualismus, fort, sondern die politischen Dramen, deren Themen der Sturm und Drang von der Aufklärung geerbt hat. Es ist Schillers einziger Versuch, soziale, also politische Verhältnisse seiner Zeit dramatisch zu behandeln.

Als unmittelbare ›Vorbilder‹ sind Heinrich Leopold Wagners *Die Reue nach der That* (1775) und *Die Kindermörderin* (1776), Friedrich Maximilian Klingers *Das leidende Weib* (1775) und, wieder einmal, Leisewitz' *Julius von Tarent* (1776) unschwer zu erkennen. Auch Otto von Gemmingens *Der deutsche Hausvater* (1780) und natürlich Lessings *Emilia Galotti* (1772) haben in

31 Einige Überlegungen in der am 26. Juni 1784 in Mannheim gehaltenen Rede *Was kann eine gute stehende Schaubühne eigentlich wirken?* lassen sich allerdings mühelos mit *Kabale und Liebe* in Zusammenhang bringen; etwa: »Die Gerichtsbarkeit der Bühne fängt an, wo das Gebiet der weltlichen Geseze sich endigt. Wenn die Gerechtigkeit für Gold verblindet, und im Solde der Laster schwelgt, wenn die Frevel der Mächtigen ihrer Ohnmacht spotten, und Menschenfurcht den Arm der Obrigkeit bindet, übernimmt die Schaubühne Schwerd und Waage, und reißt die Laster vor einen schrecklichen Richterstuhl.« (NA 20, 92)

32 *Kabale und Liebe* erschien 1806 im zweiten Band der Sammlung *Theater von Schiller,* zusammen mit *Die Räuber, Die Verschwörung des Fiesko zu Genua* und dem aus dem Französischen übersetzten Lustspiel (von Louis Benoît Picard) *Der Parasit oder Die Kunst sein Glück zu machen.*

Kabale und Liebe deutliche Spuren hinterlassen. Doch die vielen verarbeiteten Anregungen haben nicht dazu geführt, dass Schillers Drama jemals in den Verdacht der Epigonalität kommen konnte. Es ist ein ›Originalstück‹ im ursprünglichen Wortsinn.

Die Geschichte, von der das Trauerspiel handelt, ist in aller Kürze die folgende: Louise Miller und Ferdinand von Walter lieben einander, die bestehenden Standesschranken missachtend. Beide Väter, der Stadtmusikant Miller und der einem deutschen Fürsten dienende Präsident von Walter, verbieten die Verbindung. Der durch eine Kabale zum Zweifel an Louises Treue verführte Ferdinand gibt am Ende Gift in eine Limonade, von der die beiden Liebenden trinken. Das ist nichts Besonderes, also muss besonders sein, was sich im einzelnen zuträgt und vor allem: wie.

»Einmal für allemal.« So beginnt's mit den Worten des Musikus Miller. »Der Handel wird ernsthaft. Meine Tochter kommt mit dem Baron ins Geschrei. Mein Haus wird verrufen.« (NA 5 N, 8.) Der erste Satz deutet an, dass der Vater nun im Bilde ist und Vorkehrungen gegen die Mesalliance (die in den folgenden Sätzen zur verknappten Sprache kommen) zu ergreifen entschlossen ist. »Meine Tochter [...]«, »Mein Haus [...]« – das Possessivpronomen macht klar, wer in dieser bürgerlichen Familie herrscht und vom »Geschrei« behelligt wird. Der pater familias, der gegenüber seiner Frau nicht von ›unserer‹, sondern von ›meiner‹ Tochter spricht, wehrt sich gegen Angriffe auf eine Ordnung, die er für gottgewollt hält. Er ist auch sicher, dass der standeshöhere Liebhaber sich ›nach unten‹ vergriffen habe, dass die Tochter also das Objekt unstatthafter Begierden geworden sei. Sol-

Maria Schell als Louise und Ewald Balser als Miller
Kabale und Liebe. Salzburger Festspiele 1955. Inszenierung: Ernst Lothar

ches kam ja nicht selten vor in Zeiten absolutistischer
Willkür. Die Mutter ist einfältig (einfältiger noch als die
Mutter Emilia Galottis) und schielt nach dem Profit: dass
ein Adliger an ihrer Tochter Gefallen gefunden hat, ver-
spreche ja einiges, etwa dieses und jenes Geschenk. Es
geht ihr um andere (nicht sonderlich ehrenwerte) Prinzipien als die, die ihr verblendeter Mann vertritt. Die bürgerliche Welt erscheint bereits in der ersten Szene der
Tragödie verkehrt.

Schnell, schon in der zweiten Szene, betritt der Diabo-
lus (ein Verwandter Marinellis aus Lessings bürgerlichem
Trauerspiel) den Schauplatz: des Präsidenten Sekretarius

mit dem sprechenden Namen Wurm. Er möchte Louise
besitzen; das erfreut die Mutter nicht, während der Vater
(der seine Frau behandelt, als stehe ihr keine eigene Ansicht zu[33]) den Werbenden nicht ohne Aussicht fahren
lässt:»Machen muß er, daß das Mädel lieber Vater und
Mutter zum Teufel wünscht, als ihn fahren läßt – [...] Das
nenn ich einen Kerl! Das heißt lieben!« (I,2; NA 5 N,
16/18.) Wurm, der nicht lieben kann, versucht es anders.
Louise aber liebt nur Ferdinand:

> Damals – o damals gieng in meiner Seele der erste
> Morgen auf. Tausend junge Gefühle schoßen aus mei-
> nem Herzen, wie die Blumen aus dem Erdreich, wenns
> Frühling wird. Ich sah keine Welt mehr, und doch be-
> sinn ich mich, daß sie niemals so schön war. Ich wußte
> von keinem Gott mehr, und doch hatt' ich ihn nie so
> geliebt.   (I,3; NA 5 N, 20/22)

Die Voraussetzungen für den tragischen Verlauf werden, ohne detaillierte Rückblenden, früh bekanntgemacht. Die Fragen konzentrieren sich aufs Wesentliche,
auf die Bemühungen Wurms und, damit verbunden, auf
das Scheitern einer unerhörten (weil ›ungehörigen‹) Liebe. Ferdinand erscheint schon vor seinem ersten Auftritt
sympathisch. Und als er auftritt, wirkt er überzeugend

---

33 Der Umgang des Musikus mit seiner Frau ist derb, roh, anmaßend:
»infame Kupplerin« nennt er sie, »alberne Gans« oder »Wettermaul«,
droht ihr mit dem »Violonzello am Hirnkasten«, herrscht sie an:
»Halt du dein Maul« (I,1 und 2; NA 5 N, 12/14/16), stößt sie mit dem
Ellenbogen, kneift sie in die Ohren, stößt sie in den Hintern (vgl. I,1
und 2; NA 5 N, 14), etc. – Die Bücher, die Louise von Ferdinand erhalten hat, sind ihm ein Ärgernis: »Ins Feuer sag ich.« (I,1; NA 5 N,
10.)

(das heißt: geeignet, tragisch zu enden); denn seine große Liebe ist zweifellos:

> Ich fürchte nichts – nichts – als die Gränzen deiner [Louises] Liebe. Laß auch Hindernisse wie Gebürge zwischen uns treten, ich will sie für Treppen nehmen und drüber hin in Louisens Arme fliegen. Die Stürme des widrigen Schiksals sollen meine Empfindung emporblasen, *Gefahren* werden meine Louise nur reizender machen. – Also nichts mehr von Furcht meine Liebe. Ich selbst – ich will über dir wachen wie der Zauberdrach über unterirrdischem Golde – *Mir* vertraue dich.   (I,4; NA 5 N, 24/26)

Ferdinands Vater, der durch kriminelle Machenschaften seinem Fürsten wert ist und deshalb, wie es geschieht zu allen Zeiten, ein hohes Amt erlangt hat, bringt für die absonderlichen Neigungen seines Sohnes kein Verständnis auf, schon deshalb nicht, weil er durch einen Coup noch höher steigen will: Des Herzogs Favoritin Lady Milford soll seinen Sohn heiraten. Mätressen- und Ehewirtschaft schließen sich ja nicht aus. Doch die Lady ist edel, zwar nicht ›unschuldig‹, aber nur durch Gewalt auf die schiefe Bahn gezwungen; und nun mildtätig und voll des Mitleids mit denen, die ungerecht ins Leid gezwungen wurden. Das zeigt sich am deutlichsten, als sie von einem alten Kammerdiener des Fürsten erfährt, woher das Geld kommt, das zum Kauf der ihr zugedachten Brillanten benötigt wurde:

> Gestern sind siebentausend Landskinder nach Amerika fort. – Die zahlen alles. [...] Ich hab auch ein paar

Söhne drunter. [...] Es traten wol so etliche vorlaute Bursch' vor die Front heraus, und fragten den Obersten, wie theuer der Fürst das Joch Menschen verkaufe? – aber unser gnädigster Landesherr lies alle Regimenter auf dem Paradeplaz aufmarschieren, und die Maulaffen niederschießen. Wir hörten die Büchsen knallen, sahen ihr Gehirn auf das Pflaster sprüzen, und die ganze Armee schrie: *Juchhe nach Amerika!* – (II,2; NA 5 N, 50)

Die Lady ist mit des Präsidenten Entscheidung, sein Sohn werde sie heiraten, einverstanden; denn sie ist Ferdinand zugeneigt. So werden die Verhältnisse immer komplizierter, zumal Ferdinand sich vehement gegen seines Vaters Absichten und der Lady Wünsche stellt:

Ich *liebe* Milady – liebe ein *bürgerliches* Mädchen – [...]. Sie werden mich an Stand – an Geburt – an die Grundsäze meines Vaters erinnern – aber ich liebe – Meine Hoffnung steigt um so höher, je tiefer die Natur mit Konvenienzen zerfallen ist. – Mein Entschluß und das Vorurtheil! – Wir wollen sehen, ob die *Mode* oder die *Menschheit* auf dem Plaz bleiben wird. (II,3; NA 5 N, 64)

Der Präsident sucht (entgegen aller Etikette) den Musikus auf, um die schnelle Trennung der Liebenden anzuordnen. Miller wehrt sich gegen die Zudringlichkeiten (»*Das* ist meine Stube. [...] den ungehobelten Gast werf ich zur Thür hinaus –«; II,6; NA 5 N, 76), wird deshalb verhaftet; und um den Ernst der Lage ins Ausweglose zu steigern, werden Mutter und Tochter kurzerhand mit dem Pranger bedroht. Der herbeigeeilte Ferdinand gerät außer sich und droht seinem Vater, er werde »in der Residenz eine Geschichte« erzählen, »*wie man Präsident wird*« (II,7; NA 5 N, 82) – nämlich durch Mord.[34] Auf diese Drohung hin lässt von Walter wenigstens von Louise ab.

Die große Stunde Wurms ist gekommen: Nach mancherlei Intermezzi und Retardationen, die des Dichters Spielfreude an Intrigen und Kabalen, nicht weniger aber auch seinen Abscheu vor den Machenschaften der Herrschenden zeigen, zwingt der Sekretarius die um das Leben von Vater und Mutter bangende Louise, einen Brief an den Hofmarschall von Kalb (»den Henker Ihres Vaters«) zu schreiben; dieser (eine Hofschranze übelster Art) werde sich durch eine kleine Gefälligkeit bestimmen lassen, sich für den Bedrohten zu verwenden. »Schon drei unerträgliche Tage sind vorüber – – sind vorüber – und wir sahen uns nicht«, muss die Gepeinigte nach Diktat schreiben; und weiter: »Wir haben gestern den Präsidenten im Haus gehabt. Es war poßirlich zu sehen, wie der gute Major [Ferdinand] um meine Ehre sich wehrte«; schließlich: »Morgen hat er den Dienst – Passen Sie ab, wenn er von mir geht, und kommen an den bewußten Ort [...] zu Ihrer zärtlichen ..... Louise«. Im

---

34 In der ersten Szene zwischen dem Präsidenten von Walter und seinem Sohn sagt der Vater: »*Wem* hab ich durch Hinwegräumung meines Vorgängers Plaz gemacht – eine Geschichte, die desto blutiger in mein Inwendiges schneidet, je sorgfältiger ich das Messer der Welt verberge.« (I,7; NA 5 N, 36.) Später fürchtet der Vater im Gespräch mit dem Hofmarschall: »Daß er [Ferdinand] der ganzen Welt das Verbrechen entdeken wolle, wodurch wir gestiegen sind – daß er unsere falschen Briefe und Quittungen angeben – daß er uns beide an's Messer liefern wolle« (III,2; NA 5 N, 94).

Besitz des Briefes, den Louise »für einen freiwilligen zu erkennen« schwören muss, will sich Wurm sogleich auch Louises versichern, die ihm die Folgen einer Zwangsverbindung mit wenigen Worten zu verstehen gibt: sie werde ihn »in der Brautnacht« erdrosseln und sich »dann mit Wollust aufs Rad flechten« lassen (III,6; NA 5, 114/116).

Der Schluss der Tragödie ist so einfach wie vorhersehbar, aber Schiller dehnt ihn noch durch zwei Akte hindurch aus, um seinem Publikum mancherlei Dramatisches vorzuspielen und ihm einige Wahrheiten zu sagen. Es kommt zu Redeschlachten, zu einer Duellforderung, zur effektvollen Gegenüberstellung von Louise und Lady Milford (die sich entschließt, fortan nur noch der Tugend zu leben), schließlich zum Auftritt des völlig verstörten Ferdinand, dem Louises Brief an den Hofmarschall zugespielt worden ist und der glaubt, dass die Geliebte ihn betrogen habe. Vor dem Doppeltod durch Gift kommt die tödliche Wahrheit ans Licht, so dass Louise und Ferdinand als Liebende in die Ewigkeit eingehen. In der letzten Szene, in der auch Miller plötzlich wieder da ist (nicht allerdings seine Frau), bedauert der Präsident die von ihm mitzuverantwortende Tragödie (als deren Hauptschuldigen er freilich seinen Sekretär anklagt), bittet den sterbenden Sohn um Vergebung und erhält sie. Zum Zeichen seiner Einsicht und Reue liefert er sich der Justiz aus. Das hatte auch der edle Räuber Karl Moor für richtig gehalten.

Kabale und Liebe gehört (wenigstens in der Schule und auf dem Theater) zu den beliebtesten Dramen Schillers und ist doch in ähnlichem Maße überschätzt worden, wie *Fiesko* unterschätzt wurde. *Kabale und Liebe*

Gerd Böckmann als Ferdinand und Susanne Tremper als Louise
Kabale und Liebe. Schiller-Theater Berlin, 1969.
Inszenierung: Hans Hollmann

passt in jede Zeit, auch wenn der verhandelte konkrete Fall vielleicht nur noch historisch interessiert. Die Abrechnung mit den ungerecht Herrschenden, mit den schlimmen gesellschaftlichen Verhältnissen kann nie zu den Akten gelegt werden. Immer wieder wird auch auf die Kammerdiener-Szene (II,2) verwiesen, mit der es Schiller gelungen sei, den Absolutismus ins Herz zu treffen. Aber mehr beiläufig erfolgt der Stoß: die eine (kurze) Szene wird förmlich erdrückt von den weiteren 36 Szenen des Stücks. Und in diesen wird so wenig zum Aufstand gegen Gewalt und Unrecht aufgerufen wie in Lessings *Emilia Galotti* oder in einem anderen ›bürgerlichen‹ Trauerspiel (bis hin zu Hebbels *Maria Magdalene*), so dass es nicht überraschen kann, dass von politischen Wirkungen des Stücks nichts bekannt wurde. Natürlich geht die Politik über die sie kritisierende Literatur meistens hinweg, nimmt sie gelegentlich auch zum Anlass für Pressionen oder findet in ihr einen Grund, die affirmierende oder völlig unpolitische Literatur zu fördern. Aber im Fall des Schillerschen Stücks brauchten die Herrschenden sich nicht als unmittelbar Betroffene wahrzunehmen.

Der Repräsentant des Absolutismus, gegen den Schiller zum Stoß angesetzt haben soll, ist der im Personenverzeichnis genannte »deutsche Fürst«. Er kommt aber nicht auf die Bühne, wird nur in Reden anderer vorstellbar – als korrupt und grausam. Von seinen drei Vertretern ist der Präsident am deutlichsten gezeichnet: Er dient seinem Herrn aus niedrigen Beweggründen und ist in der Tat ein starker Abglanz absolutistischer Willkürherrschaft; aber er übt eben nicht selbst diese Herrschaft aus und ist zudem nicht nur verbrecherisch. Am Ende erteilt ihm der Sohn gar die Absolution; sollten das die Zuschauer nicht auch tun?

Der Hofmarschall, der über das Unwesen menschenverachtender Machtpolitik authentische Auskunft geben könnte, ist nur eine Nebenfigur, deren Zweck es ist, den Präsidenten zu entlasten: als dümmliche, völlig veräußerlichte Kreatur, die nichts will als bleiben, was sie ist, und daher als Sprachrohr derer fungiert, von denen sie abhängt. Der Hofmarschall schwatzt von den Kleidern Seiner Durchlaucht, verkündet die nahe Verbindung zwischen Lady Milford und Ferdinand, stellt sich als Adressat des verhängnisvollen Briefs zur Verfügung, und als ihm Ferdinand ans Leben will, weil der Brief von einem Verhältnis spricht, das Louise mit ihm habe, bekennt er voller Angst: »Ich sah sie nie. Ich kenne sie nicht. Ich weiß gar nichts von ihr.« (IV,3; NA 5 N, 126.) Ferdinand lässt ihn laufen, aber nicht deshalb, weil er ihm glaubt, sondern weil eine Kugel für dieses Geschöpf zu schade wäre. Noch einmal wird der Hofmarschall gebraucht, um seinem Herrn ein Billett der Lady zu überbringen, in dem diese ihre Abreise nach England mitteilt. Kurzum: Der Hofmarschall taugt nicht recht zur ernsthaften Absolutismus-Schelte, auch wenn sich an ihm die Redensart, dass Lächerlichkeit töten kann, beweist.

Der dritte Repräsentant des Hofes ist der unhöfische, kriechende und geile Wurm, auf den nicht die Last eines tragischen Geschehens geladen werden sollte, den Schiller aber als Vollstrecker einer Kabale braucht, die zum Untergang der Hauptfiguren des Stücks führt. Wie gemein er ist, hat der Dichter nicht zuletzt durch seine Regieanweisungen bestimmt: »macht falsche Augen«, »krazt hinter den Ohren«, »boshaft freundlich« (NA 5 N, 14, 110) usw. Am Ende wird er, vom Präsidenten zum Hauptschuldigen der Tragödie bestimmt, abgeführt, nachdem er versichert hat, er werde »handeln wie ein Rasender«: »Ich will Geheimnisse aufdeken, daß denen, die sie hören, die Haut schauern soll« (V,8; NA 5 N, 192). Es werden wohl noch schrecklichere Verbrechen zutage kommen als die, über die das Publikum schon Bescheid weiß. Aber die Aussicht, Wahrheiten aus dem Mund des Bösewichts zu erfahren, nimmt für ihn nicht ein. Es könnte sogar sein, dass sich ein wenig Mitleid regt mit dem Präsidenten, der anscheinend auf dem Weg der moralischen Läuterung ist.

Des Präsidenten Sohn ist zwar Adeliger, aber nicht Vertreter des Adels. Da er liebt, lebt er zwischen den Ständen. Seine Liebe ist notwendig die eines ungehorsamen Sohnes. Vielleicht war für Schiller, der es satt hatte, Sohn zu sein, der verständliche Ungehorsam Ferdinands von größerem Belang als die schlecht bestandene Liebesprüfung? Zwar lehnt sich der junge Mann erst gegen den Vater auf, als dieser seine Liebe zertreten will, und auch die moralische Verurteilung des Vaters erfolgt erst, als die Liebe gefährdet wird, obwohl der Sohn schon seit langem wusste, was für ein Schuft der Präsident war, aber um die Plausibilität der sich vollziehenden Ereignisse soll es nicht gehen, sondern um die unmittelbare Anteilnahme an dieser immer wieder neu entzündbaren Auseinandersetzung zwischen den Generationen. Sie überdeckt weitgehend die Liebeshandlung, auf deren Darstellung der Dichter offenbar weniger Anstrengung verwandt hat, als eine Tragödie dieses Kalibers es verdient hätte.

Das Thema war aktuell und musste das Publikum ansprechen. Was gab es Menschlicheres als die reine Bürgertochter, deren Liebe über die engen Grenzen ihres Standes hinausging, mit allen Skrupeln, die ihr vom stolz-bornierten Vater anerzogen wurden? Was gab es Unmenschlicheres als das Scheitern einer solchen Liebe? Dass Louise unter dem Druck der Verhältnisse zusammenbricht und den fatalen Brief schreibt, der zu ihrem und ihres Geliebten Tod führt, wirft keinen Schatten auf sie; denn der Wunsch, den Vater zu retten, war stärker als der klügelnde Verstand, der sie auf die Fährte des Bösen hätte führen können. Freilich bleibt die unausgesprochene Frage zu beantworten: Was wird aus einem Menschen, einem weiblichen, wenn er nicht gelernt hat (nicht lernen konnte), dass die Liebe zur Familie problematisch wird, wenn sie sich ohne Bedenken an die Standesgrenzen bindet, die vom Familienoberhaupt gezogen werden? Es scheint, als habe Schiller dem durch den Musikus Miller vertretenen bürgerlichen Stand einen härteren Stoß versetzen wollen als der korrupten Adelswelt, über die es nicht viel Neues zu berichten gab.

In der Tat ist die bürgerliche Welt der Miller-Familie in hohem Maße kritikwürdig: der polternde Patriarch, seine beschränkte Frau, die er vielleicht nie geliebt hat, die gehorsame Tochter, die leiden muss, weil sie liebt und in ihrer ›natürlichen‹ Beschränktheit nicht ahnen kann, dass ihr Geliebter ihr je misstrauen könnte – sie bilden eine fatale Gemeinschaft, in der Kants Aufklärungs-Devise[35] noch nicht angekommen ist. Das zeigt sich nicht zuletzt in der Behandlung der Brief-Affäre, deren Geheimnis erst gelüftet wird, als sich Louise im Angesicht des Todes nicht mehr an ihr Schweigegelöbnis gebunden fühlt. Hätte sie nicht wissen können, dass der Schwur nichts mehr galt, als zutage kam, dass er von Wurm zum Zwecke einer unmoralischen Handlung erpresst worden war?

Schiller war offenbar nicht viel daran gelegen, die Anlässe für das schreckliche Geschehen sorgfältig zu motivieren. Er wollte den Grund des Untergangs aufdecken:

---

35 Siehe oben, S. 107.

Fritzi Haberlandt als Louise und Felix Knopp als Ferdinand
Kabale und Liebe. Thalia Theater Hamburg, 2002.
Inszenierung: Michael Thalheimer

Die Liebende weiß, dass sie Ferdinand nicht gewinnen kann, weil sich beide Väter dagegenstellen; und ohne Erfüllung der Liebe kann sie nicht leben. Ferdinand nimmt Gift, weil er, von Blindheit geschlagen, wähnt, nicht mehr geliebt zu werden. Louise wird das Gift aufgenötigt, weil Ferdinand ein Strafexempel inszenieren möchte – ein recht banaler Anlass, der den Grund des Sterbenmüssens, nämlich die Unmöglichkeit des Weiterlebens angesichts gesellschaftlicher Zwänge, ein wenig verdeckt.

Um Logik, Motivation und Stringenz der Handlung
war es Schiller in *Kabale und Liebe* so wenig zu tun
wie in seinen beiden früheren Stücken. Dort gehörte freilich das Handlungs-Durcheinander zum poetischen Programm, während es hier den Eindruck vermittelt, als
gehe es um eine ›wahre‹ Begebenheit. Doch ist diese
nicht sonderlich originelle Geschichte nur Staffage, bei
der sich Leser und Zuschauer nicht lange aufhalten sollen, um ihre Aufmerksamkeit auf das zu richten, was
dem Stück und seinem Autor einen großen Vorsprung
vor den meisten der zeitgenössischen Rührstücke und
auch sozialkritischen Dramen sichert: die Vehemenz der
Anklagen gegen eine verluderte, verlogene, mörderische
Welt, das Pathos des poetischen Sprechens, die Sanftheit
der Klage um das für immer Verlorene, der kalkulierte
Kontrast zwischen Aufschreien und Verstummen, zwischen den Demonstrationen des klügelnden erkältenden
Verstandes und denen des natürlichen wärmenden Herzens.

In *Kabale und Liebe* wird viel von Gott und Teufel,
Zeit und Ewigkeit, Himmel und Hölle gesprochen, so
dass es naheliegt, von einer religiösen Tragödie zu sprechen. Doch mehr Gewicht gewinnt das Stück, wenn das
Religiöse metaphorisch verstanden und das Ganze nur
diesseitig gedacht wird: Wie Himmel und Hölle voneinander gesondert sind, so ist auch die Erde zerrissen in
Himmel und Hölle; wobei diese einen größeren Teil beansprucht als jener, denn die Herrschenden wähnen sich
sicherer im Bunde mit dem Teufel, dem sie nicht selten
sehr ähnlich sind, als im Bunde mit Gott, der sie nicht
sein können. Und die Beherrschten, die sich wenigstens
einen Vorhimmel auf Erden erträumen, hängen doch im-

mer nur am Triumphwagen des Bösen, der sie an die
Grenze zieht, an der es nur noch die Hoffnung gibt, dass
mit dem Ende des Leids nicht alles zu Ende ist.

5. *Don Karlos*

Schon im Juli 1782, zwei Monate vor seiner Flucht aus
Stuttgart, schrieb Schiller an den Intendanten des Mannheimer Theaters Heribert von Dalberg: »Die Geschichte
des Spaniers Dom Carlos verdient allerdings den Pinsel
eines Dramatikers, und ist vielleicht eines von den
nächsten Sujets das ich bearbeiten werde.« (FA 11, 43.)
Aber zunächst musste *Fiesko* beendet werden, und später schob sich die Ausführung der zweiten Fassung von
Kabale und Liebe vor die ernsthafte Arbeit an diesem
neuen Sujet, auf das der Dichter durch die *Histoire de
Dom Carlos, fils de Philippe II. roy d'Espagne* (1672)
des Abbé de Saint-Réal aufmerksam geworden war. Immerhin entstand im Frühjahr 1783 in Bauerbach ein erster Entwurf des Dramas, für das Schiller weitere historische Studien betrieb[36] und das nun *Dom Karlos* genannt
wurde.[37] Bemerkenswert erscheint, dass Schiller bei diesem ersten Arbeitsschritt ein wichtiges Thema zu behandeln versprach, das in der Geschichte der *Don Karlos*-
Rezeption kaum je sonderlich beachtet worden ist, weil
es schien, es sei durch die später ausgeführten dramati-

---

36 Vgl. NA 7 II, 73 und 121f. Über später benutzte Quellen vgl. ebd.,
    S. 123f.
37 So auch in allen autorisierten Ausgaben bis 1799; erst die zweibändige
    Göschen-Ausgabe von 1801 ändert »Dom« in »Don«, während die
    Schreibung »Karlos« erhalten bleibt.

schen Ereignisse in den Hintergrund gedrängt worden:
»[...] will ich es mir in diesem Schauspiel zur Pflicht machen«, schrieb er am 14. April 1783 an Reinwald, »in
Darstellung der Inquisition, die prostituirte Menschheit
zu rächen, und ihre Schandfleken fürchterlich an den
Pranger zu stellen. Ich will [...] einer Menschenart, welche der Dolch der Tragödie biß jezt nur gestreift hat, auf
die Seele stoßen.« (FA 11, 72.)

Nachdem Schiller *Kabale und Liebe* beendet hatte,
wandte er sich Mitte 1784 der Ausarbeitung des *Don
Karlos* zu.[38] Nun soll das Ganze »ein Familiengemählde
in einem fürstlichen Hauße« (an Dalberg, 7. Juni 1784;
NA 23, 144[39]) werden, zweifellos gemäß der Tragödientheorie Diderots, die dem Dramatiker die ›häusliche Tragödie‹ (›tragédie domestique‹) bevorzugt darzustellen
empfahl, mit der am ehesten die Teilnahme des Publikums gewonnen werden könne, wenn denn auf die Verhältnisse (›conditions‹) der handelnden Personen – nicht
zuletzt auf die Verhältnisse ihres Standes – die gehörige
Aufmerksamkeit gelenkt werde. Im Verlauf der Arbeit erweiterte Schiller das Thema der privaten Tragödie im
Hause Philipps II. um Aspekte der Liebes- und Freund-
schaftstragödie und gab schließlich den politischen Ereignissen der Geschichte (dem Befreiungskampf der Niederlande gegen die Habsburger) ein starkes Gewicht.

Entgegen Merciers und Diderots Ratschlag, der Dra-

---

38 Diese Schreibung sei der Einfachheit halber im folgenden, der Fassung von 1801 entsprechend, gewählt, um den Titel eines und desselben Werks nicht verschieden wiederzugeben.

39 In einer Anmerkung zum Vorabdruck der Schluss-Szenen des zweiten
Akts im dritten Heft der *Thalia* (1786) heißt es noch einmal: »Dom
Karlos ist ein Familiengemählde aus einem königlichen Hause.« (NA
6, 495.)

matiker solle sich nicht des Verses (gemeint ist natürlich der im klassischen französischen Drama verwendete Alexandriner), sondern der Prosa bedienen, entschied sich Schiller schon früh, nach dem Muster Shakespeares (und vielleicht Lessings[40]) sein Drama in ungereimten fünfhebigen Jamben, den sogenannten Blankversen, zu schreiben. Dazu gab er im Vorwort zum ersten Akt des *Don Karlos* (erschienen im März 1785 in der *Rheinischen Thalia*) eine plausible Erklärung:

Ein vollkommenes Drama soll, wie uns Wieland sagt[41], in Versen geschrieben seyn, oder es ist kein vollkommenes, und kann für die Ehre der Nation gegen das Ausland nicht konkurrieren. – Nicht, als ob ich auf das leztere Anspruch machte, sondern weil ich die Wahrheit jenes Ausspruchs überzeugend erkannte, habe ich diesen Karlos in Jamben entworfen. Aber in *reimfreien* Jamben – denn ich unterschreibe Wielands zweite Foderung, daß der Reim zum Wesen des guten Dramas gehöre, so wenig, daß ich ihn vielmehr für einen unnatürlichen Luxus des französischen Trauerspiels [...] erkläre – in der Epopee versteht sichs, und in der Tragödie. (NA 6, 345 f.)

---

40 Lessings in Blankversen geschriebenes Drama *Nathan der Weise* war 1779 erschienen. – Nicht wahrscheinlich ist, dass Schiller zur Wahl der Versform durch eines der wenigen anderen vorher in deutscher Sprache veröffentlichten Blankvers-Dramen veranlasst worden ist: durch Johann Elias Schlegels *Die Braut in Trauer* (1749), Klopstocks biblische Dramen *Salomo* (1764) und *David* (1772), Friedrich Wilhelm Gotters *Merope* (1773), Wielands *Lady Johanna Gray* (1758), *Alceste* (1773) oder dessen 1762 erschienene Übersetzung von Shakespeares *A Midsommer Nights Dreame*.

41 Bezug auf Wielands *Sendschreiben an einen jungen Dichter* (1782).

Für die Entstehungsgeschichte des *Don Karlos* ist wichtig, dass Schillers Vertrag als Mannheimer Theaterdichter zum 1. September 1784 nicht verlängert wurde. Der Dichter brauchte sich nicht länger an sein Versprechen gebunden zu fühlen, ein bühnengerechtes Stück zu liefern, das allenfalls 2500–3000 Verse hätte umfassen müssen. Fortan schrieb er an seinem Drama ohne Rücksicht auf dessen Aufführbarkeit und brachte es (in der Buchausgabe von 1787) auf 6282 Verse.[42] Als er – im später überarbeiteten – Vorabdruck des Dramas schon auf 3185 Verse und doch erst ans Ende des zweiten Akts gekommen war, merkte er (im dritten Heft der *Thalia*) an:

Es wird kaum mehr nöthig sein zu bemerken, daß der Dom Karlos kein Theaterstük werden kann. Der Verfasser hat sich die Freiheit genommen, jene Gränze zu überschreiten, und wird also nach jenem Maaßstab auch nicht beurtheilt werden. Die dramatische Einkleidung ist von einem weit allgemeinerem Umfang, als die theatralische Dichtkunst, und man würde der Poesie eine große Provinz entziehen, wenn man den handelnden Dialog auf die Geseze der Schaubühne einschränken wollte. (NA 6, 495)

In den Jahren 1785–87, in denen Schiller in Dresden und Leipzig ohne wirtschaftliche Not lebte[43], kam das große Werk schließlich zum Abschluss. Anfang Januar

---

42 Zum Vergleich: Goethes ebenfalls 1787 erschienenes Schauspiel *Iphigenie auf Tauris* umfasst 2174 Verse, sein *Torquato Tasso* (1788) 3453 Verse.

43 In einem Brief vom 8. Juli 1785 versprach Körner: »Ueber die Geldangelegenheit müssen wir uns einmal ganz verständigen. [...] Ich weiß, daß Du im Stande bist, sobald Du nach Brod arbeiten willst, Dir alle

1787 erschienen die letzten Szenen des Vorabdrucks (bis III,10[44]) in der *Thalia*, Mitte 1787 kam dann das Ganze, von Göschen verlegt, auf den Markt: *Dom Karlos / Infant von Spanien*. Schon bevor Schiller den Buchdruck durch die Überarbeitung der *Thalia*-Fassung besorgte, fasste er den Entschluss, das Drama bühnentauglich zu machen. Am 12. Oktober 1786 schrieb er dem Hamburger Theaterleiter und Schauspieler Friedrich Ludwig Schröder: »Mein D[om] Carlos der zu Ende dieses Jahrs fertig wird ist einer theatralischen Ausführung fähig und ich bin gegenwärtig schon beschäftigt ihm diese Gestalt zu geben.« (FA 11, 178.) Und diese von Schiller besorgte Bühnenfassung[45], die immerhin noch 3943 Verse enthält, schickte der Dichter am 13. Juni 1787 nach Hamburg; dort wurde sie elf Wochen später, am 29. August, in gekürzter Form uraufgeführt, und zwar mit beachtlichem Erfolg. Weitere nennenswerte Erstaufführungen gab es in Leipzig (14. September 1787), Riga (9. November 1787) und Mannheim (6. April 1788). Goethe nahm das Drama bereits am 25. September 1791, also vier Monate nach der Übernahme der Weimarer Theaterdirektion, in den Spielplan auf und ließ es in den folgenden Jahren immer wieder mal aufführen, seit 1802 in einer von Schiller neu bearbeiteten Fassung.

Die Buchfassung des *Don Karlos* wurde bis 1799 im wesentlichen unverändert in zahlreichen, auch unrecht-

Deine Bedürfnisse zu verschaffen. Aber ein Jahr wenigstens laß mir die Freude, Dich aus der Nothwendigkeit des Brodverdienens zu setzen.« (NA 33 I, 74f.)

44 In der Buchfassung III,7.

45 Zu Prosa-Fassungen, die Schiller – ebenfalls 1787 – für die Theater in Dresden/Leipzig und Riga herstellte, vgl. NA 7 II, 100–103 und 483–487.

mäßigen Ausgaben verbreitet. 1801 kam eine von Schiller um etwa 800 Verse gekürzte Fassung heraus, die der »Ausgabe letzter Hand« im ersten Band der *Theater*-Sammlung (1805) zugrunde gelegt wurde. Sie blieb mit 5370 Versen ein Lesedrama, das für eine Theateraufführung immer gekürzt werden muss. Die Geschichte der *Don Karlos*-Inszenierungen zeigt, dass sich die Textauswahl nicht immer danach richtete, auf welcher der in dem Stück gebündelten Tragödien der Hauptakzent liegt.

Don Karlos handelt von der Liebe des Titelhelden zu seiner Stiefmutter Elisabeth, der Gemahlin des spanischen Königs Philipp II., und handelt von der Kabale, in die Karlos mit einer Hofdame verwickelt wird. Die Liebe zur Mutter erfüllt sich nicht, zur Verbindung mit der Prinzessin Eboli kommt es nicht. Ferner: Das Stück verquickt die Geschichte der Freundschaft, die zwischen dem aus den Niederlanden kommenden und sich für den Aufstand der Niederländer gegen die spanische Herrschaft begeisternden Marquis von Posa und dem an seiner hoffnungslosen Liebe leidenden Karlos besteht, mit der Geschichte eben dieses Aufstands, in der nach Posas Plan sein Freund eine führende Rolle übernehmen soll. Der Plan scheitert durch eine Reihe unglücklicher Zufälle. Posa gibt in aussichtsloser Lage sein Leben für Karlos hin, doch auch über diesen rollt das Rad der Geschichte hinweg: Sein Vater übergibt ihn, den zur Tat Bereiten, der Inquisition. Schließlich: Das Stück ist ein »Familiengemälde«, in dem sich Privates und Öffentliches in vielfältiger Weise mischen: die Auseinandersetzungen zwischen Vater und Sohn, zwischen Vater und Mutter, zwischen Mutter und Sohn, bestimmt durch Liebe (also auch Eifersucht), Poli-

tik (also auch Verbrechen) und tödliche Utopien. – Am
Ende bleiben der in Einsamkeit erstarrte Herrscher und
seine drangsalierte Gemahlin übrig, es behauptet sich die
Macht der Kirche; und es bleibt die Erinnerung an einen
verliebten Möchtegern-Idealisten und einen himmelstür-
menden Freiheitsapostel, für deren Scheitern mehr oder
weniger einsichtige Gründe vorgebracht werden.

Die vielen Ereignisse, mit denen das Stück jeden drama-
turgischen Rahmen sprengt, sind in ihrer Gesamtheit dadurch gekennzeichnet, dass sie sich in ihren tragischen
Entwicklungen an Verwirrungen und Verwirrtheiten, äußere wie innere, zu knüpfen scheinen, deren Notwendigkeit im einzelnen gar nicht demonstriert wird. Ist die
eigentliche Handlung, die sich geschichtlicher Fakten bedient, vielleicht gar nicht wesentlich? Ist es also nicht richtig, dass aus diesen Fakten historische Probleme – solche
des 16. Jahrhunderts unter Philipp II. oder solche des 18.
Jahrhunderts unter Friedrich II. von Preußen – erwachsen? Der Dichter übernimmt die Fakten zwar als Material,
aber nicht, um sie für historische Lehren zu nutzen. Vieles
spricht dafür, dass die wichtigeren Probleme die ›rein‹ poetischen einer sich ankündigenden ›Klassizität‹ sind, für die
Historisches in erster Linie als Folie des Zeitlosen, etwa
des ›Allgemeinmenschlichen‹, gebraucht wird.

Die schönen Tage in Aranjuez
Sind nun zu Ende. Eure königliche Hoheit
Verlassen es nicht heiterer. Wir sind
Vergebens hier gewesen. (NA 7 I, 363.[46])

46 Die Zitate sind der letzten *Don Karlos*-Fassung von 1805 entnommen.

Wie gewohnt: Der Dichter springt *medias in res*, eine
Epoche scheint abgeschlossen zu sein, eine neue zu beginnen. Domingo, der Beichtvater des spanischen Königs, spricht die ersten Verse zu des Königs Sohn. Der
Gram des Jünglings ist rätselhaft, nicht weniger als das,
was er am Ende der ersten Szene sagt:

> Beweinenswerther Philipp, wie dein Sohn
> Beweinenswerth! – Schon seh' ich deine Seele
> Vom gift'gen Schlangenbiß des Argwohns bluten,
> Dein unglücksel'ger Vorwitz übereilt
> Die fürchterlichste der Entdeckungen,
> Und rasen wirst du, wenn du sie gemacht.
>
> (NA 7 I, 368)

Gegen wen ist der Argwohn des Vaters gerichtet und warum? Welche fürchterliche Entdeckung ist zu erwarten?
Ist sie fürchterlicher als der Untergang der Weltmacht, als
der Verlust der Armada, als der Abfall der Niederlande?
Dem hinzukommenden Marquis von Posa erklärt sich
Karlos: Er liebt seine (Stief-)Mutter[47], die ihm, dem Prinzen, einmal zugedacht war. Ein Hauptkonflikt der Tragödie ist damit früh bezeichnet: Der Sohn stellt sich (wie in
den *Räubern*, wie in *Kabale und Liebe*) gegen den Vater, und das heißt: Schon dies ist Grund genug für sein
Scheitern.

Bevor der Marquis seine Qualitäten offenbart, nimmt
er seinem alten »Freund« das Versprechen ab, nichts
zu beschließen ohne seine, des Marquis, Zustimmung.

---

47 Die Liebe zwischen Sohn und Stiefmutter galt im 18. Jahrhundert als
inzestuös, war also nicht weniger strafwürdig als die zwischen Sohn
und leiblicher Mutter.

Posa entscheidet fortan für Karlos, weil er wünscht, dass dieser für ihn handelt. Der Männerszene folgt eine Frauenszene, mit der Königin und ihren Hofdamen, unter diesen die Prinzessin Eboli, die eine zunächst schwer verständliche Andeutung macht: Sie habe den Grafen Gomez ausgeschlagen – »Prinz Karlos war / Noch auf der hohen Schule.« (I,3; NA 7 I, 381.)

Posa vermittelt eine Begegnung zwischen Karlos und seiner geliebten Stiefmutter; diese erfährt, dass der Sohn weiß, was sie auch weiß: Der König hat sie nie geliebt. Die Königin bewahrt die Contenance:

> Die Liebe ist Ihr großes Amt. Bis jetzt
> Verirrte sie zur Mutter! – Bringen Sie,
> O bringen Sie sie Ihren künft'gen Reichen,
> Und fühlen Sie, statt Dolchen des Gewissens,
> Die Wollust Gott zu seyn. Elisabeth
> War Ihre erste Liebe. Ihre zweyte
> Sey Spanien. Wie gerne, guter Karl,
> Will ich der besseren Geliebten weichen!
>
>   (I,5; NA 7 I, 398)

Der König kommt hinzu, schöpft Verdacht (»Der Knabe / Don Karl fängt an mir fürchterlich zu werden.« – I,6; NA 7 I, 403), stellt seine Gemahlin unter des Herzogs von Alba Beobachtung und spricht wenig später von politischen Bedrohungen:

>   Die Pest
> Der Ketzerey steckt meine Völker an,
> Der Aufruhr wächst in meinen Niederlanden.

Es ist die höchste Zeit. Ein schauerndes
Exempel soll die Irrenden bekehren.

(I,6; NA 7 I, 404)

So verknüpfen sich des Herrschers private Probleme mit
den Problemen seiner politischen Zukunft.

Nach der Vorstellung der Hauptakteure des Dramas
werden die Hauptaktionen inszeniert. Posa und Karlos
beschließen, die Welt zu verändern (»Arm in Arm mit
dir, / So fodr' ich mein Jahrhundert in die Schranken«,
begeistert sich Karlos; I,9; NA 7 I, 409); doch der Enthusiasmus bricht sich an der Wirklichkeit, an den Realitäten
im königlichen Hause. Das zeigt sich am Beginn des zweiten Aktes beim großen Rededuell zwischen Vater und
Sohn. Da stoßen nicht nur zwei Generationen zusammen,
sondern auch zwei Welten, zwei Weltanschauungen, Realist gegen Idealist. Karlos wünscht, dass der Vater, der ihn
auf Distanz hält, ihn wieder annehme, sich mit ihm ver-
söhne. Philipp bleibt abweisend starr. Ihm graue, sagt der
Sohn, »Vor dem Gedanken, einsam und allein, / Auf einem *Thron* allein zu seyn«, und der König, »ergriffen«, erwidert nach einer Pause des Nachdenkens nur dies: »Ich
bin allein.« (II,2; NA 7 I, 414f.) Die Geschichte, die ihn
mit unteilbarer Macht beschwert hat, schließt ihn von jeder Mitmenschlichkeit aus; er muss um des Machterhalts
willen jedem misstrauen, der sich ihm aufdrängt. So kann
er auch nicht Karlos' Bitte erfüllen, ihm den Oberbefehl
über die spanischen Truppen in den Niederlanden zu
übertragen; denn das könnte seines, des Königs, Allein-
herrschaft, ja sein Leben gefährden: »Mein bestes Kriegs-
heer deiner Herrschbegierde? / Das Messer meinem Mörder?« (II,2; NA 7 I, 418.) Dass der König nach dem Ge-

spräch beschließt, Karlos in Zukunft näher an sich zu ziehen, hat weniger mit Vaterliebe zu tun als mit der Sorge,
der in seiner idealistischen Verschwärmtheit unberechenbare Sohn könne sich seiner Kontrolle entziehen.

Die Eboli also liebt Karlos, und der König liebt – was
sich erst später herausstellt – die Eboli. Da Schiller den
Gang der Handlung mit Briefen schnell zu befördern weiß
(wie in den *Räubern*, in *Fiesko*, in *Kabale und Liebe*, später im *Wallenstein*), lässt er die Eboli einen Brief an den
Geliebten schreiben, und zwar so, dass dieser glaubt, seine
von ihm geliebte Stiefmutter habe ihn geschrieben. Die fäl-
lige Begegnung mit der Prinzessin bringt an den Tag, dass
Karlos nicht sie, sondern Elisabeth liebt; und Karlos erfährt von den Gelüsten seines Vaters. Die enttäuschte Eboli sucht aus ihrer Misere einen fatalen Ausweg: der König
soll erfahren, dass die Königin und Karlos ein ›Verhältnis‹
haben, und er soll durch ein Liebesversprechen an die Zu-
trägerin gebunden werden. Diese Art einfacher Verwick-
lung gefährdet die Dignität der hohen Tragödie.

Der König will, bevor er über die, wie er glaubt, un-
treue Gemahlin und über den, wie er auch glaubt, verbrecherischen Sohn sein Urteil spricht, mit einem Menschen, einem wahren, uneigennützigen Menschen sprechen. Der Marquis ist zur Stelle und spricht frei aus, was
er von Philipps Regime hält, warum er dem König nicht
dienen kann und wie aussichtslos die Erfüllung seiner
Wünsche ist:

> Das Jahrhundert
> Ist meinem Ideal nicht reif. Ich lebe
> Ein Bürger derer, welche kommen werden.
> [...]

Gustaf Gründgens als Philipp II.
Don Karlos. Deutsches Schauspielhaus Hamburg, 1962.
Inszenierung: Gustaf Gründgens

Da Sie den Menschen aus des Schöpfers Hand
In Ihrer Hände Werk verwandelten,
Und dieser neugegoßnen Kreatur
Zum Gott Sich gaben – da versahen Sie's
In etwas nur: Sie blieben selbst noch Mensch –
[...]
Der Mensch ist mehr, als Sie von ihm gehalten.
Des langen Schlummers Bande wird er brechen,
Und wieder fordern sein geheiligt Recht.

Und schließlich:

Gehn Sie Europens Königen voran.
Ein Federzug von dieser Hand, und neu
Erschaffen wird die Erde. Geben Sie
Gedankenfreyheit. –

Und darauf des bewegten Königs Antwort: »Sonderbarer Schwärmer!« (III,10; NA 7 I, 511 f. und 515 f.) Fortan soll dieser Schwärmer, so will es der König, in der Nähe des Throns bleiben.

Posa scheint voranzukommen; es könnte ihm gelingen, Karlos nach Brüssel zu beordern und ihn zurückkehren zu lassen als Sieger über seinen Vater. Doch nun handelt er (damit das Stück endgültig seine tragische Wendung erhält) unbedacht, ja blind, und wähnt doch, besonders schlau zu sein. Er überzeugt zunächst den König anhand privater Papiere, die ihm Karlos arglos überlassen hat, davon, dass seine Gemahlin ihn nicht betrogen hat. Philipps gefestigtes Vertrauen benutzt er, um von diesem die schriftliche Vollmacht zu erhalten, er, Posa, könne, wenn er es für notwendig halte, Karlos festnehmen lassen. Die-

Paul Herwig als Karlos und René Dumont als Posa
Don Karlos. Kammerspiele München, 2004.
Inszenierung: Sebastian Nübling

ses wohlkalkulierte Spiel, durch das Karlos zur Marionette Posas herabgewürdigt wird, verfehlt gründlich sein Ziel.
Als Karlos von des Marquis Vollmacht (zufällig) erfährt,
wittert er Verrat und offenbart sich in seiner Verwirrung
ausgerechnet der Eboli. Der hinzukommende Posa glaubt
nun seinerseits an Verrat und verfällt auf die Idee, sich
selbst zu opfern, um den Freund, den er noch immer für
die Niederlande bestimmt, zu retten. Was listig gedacht
ist, erweist sich als fatal: Karlos wird verhaftet, dann
bringt sich Posa durch einen Brief an Wilhelm von Oranien in den Verdacht, selbst die Königin zu lieben; der
Brief wird, wie es der Schreiber gewollt hat, abgefangen

und dem König zugetragen. Nun wird Posa verhaftet, Karlos freigelassen, Posa erschossen (nachdem er Karlos erklärt hat, was er hatte erreichen wollen). Karlos will noch immer nach Flandern, aber wieder werden Briefe abgefangen, am Komplott kann es keine Zweifel mehr geben. Der König, der geweint hat, als er überzeugt sein musste, von Posa betrogen worden zu sein (vgl. IV,23; NA 7 I, 595), übergibt den Sohn der Inquisition. Vorher, als er erfuhr, dass Posa für eine große Idee in den Tod gegangen ist, hat er ihn (und sich) in schönen Versen beklagt:

> Wär' er *mir* also gestorben!
> Ich hab' ihn lieb gehabt, sehr lieb. Er war
> Mir theuer wie ein Sohn. In diesem Jüngling
> Ging mir ein neuer, schön'rer Morgen auf.
> [...]
> Und wem bracht' er dieß Opfer?
> Dem Knaben meinem Sohne? Nimmermehr.
> Ich glaub' es nicht. Für einen Knaben stirbt
> Ein Posa nicht. Der Freundschaft arme Flamme
> Füllt eines Posa Herz nicht aus. Das schlug
> Der ganzen Menschheit. Seine Neigung war
> Die Welt mit allen kommenden Geschlechtern.
>   (V,9; NA 7 I, 628f.)

Die Handlung des *Don Karlos* ist nicht weniger verwickelt als die des *Fiesko*; aber jene ist spannender als diese, weil die ›Gegenstände‹ bedeutsamer sind. Es geht um die Schicksale großer Einzelner, des tödlich einsamen Königs, der heroisch leidenden Königin, des nüchtern kalkulierenden und idealistisch verstiegenen Posa, des zerrissenen Karlos. Es geht um das Scheitern einer auf

Freiheit fixierten Weltbeglückungsidee. Es geht um den Bankerott verwirrender und durch Intrigen verwirrter Gefühle. Es geht um Untergänge, gleich wie – etwa durch den planmäßig leichtfertigen Umgang mit Briefen, die der Handlung nach Bedarf neue Richtungen weisen. Vor allem aber geht es in dem Stück um den – nie ganz glückenden – Versuch, das Schreckliche ›aufzuheben‹ im Glanz der poetischen Sprache.

Im Mittelpunkt des Dramas steht die Audienzszene (III,10), mit 380 Versen[48] eine der längsten Szenen, die Schiller je geschrieben hat, und sie lässt sich wohl zu allen Zeiten so spielen, dass sie den Zuschauer nicht nur belehrt über die Charaktere der Dialogpartner, die sich in ihren extrem entgegengesetzten Positionen berühren, sondern auch bewegen kann durch die von Posa im hohen Stil vorgebrachten Argumente für die Notwendigkeit einer besseren, freieren Welt. »Mühelos überspringt seine mitreißende Rhetorik den historischen Abstand auch heute noch.«[49] Die Gefahr ist freilich nicht gering, dass die Wirkung verfehlt wird: wenn der Idealismus sich pathetisch ›ausstellt‹ oder wenn ihn parodierendes Sprechen – im Blick auf den tödlichen Ausgang des für einen guten Zweck inszenierten Spiels – ›entlarvt‹. Erst Posas die Realität verkennendes Handeln soll beim Leser und Zuschauer zur Einsicht führen, dass die Kluft nicht zu schließen ist zwischen einem ausgedachten Ideal und einer zur Ohnmacht zwingenden Wirklichkeit. Posa, die

---

48 In der Erstausgabe umfasst die Szene sogar 543 Verse. – Die in den böhmischen Wäldern spielende Szene der *Räuber* (Schauspiel-Fassung II,3) ist noch ein wenig länger als die Audienzszene.
49 Hans-Jürgen Schings, *Die Brüder des Marquis Posa. Schiller und der Geheimbund der Illuminaten*, Tübingen 1996, S. 1.

vom Geist der Aufklärung, insbesondere von Ideen des Illuminatenordens bestimmte Kunstfigur Schillers[50], vereinigt in sich die hochfliegende Theorie zur Verbesserung der Welt und die klägliche Praxis – aller Zeiten.

Was Posa, den frei gewählten Tod vor Augen, der Königin als »letztes kostbares Vermächtniß« hinterlässt, kann nur gegen ihn gewendet werden, wenn er die Festnahme Karlos' und die sich aus ihr ergebenen Folgen (Posas Selbstbezichtigung) als verhängnisvoll eingesehen hätte:

> Er [Karlos] mache –
> O sagen Sie es ihm! das Traumbild wahr,
> Das kühne Traumbild eines neuen Staates,
> Der Freundschaft göttliche Geburt. Er lege
> Die erste Hand an diesen rohen Stein.
>
> （IV,21; NA 7 I, 583）

Und doch: Es gibt, unabhängig von dem notwendig misslingenden Ausgang des nicht recht durchdachten Spiels, einen gewichtigen Grund, Posas Tun (und seine Entscheidung zum Selbstopfer) kritisch zu beurteilen. Die hellsichtige Königin spricht davon, und da sie die am wenigsten ›gebrochene‹ Figur der Tragödie ist, haben ihre Sätze besonderes Gewicht:

---

50 Vgl. ebd., passim. – Schings hat in seiner gründlichen Arbeit Posas ›Herkunft‹ aus der Geheimbündelei des 18. Jahrhunderts überzeugend beschrieben, analysiert und für die Interpretation des *Don Karlos* fruchtbar gemacht. (Vgl. bes. das 5. Kapitel, *Rechte der Menschheit. Die Stunde des Marquis Posa*, S. 101–129.) Schillers eigene (höchst komplizierte) Haltung zum Orden der Illuminaten hat sich nicht zuletzt darin bekundet, dass er Posa, den Malteserritter, durch sein verhängnisvolles Tun ins Zwielicht setzte.

Sie stürzten Sich in diese That, die Sie
Erhaben nennen. Läugnen Sie nur nicht.
Ich kenne Sie, Sie haben längst darnach
Gedürstet – Mögen tausend Herzen brechen,
Was kümmert Sie's, wenn sich Ihr Stolz nur weidet.
O jetzt – jetzt lern' ich Sie verstehn! Sie haben
Nur um Bewunderung gebuhlt.   (IV,21; NA 7 I, 587)

Den Briefen, die Schiller so effektvoll (wenn auch
nicht gründlich motiviert) seiner Tragödie eingefügt hat,
ließ er bald nach Erscheinen des Stücks, 1788 in Wielands *Teutschem Merkur*, zwölf *Briefe über Don Karlos*
folgen, Briefe an einen fiktiven »lieben Freund«, mit denen der Dichter für Klarheit sorgen wollte über sein von
der Kritik nicht einhellig gelobtes Stück.[51] In den Mittelpunkt seiner Selbstbeurteilung hat Schiller verständlicherweise Posa gerückt, dessen politische Ideale, die als
»*republikanische* Tugend« (Schrr. 6, 37[52]; vgl. NA 22,
141) verstanden werden, mit seinen moralischen Grund-
sätzen kollidieren; denn diese bringen ihn dazu, eine
»akademische Freundschaft« mit Karlos zu pflegen, um
diesen »als das *einzige unentbehrliche Werkzeug*« zur
Erreichung seines politischen Ziels zu benutzen. Den
König macht er »zum Vertrauten seiner Lieblingsgefüh-
le«; dem Freund offenbart er sich aus taktischem Kalkül
nicht; denn er hält ihn für zu schwach. »Es war Delika-
tesse, es war Mitleid, daß Posa der Weltbürger dem *künftigen* Monarchen die Erwartungen verschwieg, die er auf

---

51 Vgl. die Zusammenstellung der zeitgenössischen Urteile (aus den Jahren 1785–1788) in NA 7 I, 502–554.
52 Die folgenden Zitate ebd., S. 41, 52, 57 f. und 63; vgl. NA 22, 144, 154,
159 und 164.

den *Jetzigen* gegründet hatte; aber Posa, Karlos Freund, konnte sich durch nichts schwerer vergehen, als durch diese Zurückhaltung selbst.« So kommt in das Verhältnis der Freunde mehr Licht als durch den Text des Stückes. Und weiter: Wenn Schiller sagt, das Drama handle von dem Konflikt zwischen einem »*enthusiastischen Entwurfe* [dem Plan zur Verbesserung gesellschaftlicher Verhältnisse]« und der »*Leidenschaft* [der Liebe Karlos' zu Elisabeth]«, dann wird damit eine Schwäche der Tragödie unmissverständlich bezeichnet: Das unglückliche Ende resultiert aus den Schwächen der Protagonisten, der knabenhaften Leidenschaft des einen, der kaum geeignet erscheint zur Erfüllung des Plans zur Weltbeglückung, und dem politischen Taktieren des anderen.

Das an poetischen Schönheiten so reiche Stück, das Schiller im Brief an Körner vom 4. September 1794 als ein ihn anekelndes »Machwerk« bezeichnete (»wie sehr gern ich es auch jener Epoche meines Geistes zu verzeyhen geneigt bin«; FA 11, 716), muss für jede Aufführung erheblich gekürzt werden. Es lässt sich denken, dass die Reden und Aktivitäten des Prinzen und des Marquis so beschnitten werden, dass die Konflikte auf der mittleren Ebene des Stücks stärker betont werden. Dann ließe sich zeigen, wer das spanische Weltreich tatsächlich beherrscht: die katholische Kirche, mit der das Stück in Gestalt Domingos beginnt und mit der es auch in Gestalt des Großinquisitors endet, dem Philipp seinen Sohn übergibt. Der König ist ja ein Gefangener der Kirche, und Karlos wäre auch ohne seine und seines Freundes ›Fehler‹ ein Opfer der Inquisition geworden. Auch alle Privattragödien des Stückes sind von der Kirche inszeniert. Domingos Ränke, seine Intrigen, der Missbrauch seines priesterlichen Amtes, seine Opposition gegen Gesinnungen, die er für bedenklich hält – all das lässt sich in den Vordergrund des Stückes rücken. Domingo weiß, was geschieht, wenn Karlos bis zu den Stufen des Throns gelangt, und spricht es gegenüber Alba, dem Vertreter der militärischen Gewalt im Namen des Königs, aus:

> Der Infant
> (Ich kenn' ihn – ich durchdringe seine Seele)
> Hegt einen schrecklichen Entwurf – Toledo –
> Den rasenden Entwurf, Regent zu seyn,
> Und unsern heil'gen Glauben zu entbehren. –

Und wie er zu seinem Ziel kommen kann, ist dem Kirchenmann gewiss:

> Der König
> Liebt die Prinzessinn Eboli. Ich nähre
> Die Leidenschaft, die meinen Wünschen wuchert.
>   (II,10; NA 7 I, 457 f. und 459)

Alle Idealisten und Realisten, Liebende, Schwärmer, Pläneschmiede, der König, die Königin, der Prinz und der philosophische Kopf – sie sind Marionetten der Inquisition. Der entgeht nichts, und sie würde handeln, wenn die Akteure sich nicht in den selbstgefertigten Stricken verfingen.

Don Karlos kennt nur eine tragische Figur, und diese verdient es, dass sie nicht dem Rotstift von Spielleitern zum Opfer fällt: Elisabeth, die Liebende und Entsagende, die stets Hoheitsvolle, die dem despotischen Mann treu ist und wünscht, die Niederländer möchten ihre Freiheit erlangen; die gequält wird von denen, die ihr nahe sind, von Philipp, von Karlos, von Posa. Ihr letztes Wort an diesen lautet: »Ich schätze keinen Mann mehr.« (IV,21; NA 7 I, 588.) Dieser Satz bleibt, in welcher Betonung auch immer, bewegend. Wenn der Vorhang gefallen ist, wird das Unglück der Königin seinen Fortgang nehmen, denn auch ihr Leben liegt, wie das Posas, »angefangen und beschlossen in / Der Santa Casa heiligen Registern« (V,10; NA 7 I, 635).

6. *Wallenstein*

Schon 1791, während der Arbeit an seinem historischen Hauptwerk, der *Geschichte des Dreyßigjährigen Kriegs*, dachte Schiller daran, den Wallenstein-Stoff dramatisch zu bearbeiten. Im Jahr darauf, am 25. Mai 1792, heißt es in einem Brief an Körner: »Ich bin jetzt voll Ungeduld, etwas poetisches vor die Hand zu nehmen, besonders jückt mir die Feder nach dem Wallenstein.« (FA 11, 603.) Doch bis Anfang 1796 hatte Schiller noch mit philosophischen Arbeiten und den Geschäften, die ihm die Herausgabe des *Musen-Almanachs für das Jahr 1796* und der *Horen* auferlegten, zu tun. Wenig später begann die intensive Arbeit an der Trilogie, die erst nach drei Jahren abgeschlossen werden konnte. Voller Optimismus schrieb der Dichter am 21. März 1796 an Wilhelm von Humboldt:

Ich bin jetzt wirklich und in allem Ernst bey meinem Wallenstein, und habe die letzten 5 Tage dazu angewandt, die Ideen zu revidieren, die ich in verschiedenen Perioden darüber niederschrieb. Groß war freilich dieser Fund nicht, aber auch nicht ganz unwichtig, und ich finde doch, daß schon dieses, was ich bereits darüber gedacht habe, die Keime zu einem höhern und ächteren dramatischen Interesse enthält, als ich je einem Stück habe geben können. Ich sehe mich überhaupt auf einem sehr guten Wege [...]. (FA 12, 160)

Und schon werden im selben Brief die Umrisse des gedachten Wallenstein-Bildes, wie es auszuführen sei, gezeichnet:

Er [Wallenstein] hat nichts Edles, er erscheint in keinem einzelnen LebensAkt groß, er hat wenig Würde und dergleichen, ich hoffe aber nichtsdestoweniger auf rein realistischem Wege einen dramatisch großen Character in ihm aufzustellen, der ein ächtes Lebensprincip in sich hat. Vordem habe ich wie im Posa und Carlos die fehlende Wahrheit durch schöne Idealität zu ersetzen gesucht, hier im Wallenstein will ich es probieren, und durch die bloße Wahrheit für die fehlende Idealitaet (die sentimentalische nehmlich) entschädigen. (FA 12, 161)

Welche Probleme da auf ihn warteten, wusste Schiller selbst; denn wie sollte ein Held auf die Bühne gebracht werden, der nicht nur »den Erfolg gegen sich« hat (denn seine Unternehmung »verunglückt physisch«), sondern dessen Handeln auch »moralisch schlecht« ist und der »sich nicht, wie der Idealist, in sich selbst einhüllen, und sich über die Materie erheben« (ebd.) kann? Es scheint, als habe Schiller an Wallenstein zunächst nicht so sehr gereizt, ihn als einen erhabenen Verbrecher groß zu machen, sondern ihm, dem nichts Menschliches, aber alles Außer- und Übermenschliche fremd war, mit poetischen Mitteln zu tragischer Dignität zu verhelfen. Schiller wollte sich, besessen von der Idee, dass eine *realistische* Darstellung, wenn sie denn nur hinreichend poetisch sei, im Trauerspiel wie in anderen Dichtungen auf moralische und weltanschauliche Wertungen durch den Autor verzichten müsse, an das schier Unmögliche machen: Fast zwei Jahre hatte er in unmittelbarer Nähe Goethes dessen Denkungs- und Dichtungsweise studiert und glaubte nun, von dem bewunderten Freund soviel gelernt zu haben, dass ihm sein *Wallenstein*-Projekt zur Probe aufs Exempel des Fortschritts, nämlich der Annäherung an den Stil Goethes, geraten sollte – ohne die eigenen Prinzipien der idealisierenden Kunst aufzugeben. Im Brief an Humboldt, der schon nach wenigen Tagen der Beschäftigung mit dem Stoff eine wichtige Etappe in der Entstehungsgeschichte des *Wallenstein* markiert, finden sich auch die bemerkenswerten Sätze:

Es ist erstaunlich, wieviel realistisches schon die zunehmenden Jahre mit sich bringen, wieviel der anhaltende Umgang mit Göthen und das Studium der Alten, die ich erst nach dem Carlos habe kennen lernen, bey mir nach und nach entwickelt hat. Daß ich auf dem Wege den ich nun einschlage, in Göthens Gebiet gerathe und mich mit ihm werde messen müssen ist freilich wahr, auch ist es ausgemacht, daß ich hierinn neben ihm verlieren werde. Weil mir aber auch etwas übrig bleibt, was Mein ist und Er nie erreichen kann,

so wird sein Vorzug mir und meinem Produkt keinen
Schaden thun, und ich hoffe, daß die Rechnung sich
ziemlich heben soll. (FA 12, 162)

Mit der ›realistischen Wende‹ verband sich für Schiller,
wie es scheint, auch eine neue Bestimmung dessen, was
unter dem Begriff der »Wahrheit« zu fassen sei. Noch
1795, im Gedicht *Das verschleierte Bild zu Sais*, hatte
der Dichter – wie vor ihm Lessing, Kant und andere – die
Wahrheit als etwas jenseits aller dem Menschen zugängli-
chen Erfahrungen sich verbergendes Absolutes bestimmt:
Der Jüngling, der den Schleier hebt, welcher die Wahrheit zudeckt, muss, da er frevelnd der Gottheit zu nahe
kommt, sterben. Nun also gibt es, dem Dichter erkennbar, »die bloße Wahrheit«? Im *Wallenstein*-Prolog heißt
es, in Anspielung auf die düsteren Ereignisse, von denen
die Tragödie handelt, dass die Muse »das düstre Bild /
Der Wahrheit in das heitre Reich der Kunst / Hinüber-
spielt« (V. 133–135); die geschichtliche Wirklichkeit kann
demnach durch die Kunst so entschleiert werden, dass
ihre Wahrheit, die nun nicht mehr die jenseitige absolute
ist, ans Licht kommt.

Schillers Vorsatz, ein realistischer Dramatiker zu werden, war vermutlich der Grund für seine Ansicht, das
neue Drama könne nicht in Versen, sondern müsse in
Prosa geschrieben werden. Bis zum Herbst 1797 hielt er
an dieser Ansicht fest, und noch länger hatte er die Absicht, den Stoff in einem einzigen Stück zu bearbeiten.

Es kam im Laufe der Jahre immer wieder zu Unterbre-
chungen und Stockungen, dann wieder zu hoffnungsvol-
len Ansätzen. Am 28. November 1796 heißt es in einem
Brief an Körner: »Ich brüte noch immer ernstlich über

dem Wallenstein, aber noch immer liegt das unglückseli-
ge Werk formlos und endlos vor mir da.« (FA 12, 245.)
Am selben Tag schreibt er über das Unternehmen aus-
führlicher an Goethe:

> Mit dem Wallenstein geht es zwar jetzt noch sehr lang-
> sam, weil ich noch immer das meiste mit dem rohen
> Stoff zu thun habe [...]. In Rücksicht auf den *Geist*, in
> welchem ich arbeite, werden Sie wahrscheinlich mit
> mir zufrieden seyn. Es will mir ganz gut gelingen, mei-
> nen Stoff ausser mir zu halten und nur den Gegen-
> stand zu geben. Beynahe möchte ich sagen, das Sujet
> interessiert mich gar nicht, und ich habe nie eine sol-
> che Kälte für meinen Gegenstand mit einer solchen
> Wärme für die Arbeit in mir vereinigt. (FA 12, 243)

In diesem Brief findet sich auch der Satz, der späteren
Wallenstein-Interpreten so oft einen Schlüssel zum Verständnis der Titelfigur zu bieten schien: »Das eigentliche
Schicksal thut noch zu wenig, und der eigne Fehler des
Helden noch zuviel zu seinem Unglück.« (FA 12, 244.)
Von welchem Schicksal spricht Schiller hier? Von der
rächenden Nemesis etwa? Später machte sich der Dichter, wahrscheinlich auf Goethes Vorschlag, Wallensteins
Sternenglauben zunutze, um dessen »Fehler«, der ihm
als Generalissimus zugeschrieben werden musste, zu re-
lativieren.

Anfang November 1797 schließlich verwarf Schiller
die (nicht überlieferte) Prosa-Fassung seiner Tragödie
und begann, das Drama in Verse umzuschreiben – mit
schönstem Erfolg, wie er selbst fand:

Seitdem ich meine prosaische Sprache in eine poetische = rhythmische verwandle, befinde ich mich unter
ein ganz andern Gerichtsbarkeit als vorher [...]. Man
sollte wirklich alles, was sich über das gemeine erheben muß, in Versen wenigstens anfänglich concipieren,
denn das Platte kommt nirgends so ins Licht, als wenn
es in gebundener Schreibart ausgesprochen wird. [...]
Der Rhythmus leistet bei einer dramatischen Produc-
tion noch dieses große und bedeutende, daß er, indem
er alle Charactere und alle Situationen nach Einem
Gesetz behandelt, und sie, trotz ihres innern Unter-
schiedes in Einer Form ausführt, er dadurch den Dichter und seinen Leser nöthiget, von allem noch so
characteristisch = verschiedenem etwas Allgemeines, rein
menschliches zu verlangen.   (An Goethe, 24. November
1797; FA 12, 342 f.)

Das Werk schwoll an, und wieder war es wohl Goethe,
der im September 1798 den Rat gab, das Ganze zu teilen.
Er wollte unbedingt bei der Eröffnung des umgebauten
Weimarer Theaters am 12. Oktober etwas von dem Drama auf die Bühne bringen. Und so wurde der Anfang des
Ganzen, bisher *Prolog* und nun *Wallensteins Lager* genannt, in großer Geschwindigkeit weiter ausgearbeitet
und bis zum 9. Oktober fertiggestellt. Dem wurden 138
(nicht in allen Fällen ganz exakte) Blankverse eines neu-
en *Prologs* hinzugegeben, der das Publikum in *Wallensteins Lager* einführen und zugleich auf die noch zu erwartenden Teile aufmerksam machen sollte.
    Nach der erfolgreichen Uraufführung von *Wallensteins
Lager* war Schiller noch etwa ein Vierteljahr mit dem
zweiten Stück der Trilogie, den *Piccolomini*, beschäftigt.

Erst jetzt gewann die Liebesgeschichte zwischen Wallensteins Tochter Thekla und Max Piccolomini, dem vom Dichter erfundenen jugendlichen Obersten eines Kürassierregiments, größeres Gewicht. *Die Piccolomoni* wurden rechtzeitig beendet, um am 30. Januar 1799, am Geburtstag der Herzogin Louise, auf dem Weimarer Hoftheater uraufgeführt werden zu können. Zur Vollendung des dritten Teils, der erst in der Druckfassung den Titel *Wallensteins Tod* erhielt (vorher hieß er *Wallenstein*), benötigte Schiller zwei weitere Monate. Die Weimarer Uraufführung am 20. April 1799 fand – ebenso wie die der *Piccolomini* – den Beifall aller Beteiligten.

Wallenstein hatte auch auf anderen deutschen Bühnen Erfolg, vor allem in Berlin, wo Iffland allerdings *Wallensteins Lager* zu Schillers Lebzeiten gar nicht, *Die Piccolomini* (Erstaufführung am 18. Februar 1799) und *Wallenstein* (Erstaufführung am 17. Mai 1799) seltener aufführen ließ als die folgenden Stücke des Dichters. Und nachdem die Trilogie im Juni 1800 bei Cotta erschienen war, beschäftigte sich die öffentliche Kritik mit ihr so lebhaft (meistens positiv) wie mit keinem anderen Drama Schillers; das blieb auch so in den nächsten beiden Jahrhunderten. Zwei nichtöffentliche zeitgenössische Beurteilungen sind außerordentlich und sollten ihrer Klarsicht und ihres Reflexionsniveaus wegen immer wieder in Erinnerung gerufen werden: die Wilhelm von Humboldts und Hegels.

In der ersten Hälfte September 1800 schrieb Humboldt, nachdem er sich (in Paris) »vierzehn Tage sehr anhaltend« mit Schillers *Wallenstein* beschäftigt hatte, eine Beurteilung des Stückes, die er in Briefform seinem bewunderten Freund zuschickte; es handelt sich um einen ausführlichen Essay (vgl. NA 38 I, 322–339), dem an kongenialer Einfühlung nur gleichkommt, was Humboldt 1830 in der *Vorerinnerung* zu seinem Briefwechsel mit Schiller (*Ueber Schiller und den Gang seiner Geistesentwicklung*) veröffentlicht hat. Die Ausführungen stützen sich auf die genaue Kenntnis des Dichters und der Absichten, die dieser mit seiner Trilogie verfolgte oder zu irgendeinem Zeitpunkt verfolgt hatte. Daher erscheinen einige Urteile mehr als Antworten auf einmal aufgeworfene Fragen denn als Beiträge zur Interpretation des fertigen Textes. Dazu gehört Humboldts Feststellung: »Sie haben Wallensteins Familie zu einem Haus der Atriden gemacht, wo das Schicksal haust, wo die Bewohner vertrieben sind; aber wo der Betrachter gern und lang an der verödeten Stätte verweilt.« Es scheint, dass sich Humboldt an Schillers 1797 gehegten, aber bald wieder aufgegebenen Plan erinnerte, dem gedruckten Buch ein Titelkupfer mit einer Nemesis-Darstellung beizugeben.[53] Und auch die Ansicht, Schiller habe »in dem Kampf des Menschen mit dem Schicksal unmittelbar die streitenden Mächte selbst eingeführt: die Freiheit und die Abhängigkeit des Menschen«, scheint noch auf jene Prämissen zurückzugehen, an die sich der Dichter bei seiner Arbeit einige Zeit hielt – bis er das Schicksal von außen nach innen führte, es gleichsam zu einem Bestandteil des Wallensteinischen Charakters machte, ohne ihm die Dignität der Nemesis zu erteilen.[54] Doch gewiss treffen Hum-

---

53 Vgl. Schillers Briefe an Cotta vom 18. Januar 1797 und an Goethe vom 1. Dezember 1797 (NA 29, 36 und FA 12, 346). Der Plan wurde bald fallengelassen, und der Erstdruck erschien ohne ein Kupfer.
54 Dass in der *Wallenstein*-Literatur so oft von der den Feldherrn strafenden Nemesis die Rede ist, hängt möglicherweise mit einem etwas schlichten Begriff von dieser Gottheit zusammen, wie er, christlich ge-

boldts Ausführungen im wesentlichen den Kern der Tragödie gemäß den Vorstellungen des Freundes, wenn etwa
von der »Furchtbarkeit des Gegenstandes« die Rede ist,
davon, dass sich am Ende »nicht Schmerz, nicht Rührung, sondern starres Entsetzen« einstellt, dass diese Wirkung aber aufgehoben wird durch »die poetische Ausbildung des Stoffs«, u. a. Mit vielen Sätzen versucht
Humboldt, Wallensteins Eigentümlichkeit zu beschreiben, darunter auch solchen, die nicht nur textimmanent
unbestreitbar ›richtig‹ sind, sondern auch die Tiefe des
Feldherrn, die Seele des außergewöhnlichen, hochproblematischen Menschen berühren:

> Er [Wallenstein] will keine gemeine Empörung, keine
> gemeine Usurpation, er macht sich – und das ist gerade
> sein Unglück – kein Blendwerk, er sieht nur zu klar,
> was rein und edel, und was alltäglich ist. Er will das
> Größeste und Außerordentlichste in Wirklichkeit dar-
> stellen, und greift darum nach einer Königskrone; aber
> indem er die Hand ausstreckt, fühlt er, daß sie kein
> Stoff ist, in dem sein Gepräge sich ausdrückt. Darum

wendet, zum Beispiel in Herders Aufsatz *Das eigene Schicksal* ver-
wendet wird, einem Aufsatz, den Schiller genau kannte, weil er ihn
ins dritte *Horen*-Stück 1795 (S. 1–21) aufgenommen hat. Darin wird
nicht viel mehr gesagt, als dass jeder seines Glückes wie seines Unglü-
ckes Schmied sei: Der Böse wird bestraft, der Gute belohnt: »Früher
oder später, nach der Stärke ihrer [der Tugenden und Laster] Kraft
von innen, oder nach Umständen von aussen; die *Nemesis* ist da, sie
erscheint, sie ereilet.« (Ebd., S. 3.) So gesehen, ist Wallensteins ›eigenes‹ Schicksal dann auch seine Nemesis. – An den nicht sehr zahlreichen Stellen, an denen Schiller in seinem Werk von Nemesis spricht,
denkt er freilich an eine akzeptierte jenseitige Macht, die einschreitet,
wenn die Welt – nicht nur auf Grund moralischer Verfehlungen – aus
dem Gleichgewicht geraten ist. Im *Wallenstein* ist nicht zu erkennen,
dass der Feldherr einer ewigen Gerechtigkeit Tribut zahlen muss.

hat er kein bestimmtes Verlangen, keinen reinen Entschluß. Unglück drohende Gestirne entfernen nicht
sein Handeln von dem entscheidenden Moment, sondern er sucht nur einen Vorwand am Himmel für das
unschlüssige Zögern in seiner Brust. Er fühlt wohl,
daß, was er will, über die Kräfte der Natur hinausgeht,
und in der Unruhe, die ihn umtreibt, geben ihm die
unverständlichen Geheimnisse einer chimärische Kunst
eine scheinbare Befriedigung.   (NA 38 I, 327)

Mit einigen Gestalten der Tragödie, die Schiller bei der
Veröffentlichung »ein dramatisches Gedicht« genannt
hat[55], setzt sich Humboldt auseinander, beschreibend und
deutend, mit besonderer Sympathie bei Thekla verweilend
(während Max nicht gewürdigt wird). Und dann erfolgt
die Hinwendung zum poetischen Genie, dem dies Meis-
terwerk gelungen ist, eine Erklärung auch für die Bedingung seiner Möglichkeit und die Art seiner Wirkung:

In Ihrer Einbildungskraft ist das beflügelte Forteilen
der Zeit hervorstechend vor der Rückwirkung des er-

---

55 Erst den dritten Teil der Trilogie hat Schiller »ein Trauerspiel« genannt. Ob er damit dem Publikum den Gedanken nahelegen wollte,
Wallenstein sei ein tragisch scheiternder Held, kann allerdings bezweifelt werden. Siehe unten, S. 225. – Die Gattungsbegriffe »Tragödie« und »Trauerspiel« hat Schiller offenbar nicht streng geschieden,
obwohl die Verwendung der Begriffe auch eine andere Vermutung erlaubt. Im Fall des *Wallenstein*-Dramas wäre dann wohl mit aller Vorsicht zu bestimmen: Es ist (in seinem letzten Teil) für den Zuschauer
und Leser ein Trauerspiel über die tragische Geschichte, ähnlich wie
Maria Stuart / ein Trauerspiel (siehe unten, S. 247), aber anders als
Die Jungfrau von Orleans. Eine romantische Tragödie, die vom tragischen Scheitern humanen Denkens und Tuns handelt (siehe unten,
S. 266 f.).

zeugten Stoffs. In jedem Augenblick taucht Ein Gegenstand auf, in ihn ist das Vorige, das, als vergangen,
schlechterdings hinter uns liegt, verschmolzen, und in
dem Dunkel, das ihn noch drückt, liegt das Folgende
verhüllt. Jeder Schritt ist eine neue Kraftentwicklung,
die, je nachdem Sie der Gegenstand führt, pathetisch,
als schmerzhaftes Erzeugen, oder so erhaben, daß darin alles Pathetische verschwindet, als freies Ausströ-
men der Ueberfülle erscheint. Darum üben Ihre Produkte eine größere Gewalt aus; darum haben sie nicht
das sich immer in jedem Augenblick wiederherstellen-
de Gleichgewicht, aber im Ganzen, wenn nun in dem
letzten Punkt die ganze Reihe wieder aufblitzt, gleich
schönes Ebenmaß, gleich volle Harmonie; darum erscheint das Einzelne minder freiwillig und zufällig,
aber das Ganze gehört keiner Absicht an. (NA 38 I,
331)

Wahrscheinlich notierte Hegel seine – erst nach seinem
Tod veröffentlichten – Ansichten über *Wallenstein*[56], die
mit denen Humboldts einige Berührungspunkte haben,
auch im September 1800. »Der unmittelbare Eindruck
nach der Lesung Wallenstein's«, so beginnen sie, »ist trau-
riges Verstummen über den Fall eines mächtigen Menschen, unter einem schweigenden und tauben Schicksal.
Wenn das Stück endigt, so ist Alles aus, das Reich des
Nichts, des Todes hat den Sieg behalten; es endigt nicht
als eine Theodicee.« Nach einigen Bemerkungen über
die Größe Wallensteins, über »die Einseitigkeit des Un-

---

56 Veröffentlicht erst aus Hegels Nachlass in: *Georg Wilhelm Friedrich
Hegel's Werke. Vollständige Ausgabe [...]*, Bd. 17, Berlin 1835,
S. 411–413.

bestimmtseyns mitten unter lauter Bestimmtheiten, der Unabhängigkeit unter lauter Abhängigkeiten« und über die Notwendigkeit, dass sich Wallenstein entschließt, sich aus den Abhängigkeiten von Freund und Feind zu lösen, und damit sein Ende besiegelt, bekräftigt Hegel seine Kritik, mit der er das Stück zu einer Tragödie kommender gottverlassener Zeit (der Moderne) stempelt:

> Das Ende dieser Tragödie wäre demnach das Ergreifen des Entschlusses; die andere Tragödie das Zerschellen dieses Entschlusses an seinem Entgegengesetzten; und so groß die erste ist, so wenig ist mir die zweite befriedigend. Leben gegen Leben; aber es steht nur Tod gegen Leben auf, und unglaublich! abscheulich! der Tod siegt über das Leben! Dieß ist nicht tragisch, sondern entsetzlich! Dieß zerreißt das Gemüth, daraus kann man nicht mit erleichterter Brust springen!

Hegel suchte nach dem Sinn der Geschichte und fand ihn nicht. Dem Dichter ging es, was Humboldt nicht zweifelhaft war, um den Sinn von Poesie: dass sie wahr sei oder wenigstens wahr scheine. Das wollte dem Philosophen nicht einleuchten.

Im *Prolog* wird vieles erklärt: dass die Zeiten, in denen durch die Französische Revolution und ihre Folgen Europa von Grund aus verändert werde, die Erinnerung an die durch den Westfälischen Frieden geschaffene Ordnung und den vorangegangenen Dreißigjährigen Krieg geeignet seien, »froher in die Gegenwart / Und in der Zukunft hoffnungsreiche Ferne« (V. 77 f.) zu blicken; dass die Verbrechen Wallensteins unmittelbar mit dem von ihm befehligten Heer zu tun haben (»Sein Lager nur erkläret sein Verbrechen«; V. 118); dass der Dichter aber gleichwohl »die größre Hälfte seiner [Wallensteins] Schuld / Den unglückseligen Gestirnen« (V. 109f.) ›zuwälze‹. Der *Prolog* endet mit dem oft – wie ein Sprichwort – zitierten Vers: »Ernst ist das Leben, heiter ist die Kunst.« Der Theaterdirektor Goethe variierte für die Vorstellung in Weimar den Vers und ließ sprechen: »Ernst ist Leben, heiter sey die Kunst!«[57] Glaubte er, das Publikum vor dem Irrtum bewahren zu müssen, die Tragödie Wallensteins sei nach dem Willen des Autors heiter? Oder glaubte er, die Heiterkeit der Kunst (vor allem der tragischen) sei ein nicht erreichbares Ziel? Dass es sich bei *Wallenstein* um ein Kunstwerk handelt, hat er gewiss nicht in Zweifel gezogen.

Wallensteins Lager ist ein Vorspiel nur, und zwar in (meist) altdeutschen Knittelversen, die das Publikum zurückversetzen sollen in längst vergangene Zeiten, als die Dichter, insbesondere die des 16. Jahrhunderts (Sebastian Brant, Thomas Murner, Hans Sachs, Johann Fischart u. a.), dieses Metrum in Possen, Burlesken, aber auch in ernsthaften Dramen als das geeignete Stilmittel ansahen, um dem Volk zu gefallen. Schiller will auf diese Weise halb realistisch (mehr oder weniger ›authentisch‹) »das düstre Bild / Der Wahrheit in das heitre Reich der Kunst« (*Prolog*, V. 133f.) ›hinüberspielen‹, will die Basis präsentieren, die für Glanz und Elend des Feldherrn Wallenstein entscheidend ist – die soldatische Welt der aus unterschiedlichen Gründen Zusammengelaufenen,

---

57 Vgl. dazu: Norbert Oellers, »Die Heiterkeit der Kunst. Goethe variiert Schiller«, in: *Edition als Wissenschaft*, Festschrift für Hans Zeller, hrsg. von Gunter Martens und Winfried Woesler, Tübingen 1991 (Beihefte zu *editio*, Bd. 2), S. 92–103.

die sich wild gebärden, auch gegeneinander, weil sie alle
dasselbe wollen: ihren eigenen Vorteil, den ihnen Wallenstein zu garantieren scheint. Noch singen sie gemeinsam, wenn auch mit verteilten Rollen, das Lied, das in
den ›Schatz‹ deutscher Soldatengesänge eingegangen ist:

> Wohl auf, Kameraden, auf's Pferd, auf's Pferd,
>   In's Feld, in die Freyheit gezogen.
> Im Felde, da ist der Mann noch was werth,
>   Da wird das Herz noch gewogen.
>   (11. Auftritt; Schrr. 12, 57; vgl. NA 8, 52)

Aus der Mitte der Soldateska wird das Unheil kommen.
Buttler, Chef eines Dragonerregiments, schärft das Mord-
werkzeug, weil er in seiner Karriere durch Wallenstein
behindert wurde.

In seinem Lager spiegelt sich der Feldherr als Kind des
Glücks und auch als Verbündeter des Teufels:

> Er bannet das Glück, es muß ihm stehen.
> Wer unter seinem Zeichen thut fechten,
> Der steht unter besondern Mächten.
> Denn das weiß ja die ganze Welt,
> Daß der Friedländer einen Teufel
> Aus der Hölle im Solde hält.
>   (6. Auftritt; Schrr. 12, 28; vgl. NA 8, 23 f.)

Der Teufel hat Wallenstein auch mit der Sternenkunst
vertraut gemacht; den Soldaten kann es nur recht sein,
wenn es so weitergeht wie bisher, und dafür spricht einstweilen vieles:

Soldaten des Lagers
Wallenstein. Schauspielhaus Köln, 1970.
Inszenierung: Hansgünther Heyme

Auf der Fortuna ihrem Schiff
Ist er zu segeln im Begriff,
Die Weltkugel liegt vor ihm offen,
Wer nichts waget, der darf nichts hoffen.
[...]
Aus dem Soldaten kann Alles werden,
Denn Krieg ist jetzt die Losung auf Erden.
　　　(7. Auftritt; Schrr. 12, 31f.; vgl. NA 8, 27)

Die Soldaten repräsentieren ›in letzter Instanz‹ das nicht
fassbare Individuum Wallenstein. Doch zwischen ihn und
sie hat Schiller die Riege der die einzelnen Regimenter an-
führenden Chefs gestellt; und von diesen gibt das *Lager* genug preis, um erkennen zu können, dass es auch hier an
Einmütigkeit, an der Gleichheit der Motive und der Ziele

des Handelns fehlt. Der Gegensatz zwischen Octavio Piccolomini, dem Generallieutenant, und seinem (von Schiller erdachten) Sohn Max, dem »Oberst bey einem Kürassierregiment«, kommt allerdings nur andeutend zur Sprache, als von des Feldherrn besonderer Zuneigung zu Max und seinem Regiment gesprochen wird.

Im zweiten Teil der Trilogie, *Die Piccolomini*, werden die besonderen Verhältnisse in den oberen Rängen des Militärs vorgestellt. In Pilsen versammeln sie sich, die Illo, Buttler, Isolani, Terzky, Piccolomini u. a., um die brisante Situation, die durch die Spannungen zwischen dem kaiserlichen Hof in Wien und Wallenstein entstanden ist, weil dieser mit der böhmischen Krone liebäugelt, von verschiedenen Seiten zu beleuchten. Noch, so scheint es, kann sich der Generalissimus der Gefolgschaft der meisten seiner Heerführer gewiss sein. Auch Octavio Piccolomini lässt bei seinem ersten Auftritt nicht durchblicken, dass er die Kritik, die der kaiserliche Abgesandte Questenberg an Wallenstein vorbringt, für berechtigt hält, aber bald schon zeigt sich – im Zwiegespräch mit Questenberg (I,3) –, dass er gewillt ist, die Sache der legitimen Herrschaft zu der seinen zu machen. Und als Max, sein Sohn, die Szene betritt, kommt es, im Beisein Questenbergs, zur ersten Positionsbestimmung des taktierenden ›Realisten‹ (»Mein Sohn! Laß uns die alten, engen Ordnungen / Gering nicht achten!«) und des wirklichkeitsblinden ›Idealisten‹ (»O schöner Tag! wenn endlich der Soldat / In's Leben heimkehrt, in die Menschlichkeit«), schließlich zur entschiedenen Anklage des Sohnes gegen die Machenschaften des Wiener Hofes, gipfelnd in dem Versprechen:

> [...] versprützen will ich
> Für ihn, für diesen Wallenstein, mein Blut,
> Das letzte meines Herzens, tropfenweis', eh' daß
> Ihr über seinen Fall frohlocken sollt!
>
> (I,4; Schrr. 12, 86 und 89f.; vgl. NA 8, 77, 79 und 81)

Als Wallenstein endlich die Bühne betritt, ist er, in vielfachen Brechungen, dem Zuschauer bereits bekannt, als – wenigstens potentieller – Verräter und als Idol, als Glückskind und als politisch wie moralisch Gefährdeter. Die Nachricht von seiner bevorstehenden Absetzung bringt ihn zu sich selbst: Er weiß nicht, ob es gut ist, sich mit den Schweden gegen den Kaiser zu verbinden, oder ob es nicht gut ist; er weiß nicht, wie er seine Macht, von der er weiß, dass er sie besitzt, gebrauchen soll; er weiß nicht, was er wollen soll. Dem Grafen Terzky sagt er:

> Der Kaiser, es ist wahr,
> Hat übel mich behandelt! – *Wenn* ich wollte,
> Ich könnt' ihm recht viel Böses dafür thun.
> Es macht mir Freude, meine Macht zu kennen;
> Ob ich sie brauchen werde, *davon*, denk' ich,
> Weißt *du* nicht mehr zu sagen, als ein andrer.
>
> (II,5; Schrr. 12, 107; vgl. NA 8, 94)

Wallenstein, der dem Kaiser einst erfolgreich gedient hatte, auf Druck der Reichsfürsten aber abgesetzt und später in großer Not wieder zum Generalissimus berufen worden war, spielt mit dem Gedanken, sich, um dem Reich (nicht dem Kaiser!) nützlich zu sein, die Krone Böhmens anzueignen, damit der unselige Krieg ein Ende finde und eine Neuordnung Europas ermöglicht werde. Um das Gedachte zu verwirklichen, ist es nötig, sich mit den Schweden und den mit diesen verbündeten Sachsen zu verbünden – allenfalls zum Schein; vielleicht aber auch nicht. Derweil er, von seinen Getreuen zum Handeln gedrängt, zögert, formieren sich insgeheim unter der geschickten Leitung Octavio Piccolominis die Gegner, die Getreuen des Kaisers. Um das Unheil, das Wallenstein droht, abzuwenden, greifen Illo und Terzky zu einer List. Alle Obristen werden aufgefordert, eine Verpflichtungserklärung für den Feldherrn zu unterschreiben, in der diesem Treue »bis auf den letzten Blutstropfen« versprochen wird, mit dem Zusatz: »soweit nämlich *unser dem Kaiser geleisteter Eid es erlauben wird.*« (IV,1; Schrr. 12, 158; vgl. NA 8, 137.) Die Erklärung wird vor einem Gelage bekanntgemacht und zu fortgeschrittener Stunde in veränderter Form, nämlich ohne den Zusatz, zur Unterschrift herumgereicht. Nur Max unterschreibt nicht; er ist zerstreut und müde. Am nächsten Tag erfährt er von seinem Vater, der die Unterschrift leistete, obwohl er den Betrug durchschaute, was Wallenstein im Schilde führt und wie ihm zu begegnen sei. Max glaubt nicht an einen Verrat Wallensteins, er empört sich über des Vaters geheime Geschäftigkeit und lässt nur sein »Herz« gelten:

Der Geist ist nicht zu fassen, wie ein andrer.
Wie er sein Schicksal an die Sterne knüpft,
So gleicht er ihnen auch in wunderbarer,
Geheimer, ewig unbegriffner Bahn.

(V,1; Schrr. 12, 192; vgl. NA 8, 167)

Von Wallensteins Sternenglauben war schon in *Wallensteins Lager* die Rede. Und in *Die Piccolomini* hat Thekla, Wallensteins Tochter, erklärt, dass der Vater sein Schicksal an die Sterne knüpfe, Saturn und Mars keine Herrschaft über sich einräumen wolle und auf die Winke von Venus, Merkur und Jupiter warte. Nun, zu Beginn des letzten Teils der Trilogie, zeigt Seni, der Sterndeuter, die günstige Stunde an: Jupiter und Venus beherrschen Mars, Saturn ist »Unschädlich, machtlos, in cadente domo.« Und Wallenstein glaubt:

> Jetzt muß
> Gehandelt werden, schleunig, eh' die Glücks-
> Gestalt mir wieder wegflieht über'm Haupt,
> Denn stets in Wandlung ist der Himmelsbogen.
> (*Wallensteins Tod* I,1; Schrr. 12, 209; vgl. NA 8, 178)

Wallenstein handelt nicht. Er wird durch die Nachricht aufgehalten, dass sein Unterhändler Sesin auf dem Weg zu den Schweden von den Kaiserlichen gefangen genommen wurde. Aber sollte dieser Umstand nicht gerade zur raschen Tat zwingen?

Wallenstein lehnt sich gegen die Vorstellung auf, unter Zwang handeln zu müssen:

> Wär's möglich? Könnt' ich nicht mehr, wie ich wollte?
> Nicht mehr zurück, wie mir's beliebt? Ich müßte
> Die That *vollbringen*, weil ich sie *gedacht*,
> [...]
> Bey'm großen Gott des Himmels! Es war nicht
> Mein Ernst, beschloßne Sache war es nie.

In dem Gedanken bloß gefiel ich mir;
Die Freyheit reizte mich und das Vermögen.

Und fortfahrend in dem großen Monolog:

In meiner Brust war meine That noch mein;
Einmal entlassen aus dem sichern Winkel
Des Herzens, ihrem mütterlichen Boden,
Hinausgegeben in des Lebens Fremde,
Gehört sie jenen tück'schen Mächten an,
Die keines Menschen Kunst vertraulich macht.
             (I,4; Schrr. 12, 214–216; vgl. NA 8, 183 f.)

Wallenstein bleibt Gefangener seiner selbst und ein
willfähriges Opfer seiner Feinde. Er hält die Schweden
hin, er spricht noch von der Möglichkeit, den Verrat zu
vermeiden; er beruft sich auf die Sterne, um an Octavio als
einem Freund festhalten zu können; er macht ihn vertraut
mit der schwierigen Lage und beschleunigt damit das Unheil, das ihm bereitet ist. Auch Max erfährt, dass Wallenstein das Äußerste zu tun gedenkt, und beschwört ihn:

O! thu' es nicht! Thu's nicht!
Sieh! deine reinen, edeln Züge wissen
Noch nichts von dieser unglücksel'gen That.

Und dem Bittenden wird die Antwort:

Schnell fertig ist die Jugend mit dem Wort,
[...].
Eng ist die Welt, und das Gehirn ist *weit*,
Leicht bey einander wohnen die Gedanken,

Doch hart im Raume stoßen sich die Sachen,
[...].
    (II,2; Schrr. 12, 240 und 242f.; vgl. NA 8, 206f.)

Als Octavio den Sohn informiert, dass die Absetzung
Wallensteins notwendig sei und er, Max, sich auf die
Seite der Kaisertreuen zu stellen habe, wird er zurückgewiesen: »*Du* hast des Herzens Stimme nicht bezwun-
gen, / So wenig wird der Herzog es vermögen.« (II,7;
Schrr. 12, 265; vgl. NA 8, 229.) Das Herz, das die Intri-
ge Octavios so sehr verurteilt wie den Verrat Wallensteins, führt Max, da er glaubt, seine Pflicht zu erfüllen,
wenn er sich gegen den Feind (die Schweden) wendet,
alsbald in den Tod; und sein ganzes Regiment erleidet
sein Schicksal.

Spät erst, zu spät, öffnet Wallenstein die Augen vor der
Gefahr seines Untergangs, den ihm Octavio zu bereiten
trachtet. Als brauche er für die Einsicht in seine Niederlage eine Kompensation, zieht er Buttler, dem er zuvor
mit Misstrauen begegnet ist, an sich – als dieser bereits
durch Octavio für den Schlag gegen seinen Feldherrn gewonnen worden ist. Spät erst, zu spät, beschließt Wallenstein die Zusammenführung seines Heeres mit dem der
Schweden. Seni hat die Sterne befragt und nichts Gutes
erfahren:

Erwarte nicht die Ankunft dieser Schweden!
Von falschen Freunden droht dir nahes Unheil,
Die Zeichen stehen grausenhaft, nah, nahe
Umgeben dich die Netze des Verderbens.
    (V,5; Schrr. 12, 382; vgl. NA 8, 340)

Nacht ist es geworden, und Wallenstein verabschiedet sich von den Seinen:

Ich denke einen langen Schlaf zu thun,
Denn dieser letzten Tage Qual war groß,
Sorgt, daß sie nicht zu zeitig mich erwecken.
(Ebd., 385; vgl. NA 8, 343)

Wenig später wird der Feldherr von Buttler ermordet, und Octavio wird, fast zeitgleich, unterrichtet, dass ihn der Kaiser in den Fürstenstand erhoben hat.

Hegel hat es gesagt: *Wallenstein* ist die Tragödie ohne Hoffnung; denn der Tod triumphiert über das Leben, nichts weist auf eine bessere Zukunft, und die Erkenntnis ist schwer zu ertragen, dass ein sehr Großer durch einen ziemlich Kleinen fiel. Warum hat die Geschichte gerichtet? Weil ein Bösewicht, ein Verbrecher (gleichgültig, ob ›erhaben‹ oder nicht) seiner Strafe zugeführt werden musste? Weil eine zerrüttete Welt wieder geordnet werden sollte? Der Historiker weiß, dass der Krieg noch 14 Jahre währte und dass sich hinter Wallensteins Versuch, ihn abzukürzen, nicht allein unlautere Motive verbargen. – Hegel sah das anscheinend sinnlose Zerstörungswerk der Geschichte. Er sah nicht, dass die Tragödie (Schillers größte Dichtung) als Kunst auch ›erheben‹, dass sie ›heiter‹ und damit zeitlos sein sollte.

Im März 1799 hat Goethe in einer ausführlichen Besprechung der *Piccolomini*, in der im wesentlichen die Begebenheiten des Stückes nacherzählt und die handelnden Personen charakterisiert werden, »das Objekt des Ganzen Gedichts[58] mit wenig Worten« ausgesprochen:

> die Darstellung einer phantastischen Existenz, welche, durch ein außerordentliches Individuum und unter Vergünstigung eines außerordentlichen Zeitmoments, unnatürlich und augenblicklich gegründet wird; aber, durch ihren notwendigen Widerspruch, mit der gemeinen Wirklichkeit des Lebens und mit der Rechtlichkeit der menschlichen Natur scheitert und, samt allem was an ihr befestigt ist, zu Grunde geht. Der Dichter hatte also zwei Gegenstände darzustellen, die mit einander im Streit erscheinen. Den *phantastischen Geist*, der von der einen Seite an das Große und Idealische, von der andern an den Wahnsinn und das Verbrechen grenzt, und das *gemeine wirkliche Leben*, welches von der einen Seite sich an das Sittliche und Verständige anschließt, von der andern dem Kleinen, dem Niedrigen und Verächtlichen sich nähert. In die Mitte zwischen beiden, als eine ideale, phantastische und zugleich sittliche Erscheinung, stellt er uns die Liebe, und so hat er in seinem Gemälde einen gewissen Kreis der Menschheit vollendet. (MA 6.2, 689)

Das Bild lässt offen, in welchem Verhältnis die Hauptakteure in dem Kreis zueinander stehen: Wallenstein, die phantastische Existenz, Octavio Piccolomini, der Repräsentant des gemeinen Lebens, und die Liebenden. Zur Verdeutlichung des Mit- und Gegeneinanders ist eine

---

58 Dabei wird auch das letzte Stück der Trilogie, dessen Inhalt Goethe kurz skizzierte, in die Deutung einbezogen.

andere geometrische Figur als der Kreis vielleicht geeignet: die Ellipse. In deren Mittelpunkt ist die Hauptfigur der Tragödie, also Wallenstein, zu sehen, an den äußersten Enden (nicht in den Brennpunkten) sind Vater und Sohn, Octavio und Max Piccolomini, plaziert; sie, die sich von Natur ganz nahe sind, werden von der Geschichte weit auseinandergerissen, sie bilden den fast ›idealen‹ Gegensatz zwischen einem Realisten und einem Idealisten mit ihren ›Falschheiten‹, die Schiller in *Ueber naive und sentimentalische Dichtung* exakt beschrieben hat: Jener muss sich, da sein Handeln jederzeit »durch äußre Ursachen und durch äußre Zwecke bestimmt« wird, »unausbleiblich in Irrthum stürzen«, wenn er eine einmal gewonnene Regel »zu einem allgemeinen Gesetz« steigern will (NA 20, 493 f.); als pragmatischer Empiriker wird er zu einer Karikatur des ›wahren‹ Realisten. Der andere hingegen, der Idealist, der »aus der blossen Vernunft seine Erkenntnisse und Motive nimmt«, gerät allzu leicht in die Gefahr der Phantasterei, wenn er sich nämlich in seinem Streben zum Unbedingten über die »zufälligen und besondern Regeln« hinwegsetzt und nicht mehr »die *nächsten* Gründe, durch die alles wirklich wird«, erkennt (NA 20, 494 f.). – Fast alle übrigen Figuren der Tragödie sind auf der elliptischen Bahn da zu finden, wo sie durch Nähe und Distanz zu Wallenstein und den beiden Piccolomini hingehören – die meisten in der Nähe Octavios und damit von Max weiter entfernt als von Wallenstein; denn es geht ja im Krieg um Macht und Ohnmacht, um Gewinn und Verlust, um das gemeine Leben, nicht um die Suche nach einem Glück, das es vor der Geschichte (in arkadischen Zeiten) einmal gegeben haben mag und das nach der Geschichte (in Elysium) vielleicht wiedergewonnen wird.[59]

Die Soldaten im *Lager* machen Wallenstein kenntlich, mehr noch die widerstreitenden Generäle und Obersten in den folgenden Stücken und unter diesen am meisten Octavio und Max. Sie konturieren und profilieren ihn, da sie als Vertreter eindeutiger Positionen vorgestellt werden und sich gleichzeitig in dem ›phantastischen‹, gleichzeitig idealischen wie ›gemeinen‹, ja verbrecherischen Feldherrn begegnen, ohne sich zu finden. Idealistisch-hochfliegend, welt- und geschichtsfern der eine, realistisch-pragmatisch, rechtlich und zugleich niedrig der andere. Ohne Max, die von Schiller erfundene Kunstfigur, die er selbst nicht unkritisch sah[60], konzentrierte sich die Tragödie auf die Auseinandersetzung Wallensteins mit Octavio, und am Ende wäre nicht klar, warum der Sieger bei der Nachricht, er sei in den Fürstenstand erhoben worden, »schmerzvoll zum

59 Am schwierigsten ist es, die Position Theklas zu bestimmen; denn sie ist zwar Max verbunden, aber frei von seinen weltfremden, falsch-idealistischen Vorstellungen einer befriedeten Welt. Ihr Idealismus ist gepaart mit einer realistischen Einschätzung der Wirklichkeit. Ihr Streben nach dem Unbedingten (nach Erkenntnis des Gesetzes) verführt sie nicht dazu, das Naheliegende (die Natur, das Besondere) zu missachten und die Regeln, nach denen alles Wirkliche ›funktioniert‹, zu übersehen. Theklas Platz wäre also außerhalb der Ellipse – irgendwo. Auch Buttler, Wallensteins Mörder, findet auf der Ellipse keinen rechten Platz.

60 In seinem Brief an Körner vom 13. Juli 1800 wandte sich Schiller gegen die Überbewertung des jungen Piccolomini durch den Freund: »Nach meiner Ueberzeugung hat das moralische Gefühl niemals den Helden zu bestimmen, sondern die Handlung allein [...].« Er hänge »von alten Zeiten her«, so Schiller weiter, »an solchen Stoffen [...], die das Herz interessieren«, aber es müsse doch wohl vermieden werden, eine bloß »Stoffartige Wirkung« zu erzielen. (FA 12, 518.) Das heißt: Max ist nicht um seiner selbst und seiner Ideen willen erfunden worden, sondern als Antipode und ›Teilhaber‹ (Freund) Wallensteins.

Himmel« blickt. Schon zuvor hatte Max erfahren, dass ihn
das, was ihn mit Wallenstein verbindet, in den Tod führen
musste. Am Ende hat auch Octavio, wie sein Sohn, eine
Erkenntnis: dass seine Verbindung mit dem Toten, den er
›ersetzt‹, zu einem Verbrechen geführt hat, das Böses fort-
zeugen werde. Octavio ist unter moralischem Aspekt ein
zu Lebzeiten Gestorbener; ob ihm der Himmel (den Schiller auch am Ende seiner beiden folgenden Dramen ins
Spiel bringt) helfen kann, bleibt ungewiss.

Max, der so viele schöne Sätze über den Frieden sagt,
dass es eine Freude ist, ihm zuzuhören, geht freiwillig in
den Tod, da er ihn, wie es Thekla formuliert, als »das
Loos des Schönen auf der Erde« (IV,12; Schrr. 12, 359;
vgl. NA 8, 318) begreift. Diese Einsicht liegt Octavio fern;
Wallenstein aber, der sich, seiner Natur gemäß, nicht gegen die Wirklichkeit zu schützen weiß, beglaubigt sie
durch seinen Untergang, obwohl er sich weigert, in Max
den idealischen Teil seiner eigenen Existenz anzuerken-
nen. Seine Klage über den Tod Max' ist rührend selbstbe-
zogen; die Anfangsverse hätten auch dem vermeintlichen
Freund Octavio gelten können, wenn diesen zu einem
früheren Zeitpunkt der Tod ereilt hätte:

Er ist der glückliche. Er hat vollendet.
Für ihn ist keine Zukunft mehr, ihm spinnt
Das Schicksal keine Tücke mehr – sein Leben
Liegt faltenlos und leuchtend ausgebreitet,
[...]   (V,3; Schrr. 12, 374, vgl. NA 8, 333)

Wallenstein in der Mitte, also zwischen allen: viel wissend, aber zu wenig, im Glauben starrköpfig, aber
schwankend; der spekulative Kopf mit der Begabung

Gustaf Gründgens als Wallenstein
Wallenstein. Hamburg 1959. Inszenierung: Ulrich Erfurth

zum politisch pragmatischen Handeln, der den Frieden will, aber ihn zaudernd verspielt; der rechnet und rechnet, aber zu keinem Ergebnis kommt, weil die Rechenarten nicht feststehen und die Zahlen immer wieder vertauscht werden; der versagt bei der Beurteilung derer, die um ihn sind. Der Glaube an die Macht des von den fernen Sternen kundgetanen Schicksals kollidiert mit der Wirklichkeit, die Illo ausspricht: »In deiner Brust sind deines Schicksals Sterne.« Davon will Wallenstein nichts wissen, und so bleibt er dabei:

> Auch des Menschen Thun
> Ist eine Aussaat von Verhängnissen,
> Gestreuet in der Zukunft dunkles Land,
> Den Schicksalsmächten hoffend übergeben.
> Da thut es noth, die Saatzeit zu erkunden,
> Die rechte Sternenstunde auszulesen,
> [...]
> (*Die Piccolomini* II,6; Schrr. 12, 112f.; vgl. NA 8, 98f.)

Die Schicksalsmächte, von denen Wallenstein spricht, sind nicht genau zu bestimmen, schon gar nicht zu benennen. Sie sind nichts anderes als Grund und Ursache dessen, was ist. Mag für andere, für den Kaiser in Wien etwa oder Octavio, seinen Repräsentanten, nicht fraglich sein, dass sich Ereignisse planmäßig, durch anscheinend freie Entscheidungen herbeiführen lassen, so steht für Wallenstein fest: Das mit Notwendigkeit sich vollziehende Schicksal ist unabhängig vom Willen des einzelnen, es fällt diesem zu ohne sein Zutun. Die Sterne, so glaubt er, geben allein Hinweise auf die Beschaffenheit der Situationen (eben der Konstellationen) und auf das sich daraus zwingend gebotene Handeln. Sie füllen gewissermaßen die Lücke aus, die der zwar oft zitierte, aber tatsächlich verdrängte Schicksalsglauben hinterlassen hat. Wallenstein nimmt sich dann auch diese Freiheit: den Wink der Sterne zu missachten. Zur Begründung seines Taktierens und Zauderns fällt ihm nichts anderes ein, als wieder vom Schicksal zu sprechen, dem ohnehin keiner entgehen könne.[61] Und es ist nur folgerichtig, dass er irgendwann die ›Wahrheit‹ der Sterne relativiert: Als Illo ihm die durch Octavio drohenden Gefahren vor Augen stellt und fast verzweifelt ausruft: »O! du bist blind mit deinen sehenden Augen!«, erhält er zur Antwort:

Du wirst mir meinen Glauben nicht erschüttern,
Der auf die tiefste Wissenschaft sich baut.
Lügt Er, dann ist die ganze Sternkunst Lüge.
Denn wißt, ich hab' ein Pfand vom Schicksal selbst,
Daß er der treuste ist von meinen Freunden.
     (*Wallensteins Tod* II,3; Schrr. 12, 247f.; vgl. NA 8, 212)

61 Geradezu inflationär sind Wallensteins Berufungen auf »Zufall«, »Schicksal« und »Geschick«, wobei die Bedeutungen der Begriffe nicht sorgfältig voneinander geschieden sind. Die Gefangennahme seines Unterhändlers kommentiert er: »Ein böser, böser Zufall –«. Wenig später ist er gewiss: »Ich bin es nicht gewohnt, daß mich der Zufall / Blind waltend, finster herrschend mit sich führe.« Im anschließenden Monolog schaudert's ihn bei dem Gedanken, dass »des Menschen Hand / in des Geschicks geheimnißvolle Urne« greife. Dann ist er sich (am Ende des 1. Aufzugs von *Wallensteins Tod*) gewiss (und um seiner Überzeugung Nachdruck zu verleihen, reimt er sogar): »Recht stets behält das Schicksal [...]. / [...] / Denn eifersüchtig sind des Schicksals Mächte. / Voreilig Jauchzen greift in ihre Rechte. / Den Saamen legen wir in ihre Hände, / Ob Glück, ob Unglück aufgeht, lehrt das Ende.« (Schrr. 12, 212, 214, 216, 236; vgl. NA 8, 181, 183f., 202f.) So geht's dann weiter.

Als dann am Verrat kein Zweifel mehr bestehen kann, hört sich das Bekenntnis zu den Sternen höchst sonderbar an:

> Die Sterne lügen nicht, *das* aber ist
> Geschehen wider Sternenlauf und Schicksal.
> Die Kunst ist redlich, doch dies falsche Herz
> Bringt Lug und Trug in den wahrhaft'gen Himmel.
> (III,9; Schrr. 12, 288; vgl. NA 8, 251)

Dass es der Wahrsagung nicht bedarf, wenn sie nicht Lug und Trug zu entlarven vermag, kommt Wallenstein, der vorgibt, an die Sterne zu glauben, nicht in den Sinn; also auch nicht, dass sein eigener Glaube keinen rechten Grund hat. Als ›großes Ich‹ ist er sich seines Charismas bewusst, und so beruft er sich auf sein ›Privatschicksal‹, das sich gegen das allgemeine Schicksal zu behaupten wisse. So verfängt es sich in einem Glauben, der keine Referenz mehr hat. Noch wenige Stunden vor seinem Tod gibt er sich vom glücklichen Ausgang seines Unternehmens überzeugt:

> Es treibt der ungeschwächte Muth
> Noch frisch und herrlich auf der Lebenswoge,
> [...]
> Nichts ist gemein in meines Schicksals Wegen,
> Noch in den Furchen meiner Hand. Wer möchte
> Mein Leben mir nach Menschenweise deuten?
> (V,4; Schrr. 12, 380; vgl. NA 8, 338f.)

So geht er, der sehend Blinde, (auch) an sich selbst zugrunde; da er sich schutzlos dem erkennbaren Verrat und dem folgenden Anschlag ausliefert.

Wallenstein ist nicht, wie so oft gemutmaßt wird, das Muster eines erhabenen Verbrechers. In die Reihe der Verbrecher, die Schiller in seinen Jugenddramen agieren lässt, passt er ohnehin nicht; denn das Verhängnis ist nicht die notwendige Folge eines strafwürdigen Handelns, sondern es »thun die Umstände eigentlich alles zur Crise«, wie der Dichter am 2. Oktober 1797 an Goethe schrieb (FA 12, 330); und mit seinem Plan, vom Kaiser abzufallen, grenzt er, nach Goethes Einsicht[62], ans Verbrechen, ohne es, der Umstände wegen, vollbringen zu können. Und wie sollte er (moralisch) erhaben[63] sein? Dazu bedürfte es der »subjektiven moralischen Uebermacht« (NA 20, 186) des ›Helden‹ gegenüber den Ge-

---

62 Siehe oben, S. 214.

63 Nur vom moralisch Erhabenen, das den Menschen sittlich erhebt, weil es sich in der Auseinandersetzung mit äußeren Zwängen, solchen der Natur insbesondere, behauptet, kann hier die Rede sein. Dass auch Naturgewalten erhaben sein und die moralische Erhabenheit des Menschen herausfordern können, steht – in diesem Falle – auf einem andern Blatt. (»Die Natur, vorgestellt als eine Macht, die zwar unsern physischen Zustand bestimmen kann, aber auf unsern Willen keine Gewalt hat«, heißt es in der Abhandlung *Vom Erhabenen*, »ist *dynamisch* oder *praktisch* erhaben.« – NA 20, 173.) Da Wallenstein nicht erhaben ist, kann es auch sein Handeln nicht sein. Wie dieses zu bestimmen ist, hat Schiller in seiner Abhandlung *Ueber das Pathetische* deutlich gesagt: »Zum Erhabenen der Handlung wird erfodert, daß das Leiden eines Menschen auf seine moralische Beschaffenheit nicht nur keinen Einfluß habe, sondern vielmehr umgekehrt das Werk seines moralischen Charakters sey. Dieß kann auf zweyerley Weise seyn. Entweder mittelbar und nach dem Gesetz der Freyheit, wenn er aus Achtung für irgend eine Pflicht das Leiden *erwählt*. Die Vorstellung der Pflicht bestimmt ihn in diesem Falle als *Motiv*, und sein Leiden ist eine *Willenshandlung*. Oder unmittelbar und nach dem Gesetz der Nothwendigkeit, wenn er eine übertretene Pflicht moralisch *büßt*. Die Vorstellung der Pflicht bestimmt ihn in diesem Falle als *Macht*, und sein Leiden ist bloß eine *Wirkung*.« (NA 20, 212.) Siehe auch unten, S. 453–457.

fährdungen, die seine Existenz von außen bedrohen, bedürfte es also des sichtbaren Triumphs der Sittlichkeit über das physisch Überlegene, in diesem Fall: über die Verschwörer, die ihr Ziel erreichen – was Wallenstein bis zu seinem Ende nicht einmal als Möglichkeit ins Kalkül gezogen hat.

Wallensteins Mit- und Gegenspieler, Vater und Sohn Piccolomini, haben bei aller Gegensätzlichkeit ihrer Charaktere und ihrer Weltauffassungen doch gemeinsam, dass sie, anders als Wallenstein, nicht von Zufälligkeiten bestimmt werden, sondern von erkennbaren Gesetzen, die sie in die Katastrophe treiben. Die Bedingungen ihrer Existenz und deren Folgen ergeben sich aus ihren Gesinnungen, Plänen und Zielen, an denen sie scheitern: Max will den Himmel auf Erden, Octavio die Wiederherstellung des Rechts, das Wallenstein gebrochen hat. Max, der in einer aus den Fugen geratenen Welt nicht mehr leben kann, scheitert an seinem übersteigerten, einem ›falschen‹ Idealismus, von dem Schiller in *Ueber naive und sentimentalische Dichtung* gesagt hat, er sei eine »Phantasterey«, eine »Ausschweifung [...] der Freyheit« (NA 20, 503). Octavio nimmt die Gegenposition ein, die des ›falschen‹ Realisten, der nur »schätzt [...], was ihn sinnlich verbessert« (NA 20, 502), und der deshalb nicht zögert, zur Erreichung seiner Ziele bedenkliche Mittel einzusetzen, krumme Wege zu gehen. Dass Octavio auf diese Weise sein Ziel anstrebt, macht ihn in den Augen seines Sohnes verächtlich. Die Ermordung Wallensteins durch Buttler ist das nicht von Octavio geplante Ergebnis seiner Machenschaften, aber er hat die Freveltat zu verantworten, gedrückt von dem Fürstentitel, der ihm zukommt, als sei dieser die Belohnung für den ausgeführten Mord.

Max, der so schön zu schwärmen weiß (noch einmal:
»O schöner Tag! wenn endlich der Soldat / In's Leben
heimkehrt, in die Menschlichkeit / [...] / Aus Dörfern
und aus Städten wimmelnd strömt / Ein jauchzend Volk
[...]« – *Die Piccolomini* I,4; Schrr. 12, 89; vgl. NA 8,
79 f.), ist lange Zeit blind gegenüber der Realität: der
Entscheidung Wallensteins, vom Kaiser abzufallen. Die
Schuld eines drohenden Unheils sieht er allein bei den
Gegnern des von ihm verehrten Feldherrn:

> O! diese Staatskunst, wie verwünsch' ich sie!
> Ihr werdet ihn durch Eure Staatskunst noch
> Zu einem Schritte treiben – Ja, Ihr könntet ihn,
> Weil ihr in schuldig *wollt*, noch schuldig *machen*.
> (*Die Piccolomini* V,3; Schrr. 12, 197; vgl. NA 8, 171)

Und erst, als gegen die Einsicht kein Glauben mehr auf-
kommt, beschließt Max, sein Leben und das seiner Pappenheimer einzusetzen – für den Kaiser. Er verlässt auch
Thekla, seine Geliebte. Diese versucht vergeblich, ihn an
die Erde, an irdisches Liebesglück in der Gegenwart zu
binden:

> Sind wir's denn nicht [nämlich glücklich]? Bist du
> nicht mein? Bin ich
> Nicht dein? [...]
> [...]
> Wir haben uns gefunden, halten uns
> Umschlungen, fest und ewig. Glaube mir!
> (*Die Piccolomini* III,5; Schrr. 12, 145 f.; vgl. NA 8, 128)

Thekla ist die einzige Gestalt des Dramas, die eine
Möglichkeit der Identifikation bietet. Sie ist auf der ei-

nen, der ›idealistischen‹ Seite Max und Wallenstein nahe und auf der anderen, der ›realistischen‹ Octavio, Wallenstein und der Gräfin Terzky; und ist doch frei von jeder Überspanntheit und allen Gemeinheiten. Indem sie, die moralisch ganz und gar Integre, aus freiem Entschluss in den Tod geht und sich damit gegen die verheerende Wirklichkeit stellt, erscheint sie in jener erhabenen Größe, von der Schiller in seinen ästhetischen Schriften so oft gesprochen hat.

Wallenstein ist ein Trauerspiel (ja eine Tragödie) in mehrfacher Hinsicht. Der Dichter wollte vermutlich die Vorstellung vermitteln, dass der Tod Wallensteins zu beklagen (›traurig‹) sei, der Tod der sich Liebenden (wenigstens der Theklas) sogar tragisch. Er wollte aber sicher noch Wichtigeres, weil Allgemeines zur Anschauung bringen: dass sein Drama auch die Tragödie des Idealismus (wie er von Max vertreten wird) ist und darüber hinaus die Tragödie der von einem unbestimmten Schicksal hin und her bewegten, alles zermalmenden Geschichte – die Tragödie des ernsten Lebens, die von der heiteren Kunst nicht aufgehoben, aber für Augenblicke überstrahlt werden kann. Diese Kunst erweist sich, wie jede wahre Kunst, sofern sie nicht, wie die der alten Zeit, den Stempel der Naivität trägt[64], als erhaben im Schillerschen Wortsinn: bedrängt zwar von der Wirklichkeit und wie alles Schöne dem Untergang preisgegeben[65], aber in ihrer Unabhängigkeit (Autonomie) wenigstens ideell wahr,

---

64 Vgl. dazu die Bemerkungen zur Abhandlung *Ueber naive und sentimentalische Dichtung* (unten, S. 479–481).

65 So klagt Thekla nach dem Tod ihres Geliebten: »– Da kommt das Schicksal – Roh und kalt / Faßt es des Freundes zärtliche Gestalt / Und wirft ihn unter den Hufschlag seiner Pferde – / – Das ist das Loos des Schönen auf der Erde!« (*Die Piccolomini* IV,12; Schrr. 12,

schön und unangreifbar groß. In eben dieser alles Geschichtliche und damit auch alles Moralische transzen-
dierenden souveränen Kunst werden Exempel der Möglichkeit von Freiheit statuiert, die ins Bewusstsein derer,
die ihr vertrauen, als tröstendes Versprechen Eingang finden, gleichgültig, ob Gerechte oder Ungerechte den Tod
finden. Was Schiller in der Vorrede zur *Braut von Messina* von der Funktion des Chors in der Tragödie sagt, ist
übertragbar auf die Funktion der dramatischen Kunst
insgesamt, wie sie der Dichter in seinen letzten Jahren
nicht mehr aus den Augen verlor: »[...] das Gemüth des
Zuschauers soll auch in der heftigsten Passion seine Freiheit behalten, es soll kein Raub der Eindrücke seyn, sondern sich immer klar und heiter von den Rührungen
scheiden, die es erleidet.« (NA 10, 14.)

7. *Maria Stuart*

Bereits sechs Tage nach der Uraufführung des letzten
Wallenstein-Stücks, also am 26. April 1799, beschloss
Schiller, die Geschichte der schottischen Königin Maria
Stuart dramatisch zu bearbeiten und damit einen Plan zu
verwirklichen, mit dem er sich schon 1783 gelegentlich
beschäftigt hatte. Im Juni 1799 begann er dann mit der
Niederschrift des Trauerspiels, das von Gefangenschaft
und Tod der Königin handelt, zugespitzt auf die Ausein-

359; vgl. NA 8, 318.) Wenige Monate nach Vollendung des *Wallenstein* dichtete Schiller die Elegie *Nänie* (»Auch das Schöne muß sterben!«), deren abschließendes Distichon lautet: »Auch ein Klaglied zu
seyn im Mund der Geliebten ist herrlich, / Denn das Gemeine geht
klanglos zum Orkus hinab.« (NA 2 I, 326.)

andersetzung mit ihrer Gegenspielerin, der englischen Königin Elisabeth I. Dieser bleibt, um ihre Herrschaft zu retten, anscheinend nichts anderes übrig, als das Todesurteil gegen ihre Nebenbuhlerin, das juristisch so unhaltbar wie moralisch problematisch ist, zu unterzeichnen. Wie für den *Wallenstein* und wie für die folgenden Dramen, in denen Ereignisse aus der Geschichte behandelt werden (*Die Jungfrau von Orleans* und *Wilhelm Tell*), hat Schiller auch für *Maria Stuart* die ihm erreichbaren historischen Quellen eingesehen[66], um hinter den möglichen Kenntnissen seines Publikums nicht zurückzustehen und um der Poesie ihr Recht zu verschaffen: sich über die verbürgten Fakten zu erheben. Dass er sich in den ersten Wochen der Arbeit an seinem Drama gerade mit diesem Geschäft – der Poetisierung des Stoffs – schwer tat, teilte Schiller am 19. Juli 1799 Goethe mit:

Von der Maria Stuart werden Sie nicht mehr als Einen Akt fertig finden; dieser Akt hat mir deßwegen viel Zeit gekostet und kostet mir noch 8 Tage, weil ich den poe-

---

66 Von den nachweisbaren historischen Darstellungen, die Schiller benutzt hat, sind die wichtigsten: William Camden, *Annales rerum anglicarum et hibernicarum regnante Eilzabetha ad annum salutis 1589*, London 1615; Paul von Rapin, Herr von Thoyras, *Allgemeine Geschichte von England [...]*, hrsg. von Siegmund Jakob Baumgarten, Bd. 5, Halle 1757; Wilhelm Robertson, *Geschichte von Schottland unter den Regierungen der Königinn Maria, und des Königes Jacobs VI. [...]. In zween Bänden [...]*, übersetzt [...] von Matthias Theodor Christoph Mittelstedt [...], Braunschweig 1762; David Hume, *Geschichte von England [...]*, Bde. 3 und 4, Breslau/Leipzig 1770/71; Johann Wilhelm von Archenholtz, »Geschichte der Königin Elisabeth von England«, in: *Historischer Calender für Damen für das Jahr 1790 von Archenholtz und Wieland*, Leipzig [1789], S. 1–189; Friedrich Gentz, »Maria Königin von Schottland«, in: *Taschenbuch für 1799*, Berlin [1798], S. 1–126.

tischen Kampf mit dem historischen Stoff darinn bestehen mußte und Mühe brauchte, der Phantasie eine
Freiheit über die Geschichte zu verschaffen, indem ich
zugleich von allem was diese brauchbares hat, Besitz
zu nehmen suchte. Die folgenden Akte sollen wie ich
hoffe schneller gehen, auch sind sie beträchtlich kleiner. (FA 12, 467)

Am 20. August bedachte Schiller, wieder in einem
Brief an Goethe, noch einmal das Verhältnis der Poesie
zur Geschichte: »Ueberhaupt glaube ich, daß man wohl
thun würde, immer nur die allgemeine Situation, die Zeit
und die Personen aus der Geschichte zu nehmen und alles übrige poetisch frey zu erfinden [...].« (NA 12, 479.)
Doch kurz darauf klang es, im Brief an Körner vom 26.
September, anders: »Vor der Hand bin ich [...] der historischen Sujets überdrüssig, weil sie der Phantasie gar zu
sehr die Freiheit nehmen, und mit einer fast unausrott-
baren Prosaischen Trockenheit behaftet sind.« (FA 12,
487.)[67] Gegen die anscheinenden Nötigungen der Geschichte bot Schiller in *Maria Stuart* und wenig später in
der *Jungfrau von Orleans* die Möglichkeiten der Phantasie auf: Er veränderte die historischen Abläufe, erfand
zweckmäßige Situationen und handlungstragende Personen; vor allem aber machte er durch die poetische Vers-
Sprache deutlich, dass ihm die ›wirkliche‹ Geschichte
nur zweitrangig war. So konnte er an seiner während der

---

67 Dass diese Ansicht Schillers nicht ein flüchtiger Einfall war, belegt
sein Brief an Goethe vom 19. März 1799 (kurz vor Abschluss des
Wallenstein): »Neigung und Bedürfniß ziehen mich zu einem frei
phantasierten, nicht historischen, und zu einem bloß leidenschaftli-
chen und menschlichen Stoff, denn Soldaten Helden und Herrscher
habe ich vor jetzt herzlich satt.« (FA 12, 452.)

Arbeit an *Wallenstein* (im Brief an Goethe vom 5. Januar 1798) geäußerten Auffassung festhalten: »Ich werde es mir gesagt seyn laßen, keine andre als historische Stoffe zu wählen, frey erfundene würden meine Klippe seyn.« (FA 12, 362.)

Die Arbeit an *Maria Stuart* dauerte länger als ursprünglich geplant, weil sich hindernde Nebenarbeiten einschoben, darunter der letzte *Musen-Almanach* (mit dem *Lied von der Glocke* als letztem Beitrag) und die Bearbeitung von Shakespeares *Macbeth* für das Weimarer Theater, die in den ersten Monaten des Jahres 1800 besorgt wurde. Auffallend spärlich sind die brieflichen Äußerungen, mit denen Schiller während der Niederschrift der *Maria Stuart* das Trauerspiel kommentierend begleitete. Es scheint, als sei er sich, nachdem die anfänglichen Schwierigkeiten überwunden waren, seiner Sache so sicher gewesen, dass es kritischer Räsonnements und daraus vielleicht resultierender Diskussionen mit den Freunden nicht bedurfte. Er hoffe, mit dem Stück »Ehre einzulegen«, schrieb er am 26. April 1800 an Iffland (FA 12, 508) – das ist fast schon die wichtigste Bemerkung des Dichters zu seinem noch unfertigen Stück. Es wurde Anfang Juni 1800 vollendet und kurz darauf, am 14. Juni, auf der Weimarer Bühne – wahrscheinlich ohne die Abendmahlsszene (V,7)[68] – uraufge-

---

68 Am 11. oder 12. Juni 1800 äußerte Herzog Carl August in einem Brief an Goethe Bedenken, dass »eine förml. communion od. Abendmahl auf den theater paßiren würde«. (*Briefe an Goethe. Gesamtausgabe in Regestform*, Bd. 3, hrsg. von Karl-Heinz Hahn, Weimar 1983, S. 215) Goethe, der Theaterdirektor, hat diese Bedenken geteilt (vgl. NA 38 I, 269), und Schiller hat ihnen Rechnung getragen, indem er die Szene (für die zweite Aufführung am 16. Juni?) umschrieb (vgl. NA 38 II, 471 f.).

führt, mit großem Erfolg, der sich auch auf anderen Bühnen fortsetzte und von den meisten Rezensenten des im April 1801 im Druck erschienenen Werks bekräftigt wurde.

An der Wertschätzung des Trauerspiels hat sich in zwei Jahrhunderten nicht viel geändert. Es wurde und wird häufiger als andere Dramen Schillers auf die Bühne gebracht (Ausnahmen: *Kabale und Liebe* und *Wilhelm Tell*), es gehört nach wie vor zum Kanon der Schullektüre und erfährt auch in der wissenschaftlichen Literatur besondere Aufmerksamkeit.[69] Die Gründe für diese bemerkenswerte Nachwirkung liegen auf der Hand. 1. Kein anderes der Schillerschen Dramen scheint hinsichtlich der in ihnen behandelten historischen und weltanschaulichen Probleme so durchsichtig zu sein wie *Maria Stuart*: Zwei Königinnen, beide mit legitimen Ansprüchen auf den englischen Thron, setzen sich unter ungleichen Bedingungen miteinander auseinander; eine von ihnen, die schottische Königin Maria, katholischen Glaubens, muss unterliegen, damit das protestantische England weiter regiert werden kann und die Geschichte den bekannten Fortgang nimmt. 2. Die Argumente beider Seiten werden schon in den ersten Szenen gegeneinandergestellt, so dass es dem Rezipienten möglich ist, bei seiner Beurteilung des zu erwartenden (nie fraglichen, weil

---

69 Bezeichnend für die vermutete Rangordnung der ›klassischen‹ Dramen ist, dass in dem jüngst erschienenen Arbeitsbuch von Michael Hofmann: *Schiller. Epoche – Werke – Wirkung* (München 2003) *Wallenstein, Maria Stuart* und *Wilhelm Tell*, nicht aber *Die Jungfrau von Orleans* und *Die Braut von Messina* behandelt werden. Auch wenn diese Auswahl offensichtlich dem Konsens der aktuellen Deutsch-Didaktik entspricht: mit ihr wird auf jeden Fall die wohlbegründete Selbsteinschätzung des Dichters ignoriert.

durch Titel und Untertitel signalisierten) Ausgangs mit
den Begründungen des Dichters an jedem Punkt der
Handlung zu wetteifern. 3. Die formale Gliederung des
Stücks ist von geradezu klassischer Strenge: Der erste
und fünfte Aufzug gehören im wesentlichen der Titelheldin, der zweite und vierte ihrer Gegenspielerin; der dritte
Aufzug, der Höhepunkt des Ganzen, führt beide König-
ginnen zusammen, demonstriert den moralischen Sieg
Marias und begründet den physischen Triumph Elisabeths. 4. Das Trauerspiel ist reich an spannenden Kon-
flikten im einzelnen, führt nicht nur die Anhänger der
beiden Lager geschlossen gegeneinander, sondern schafft
auch Spannungen innerhalb der Gruppen, und einzelne
Figuren erhalten ihre Eigenart durch Konflikte, die sie
mit sich allein austragen. Dabei lenken die komplizierten
Einzelschicksale kaum je von der stringenten Haupthandlung ab, und sie beeinträchtigen auch nie die Klarheit des Aufbaus. 5. Die Sprache gefällt durch die von
Schiller immer müheloser erreichte Klarheit und ›Simplizität‹. Der Blankvers als klassisches Mittel poetischer Sti-
lisierung entfernt von allem ›Gemeinen‹[70] und bewirkt
eine gehobene Stimmung, die über das bloße Interesse
am Handlungsverlauf hinausführt. Daneben bedient sich
der Dichter, wie schon im *Wallenstein*, des lyrischen
Sprechens, wenn es darauf ankommt, in empfindsamen,
durch die Hauptpersonen hervorgerufenen Situationen
das Herz des Lesers oder Zuschauers zu affizieren.

Die Kritik, die zuweilen an dem Trauerspiel geübt wurde: dass es sich zu weit von der ›wirklichen‹ Geschichte
entferne, dass in ihm ein bedenklicher Hang Schillers

---

70 Siehe dazu oben, S. 179 (an Goethe, 24. November 1797).

zum Katholizismus offenbar werde und dass es Verstöße
gegen die von ihm in seinen theoretischen Schriften[71] er-
hobene Forderung gebe, der Tragödiendichter dürfe nicht
das Mitleid mit einem zum tragischen Untergang bestimmten Helden schwächen – diese Kritik ist durchaus
unangebracht. Da Schiller mit seinem Stück keinen Ge-
schichtsunterricht erteilen wollte, stand es ihm frei, mit
den überlieferten Fakten nach Belieben zu spielen und
die Superiorität der Phantasie gegenüber dem Stoff zu behaupten. Da er an der Konfession seiner Heldin schwerlich etwas ändern konnte, ließ er sie zwar katholisch
leben (beichten, kommunizieren) und katholisch sterben,
aber damit war nicht eine Parteinahme für ihren Glauben
verbunden; denn dem Dichter ging es nicht um den Triumph einer weltanschaulichen Position, ja nicht einmal
um ein tragisches Einzelschicksal, sondern – ziemlich allgemein – um die Würde, um die Erhabenheit eines in
eine ausweglose Situation geratenen Menschen, der sich
mit dem Tod belohnt sieht und diesen deshalb freudig
annimmt, also keineswegs tragisch endet. Seine negative
Einschätzung des ihm zeit seines Lebens fremden Katholizismus hat Schiller in der zu diesem Zweck von ihm erfundenen Figur des Mortimer deutlich zum Ausdruck gebracht. Schließlich: Es ist wohlfeil, die poetische Praxis
an der ästhetischen Theorie zu messen. Das Ergebnis
mag den Messenden befriedigen; es führt im Falle Schillers aber leicht zu Fehldeutungen seiner Dramen, vor allem seiner klassischen Dramen, mit denen er sich von
den Festlegungen seiner ›philosophischen Periode‹[72] in

---

71 Vor allem in den Abhandlungen *Ueber die tragische Kunst* und
Ueber das Pathetische. Siehe unten, S. 454–457.
72 Siehe dazu unten, S. 452 ff.

manchen Hinsichten entfernt hat. Der erste Akt der *Maria Stuart* war gerade fertig geworden, da stellte Schiller in einem Brief an Goethe (vom 30. Juli 1799) eine interessante, bei der Beschäftigung mit seinen poetischen Werken nicht unwichtige Überlegung zum Verhältnis von Theorie und Praxis an:

> Sie haben wohl recht, daß man sich der theoretischen Mittheilung gegen die Menschen lieber enthalten und hervorbringen muß.[73] Das theoretische sezt das praktische voraus und ist also schon ein höheres Glied in der Kette. Es scheint auch, daß eine selbstständigere Imagination dazu gehört, als um die wirkliche Gegenwart eines Kunstwerks zu empfinden, bei welchem der Dichter und Künstler der trägern oder schwächern Einbildungskraft des Zuhörers und Betrachters zu Hilfe kommt, und den sinnlichen Stoff liefert.
> Auch ist nicht zu läugnen, daß die Empfindung der meisten Menschen richtiger ist als ihr Raisonnement. Erst mit der Reflexion fängt der Irrthum an.
>
> (FA 12, 469)

Maria wird auf dem Schloss zu Fotheringhay gefangengehalten, weil sie, wie die Anklage lautet, aus Schottland gekommen sei, um Elisabeth, die englische Königin, vom

---

73 Goethe hatte am 27. Juli 1799 an Schiller geschrieben: »[...] jede Betrachtung bestärkt mich in jenem Entschluß: blos auf Werke, sie seyen von welcher Art sie wollen, und deren Hervorbringung meinen Geist zu richten und aller theoretischen Mittheilung zu entsagen. Die neusten Erfahrungen haben mich aufs neue überzeugt: daß die Menschen statt jeder Art von ächter theoretischer Einsicht nur Redensarten haben wollen, wodurch das Wesen was sie treiben zu etwas werden kann.« (NA 38 I, 129.)

Thron zu stürzen. Gekaufte Zeugen (die im Stück lediglich zitiert werden) haben vor dem obersten Gericht unter Eid ausgesagt, dass Maria diesen Anschlag plane. Auf
den Umsturzversuch steht die Todesstrafe. Elisabeth zögert, das Urteil zu unterschreiben, weil sie als Folge der
Tötung Marias Unruhen in ihrem Land befürchtet. Zwar
hält sie sich mit guten Gründen für die legitime Nachfolgerin ihres Vaters, Heinrichs VIII., aber sie weiß auch,
dass die Ansprüche Marias nicht aus der Luft gegriffen
sind: Sie, die Enkelin einer Schwester Heinrichs VIII., ist
dem alten katholischen Glauben treu geblieben und hat
während ihrer Regierungszeit in Schottland nie auf Wap-
pen und Titel von England (und Irland) verzichtet. Der
Fall ist juristisch kompliziert, menschlich noch viel komplizierter: Maria ist aus Schottland geflohen, um am englischen Hof Schutz zu suchen, weil sie sich ihres Lebens
nicht mehr sicher war, seit durch die Hand ihres Geliebten Bothwell ihr ungeliebter Mann Darnley ermordet
und damit das Hindernis einer ehelichen Verbindung
Marias mit dem Mörder aus dem Weg geräumt worden
war.

So stehen die Dinge, als das Stück einsetzt, mit einer
scharfen Auseinandersetzung zwischen der getreuen Amme Hanna Kennedy und dem Gefängniswärter Paulet,
der dabei ist, im Schmuck und in den Privatpapieren der
gefangenen Königin zu wühlen. Hannas Protest bringt
Vergangenes und Künftiges zusammen:

> Ist das ein Schicksal für die weicherzogne,
> Die in der Wiege Königin schon war,
> Am üpp'gen Hof der Medizäerin
> In jeder Freuden Fülle aufgewachsen.

Es sey genug, daß man die Macht ihr nahm,
Muß man die armen Flitter ihr mißgönnen?
In *großes* Unglück lehrt ein edles Herz
Sich endlich finden, aber wehe thuts,
Des Lebens kleine Zierden zu entbehren.
(Schrr. 12, 402; vgl. NA 9, 5)

Schicksal, Freuden, Unglück, edles Herz – Leitvokabeln,
die sich durch das ganze Stück ziehen und durch nur
wenige andere, gleich wichtige, ergänzt werden: Schuld,
Himmel, Gemeinheit, Notwendigkeit.

Maria tritt auf, mit einem Kruzifix in der Hand, verschleiert zwar, aber als jung und schön erkennbar.[74] Sie
weiß, dass sie zu Unrecht angeklagt ist, weiß auch, dass
sie nicht der Gerichtsbarkeit der englischen Lords unter-
steht. Sie richtet ihre Überlebenshoffnung auf eine Begegnung mit Elisabeth, auch darauf, dass der Himmel ihr
Gerechtigkeit widerfahren lasse; dazu freilich bedarf es
der Absolution durch einen Priester, dessen Anwesenheit
sie sich wünscht. Schwer drückt die Königin das Verbrechen, das am Tag der Ermordung ihres Mannes gleichsam als ›Bahrprobe‹[75] förmlich Gestalt annimmt:

---

74 Maria war 1587, in ihrem Todesjahr, 44, Elisabeth 53 Jahre alt. Auf
der Bühne erscheinen sie verjüngt: »Marie ist in dem Stücke etwa 25
und Elisabeth höchstens 30 Jahr alt.« (Schiller an Iffland, 22. Juni
1800; FA 12, 515.)
75 Die Bahr- oder Blutprobe, die als Gottesurteil angesehen wurde, be-
sagt, dass die Wunden eines Ermordeten aufbrechen, wenn sich der
Mörder ihm nähert oder ihn berührt. Das Motiv findet sich zuweilen in
der schönen Literatur, zum Beispiel im *Nibelungenlied* (17. Aventiu-
re), im *Iwein* Hartmanns von Aue (V. 1355–1364), in Shakespeares *Richard III.* (I,2), in Lessings *Miß Sara Sampson* (V,10) und, besonders
nachdrücklich, in Schillers *Die Braut von Messina* (V. 2411–2414).

Es ist der blut'ge Schatten König Darnleys,
Der zürnend aus dem Gruftgewölbe steigt,
Und er wird nimmer Friede mit mir machen,
Bis meines Unglücks Maaß erfüllet ist.
[...]
Frischblutend steigt die längst vergebne Schuld
Aus ihrem leichtbedeckten Grab empor!

(I,4; Schrr. 12, 411f.; vgl. NA 9, 13f.)

Das also sagt Maria: sie sei bereits einmal absolviert
worden. Doch reicht ihr das nicht, und deshalb soll auch
der Zuschauer wissen: Mord bleibt Mord, eine Beichte
ändert daran nichts, das Sakrament ist auch ihr eine frag-
würdige Institution, einstweilen nicht genug für die Sün-
derin, vielleicht nur »Opium des Volks«[76]; am Ende erst,
in aussichtsloser Lage, hofft sie, durch eine erneute Beichte das Entréebillet fürs Himmelreich lösen zu können. Die
besondere Lage, in der sie sich nun, kurz vor dem Übertritt, befindet, wird dadurch betont, dass sie nicht in einfachen Blankversen, sondern in gereimten Versen spricht:

Ach, eine frühe Blutschuld, längst gebeichtet,
Sie kehrt zurück mit neuer Schreckenskraft,
Im Augenblick der letzten Rechenschaft,

76 Karl Marx hat in *Zur Kritik der Hegelschen Rechtsphilosophie*
(1844) mit Vehemenz Religionskritik geübt und dabei den oft, aber
meist falsch – »Opium fürs Volk« – zitierten Begriff geprägt: »Das *religiöse* Elend ist in einem der *Ausdruck* des wirklichen Elendes und in
einem die *Protestation* gegen das wirkliche Elend. Die Religion ist der
Seufzer der bedrängten Kreatur, das Gemüt einer herzlosen Welt, wie
sie der Geist geistloser Zustände ist. Sie ist das *Opium* des Volks.«
(Karl Marx / Friedrich Engels, *Ausgewählte Werke in sechs Bänden*,
hrsg. vom Institut für Marxismus-Leninismus beim ZK der SED, Berlin 1972, Bd. 1, S. 10.)

Und wälzt sich schwarz mir vor des Himmels Pforten.
Den König, meinen Gatten, ließ ich morden,
Und dem Verführer schenkt' ich Herz und Hand!
Streng büßt' ichs ab mit allen Kirchenstrafen,
Doch in der Seele will der Wurm nicht schlafen.

(V,7; Schrr. 12, 563f.; vgl. NA 9, 149)

Da Maria den über sie verhängten Tod annimmt, mag sie groß erscheinen, aber tragisch endet sie nicht. Das Trauerspiel vollzieht sich auf einer anderen Ebene: der des erbarmungslosen Schicksals, dem die Geschichte unterliegt.

Nicht nur, um die Handlung, die sich im wesentlichen um die Auseinandersetzung der beiden Königinnen dreht, ein wenig turbulenter zu machen, hat der Dichter die schillernde Gestalt des Mortimer[77] erfunden, sondern auch (und vielleicht vor allem), um an ihr das Unwesen des Katholizismus zu demonstrieren. Mortimer ist nicht aus religiösen, sondern aus ästhetischen Gründen konvertiert; er wurde von der verschwenderischen Pracht der katholischen Kirche überwältigt und schwelgt nun in Sinnenfreuden. Er liebt nicht nur schöne Kunst, sondern auch schöne Frauen.

Eines Tags,
Als ich mich umsah in des Bischofs Wohnung,
Fiel mir ein weiblich Bildniß in die Augen,
Von rührend wundersamem Reiz, gewaltig
Ergriff es mich in meiner tiefsten Seele,
Und des Gefühls nicht mächtig stand ich da.

---

77 Sein Name verheißt nichts Gutes: »**Mortimer** m, engl. FamN < frz. ÖrtlichkeitsN ›totes Wasser‹ [...]« (Wilfried Seibicke, *Historisches deutsches Vornamenbuch*, Berlin / New York 2000, S. 362).

So eingestimmt, ereilt Mortimer

> Ein lauter Ruf des Schicksals [...],
> Das *meinen* Arm gewählt, euch zu befreien.
> > (I,6; Schrr. 12, 421 f.; vgl. NA 9, 21 f.)

Maria ist durch Mortimer, der sie aus der Kerkerhaft befreien möchte, um sie zu besitzen, nicht zu helfen. Er spielt seinen Part schlecht.

Maria bleibt hartnäckig bei ihrer Forderung, dass ihr Recht geschehe; sie hofft, bei einer Begegnung mit ihrer Rivalin diese davon überzeugen zu können, dass sie, Maria, das Opfer einer falschen Anklage geworden sei und nichts anderes wünsche, als im Schutz der englischen Krone ihr Leben zu fristen. Bevor es zur dramatischen Begegnung im Park von Fotheringhay kommt, ist der Zuschauer mit Elisabeth bekanntzumachen; und er erfährt: Die Königin ist nicht willens, in die ihr angetragene Vermählung mit dem Herzog von Anjou einzuwilligen, denn:

> Die Könige sind nur Sklaven ihres Standes,
> Dem eignen Herzen dürfen sie nicht folgen.
> Mein Wunsch war's immer, unvermählt zu sterben,
> Und meinen Ruhm hätt' ich darein gesetzt,
> Daß man dereinst auf meinem Grabstein läse:
> Hier ruht die jungfräuliche Königin.
> > (II,2; Schrr. 12, 448; vgl. NA 9, 45)

Marias Ansicht – die spätere Interpreten des Dramas (mit Vorliebe Regisseure) bereitwillig aufgenommen haben –, dass in Elisabeth, entgegen ihrem Bekenntnis zur Jungfräulichkeit, »Die wilde Glut verstohlner Lüste« lodere (III,4;

Schrr. 12, 501; vgl. NA 9, 92), die sie zu verdecken bemüht
sei, bestätigt die Dramenhandlung nicht. Auch der Graf von
Leicester, dem sie zugetan ist, wird von ihr abgewiesen.[78]
Deshalb kann er, liebeshungrig wie Mortimer, nun wieder
(wie schon einmal) auf die Gunst der schottischen Königin
spekulieren – falls ihm ihre Befreiung gelingen sollte.

Wichtiger als die Überzeugung von der Notwendigkeit,
als Herrscherin jungfräulich bleiben zu müssen, erscheinen Elisabeths Überlegungen zum Urteil der Mehrheit ihrer Lords, das Todesurteil gegen Maria sei zu unterschreiben und zu vollstrecken. Sie erwägt das Für und Wider,
weiß genau, dass die Staatsräson ihr keinen Spielraum
lässt, weiß aber auch, dass Talbots Plädoyer für die Gefangene (»Reich' ihr die Hand, der tiefgefallenen, / Wie eines
Engels Lichterscheinung steige / In ihres Kerkers Gräber-
nacht hinab –« – II,4; Schrr. 12, 464; vgl. NA 9, 58) nicht allein Ausdruck seines Mitleids ist, sondern auch der Rechts-
lage entspricht. Derweil versucht Leicester – in sorgsam
versteckter Absicht, Maria nützlich zu sein, um sie an sich
zu binden –, Elisabeth für eine Unterredung mit der Rivalin
zu gewinnen. Die Bedrängte hofft, es werde sich der gor-
dische Knoten – nicht zerschlagen, sondern – lösen lassen:

Geht, meine Lords. Wir werden Mittel finden,
Was Gnade fodert, was Nothwendigkeit
Uns auferlegt, geziemend zu vereinen.
   (II,4; Schrr. 12, 464f.; vgl. NA 9, 59)

---

78 Fast scheint es, als habe Schiller geahnt, was erst später die Wissenschaft ermittelt hat: dass Elisabeth an einer Missbildung (einer Vagi-
na-Atresie) litt, die dem intimen Zusammensein mit einem Mann hin-
derlich war.

Die Mittel finden sich nicht. Tiefverstrickt in ihr Dilemma, greift die englische Königin zu einem Strohhalm: Als Mortimer, den sie so wenig durchschaut wie Leicester, vorschlägt, Maria in aller Heimlichkeit zu beseitigen, stimmt sie zu:

> Ja, Sir! Wenn ihr
> Mich eines Morgens mit der Botschaft wektet:
> Maria Stuart, deine blut'ge Feindin,
> Ist heute Nacht verschieden!
> (II,5; Schrr. 12, 467; vgl. NA 9, 61)

Bevor Mortimer nach einer langen (viel zu langen) Unterredung mit Leicester, in der das beiderseitige Verhältnis zu Maria zur Sprache kommt, die weiteren Anstalten zur Rettung der Königin trifft, hat Leicester seine Vorkehrungen, die dasselbe Ziel verfolgen, glücklich abgeschlossen: Elisabeth wird Maria treffen und damit eine Situation herbeiführen, die Schiller selbst für »moralisch unmöglich« hielt (so im Brief an Goethe vom 3. September 1799; FA 12, 485), was freilich nicht mehr heißt als: sie ist prekär, weil sie nicht nur unhistorisch ist, sondern auch im höchsten Grade unwahrscheinlich, unschicklich, gegen die Sitten verstoßend; denn eine Königin trifft sich nicht mit der eines Komplotts verdächtigten Angeklagten.

Bei dem Zusammentreffen der Königinnen ist Maria zunächst die um Gnade Flehende, die um »die königliche Rechte, / Mich zu erheben von dem tiefen Fall«, bittet und die abweisende Rivalin ermahnt: »Denkt an den Wechsel alles Menschlichen! / Es leben Götter, die den Hochmuth rächen!« (Von Göttern spricht sie, nicht von ihrem christlichen Gott, den der Dichter ihr in einem

Heidemarie Hatheyer als Maria und Maria Wimmer als Elisabeth
Maria Stuart. Schauspielhaus Düsseldorf, 1957.
Inszenierung: Karl Heinz Stroux

entscheidenden Moment aus dem Sinn geschlagen hat.[79])
Und sie erinnert an Odysseus, den auch Tasso in Goethes Schauspiel zitiert[80], wenn sie sagt:

> Steht nicht da, schroff und unzugänglich, wie
> Die Felsenklippe, die der Strandende
> Vergeblich ringend zu erfassen strebt.
>> (III,4; Schrr. 12, 495 f.; vgl. NA 9, 87)

Anders als Odysseus und Tasso wird Maria an dem Felsen zerschellen. Elisabeth bleibt ungerührt, trägt das
Sündenregister Marias vor und erweckt dadurch deren
Zorn, den sie dann würdevoll überspielt. Zorn und Würde. Der Gegenangriff, den Maria führt, ist nicht recht
überzeugend, aber da sie »außer sich« gerät, soll sie
Sympathie und Mitleid der Zuschauer gewinnen:

> Fahr hin, lammherzige Gelassenheit,
> Zum Himmel fliehe, leidende Geduld,
> Spreng endlich deine Bande, tritt hervor
> Aus deiner Höhle, langverhaltner Groll –

Und schließlich noch:

> Der Thron von England ist durch einen Bastard
> Entweiht, der Britten edelherzig Volk

---

79 Ähnlich hat Schiller im folgenden Stück, der *Jungfrau von Orleans*,
den Abfall Johannas von ihrem göttlichen Auftrag kommentiert: sie
sei »von den Göttern deseriert« worden. Siehe unten, S. 259.

80 *Torquato Tasso* endet damit, dass Tasso »mit beiden Armen« Antonio
anfasst: »So klammert sich der Schiffer endlich noch / Am Felsen
fest, an dem er scheitern sollte.« (MA 3.1, 520.) Damit spielt er auf
den Odysseus rettenden Felsen in der *Odyssee* (V, 405–430) an.

Durch eine list'ge Gauklerin betrogen.
– Regierte Recht, so läget *Ihr* vor mir
Im Staube jetzt, denn *ich* bin euer König.
(Schrr. 12, 501 f.; vgl. NA 9, 92 f.)

Damit ist Marias Schicksal entschieden. Was folgt, zeigt
sie auf dem Weg zum Tod, dem sie schließlich erwar-
tungsvoll entgegengeht:

Freuen solltet
Ihr euch mit mir, daß meiner Leiden Ziel
Nun endlich naht, daß meine Bande fallen,
Mein Kerker aufgeht, und die frohe Seele sich
Mit Engelsflügeln schwingt zur ew'gen Freiheit.
(V,6; Schrr. 12, 554 f.; vgl. NA 9, 142)

Im Zentrum des Trauerspiels steht die Leidens- und
Erlösungsgeschichte Marias, die das verdiente Purgatori-
um dank ihrer ›edlen Haltung‹, ihrer Gottergebenheit
und der daraus resultierenden Erhabenheit angesichts
des Todes mit Erfolg durchschreitet. Doch dies zu zeigen,
war schwerlich des Dichters erklärte Absicht, der ja nicht
wusste, ob es einen Gott gibt. Es ging ihm vorrangig um
die Demonstration seiner Überzeugung, dass sich der
Mensch in tiefstem Leid, in diesem Fall hervorgerufen
durch Verfehlungen aus Leidenschaft, zur Würde empor-
läutern kann, wenn er das unvermeidliche Schicksal frei
annimmt, ein Zeichen setzend für andere: Das objektive Unrecht wird als Chance zur Sühnung einer subjektiven und durch keine menschliche Instanz zu tilgenden
Schuld begriffen. Doch bleibt der – so pompöse wie rüh-
rende – Schluss heikel, wenn sich nicht erweisen lässt,

dass es Schiller um eine andere Tragik als die seiner Titelheldin zu tun war. Vieles spricht dafür, dass es ihm, dem Geschichtspessimisten, wieder, wie schon im *Wallenstein*, um die Ausweglosigkeit der Geschichte geht, die in diesem Fall, im Konflikt zweier Menschen gleichen (sehr hohen) Ranges, mit Notwendigkeit, wenn auch ›ungerecht‹, einen von ihnen vernichtet. Wenn Maria überlebt hätte, wäre dies, allen ihren Beteuerungen zum Trotz, das Zeichen für Elisabeths Ende gewesen; denn die politischen Verhältnisse hätten gar nichts anderes erlaubt.

Es ist zuweilen mit guten Gründen gesagt worden, Elisabeth sei das Alter ego Marias. In der Tat ist das Schicksal beider nicht weniger voneinander abhängig als das von siamesischen Zwillingen. Sie sind ähnlich in ihrer Verschiedenheit: Elisabeth leidet an ihrem Herrscheramt, wie Maria am Herrschen Vergnügen hat; Elisabeth meidet Intimitäten mit Männern, Maria sucht sie; Elisabeth ist ängstlich-introvertiert, Maria weltzugewandt-extrovertiert; Elisabeth ist protestantisch, Maria katholisch. Sklavin ihres Standes ist Elisabeth und damit Sklavin ihres Volkes, und dieses erwartet von ihr entschiedenes Handeln, von dem der Großschatzmeister Burleigh energisch spricht:

> Es fordert
> Das Haupt der Stuart – Wenn du deinem Volk
> Der Freiheit köstliches Geschenk, das theuer
> Erworbne Licht der Wahrheit [den protestantischen
>   Glauben] willst versichern,
> So muß *sie* nicht mehr seyn –

Gerd Böckmann als Burleigh und Elisabeth Orth als Elisabeth
Maria Stuart. Burgtheater Wien, 2001. Inszenierung: Andrea Breth

Und weiter:

> Du mußt den Streich erleiden oder führen.
> Ihr Leben ist dein Tod! Ihr Tod dein Leben!
>
> (II,3; Schrr. 12, 452 f.; vgl. NA 9, 48 f.)

Burleigh, ein Bruder Octavio Piccolominis, ist der kompromisslose Vertreter der Staatsräson, der zwar gering erscheint, weil er den Tod will, aber groß, weil er den Staat über den einzelnen, auch über Recht und Gerechtigkeit stellt.

Burleigh ist so eindeutig wie Talbot, der Elisabeth zur Gnade rät, ohne zu bedenken, welche Verwicklungen sich daraus ergeben. Zwischen ihnen steht Leicester, der bei der Gerichtsverhandlung für den Tod Marias gestimmt hat, im Staatsrat aber vorschlägt, die Verurteilte leben zu lassen – als Gefangene. Er hofft noch auf der Überlebenden Liebe, in dieser Hinsicht mit Mortimer eins und deshalb sein Konkurrent und dann auch indirekt sein Mörder: Als Mortimer nach dem alles entscheidenden Gespräch der beiden Königinnen eines Anschlags auf Elisabeth verdächtigt wird, kommt dies Leicester gelegen, seine Treue zu Elisabeth zu bekunden: Er will den Verdächtigen arretieren lassen; dieser ersticht sich. (Warum nicht vorher den in Reichweite postierten Gegner?) Leicester macht sich am Ende des Stücks, bevor seine Intrigen und Konspirationen Elisabeth bekannt werden, nach Frankreich davon. Talbot zieht sich aus dem Staatsrat zurück. Die Königin muss sich künftig auf Männer wie Burleigh stützen. Dass sie dabei reüssierte, hat die Geschichte gezeigt, von der das Trauerspiel nicht mehr berichtet.

Elisabeth ist in *Maria Stuart* so einsam wie Philipp II. in *Don Karlos*; aber sie ist so wenig tragisch wie dieser. Der Dichter, der nicht wie der Historiker (nach Friedrich Schlegels 80. *Athenäum*-Fragment) »ein rückwärts gekehrter Prophet« ist, bekräftigt seine Überzeugung, dass der eigentlich poetische Stoff in historischen Untergängen zu finden sei, die durch ihre im nachhinein, also auf Grund der eingetretenen Ereignisse feststellbare Notwendigkeit in den schönen Schein der Kunst überführt werden müssen, um erträglich zu werden. Von der Realität des schönen Scheins lässt in *Maria Stuart* insbesondere die Titelheldin, die sich in der sicheren Erwartung ewiger Freuden frei gemacht hat von den Fesseln ihrer irdischen Existenz und dadurch zur Würde gelangt ist, einen Anschein erkennen, als Widerschein des Möglichen im schönen Sprechen, während Elisabeth, die ganz Diesseitige, die Determination durch die realexistierenden ›Dinge‹, die Geschichte, erfährt und zu vermitteln sucht.

Es wäre, um die Modernität des Stücks zu sichern, nötig, nicht nur zu verdeutlichen (vor allem auf der Bühne), dass die in gewisser Weise idealistische Realistin Elisabeth der fraglos realistischen Idealistin Maria schroff entgegengestellt ist, sondern auch, dass jene ›Wichtigeres‹ zu sagen hat als diese, etwa in ihrem großen Monolog nach der Begegnung mit der Gegnerin:

O Sklaverei des Volksdiensts! Schmähliche
Knechtschaft – Wie bin ichs müde, diesem Götzen
Zu schmeicheln, den mein Innerstes verachtet!
Wann soll ich frei auf diesem Throne stehn!
[...]

Umgeben rings von Feinden, hält mich nur
Die Volksgunst auf dem angefochtnen Thron.
[...]
Nein, diese Furcht soll endigen!
Ihr Haupt soll fallen. Ich will Frieden haben!
– Sie ist die Furie meines Lebens! Mir
Ein Plagegeist vom Schicksal angeheftet.

        (IV, 10; Schrr. 12, 539f.; vgl. NA 9, 127f.)

Schiller hat freilich sein Trauerspiel *Maria Stuart* genannt, weil er (nicht ganz überzeugend) das Publikum
fesseln wollte durch einen Kriminalfall, der nun einmal
in erster Linie mit dem Namen der schottischen Königin
verbunden ist. *Sie* wird getötet, über *sie* ging die Geschichte hinweg. Doch sollte nicht fraglich sein: Das
Stück erreicht nicht die Qualität anderer Dramen Schillers.

8. *Die Jungfrau von Orleans*

Die Probleme, die sich Schiller mit *Maria Stuart* auf den
Hals geladen hatte, verkomplizierten sich noch, als er sie
in seinem nächsten Stück, *Die Jungfrau von Orleans*,
anscheinend vereinfachen wollte. Wieder geht es um eine
weibliche Hauptperson, die am Ende, sterbend, von ihrer
Aufnahme ins Himmelreich überzeugt ist – wieder eine
Person aus der Geschichte, die sogar (allerdings erst
1920) vom Heiligen Officium zur Ehre der Altäre erhoben wurde. Das Stück hat Schiller im Untertitel *Eine romantische Tragödie* genannt, und es ist wieder kaum an-
zunehmen, dass gemeint ist, Johanna, die Heldin, ende

Therese Affolter als Jungfrau und Christoph Waltz als Lionel
Die Jungfrau von Orleans. Schauspielhaus Köln, 1985.
Inszenierung: Jürgen Flimm

tragisch; denn ihre Himmelfahrt ist die Erfüllung ihres
größten Wunsches. »Romantisch« ist eine qualifizierende
Zeitangabe: Das Stück spielt im christlichen Mittelalter,
als noch Wunder geschahen und an sie, wenn auch ›offi-
ziell‹ nur nach dem Gutdünken der Kirche, geglaubt werden durfte. Dieser Hintergrund wird von Schiller dadurch erhellt, dass er mehrfach auf biblische Szenen an-
spielt und mit direkten und indirekten Zitaten aus dem
Alten und Neuen Testament so verschwenderisch um-
geht wie in keinem seiner anderen Werke.

Am 14. Juni 1800 war *Maria Stuart* uraufgeführt worden; zwei Tage später meldete Schiller seinem Freund Körner, er habe »zu einer neuen Arbeit Anstalt gemacht« (FA 12, 513), und schon am 3. Juli trug Goethe in sein Tagebuch ein:»Abends Schiller über das Mädchen von Orleans.« (FA/Goethe 32, 53.) Und dann, anders als bei der Arbeit an *Maria Stuart,* immer wieder Mitteilungen über den Fortgang des Unternehmens und Reflexionen über Grundsätzliches:»Mein neues Stück wird auch durch den Stoff großes Intereße erregen [...]. Aber der Stoff ist der reinen Tragödie würdig [...].« (An Körner, 13. Juli 1800; FA 12, 518.) Oder:»Das Mädchen von Orleans läßt sich in keinen so engen Schnürleib einzwängen, als die Maria Stuart. [...] die dramatische Handlung [...] bewegt sich mit größerer Kühnheit und Freiheit. [...] Die Idee eines Trauerspiels muß immer beweglich und werdend sein, und nur virtualiter in hundert und tausend möglichen Formen sich darstellen.« (An Körner, 28. Juli 1800; FA 12, 525.) Oder, fünf Monate später:»Das historische ist überwunden, und doch [...] in seinem möglichsten Umfang benutzt, die Motive sind alle poetisch und größtentheils von der naiven Gattung.« (An Goethe, 24. Dezember 1800; NA 30, 224.) Und wenig später:»[...] ich bin mit dem ganzen Herzen dabei und es fließt auch mehr aus dem Herzen als die vorigen Stücke, wo der Verstand mit dem Stoffe kämpfen mußte.« (An Körner, 5. Januar 1801; FA 12, 549.) Mitte April 1801 war die Tragödie fertig; der Dichter war mit ihr sehr zufrieden, und Goethe soll sie über die Maßen gelobt haben:»Göthe meint, daß es mein bestes Werk sei [...].« (Schiller an Körner, 13. Mai 1801; NA 31, 36.)

Schiller hatte damit gerechnet, dass sein Stück bald auf dem Weimarer Hoftheater gespielt werde. Doch er hatte die Rechnung ohne den Wirt, den allergnädigsten Herrn, Herzog Carl August, gemacht. Zunächst bat dieser Caroline von Wolzogen, Schillers Schwägerin und Vertraute, ihm das Stück zur Lektüre zu besorgen: »Mit schrecken habe ich erfahren, daß Schiller ein Theaterstück, die *Pucelle d'Orleans* wirklich geschrieben hat [...]. Das Sujet ist äußerst scabrös, und einem Lächerlichen ausgesetzt, das schwer zu vermeiden sein wird [...].« (FA 12, 1122 f.) Der Herzog dachte an Voltaires komisches Epos *La Pucelle d'Orléans* (1762), in dem die Geschichte witzig verkehrt wird: Nach langer, standhaft behaupteter Jungfräulichkeit genießt Jeanne d'Arc schließlich die Freuden der Liebe in vollen Zügen. Dass Schiller diesen Einfall nicht aufgreifen würde[81], war dem Herzog nicht fraglich; dennoch hatte er Bedenken, das Stück auf der Weimarer Bühne aufführen zu lassen, weil Caroline Jagemann, seine Geliebte, die Titelrolle spielen sollte. »Caroline ist mir zu lieb«, ließ er Caroline von Wolzogen wissen, »als daß ich ihr schönes Talent und Bemühen so zwecklos und ihr nachtheilig hier gezwungen sehn möchte.« (FA 12, 1123.)

---

81 Nicht nur in seinem – vermutlich schon im April 1801 entstandenen – Gedicht *Voltaires Püçelle und die Jungfrau von Orleans* (später *Das Mädchen von Orleans* genannt) hat Schiller deutlich gemacht, dass es ihm in seinem Stück u. a. um eine Ehrenrettung der von Voltaire verunglimpften Johanna gegangen sei, sondern auch in seinem Brief an Wieland vom 17. Oktober 1801: »[...] Sie werden mir zugeben, daß Voltaire sein möglichstes gethan, einem dramatischen Nachfolger das Spiel schwer zu machen. Hat er seine Pucelle zu tief in den Schmutz herabgezogen, so habe ich die meinige vielleicht zu hoch gestellt. Aber hier war nicht anders zu helfen, wenn das Brandmal, das er seiner Schönen aufdrückte, sollte ausgelöscht werden.« (FA 12, 582 f.)

Die Uraufführung der *Jungfrau von Orleans* fand am 11. September 1801 in Leipzig statt, einen Monat vor dem Erscheinen des Werks als *Kalender auf das Jahr 1802*, verlegt von Unger in Berlin. Am 17. September wohnte Schiller der dritten Leipziger Aufführung bei und war, anders als das Publikum, enttäuscht, denn: »Alles zieht zur Prosa hinab« und »sehr selten läßt sich eine reine und schöne Form mit dem affectionirten Interesse des Stoffs vereinigen« (an Körner, 5. Oktober 1801; FA 12, 579). Die Aufführung in Weimar ließ übrigens einige Zeit auf sich warten; sie fand erst am 23. April 1803 (mit der unverheirateten Amalie Malcolmi in der Titelrolle) statt und wurde, wie auch die vorangegangenen Aufführungen in Berlin (zuerst am 23. November 1801) und in Hamburg (zuerst am 15. Dezember 1801), mit Beifall aufgenommen – weil die Spektakelszenen und theatralischen Effekte (Kriegsgetümmel, Krönungszug, Donnerschläge) viel Freude bereiteten. Am 6. Mai 1804 besuchte Schiller eine Aufführung in Berlin, die ihm, des entfalteten Pomps wegen, auch nicht gefiel (vgl. NA 42, 384 f.).

Die Rezeptionsgeschichte der »romantischen Tragödie« ist eine lange Kette von Missdeutungen, Missverständnissen und willkürlichen Eingriffen. Das Vergnügen der Schaulustigen an Schlachtgetöse, kriegerischer Musik (u. a. von Bernhard Anselm Weber), prächtigem Krönungszug und himmlischen Donnerschlägen, die Begeisterung für die Erscheinung des Göttlichen in einem Menschen, die Bewunderung für rhetorisch geglückte Untergänge (Johannas Schlusswort: »Kurz ist der Schmerz und ewig ist die Freude!«) stellten sich immer wieder hindernd vor die Auseinandersetzung mit dem eigentlichen ›Gehalt‹ des Stücks, mit den zentralen Problemen, die sich in der Gestalt der Heldin bündeln.[82] Zu den hartnäckigsten, ziemlich simplen Ansichten gehört die, dass Schiller in der *Jungfrau von Orleans* seine Theorie, wie er sie in der Abhandlung *Ueber naive und sentimentalische Dichtung* (1795) entwickelt hat, in die poetische Praxis umgesetzt habe: Das naive Landmädchen Johanna komme aus ›Arkadien‹, gehe durch die Geschichte, die keine Naivität mehr gestatte, und ende im ›Elysium‹. Die Ansicht geht am Stück vorbei; denn auch im *Prolog* und in den beiden ersten Aufzügen gehört die Jungfrau, wenn auch auf besondere Weise, zur kriegerischen Geschichte, und ob ihr Abgang tatsächlich ins Elysium (oder Paradies) führt, weiß auch der Dichter nicht. Er braucht diesen Abgang, um zu verdeutlichen, dass der Tod gerade nicht als tragisch aufgefasst werden soll.

Es geht auch in der *Jungfrau von Orleans* nicht um den Himmel, nicht um Gott (oder die Götter[83]), nicht um die Jungfrau Maria, mit der Johanna in Verbindung steht. Es geht, wie im *Wallenstein* und in *Maria Stuart*, um Diesseitiges, um Menschen und die sie vernichtende Geschichte, nun zugespitzt: um Grund und Folge von Menschlichkeit, die schuldig macht. In Johanna schuf Schiller eine Komplementärfigur zur Goetheschen Iphigenie, deren Reinheit und veredelnde Menschlichkeit jede erfahrbare Realität übersteigt[84] und deshalb keine

82 In keinem anderen seiner Dramen hat Schiller einer einzigen Figur eine derartige Dominanz verliehen wie in der *Jungfrau von Orleans*, in keinem anderen kommt er ohne eigentlichen Gegenspieler aus. Allein Talbot vertritt eine kurze Szene hindurch (II,6) eine – allerdings höchst wirkungsvolle – Gegenposition. Es mag daher angebracht sein, die interpretatorischen Hinweise auf die Titelfigur zu konzentrieren.
83 Siehe oben, S. 218 f., und unten, S. 259.
84 Goethe wusste, warum er (im Brief an Schiller vom 19. Januar 1802) die Beurteilung seines »gräcisirenden Schauspiels« fast formelhaft zusammenfasste: »verteufelt human« (NA 39 I, 175).

Identifikation gestattet – so wenig wie Johanna, die als Werkzeug Gottes in dessen Auftrag und Namen Übermenschliches vollbringt.

Mit der Geschichte geht Schiller wie in den vorangegangenen Stücken nach eigenem Bedürfnis ganz frei um, was nicht wenigen Beurteilern, auch den Romantikern August Wilhelm Schlegel und Ludwig Tieck, durchaus tadelnswert erschien. Die historischen Zeugnisse besagen ja, dass Johanna bis zu ihrem Tode von Gott erfüllt gewesen ist, dass sie nie eigenhändig getötet hat und schließlich, da sie den Kirchenmännern unheimlich geworden war, am 30. Mai 1431 als Ketzerin verbrannt worden ist. Dass Schiller wieder – wie im *Wallenstein* Max Piccolomini und in *Maria Stuart* Mortimer – eine männliche Person, nämlich Lionel, erfunden hat, erschien nicht nur den Historikern unter Schillers Kritikern als ein wenig glücklicher Einfall; und ist es doch.

Im Grunde verfährt Schiller mit der Geschichte so, wie es der alte Einsiedler in Novalis' *Heinrich von Ofterdingen* dem Geschichtsschreiber empfiehlt: In den Märchen der Dichter sei »mehr Wahrheit [...], als in alten Chroniken. Sind auch deren Personen und deren Schicksale erfunden: so ist doch der Sinn, in dem sie erfunden sind, wahrhaft und natürlich.«[85] Schillers Johanna ist nicht im herkömmlichen Sinne, sondern im Sinne des Einsiedlers eine historische Figur: poetisch, märchenhaft; eine eigentlich mythische Erscheinung, die zeigen soll, dass geschichtslose Naivität in nachmythischer Zeit gar nicht möglich ist und dass menschliches Handeln, eingebunden in nicht bestimmbare Geschichtsprozesse, immer in

85 Novalis, *Werke, Tagebücher und Briefe Friedrich von Hardenbergs*, Bd. 1, hrsg. von Richard Samuel, München/Wien 1978, S. 306.

der Spannung steht von Nähe und Ferne zu einem denkbaren, auf Erden nicht zu verwirklichenden Ideal, von Glück und Unglück, von Schuldigwerden und Bestrafung. Der Dichter sucht und findet Personen, Situationen und Konstellationen, die ihm geeignet erscheinen, dem Publikum seine düsteren Geschichtsvorstellungen zu vermitteln.

Gefunden hat Schiller in den von ihm benutzten Quellen (vgl. dazu NA 9, 404 f.) ein einfaches Landmädchen, das in den kriegerischen Verwicklungen der Zeit (am Ausgang des Hundertjährigen Kriegs zwischen Frankreich und England) den Anruf Gottes vernimmt, begeistert in den Kampf zieht und die französischen Truppen zum Sieg über die Feinde führt.

Das Trauerspiel stellt im *Prolog* die Heldin vor. Sie erscheint ganz fremd, ein Mädchen aus der Fremde, das Schiller Jahre zuvor als Allegorie der Poesie in schönen Versen vorgestellt hat[86]; auch der Vater kommt ihr nicht nahe; allein Raimond, der Mann, der sie liebt, versteht sie ein wenig. Ihre Unberührtheit ist die Voraussetzung dafür, dass sie den Anruf Gottes, der sie zum himmlischen Dienst beruft, vernehmen und annehmen kann. Der Auftrag, den sie erhält, ist eindeutig, er kommt ihr in einer schlaflosen Nacht von Maria, der Himmelskönigin, zu:

»Nimm diese Fahne! Dieses Schwert umgürte dir!
Damit vertilge meines Volkes Feinde,
Und führe deines Herren Sohn nach Rheims,
Und krön' ihn mit der königlichen Krone!«

---

86 Vgl. das 1796 entstandene Gedicht *Das Mädchen aus der Fremde* (NA 1, 275).

Und weiter:

> »Eine reine Jungfrau
> Vollbringt jedwedes Herrliche auf Erden,
> Wenn sie der ird'schen Liebe widersteht.
> Sieh *mich* an! Eine keusche Magd wie du
> Hab' ich den Herrn, den göttlichen, gebohren,
> Und göttlich bin ich selbst!«
> (I,10; Schrr. 13, 217 f.; vgl. NA 9, 207)

So erinnert sich Johanna im Gespräch mit dem Erzbi-
schof. Dass sie am Ende des *Prologs*, in ihrem Ab-
schiedsgesang – »Lebt wohl ihr Berge, ihr geliebten Trif-
ten, / Ihr traulich stillen Thäler lebet wohl!« (Schrr. 13,
187; vgl. NA 9, 180) – beschreibt, wie ihr Gott selbst,
Jehova (»der zu Mosen auf des Horebs Höhen / Im
feur'gen Busch sich flammend niederließ« – ebd.), den
Auftrag, in den Krieg zu ziehen, gegeben hat, ist so erstaunlich nicht: Der Dichter will andeuten, dass er über
die verschiedenen himmlischen Mächte nichts Genaues
weiß, zumal auch die Jungfrau den Herrn und die Königin des Himmels nicht unterscheidet. Sie mag ja auch
mehrere Anrufe empfangen haben, mal von Gott, mal
von Maria. Wie auch immer: ihr wurde ›von oben‹ der
Auftrag erteilt, für Frankreich zu kämpfen und der Männer nicht zu achten, und sie zögert nicht, dem Auftrag zu
folgen.

   »Eine reine Jungfrau« – und Gott, der des Alten Bun-
des, hatte ihr befohlen und prophezeit:

Nicht Männerliebe darf dein Herz berühren
Mit sünd'gen Flammen eitler Erdenlust,

Nie wird der Brautkranz deine Locken zieren,
Dir blüht kein lieblich Kind an deiner Brust
[...]. (Prolog; Schrr. 13, 188; vgl. NA 9, 181)

Als Johanna später von Männern umworben wird, ist ihr
klar, was sie soll und was sie nicht darf:

Weh mir, wenn ich das Rachschwert meines Gottes
In Händen führte, und im eitlen Herzen
Die Neigung trüge zu dem ird'schen Mann!
Mir wäre besser, ich wär' nie gebohren!
                    (III,4; Schrr. 13, 268; vgl. NA 9, 254)

Dass alles, was sie tut, nur von Gott kommt, als dessen
Werkzeug sie sich versteht, beteuert Johanna mehrmals,
so auch im Gespräch mit Montgomery, der bestimmt ist,
von ihrer Hand zu fallen:

[...] mich treibt die Götterstimme, nicht
Eignes Gelüsten, – *euch* zu bitterm Harm, *mir* nicht
Zur Freude, ein Gespenst des Schreckens würgend
                                        gehn,
Den Tod verbreiten und sein Opfer seyn zuletzt!
                    (II,7; Schrr. 13, 243; vgl. NA 9, 230)

In Schillers Trauerspiel geht es nicht um die Existenz Gottes, die dem Glaubenden allein durch die Gedanken, Worte und Werke Johannas für wirklich und
wahr gehalten werden kann; es geht daher auch nicht
um die (rhetorische) Frage, was für ein Gott das sei,
der einem unschuldigen Mädchen gebietet, in einen
Krieg, dessen Rechtmäßigkeit keinen Zweifel dulden

soll[87], zu ziehen und solange zu töten, bis der Feind besiegt ist. Es geht im wesentlichen (und keineswegs kritisch) um die als wunderbar angesehene Jungfrau, die sich bedingungslos der Erfüllung des an sie ergangenen Auftrags hingibt, daher zu keiner freien Willensentscheidung in der Lage ist und keiner moralischen Beurteilung unterliegt – bis zu ihrem ›Abfall‹ von Gott. Das Horazische »sapere aude!«, das Kant und Schiller als Wahlspruch der Aufklärung ausgegeben haben[88], wird durch die strikte Bindung des Menschen an Außermenschliches völlig bezugs- und bedeutungslos.

Johanna ist, ihres Gottes voll und nur sein Medium, jenseits aller beurteilbaren menschlichen ›Normalität‹; sie ist so un-menschlich wie Goethes Iphigenie, die sich die Götter förmlich einverleibt und nur dadurch deren Exis-

---

87 Dass die Franzosen ein *bellum iustum* gegen die Engländer führen, spricht Johanna im Gespräch mit Montgomery, dem blühenden Walliser Jüngling, auf den in der Heimat eine Braut wartet, mit aller Deutlichkeit aus: »[...] du erinnerst mich daran, / Wie viele Mütter dieses Landes kinderlos, / Wie viele zarte Kinder vaterlos, wie viel / Verlobte Bräute Wittwen worden sind durch euch! / [...] / Wer rief euch in das fremde Land, den blüh'nden Fleiß / Der Felder zu verwüsten, von dem heim'schen Heerd / Uns zu verjagen und des Krieges Feuerbrand / Zu werfen in der Städte friedlich Heiligthum?« (II,7; Schrr. 13, 242; vgl. NA 9, 229 f.)

88 Am Anfang seiner Abhandlung *Beantwortung der Frage: Was ist Aufklärung?* (1784) hat Kant bündig bestimmt: »Sapere aude! Habe Mut, dich deines *eigenen* Verstandes zu bedienen! ist also der Wahlspruch der Aufklärung.« (Immanuel Kant, *Werke in zehn Bänden*, hrsg. von Wilhelm Weischedel, Darmstadt 1964, Bd. 9, S. 53.) – Bei Schiller, im achten seiner Briefe *Ueber die ästhetische Erziehung des Menschen* (1795), heißt es: »Ein alter Weiser hat es [das Prinzip der Wahrheitsfindung] empfunden, und es liegt in dem vielbedeutenden Ausdruck versteckt: sapere aude. / Erkühne dich, weise zu seyn.« (NA 20, 331) – Der »Ausdruck« findet sich in Horaz' *Epistulae* (I 2, V. 40).

tenz behauptet. Mit Schillers Jungfrau könnte es also (wie es die Quellen überliefert haben) so weitergehen: Sie bliebe bei Gott, bis sie ihren Auftrag unbeirrt ausgeführt hat. Ihr historisch verbürgtes Ende hätte der Dichter variieren können, indem er sie heimkehren ließe in ihre ländliche Heimat, wo sie in Ruhe und Frieden ihrer Seligkeit entgegenlebte. Doch ein solcher Schluss war sowenig zu gebrauchen wie der Tod auf dem Scheiterhaufen.

Um seinen Zuschauern und Lesern eine Lektion zu erteilen, erfand Schiller eine poetische, also eine gegenüber der Überlieferung ›wahrere‹ Geschichte. Er entzog seiner Heldin kurzerhand den himmlischen Schutz, ließ sie herausfallen aus ihrem Gottesbezug und verschaffte ihr dadurch den Zugang zu menschlichem Fühlen, Wollen und Handeln, einen Platz mithin in der menschlichen Gemeinschaft, in der sie bis dahin als Fremde gelebt und getötet hatte – ein Unicum, so bestaunt wie unverstanden von allen, die mit ihr zu tun hatten. Wie Schiller diese Peripetie am Ende des dritten Aufzugs bewerkstelligte, macht das eigentlich Problematische seines Trauerspiels aus; denn die Vorgänge, die den Umschwung bewirken, sind nicht hinreichend vorbereitet und lassen sich, weil sie ihren tieferen Grund nicht recht erkennen lassen, auch auf der Bühne kaum überzeugend darstellen. Schillers eigene bündige Erklärung der Wende ist erhellend, freilich nur für den, der sie kennt. Seine Heldin stehe schließlich, schrieb er am 3. April 1801 an Goethe, »auf sich allein [...] und im Unglück, von den Göttern deseriert« (FA 12, 565). (Nicht von Gott, sondern, wie in *Maria Stuart*[89], von den Göttern ist im ver-

---

89 Siehe oben, S. 240.

meintlich christlichen Kontext die Rede.) Johanna ist
also fallengelassen worden in die Menschlichkeit, in die
Geschichte; sie ist verantwortlich für ihr Handeln, und
sie fällt in Schuld, indem sie das christliche Gebot der
Feindesliebe erfüllt. Diese aber ist dem Gehorsam gegenüber Gott (den Göttern?) nachgeordnet. Johanna entfremdet sich dem Himmel, da sie Mensch wird unter
Menschen.

Es gibt Fingerzeige für die Notwendigkeit der Peripetie, aber sie lassen das wahrhaft Tragische dieser ›Botschaft‹: auch Menschlichkeit kann, ja muss zu Schuld
führen, nur in Umrissen erkennbar werden. Von der Gewalt des Schrecklichen, dem sie ausgesetzt ist, wird Johanna zum erstenmal schaudernd angerührt, als sie, in
Vollzug ihres Auftrags, das Gericht an Montgomery vollzieht, nach dessen Tötung sie, bereits von ihrem geraden
Weg abweichend, zu räsonieren beginnt:

> In Mitleid schmilzt die Seele und die Hand erbebt,
> Als bräche sie in eines Tempels heil'gen Bau,
> Den blühenden Leib des Gegners zu verletzen,
> Schon vor des Eisens blanker Schneide schaudert mir,
> [...]   (II,8; Schrr. 13, 244; vgl. NA 9, 231)

In der folgenden Szene erscheint ihr ein Ritter »mit
geschloßnem Visier«, Philipp der Gute, Herzog von Burgund, ein Verbündeter der Engländer, dessen Angriff ver-
eitelt wird durch das Hinzutreten der Königstreuen Du-
nois und La Hire; allein durch diese Intervention erscheint die Rettung der bereits schwankenden Jungfrau
möglich. Doch dies ist ein Vorspiel nur der folgenden Ereignisse.

Talbot, der große Feldherr der Engländer, stirbt eine
kurze Szene lang, tödlich getroffen von irgendwem
(nicht von Johanna), überzeugt von dem für die Engländer schlimmen Ausgang des Krieges, für den er freilich nicht das Eingreifen Gottes in Rechnung stellt,
denn es gibt nach seiner Überzeugung keinen Gott, allenfalls Götter, die gegen den Aberglauben machtlos
sind:

> Mit der Dummheit kämpfen Götter selbst vergebens.
> Erhabne Vernunft, lichthelle Tochter
> Des göttlichen Hauptes, weise Gründerin
> Des Weltgebäudes, Führerin der Sterne,
> Wer bist du denn, wenn du dem tollen Roß
> Des Aberwitzes an den Schweif gebunden,
> Ohnmächtig rufend, mit dem Trunkenen
> Dich sehend in den Abgrund stürzen mußt!

Und sterbend, in Versen von Shakespearischer Eindringlichkeit und Großartigkeit, hinterlässt er, der sich, für
wenige Augenblicke nur, als der intellektuelle und moralische Widerpart Johannas auf der Bühne zeigen darf, seine nihilistisch-materialistische Weltanschauung, von der
Schiller kaum sagen wollte, sie sei verwerflich, denn er
war ihr nahe:

> Bald ist's vorüber und der Erde geb' ich,
> Der ew'gen Sonne die Atome wieder,
> Die sich zu Schmerz und Lust in mir gefügt –
> Und von dem mächt'gen Talbot, der die Welt
> Mit seinem Kriegsruhm füllte, bleibt nichts übrig,
> Als eine Handvoll leichten Staubs. – So geht

Der Mensch zu Ende – und die einzige
Ausbeute, die wir aus dem Kampf des Lebens
Wegtragen, ist die Einsicht in das Nichts,
Und herzliche Verachtung alles dessen
Was uns erhaben schien und wünschenswerth –
(III,6; Schrr. 13, 272 f.; vgl. NA 9, 257 f.)

Kaum ist Talbot der Erde zurückgegeben, tritt Johanna
ein Schwarzer Ritter entgegen, der sie warnt, den König
auf seinem Krönungszug in die Kathedrale von Reims zu
begleiten. Als sie sich gegen ihn wendet, bleibt er »unbeweglich stehen«: »Tödte was sterblich ist!« Danach:
»Nacht, Blitz und Donnerschlag. Der Ritter versinkt.«
Das Donnern als Zeichen des Himmels wird sich später
wiederholen.

Dass Johanna den Schwarzen Ritter mit Talbot in Verbindung bringt – »Hätt' ich / Den kriegerischen Talbot
in der Schlacht / Nicht fallen sehn, so sagt' ich, du
wärst Talbot« (III,9; Schrr. 13, 276; vgl. NA 9, 261) –,
zeigt, wie sehr sich für sie die Macht des Feindes vor
dessen endgültiger Niederlage noch einmal in ihrem
tüchtigsten Gegner konzentriert. Sie projiziert Talbot in
die Gestalt, die vor ihr steht, die keiner außer ihr sehen
kann. Sie denkt sich das Gespenst, um es für wirklich
zu halten, weil sie, die von Gott schon Verlassene, es
braucht.[90] Sie lässt den Schwarzen Ritter warnen und
raten:

---

90 »Wo keine Götter sind, walten Gespenster«, heißt es, wie auf Johanna
    gemünzt, in Novalis' *Die Christenheit oder Europa* (Novalis, wie
    S. 254, Anm. 85, Bd. 2, hrsg. von Hans-Joachim Mähl, München/Wien
    1978, S. 746).

> Entlasse
> Das Glück, das dir als Sclave hat gedient,
> Eh es sich zürnend selbst befreit, es haßt
> Die Treu und keinem dient es bis an's Ende.

Gegen diese Einsicht (die Quintessenz der Schillerschen Ballade *Der Ring des Polykrates*) wehrt sich Johanna noch einmal, als der Ritter schon versunken ist:

> Ein trüglich Bild
> Der Hölle war's, ein widerspenst'ger Geist,
> Herauf gestiegen aus dem Feuerpfuhl,
> Mein edles Herz im Busen zu erschüttern.
> (III,9; Schrr. 13, 276–278; vgl. NA 9, 261–263)

An die Stelle des vermuteten Höllengeists tritt ein Irdischer in leibhaftiger Gestalt: Lionel, der junge, schöne Anführer der Engländer, dem die schon entgöttlichte Jungfrau nicht widerstehen kann. Als er schon in ihre Hand gegeben ist, sieht sie »ihm in's Gesicht, sein Anblick ergreift sie, sie bleibt unbeweglich stehen und läßt dann langsam den Arm sinken.« Und sofort ist ihr klar: »Was hab' ich / Gethan! Gebrochen hab' ich mein Gelübde!« (III,10; Schrr. 13, 279f.; vgl. NA 9, 263 und 265.) Sie hatte die Freiheit, zu töten oder Leben zu schenken; Gott hat ihr, da er sich von ihr abwandte, die Wahlmöglichkeit eröffnet.

Nach ihrem tiefen Fall stellt Johanna viele rhetorische Fragen, die ihre Menschlichkeit und Gottverlassenheit ins hellste Licht setzen: »Dieß Herz, von Himmels Glanz erfüllt, / Darf einer ird'schen Liebe schlagen?« »Sollt' ich ihn tödten? Konnt' ich's, da ich ihm / In's Auge sah?«

»Und bin ich strafbar, weil ich menschlich war? / Ist Mitleid Sünde?« Sie weiß: »Ein blindes Werkzeug fodert Gott, / Mit blinden Augen mußtest du's vollbringen! / Sobald du *sahst*, verließ dich Gottes Schild, / Ergriffen dich der Hölle Schlingen!« (IV,1; Schrr. 13, 284 f.; vgl. NA 9, 269 f.)

Die in die Geschichte gestoßene, menschlich und so schuldig gewordene Johanna wird, da sie ihren Gott mit all ihren Kräften wiederzugewinnen trachtet, am Ende zu ihm heimkehren dürfen. Verstört und von Schuldgefühlen gepeinigt, erlebt sie die glanzvolle Krönung Karls VII. Da sie – mit aller Entschiedenheit von ihrem Vater Thibaut[91] – teuflischer Künste angeklagt wird, schweigt sie, um eine Strafe nicht abzuwenden, die sie als Sühne ihrer nicht verhandelten Schuld annehmen möchte. (Ihre Haltung ist der Maria Stuarts vergleichbar, der die Todesstrafe willkommen ist für Verbrechen, die beim Urteilsspruch keine Rolle spielten.) Statt der Jungfrau lässt sich der Himmel vernehmen. Als Dünois, der Johanna liebt und überzeugt ist von ihrer Unschuld, ausruft: »Hier werf ich meinen Ritterhandschuh hin, / Wer wagt's, sie eine Schuldige zu nennen?«, da ertönt ein heftiger Donnerschlag, bald darauf, als Thibaut seine Tochter auffordert zu sprechen, ein zweiter, schließlich, nach einem letzten vergeblichen Versuch des Erzbischofs, die stumm Dastehende zu einer Äußerung zu bewegen (»Wenn dieses Donners Stimme *für* dich zeugt, / So fasse dieses Kreuz und gieb ein Zeichen!«), meldet sich der Himmel, den

---

91 Auch hier hat Schiller wie im Fall von Vater und Sohn Piccolomini die engste Familienbeziehung mit den äußersten Gegensätzen verknüpft.

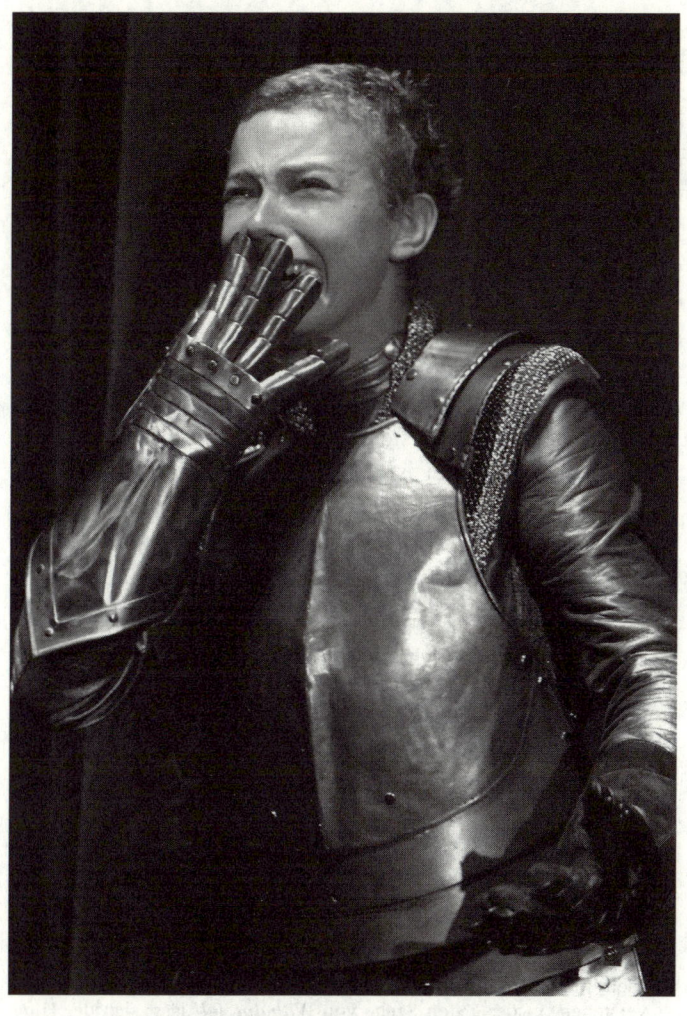

Patrycia Ziolkowska als Jungfrau
Die Jungfrau von Orleans. Schauspielhaus Bonn, 2003.
Inszenierung: Stefan Otteni

Dreischritt abschließend[92], wieder: »Neue heftige Donnerschläge.« (IV,11; Schrr. 13, 307; vgl. NA 9, 289f.)

Johanna ist nicht zu helfen. Sie wird verbannt, gerät in die Gefangenschaft Isabeaus, der mit den Engländern verbündeten Mutter Karls, und erlebt, als sie eine Schlachtbeschreibung vernimmt, aus der sie auf einen für die Franzosen ungünstigen Verlauf schließen kann, ein großes Wunder, durch das Gott ihr bedeutet, dass sie ihm wieder nahe ist: Auf ihr inbrünstiges Flehen hin setzt er sie in den Stand, ihre schweren Ketten zu zerreißen. Sie zieht aufs neue in den Kampf und empfängt, nachdem sie ihn für die Franzosen entschieden hat, eine tödliche Wunde. Sterbend hat sie die Vision nahen Glücks vor Augen: »Der Himmel ist von einem rosigten Schein beleuchtet.« (V,14; Schrr. 13, 335; vgl. NA 9, 315.)

92 Es ist natürlich nicht zufällig, dass der Himmel dreimal, sich steigernd, donnert. Schillers Zeitgenossen wussten mit der Zahl 3, die gerade in religiösen Kontexten eine besondere Bedeutung hat, sicher mehr anzufangen als Spätere (oder gar Heutige). »Du mußt es dreimal sagen« (nämlich »Herein!«) – so Mephistopheles zu Faust in der Studierzimmer-Szene des Goetheschen *Faust* (V. 1531; MA 6.1, 576), nachdem kurz zuvor Faust in seinem Räsonnement über allerlei Geheimnisvolles an »Das dreimal glühende Licht« (V. 1319; MA 6.1, 570) bedeutungsvoll erinnert hat. Einige der späteren Gedichte Schillers beginnen mit der ›Anrufung‹ der Dreizahl: »Drei Worte nenn' ich euch' innhaltschwer« (*Die Worte des Glaubens*); »Drei Worte hört man bedeutungschwer« (*Die Worte des Wahns*); »Dreyfach ist der Schritt der Zeit« (*Spruch des Confucius*); »Dreifach ist des Raumes Maaß« (*Spruch des Konfucius*). – Vielleicht ist auch die Klimax der Männer-Vorführung: Montgomery (den Johanna eigenhändig tötet) – Talbot (der seine tödliche Wunde von irgendwem empfängt) – Lionel (dem Johanna das Leben schenkt) als wohlkalkulierter Dreischritt zu verstehen. In der ersten Szene von *Wilhelm Tell* lässt sich der Himmel nach anfänglichem Grollen auch dreimal unheilverkündend donnernd vernehmen. Und so ist es auch bei der Geisterbeschwörung im *Geisterseher*: Es wird dreimal gedonnert (vgl. Schrr. 4, 215–217).

Ob Himmelfahrt oder nicht: Johannas Ende ist nicht tragisch. Anderes hat sich der Dichter, der die Welt in großer Unordnung und in schier auswegloser Lage sah, vorgestellt und zur Darstellung bringen wollen. Nicht mehr nur das große Individuum wird, wie im *Wallenstein*, mit Notwendigkeit, ob schuldig oder nicht, dem Untergang preisgegeben, und nicht mehr nur dem Geschichtsprozess selbst haftet, wie in *Maria Stuart*, geradezu zwanghaft das Moment vernichtender Gewalt an, sondern es geschieht das kaum Fassbare: Der auf sich gestellte Einzelne wird schuldig, weil er aus Menschlichkeit, in liebender Zuwendung zu einem Menschen, gegen ein göttliches Gebot verstößt, das die an dem Drama Beteiligten (die *dramatis personae*, die Zuschauer und die Leser) nicht kennen, dessen Wirkungen aber zumindest für das Publikum unzweifelhaft sein sollen. So heikel die Konstruktion der Dichtung auch immer ist, sollte doch klar sein, dass durch sie die Überzeugung des Dichters von der Unzeitgemäßheit naiver Existenz und von der Schuldhaftigkeit ›bloßer‹ Menschlichkeit in entgötterten Zeiten, die vom Schlachtenlärm erfüllt bleiben, vermittelt wird. Dass Johanna schließlich ihre Menschlichkeit als *felix culpa* erfährt, die ihr den Weg ins Paradies bereitet, ist wenig tröstlich. Denn sie ist ja, auch in ihrer willentlichen Hinwendung zu Gott, mit dem sie bereits auf wunderbare Weise ihre praktischen Erfahrungen gemacht hatte, die ganz Fremde, kann also, auch darin Iphigenie vergleichbar, schwerlich Beispiel und Vorbild sein für andere. Tröstlich ist *Die Jungfrau von Orleans* allein als schöne Kunst, die sich nicht zuletzt in der souveränen Behandlung der geschickt variierten Verssprache beweist.

Unter den Figuren, mit denen Schiller seine Jungfrau umstellt, ist Karl VII. von herausgehobener Bedeutung. An ihm demonstriert der Dichter auf besondere Weise, dass die Sehnsucht nach einem Leben in naiver Friedlichkeit nicht zu erfüllen ist. Der König will sich, da er fürchtet, dass ihn die Geschichte ins Nichts stoßen werde, in eine heitere Region der Kunst und der Liebe zurückziehen. Er ist des Blutvergießens müde, hat auch keine Mittel mehr zur Fortsetzung des Kriegs und will den Engländern kampflos sein Reich überlassen, um jenseits der Loire ein schöneres, ein glückliches Leben führen zu können. Sein Vorbild ist René der Gute, Graf von Provence, der den altprovençalischen Liebes- und Dichterhof wiederbeleben wollte. Dorthin zieht es den friedliebend gewordenen König mit schwärmerischem Verlangen:

> Das ist ein Scherz, ein heitres Spiel, ein Fest,
> Das er sich selbst und seinem Herzen giebt,
> Sich eine schuldlos reine Welt zu gründen,
> In dieser rauh barbar'schen Wirklichkeit.
> [...]
> Gegründet hat er einen Liebeshof,
> Wohin die edlen Ritter sollen wallen,
> Wo keusche Frauen herrlich sollen thronen,
> Wo reine Minne widerkehren soll,
> Und mich hat er erwählt zum Fürst der Liebe.
> (I,2; Schrr. 13, 192f.; vgl. NA 9, 185)

Der König irrt, wenn er glaubt, das Rad der Geschichte lasse sich zurückdrehen. Er spricht von der Vergangenheit wie der Dichter von der Zukunft; er glaubt, auf rührend kindliche Weise, an das Wahre, Gute und Schöne. Karl VII. ignoriert die historischen Verhältnisse und wird dafür einen hohen Preis zu zahlen haben: König sein zu müssen in einem befreiten Frankreich und, wie die Geschichte weiß, nach drei Jahrzehnten tragisch zu enden.

Des Königs Naivität rührt menschlich, weil sie eine künstliche Barriere gegen den Weltenlauf errichten will und das Spiel mit einer rückwärtsgewandten Utopie ermöglicht, die keine Hoffnung gibt. Sie ist, anders als Johannas Naivität, die durch die Desertion himmlischer Mächte zerstört wird, schon deshalb im Ansatz verkehrt, weil sie ganz profan ist und nicht ohne Reflexion auskommt. Der König ist – auch im weiteren Verlauf des Stückes[93] – dem Publikum näher als die Jungfrau, die seiner bedarf, um poetisch verklärt werden zu können.

9. *Die Braut von Messina*

Die gelegentlich von Schiller erörterte Möglichkeit, einen dramatischen Stoff zu behandeln, der nicht in der Geschichte vorgegeben, sondern allein ein Produkt der Phantasie ist[94], probierte er mit seiner antikisierenden Tragödie *Die Braut von Messina* aus. Schon einen Mo-

---

93 Vgl. besonders die Versöhnungsszene mit dem Herzog von Burgund (III,3). Dass der König sich gegen eine drastische Bestrafung Johannas ausspricht, ihr erlaubt, dass sie »die Stadt verlasset ungekränkt« (IV,13; Schrr. 13, 308; vgl. NA 9, 290), ist ein Zeichen seiner Menschlichkeit, macht freilich auch deutlich, dass er zu schwach ist, um die Anklage (zu der ja auch der Himmel einen Beitrag zu liefern scheint), völlig niederzuschlagen.
94 Siehe oben, S. 252.

nat nach Abschluss der *Jungfrau von Orleans* schrieb er an Körner:

> Ich habe große Lust mich nunmehr in der einfachen Tragödie, nach der strengsten griechischen Form zu versuchen, und unter den Stoffen, die ich vorräthig habe, sind einige die sich gut dazu bequemen. Den einen davon kennst Du, die Maltheser [...].
>
> Ein anderes Sujet, welches ganz eigne Erfindung ist, möchte früher an die Reihe kommen. [...] Es besteht, den Chor mit eingerechnet, nur aus 20 Scenen, und aus fünf Personen. Göthe billigt den Plan ganz, aber es erregt mir noch nicht den Grad von Neigung, den ich brauche um mich einer poetischen Arbeit hinzugeben. (FA 12, 570)

Es dauerte noch einige Zeit, bis Schillers Neigung ausreichte, um die Arbeit an der *Braut von Messina* ernsthaft in Angriff nehmen zu können. Verschiedene Dramenpläne, vor allem den *Maltheser*-Plan, nahm er zunächst vor, bearbeitete Carlo Gozzis *Turandot* für die Weimarer Bühne (auf der das Stück am 30. Januar 1802 aufgeführt wurde), bereitete verschiedene Werke – wie die *Geschichte des Dreyßigjährigen Kriegs* und *Don Karlos* – für Neuauflagen vor, sammelte Material für *Wilhelm Tell* und hatte viel zu leiden unter seiner körperlichen Hinfälligkeit. Außerdem beanspruchte der Kauf des Hauses an der Esplanade, in das Schiller mit seiner Familie am 29. April 1802, am Todestag seiner Mutter, einzog, Zeit und Kraft.

Erst im August 1802 begann Schiller mit der ernsthaften Arbeit an der *Braut von Messina*, und schon bald hoffte er, schnell fertig werden zu können. »Ich muß auf jeden Fall am Ende des Jahres damit zu Stande seyn«, schrieb er am 9. September an Körner, »weil es Ende Januars zu Geburtstag unsrer Herzogin aufgeführt zu werden bestimmt ist.« (FA 12, 626.) Der Plan ließ sich nicht einhalten; denn die erzwungenen Pausen waren ja nicht vorauszusehen. 23 Tage vor dem Geburtstag der Herzogin, am 7. Januar 1803, heißt es, wieder in einem Brief an Körner: »Bei mir geht es so rasch nicht, weil ich gar zu oft durch meine unstäte Gesundheit und Schlaflosigkeit unterbrochen werde und wegen zerstörten Kopfs oft Wochenlang pausieren muß.« (FA 12, 636.) Unter dem 1. Februar 1803 trägt Schiller dann in seinen Kalender ein: »Heute habe die Braut vollendet.« (NA 41 I, 206.)

Die Uraufführung der *Braut von Messina* am 19. März 1803 auf dem Weimarer Hoftheater war ein großer Erfolg[95], dem sich im selben Jahr ein nur mäßiger Erfolg in Hamburg (erste Aufführung am 6. Mai) und ein Riesenerfolg in Berlin (erste Aufführung am 14. Juni) anschlossen. Denkwürdig wurde die Aufführung des Weimarer Hoftheaters am 3. Juli 1803 in Lauchstädt, weil »während der Comödie ein schweres Gewitter ausbrach [...]. [...] und gerade bei den Worten des Chors [V. 2297–2300] Wenn die Wolken gethürmt den Himmel schwärzen /

---

95 Dass sich der Jenaer Student Friedrich Carl Julius Schütz, der Sohn des Professors der Beredsamkeit Christian Gottfried Schütz, zu einer für das Weimarer Theater ungebührlichen Demonstration hinreißen ließ und den Dichter mit einem lauten »Vivat!« feierte, hatte für ihn ernste Folgen: Er wurde vom Jenaer Stadtkommandanten »auf besondern Befehl Serenissimi« mit einem strengen Verweis bedacht. Vgl. FA 12, 1188f. – Dass nicht alle Zuschauer der Weimarer Aufführung der Tragödie einen hohen Rang zuerkannten, zeigt das Beispiel Clemens Brentanos. Siehe dazu unten, S. 282f.

Wenn dumpftosend der Donner hallt / Da da fühlen sich alle Herzen / In des furchtbaren Schicksals Gewalt / fiel der wirkliche Donner mit fürchterlichem Knallen ein [...].« (Schiller aus Lauchstädt an seine Frau Charlotte, 4. Juli 1803; FA 12, 662 f.) – Mit dem Druck seines Stücks ließ sich Schiller ein wenig Zeit, weil er ihm eine erläuternde Vorrede *Ueber den Gebrauch des Chors in der Tragödie* beigeben wollte. Diese entstand Ende Mai, Anfang Juni 1803, und wenige Wochen später (noch im Juni) konnte Cotta das Werk ausliefern: *Die Braut von Messina / oder / die feindlichen Brüder / ein Trauerspiel mit Chören.*

Schiller erfand für sein Stück eine monströse Fabel, und zwar nicht, um dadurch das Publikum zu fesseln, sondern um deutlich zu machen, dass er Höheres, ja ganz Hohes im Sinn habe, nämlich einer alten Lieblingsidee Geltung zu verschaffen, die er 1795 so formuliert hatte: »Darinn also besteht das eigentliche Kunstgeheimniß des Meisters, *daß er den Stoff durch die Form vertilgt*; und je imposanter, anmaßender, verführerischer der Stoff an sich selbst ist, je eigenmächtiger derselbe mit *seiner* Wirkung sich vordrängt, oder je mehr der Betrachter geneigt ist, sich unmittelbar mit dem Stoff einzulassen, desto triumphirender ist die Kunst, welche jenen zurückzwingt und über diesen die Herrschaft behauptet.« (NA 20, 382.) Die grässliche Geschichte der feindlichen Brüder sollte gleichsam als quantité négligeable erscheinen und das Hauptinteresse des Betrachters auf die Behandlung, die Form, »ein Nachbild des Unendlichen« (NA 20, 394), also die ›reine‹ Poesie gelenkt werden.

Schiller wusste natürlich, dass es einem Künstler nicht möglich ist, auf einen ›Gegenstand‹, der immer nur

›stofflich‹ sein kann, zu verzichten. Es ist das Dilemma des modernen, des sentimentalischen Dichters, von dem sich Schiller in der *Braut von Messina* lösen wollte und dadurch in aller Deutlichkeit vor Augen führte, dass sich »die empirische Natur [...] nicht auf eine aesthetische reducieren« lässt und dass der Zwang, »bei der Imagination Hülfe gegen die Empirie« zu suchen (an Goethe, 14. September 1797; FA 12, 322), nie dazu führen kann, von einem speziellen ›Gehalt‹ (der immer an einen Inhalt gebunden ist) zu abstrahieren. Das L'art-pour-l'art-Postulat, dem Schiller durchaus zugeneigt war, blieb für ihn unerfüllbar. Nichts macht das deutlicher als das *Braut von Messina*-Experiment.

Im März 1798 wurde Schiller auf die Schauertragödie *The Mysterious Mother* (1796) des englischen Dramatikers Horace Walpole aufmerksam. Das Stück handelt von einem Inzest zwischen Mutter und Sohn und war gelegentlich mit Sophokles' *Oedipus Rex* in Verbindung gebracht worden. Dadurch wurde Schiller zum erneuten Studium der antiken Tragiker angeregt, die ihn soweit führten, dass er sich ihnen bei der Arbeit an der *Braut von Messina* ganz nahe fühlte. Er wünsche, schrieb er am 9. September 1802 an Körner, dass sich sein Drama auszeichne durch »Neuheit in der Form und einer solchen Form die ein Schritt näher zur antiken Tragödie wäre, welches hier wirklich der Fall ist, denn das Stück läßt sich wirklich zu einer äschyleischen Tragödie an« (FA 12, 625 f.). Als auffallendste »Neuheit in der Form« gibt sich auf den ersten Blick die Einführung des Chors zu erkennen, dessen Bedeutung der Dichter in seiner einleitenden Abhandlung erläutert hat.

Gerade weil Schiller den Haupteffekt seiner Tragödie

von der poetischen Behandlung des ausgedachten Inhalts erwartete, ist diesem einige Aufmerksamkeit zu
schenken, um abschätzen zu können, was von Zuschauern (und Lesern) gefordert wird, wenn sie sich dem Bühnengeschehen gegenüber interesselos verhalten sollen.

Die Handlung spielt in Messina, irgendwann im Mittelalter. Den Ort wählte Schiller, weil sich dort, wie der
Dichter am 10. März 1803 an Körner schrieb, »Christen-
thum, Griechische Mythologie und Mahomedanismus
wirklich begegnet und vermischt haben.« »Die Vermi-
schung dieser drey Mythologien« (FA 12, 649) solle, wie
es am Schluss der Vorrede heißt, das »Recht der Poesie«
bekräftigen, »die verschiedenen Religionen als ein kol-
lektives Ganze für die Einbildungskraft zu behandeln«;
denn:

> Unter der Hülle aller Religionen liegt die Religion
> selbst, die Idee eines Göttlichen, und es muß dem
> Dichter erlaubt seyn, dieses auszusprechen in welcher
> Form er jedesmal am bequemsten und am treffendsten
> findet. (NA 10, 15)

In dem Trauerspiel agieren vier Hauptpersonen: Donna Isabella, Fürstin von Messina, und ihre Kinder Don
Manuel, Don Cesar und Beatrice. Ein langer Eingangs-
monolog der Fürstin – beginnend mit dem schon bald als
geflügeltes Wort gebrauchten Vers: »Der Noth gehor-
chend, nicht dem eignen Trieb« – führt in die Situation
ein. Vor kurzem hat sie ihren Gatten verloren, nun erwartet sie die Ankunft ihrer Söhne, die unheilvoll ver-
feindet sind und endlich zur Versöhnung gebracht werden sollen. Auch die Tochter, die in einem nahen Kloster

lebt, wird erwartet. Der Zwist der Söhne währt seit früher Kindheit, und angedeutet wird nach ihrer Ankunft, dass eine »unabtragbar ungeheure Schuld« (NA 10, 34) zu tilgen sei. Wer welche Schuld mit welchen Folgen auf sich geladen hat, bleibt einstweilen unausgesprochen.

Kaum haben sich die Brüder versöhnt, wird Don Cesar vom Schauplatz fortgeführt, weil der Diener Diego meldet, er könne den Herrn zu »ihr«, die sich in einem Versteck aufhalte, führen. Beatrice ist gemeint, wie unschwer zu erraten ist; und zu ahnen ist: Nicht geschwisterliche Liebe ist es, die Don Cesar forteilen lässt. Wenn in der folgenden Szene Don Manuel bekennt, dass er in Liebe zu einer himmlisch schönen Frau entbrannt ist, die er in einem Klostergarten entdeckt hat und die seine Liebe erwidert, dann ist jedem, der das Personenverzeichnis des Stücks gelesen hat, die Identität der Geliebten klar. Der Knoten der Tragödie ist also geschürzt: Zwei Brüder lieben dieselbe Frau, die sie nicht als ihre Schwester erkennen. Sonderbar ist die Begründung Don Manuels für seine Weigerung, von einem wissenden alten Diener zu erfahren, wen er liebt: »Nie wagt ichs, einer Neugier nachzugeben, / Die mein verschwiegnes Glück gefährden konnte.« (NA 10, 47.) Um sein Glück zu retten, hat er die unbekannte Geliebte mit ihrem Einverständnis aus dem Kloster entführt, nachdem er Kunde davon erhalten hatte, dass sie in ihr Elternhaus zurückkehren sollte. Ihr Versteck hat Diego entdeckt, der nun Don Cesar dorthin führt, während Don Manuel Vorbereitungen für die ›Heimführung‹ der Entführten trifft.

Nun endlich tritt Beatrice, das Objekt der doppelten Begierde, in Erscheinung, in einem Garten unweit des Meeres, unruhig den Geliebten erwartend, zweifelnd, ob ihre Entscheidung, sich aus dem Kloster fortbringen zu lassen, richtig gewesen sei: »Warum verließ ich meine stille Zelle, / Da lebt ich ohne Sehnsucht, ohne Harm!« (NA 10, 55.) Don Cesar ist bald am Ziel, und er erklärt der zutiefst Erschrockenen, wann und wo er sie gesehen und zu lieben begonnen habe: Bei der Leichenfeier seines Vaters wurde er von des »Engels Lichterscheinung« überwältigt, und nun will er sie zur Frau gewinnen, aber nicht sogleich mitnehmen, weil sie mit gehöriger Pracht abgeholt werden soll. Auch Don Cesar interessiert nicht, um wen es sich bei der Auserwählten handelt. »Nicht forschen will ich, wer du bist – Ich will / Nur *Dich* von *Dir*, nichts frag ich nach dem andern.« (NA 10, 59f.) Die Unwahrscheinlichkeiten nehmen überhand; es scheint, als unterlägen alle Handlungen dem Prinzip der Unwahrscheinlichkeit, das sich zum Prinzip der Unmöglichkeit ausweitet.

Die wieder zu ihr zurückgekehrten Söhne führt Isabella in die Nähe des Geheimnisses:

– Auch eine Tochter hab ich eurem Vater
Gebohren – eine jüngre Schwester lebt
Euch noch – Ihr sollt noch heute sie umarmen.

Und es schließt sich (genau in der Mitte des Dramas) die Erklärung an, warum Beatrice einst aus dem Elternhaus ins Kloster gebracht worden ist. Der Vater hatte geträumt,

Er säh aus seinem hochzeitlichen Bette
Zwei Lorbeerbäume wachsen, ihr Gezweig
Dicht in einander flechtend – zwischen beyden
Wuchs eine Lilie empor – Sie ward

Zur Flamme, die der Bäume dicht Gezweig
Und das Gebälk ergreifend prasselnd aufschlug,
Und um sich wüthend, schnell, das ganze Haus
In ungeheurer Feuerflut verschlang. (NA 10, 64 f.)

Der Vater, der einen »Arabier« um Auslegung des
Traums bat, erfuhr, dass ihm eine Tochter geboren werde,
die den Untergang des ganzen Hauses herbeiführen werde. Er wollte die Neugeborene deshalb ins Meer werfen
(um die Erfüllung des ungewöhnlich eindeutigen Orakel-
spruchs unmöglich zu machen); doch die Mutter hielt es
für geboten, die Tochter in Sicherheit zu bringen (an welchen Ort, wird noch nicht gesagt), weil sie der Deutung
eines eigenen, biblisch inspirierten Traums (vgl. Jesaja
11,6–8) durch einen christlichen Mönch vertraute:

Ein Kind wie Liebesgötter schön
Sah ich im Grase spielen, und ein Löwe
Kam aus dem Wald, der in dem blutgen Rachen
Die frisch gejagte Beute trug, und ließ
Sie schmeichelnd in den Schooß des Kindes fallen.
Und aus den Lüften schwang ein Adler sich
Herab, ein zitternd Reh in seinen Fängen,
Und legt es schmeichelnd in den Schooß des Kindes,
Und beide, Löw und Adler, legen fromm
Gepaart sich zu des Kindes Füßen nieder.

Der Mönch prophezeite, dass die Tochter »der Söhne
streitende Gemüther / In heißer Liebesglut vereinen würde.« (NA 10, 66.) Von Versöhnung war nicht die Rede
gewesen, aber Isabella nahm offenbar wie selbstverständlich an, sie sei die Voraussetzung für die Liebe beider

Söhne zu ihrer Schwester. Sonderbar wie dies ist auch das Folgende: Nachdem die Mutter das baldige Erscheinen Beatrices angekündigt hat, beeilen sich die Söhne, ihr zu versichern, dass sie in Kürze zwei Schwiegertöchter zu erwarten habe.

Die Turbulenzen und Missverständnisse mehren sich, als Diego, der fortgeschickt worden war, um Beatrice aus dem Kloster zu holen, mit der Nachricht zurückkommt, sie sei geraubt. Damit Don Manuel, den die Nennung des Namens Beatrice für einen Moment in Unruhe versetzt hat, den Gedanken an die durch ihn bewerkstelligte Entführung schnell wieder aufgeben kann, kommt Diego zu der Vermutung, wahrscheinlich seien Korsaren die Räuber. Da Isabella in Ohnmacht fällt, kümmert sich Don Manuel um sie, so dass er die folgenden Erklärungen nicht hört, die Don Cesar vermuten lassen, Beatrice könne ja wohl auch entflohen sein. Die Mutter fleht die Söhne an, die Korsaren zu verfolgen, und wieder macht sich Don Cesar zuerst auf den Weg; so kann er nicht hören, was Diego vermutet: Die schöne Beatrice sei, da sie heimlich bei der Totenfeier für ihren Vater anwesend gewesen war, ihrem späteren Räuber begegnet, der sie nun in ihren Besitz zu bringen bestrebt sei. Was Don Cesar hätte bedenklich machen müssen, beruhigt Don Manuel; denn dieser Fall ist von dem seinen ja verschieden. Bevor er sich auf die Suche nach den Korsaren macht, will er sich über das Schicksal der seiner harrenden Geliebten Klarheit verschaffen. Kaum hat er sich auf den Weg gemacht, will der zurückgekehrte Don Cesar wissen, aus welchem Kloster Beatrice geraubt wurde. Die Antwort hätte den verschwundenen Bruder die verhängnisvollen Zusam-

menhänge erkennen lassen: »Der heiligen Cecilia ists
gewidmet« (NA 10, 78). Auch Don Cesar entscheidet
sich nun, bevor er die Jagd auf die Korsaren aufnimmt,
sich um seine »Braut« zu kümmern und sie der Mutter in Obhut zu geben: »An ihrer Brust, an ihrem lieben Herzen / Wirst du des Grams vergessen und der
Schmerzen.« (NA 10, 79.)

Nun nimmt das Schreckliche seinen raschen Lauf:
Don Manuel gelangt als erster zu Beatrice, die ihn sehnsüchtig erwartet hat. Der hinzukommende Bruder ist
über das Tête-à-Tête entsetzt:

> Giftvolle Schlange! Das ist deine Liebe!
> Deßwegen logst du tückisch mir Versöhnung!
> O eine Stimme Gottes war mein Haß!
> Fahre zur Hölle falsche Schlangenseele!   (NA 10, 90)

Also stirbt der ältere Bruder. Beatrice fällt in Ohnmacht
und wird (wie später Don Manuel) fortgetragen.

In der Säulenhalle des fürstlichen Palasts vollzieht
sich, fast eine Stunde lang, das Ende des schrecklichen
Geschehens. Es klärt sich auf, was bisher – nur für die
Beteiligten – unklar war. Für Don Cesar, den Liebhaber
seiner Schwester und Mörder seines Bruders, gibt es keine Rettung mehr. Er widersteht den Bitten der beiden
Frauen, sich nicht zu töten:

> Nein Bruder! Nicht dein Opfer will ich dir
> Entziehen – deine Stimme aus dem Sarg'
> Ruft mächtger dringend als der Mutter Thränen
> Und mächtger als der Liebe Flehn –

Die Schlussverse gehören dem Chor:

> Das Leben ist der Güter höchstes *nicht*,
> Der Uebel größtes aber ist die *Schuld*. (NA 10, 125)

Das bis zur Abstrusität, ja Absurdität gesteigerte, gänzlich geschichtslose Drama will nichts lehren. Wo kaum etwas plausibel ist, wo die Frage nach dem Grund von Geschehnissen nicht beantwortbar ist, erübrigt es sich, nach Sinn und Bedeutung des Dargestellten zu suchen. Mit dem unbegreiflichen Streit der Brüder beginnt die Handlung, mit ihrem Tod endet sie; zurück bleiben Mutter und Schwester, in der Umarmung erstarrt, stumm. Ein Fürstengeschlecht ist, wie es der Vater einst geträumt hatte, ausgelöscht. Der Grund, der vom Chor ziemlich beiläufig für dieses Verhängnis angegeben wird, reiht sich ein in das alte Muster der auch zu Schillers Zeiten nicht mehr für denkbar gehaltenen Schuldzusammenhänge:

> Auch ein Raub wars, wie wir alle wissen,
> Der des alten Fürsten ehliches Gemahl
> In ein frevelnd Ehebett gerissen,
> Denn sie war des Vaters Wahl.
> Und der Ahnherr schüttete im Zorne
> Grauenvoller Flüche schrecklichen Saamen
> Auf das sündige Ehebett aus. (NA 10, 53)

Die Braut von Messina handelt nicht von der Erfüllung eines Fluchs, nicht von der Schuld Don Manuels, der die Geliebte entführt hat, nicht von der Schuld Beatrices, die in die Entführung eingewilligt hat, nicht von der Schuld Don Cesars, der unbedacht, jähzornig seinen

Bruder tötet, nicht von der Schuld Isabellas, die eine
Prophezeiung falsch verstanden hat und einer nicht erfüllten Informationspflicht gegenüber ihren Söhnen geziehen werden kann. Das Stück ist keine Tragödie eines
großen Individuums (wie *Wallenstein*), der Geschichte
(wie *Maria Stuart*) oder des ›Menschseins‹ (wie *Die
Jungfrau von Orleans*), sondern ein nach dem Muster
der antiken Tragödien gefertigtes, deren Form aufneh-
mendes Drama, in dem freilich auch die geschilderten
Fürchterlichkeiten denen aus alter Zeit adaptiert sind –
vereinfacht, übertrieben und deshalb nicht vergleichbar
den Mustern.

Nicht zuletzt mit Blick auf die antike Tragödie wird
nicht selten *Die Braut von Messina* als Schicksalstra-
gödie klassifiziert: Eine unbegreifliche transzendente
Macht, eben das Schicksal, verfüge den Untergang von
Menschen, die unausweichlich schuldig geworden sind.
Wenn es dem Dichter tatsächlich darum gegangen wäre,
hätte er gewiss nicht versäumt, das Fatum als wirkende
Macht deutlich zu bezeichnen, und er hätte auch der
Handlung seines Stückes mehr Würde gegeben. Die fast
demonstrative Vernachlässigung von Motivation und
nachvollziehbaren Verwicklungen lässt vermuten, dass
Schiller nur deshalb eine Handlung erdachte, weil ein
Drama einer solchen bedarf. Im Grunde tendiert das
Stück zur Gegenstandslosigkeit; das poetische, oft lyrische Sprechen soll Zuschauer und Leser gefangenneh-
men, das schön und oft bedeutungsvoll Gesagte, das
sich immer wieder (wie etwa die Schluss-Sentenz) ver-
selbständigt, soll das Herz rühren und den Verstand anregen. Zu diesem Zweck hat Schiller den Chor eingeführt.

Was Schiller beabsichtigte, ist auf der Bühne schwer zu realisieren. Das Publikum konzentriert sich in der Regel auf die Schauergeschichte mit ihren vielen Geheimnissen, unlösbaren Rätseln und Gewaltsamkeiten, auf die zu nichts verpflichtende Handlung mit hohem Unterhaltungswert. Dem ist schwer entgegenzusteuern. Dass 1803 in Weimar die Aufführung große Begeisterung hervorgerufen hat, ist wohl in erster Linie auf das Interesse der Betrachter an der Handlung, auf das Erlebnis besonderer theatralischer Effekte zurückzuführen. Daher erklärt sich am besten Clemens Brentanos Urteil nach dem Besuch einer Vorstellung. »[...] die Braut von Messina ist mir das pitoiabelste, waß je die Menschliche Todesangst von Lächerlichem produzirte.«[96] Und wenig später bekräftigte er dieses Urteil: »Die Braut von Messina aber ist mir ein erbärmliches Machwerk, langweilig, bisarr und lächerlich durch und durch [...].«[97]

Was Schiller mit seinem Stück bezweckte, ist Brentano später aufgegangen. 1814 besuchte er eine Aufführung im Wiener Burgtheater; danach fasste er seine neugewonnenen Ansichten in einer Rezension zusammen, die bis heute zu den bemerkenswertesten Würdigungen des Stücks gehören. Vor der Detail-Kritik der Aufführung hat Brentano dem Dichter gehuldigt:

In keinem seiner Werke hat Schiller so nach Gestalt gerungen als in der Braut von Messina; die Chöre ste-

---

96 Brief an Friedrich Karl von Savigny vom 3. oder 4. Juni 1803 (Clemens Brentano, *Sämtliche Werke und Briefe*, Bd. 31: *Briefe III*, hrsg. von Lieselotte Kinskofer, Stuttgart/Berlin/Köln 1991, S. 101).
97 Ebd., S. 143 (Brief an Achim von Arnim, wahrscheinlich vom 23. August 1803).

hen wie widerhallende Säulen, die Mutter und die Kinder wie die Gruppe der Niobe zwischen ihnen, das Ganze ist beinah architektonisch und steinern; aber es sind tönende Steinbilder, Memnonssäulen der alten Welt, welche klingen, da ihnen die wunderbare Aurora der modernen romantischen Kunst ihre Strahlen an die Stirne legt und sie zauberisch belebt. [...] Eine wirklich vollkommene Darstellung dieses Werkes liegt nicht in dem Zustand unsrer deutschen Schaubühne, wie sie jetzt ist. Alle Schauspieler müssen in diesem, dem schönstgedachten Werke des edlen, guten, geliebten Dichters ganz reinen Herzens, nur von schöner Kunstwürde bewegter Seele, ohne irgend einen Beigeschmack irgend einer Manier, ganz voll reinem, ungebrauchtem, neuem Kunstadel, voll sittlichem Gefühl des Schicklichen, voll Rhythmus, voll höherem Takt, ja voll einer höheren göttlichen Unschuld sein, frei und schuldlos wie die Töne und doch gefesselt und durch Liebe verschlungen wie die Harmonie (nur in Beatrice ist Melodie), denn hier ist kein Gesetz als ein architektonisches, keine Freiheit als hohe, ernste Sitte, kein Zusammenspiel als der Stil, und doch nur der Stil dieses ganz einsamen Kunstwerks allein.[98]

Die Braut von Messina ist – und darin besteht die auffallende Besonderheit des Stücks – ein Chordrama nach dem Beispiel der griechischen Tragödiendichter. In der Zeit vor Aischylos gab es bereits einen Chor, der auf der Bühne feierliche Gesänge lyrisch-epischer Art, verbunden mit tänzerischen Einlagen, zum Preise

---

98 Clemens Brentano, *Werke* (wie S. 156, Anm. 29), S. 1080 f. – Siehe auch die folgende Anmerkung (S. 289 f.).

von Gottheiten, insbesondere des Dionysos, vortrug. Aischylos führte den Chor ins Drama ein, genauer: er erweiterte den Chorgesang durch das Hinzutreten von Schauspielern zum Drama. Bei Sophokles wurde dem Chor die Aufgabe zugewiesen, die Handlung kommentierend zu begleiten, gewissermaßen den Geist der Tragödie auszusprechen; er ist frei von Leidenschaften, er ist besonnen, unparteiisch, reflektiert. Anders erscheint der Chor in Schillers Drama, auch wenn es genug des Bekannten gibt, etwa die Teilung in zwei Halbchöre mit je einem Chorführer, die Verteilung einzelner Reden auf einzelne Chormitglieder, das gelegentliche Verschwinden des Chors von der Bühne und anderes mehr. Über die wichtigste Neuerung, die Schiller eingeführt hat, gibt sein Brief an Körner vom 10. März 1803 Auskunft.

> Wegen des Chors bemerke ich noch, daß ich in ihm einen doppelten Charakter darzustellen hatte, einen allgemein menschlichen nehmlich, wenn er sich im Zustand der ruhigen Reflexion befindet, und einen specifischen wenn er in Leidenschaft geräth und zur handelnden Person wird. In der ersten Qualität ist er gleichsam außer dem Stück und bezieht sich also mehr auf den Zuschauer. [...] In der zweiten Qualität, als selbsthandelnde Person, soll er die ganze Blindheit, Beschränktheit, dumpfe Leidenschaftlichkeit der Masse darstellen, und so hilft er die Hauptfiguren herausheben. (FA 12, 649)

Der Schillersche Chor besteht also, anders als bei den Alten, aus wirklich handelnden Personen und dem traditionellen Chor als idealer Person. Der Chor ist geteilt wie das ganze Drama: in Stoff und Form, Handlung und Sprache, Wirklichkeit und Poesie (Ideal). Er hebt seine Sonderstellung als ideale Person gerade dadurch hervor, dass er sich auch zeigt als das ganz andere, als die in das Geschehen eingreifende »Masse«, die teilhat an allem Unglück, von dem die Hauptfiguren des Stücks betroffen sind. Indem der Chor die Doppelheit der Welt vorstellt, markiert er zugleich die unüberbrückbare Kluft, die sich hier wie dort immer wieder auftut. Das aber heißt: Es soll auch deutlich werden, dass es der Poesie nicht gelingen kann, die Wirklichkeit des Lebens auszulöschen; die Welt erscheint nur um so grausamer, rücksichtsloser, unvernünftiger und unverständlicher, je idealer die Poesie tönt. Der Chor ist zutiefst verdächtig, wenn er handelt; er verdient Anerkennung, wenn er räsoniert. Er wird glaubhaft, wenn er auch in die Wirklichkeit eingreift und an dieser scheitert.

Immer, wenn es scheint, als werde die Handlung sich zum Besseren wenden, erheben sich die Chöre, zusammen oder einzeln, in poetische Höhen des lyrischen Gesangs, entwerfen Bilder einer heilen Welt, Utopien, die nicht lange Bestand haben, weil sich ihnen die Wirklichkeit entgegenstellt. Der vom Versprechen Don Cesars, sie heimzuführen, fassungslosen Beatrice verkündet der Chor, der nichts weiß, aber alles will:

Heil dir o Jungfrau,
Liebliche Herrscherin!
Dein ist die Krone,
Dein ist der Sieg!
[...]

Dreifaches Heil dir!
Mit glücklichen Zeichen,
Glückliche, trittst du
In ein götterbegünstigtes glückliches Haus,
Wo die Kränze des Ruhmes hängen,
Und das goldene Zepter in stetiger Reihe
Wandert vom Ahnherrn zum Enkel hinab.

(NA 10, 61)

Und am Ende dann, als alles zusammenbricht, als Don
Cesar seinen Freitod ins Auge fasst, resümiert der Chor
in rührender Einfalt:

Und auch der hat sich wohl gebettet,
Der aus der stürmischen Lebenswelle
Zeitig gewarnt sich heraus gerettet
In des Klosters friedliche Zelle.
[...]
Nur in bestimmter Höhe ziehet
Das Verbrechen hin und das Ungemach,
Wie die Pest die erhabenen Orte fliehet,
Dem Qualm der Städte wälzt er sich nach,
Auf den Bergen ist Freiheit! Der Hauch der Grüfte
Steigt nicht hinauf in die reinen Lüfte,
Die Welt ist vollkommen überal,
Wo der Mensch nicht hin kommt mit seiner Qual.

(NA 10, 116)

Das ist das abschließende poetische Programm der völ-
ligen Weltentsagung, die es nicht geben kann, die nur
formuliert werden kann in Versen, die selbst nichts ändern können, aber für Augenblicke Gedanken ans Glück

hervorrufen, das einmal wirklich werden könnte. Und daran hielt Schiller fest: Der Weg zu diesem Glück führe über die Freiheit, die nur durch die Kunst zu erlangen sei.

Um den Chor wenigstens den Lesern seines Dramas verständlich zu machen, hat Schiller seine Abhandlung *Ueber den Gebrauch des Chors in der Tragödie* dem gedruckten Werk vorangeschickt; sie handelt nicht nur von der Funktion des Chors, sondern reflektiert darüber hinaus die Poetologie des Dichters zwei Jahre vor seinem Verstummen. Noch einmal wird die Kraft der über die Wirklichkeit triumphierenden Ideen, die nirgends sonst als in ästhetischen Werken unmittelbar wirken können, beschworen:

> Die wahre Kunst aber hat es nicht bloß auf ein vorübergehendes Spiel abgesehen, es ist ihr ernst damit, den Menschen nicht bloß in einen augenblicklichen Traum von Freiheit zu versetzen, sondern ihn wirklich und in der That frei zu *machen*, und dieses dadurch, daß sie eine Kraft in ihm erweckt, übt und ausbildet, die sinnliche Welt, die sonst nur als ein roher Stoff auf uns lastet, als eine blinde Macht auf uns drückt, in eine objektive Ferne zu rücken, in ein freies Werk unsers Geistes zu verwandeln, und das Materielle durch Ideen zu beherrschen. (NA 10, 8 f.)

Und dann, nach einem Blick auf den Chor bei den Alten, schließen sich die zentralen Sätze an, die der Interpretation der *Braut von Messina* dienen sollen (und vielleicht können):

Elisabeth Trissenaar als Donna Isabella und der Chor
Die Braut von Messina. Freie Volksbühne Berlin, 1990.
Inszenierung: Ruth Berghaus

Der Chor leistet [...] dem neuern Tragiker noch weit
wesentlichere Dienste als dem alten Dichter, eben deßwegen, weil er die moderne gemeine Welt in die alte
poetische verwandelt, weil er ihm alles das unbrauch-
bar macht, was der Poesie widerstrebt, und ihn auf die
einfachsten ursprünglichsten und naivsten Motive hin-
auftreibt. Der Pallast der Könige ist jezt geschlossen,
die Gerichte haben sich von den Thoren der Städte in
das Innere der Häuser zurückgezogen [...]. Der Dichter
muß die Palläste wieder aufthun, er muß die Gerichte
unter freien Himmel herausführen, er muß die Götter
wieder aufstellen, er muß alles Unmittelbare, das durch

die künstliche Einrichtung des wirklichen Lebens aufgehoben ist, wieder herstellen [...]. (NA 10, 11f.)

Schillers Vorstellungen sind präzise genug, um sie bei
der Aufnahme seines Dramas und der Wirkung, die es erzielt, zu bedenken. Zweifellos kann sich der Leser darauf
einlassen, dass der Chor dazu gedacht ist, das dramatische Geschehen »mit einem lyrischen Prachtgewebe« zu
umgeben, »in welchem sich [...] die handelnden Personen frei und edel mit einer gehaltenen Würde und hoher
Ruhe bewegen« (NA 10, 12); und der Dramentext bestätigt auch die Feststellung, dem Chor komme es zu, »sich
über Vergangenes und Künftiges, über ferne Zeiten und
Völker, über das Menschliche überhaupt zu verbreiten,
um die großen Resultate des Lebens zu ziehen, und die
Lehren der Weisheit auszusprechen« (NA 10, 13) – doch
der Zuschauer bleibt gefesselt von der grässlichen Handlung, die ganz und gar bedeutungslos sein soll, bleibt betroffen von dem eine fluchbeladene fürstliche Familie
ereilenden Verhängnis, das im interesselosen Wohlgefallen am heiteren Spiel der Kunst völlig unwichtig sein
soll. Es bedarf des mehrmaligen Hinsehens, um zu erkennen, dass die Figuren der *Braut von Messina* in ihren Handlungen keine Möglichkeit der Identifikation, ja
nicht einmal der Annäherung erlauben, dass die Häufung
der Unwahrscheinlichkeiten den sinnlichen Stoff aus den
Köpfen der Betrachter entfernen soll, um aufmerksam zu
werden auf das ›Eigentliche‹ des Stückes, das Clemens
Brentano nach mehrmaligem Hinsehen als »Stil dieses
ganz einsamen Kunstwerks« verstanden hat.[99]

99 Siehe oben, S. 282 f. – Dem aus der Rezension zitierten Passus schließt
sich ein weiterer Satz an, dem eine eigene Kunst-Qualität zugespro-

Um das Geschehen des Stücks zu nivellieren, ja ganz an den Rand zu drängen, hat Schiller wie in keinem anderen seiner Dramen die ihm mögliche Kunst des poetischen, insbesondere des lyrischen Sprechens eingesetzt, dessen Wirkung vor allem durch die Variationen des Metrums erzielt wird. Für die Monologe und Dialoge der vom Schicksal gequälten Hauptpersonen, Mutter und Söhne, hat er fast ausschließlich den klassischen Blankvers eingesetzt. (Nur in einer wichtigen Szene gegen Ende des Stücks spricht Don Cesar im Dialog mit dem Chor in jambischen Trimetern.) Der Chor und – bei ihren ersten Auftritten – auch Beatrice sprechen hingegen in unterschiedlichen Formen: in reimlosen freien Rhythmen, in gereimten und ungereimten Strophen mit wechselnden Metren, in jambischen Trimetern, auch nach der Weise des Volkslieds und natürlich in Blankversen. Wer sich auf dieses Sprechen einlässt, wird vielleicht jener »höhern Organisation« gewahr, in der, wie Schiller in seiner Vorrede bestimmt hat, »der Stoff oder das Elementarische nicht mehr sichtbar seyn« dürfen (NA 10, 12). Doch muss dann das Bühnenstück ins Gedränge geraten, das die Zuschauer nicht befriedigen kann, wenn die dramatischen Ereignisse demonstrativ als nebensächlich oder gar überflüssig ins Abseits geschoben werden. Das

chen werden muss: »Zu einer vollkommenen Aufführung dieses edelsten Werks gehört die strengste Leitung eines tieffühlenden und reinpoetisch fühlenden Denkers, in dem die Gesetze aller Künste vereinigt sind, gehört weiter frömmster Gehorsam aller Spielenden, ja ich würde, wäre nur ein widerspenstisches Gemüt, nur ein hoffärtiger Eitler, nur ein Kapriziöser, nur ein Gemeiner unter den Schauspielern, die Aufführung in ihrer Vollkommenheit für unmöglich halten, denn in dieser Architektur kann kein Stein irgend einen Makel tragen, ohne den Einsturz zu verursachen; trägt dies herrliche Schiff nur einen Ungerechten, so muß es das Meer verschlingen.«

wollte ja auch der Dichter nicht. Er wollte das Unmögliche: die Erschütterung durch eine entsetzliche Geschichte und darüber hinaus – und dies eigentlich – die Freude am schönen Schein der heiteren Kunst. Clemens Brentano hat immerhin gezeigt, dass es möglich ist, den Absichten des Dichters nicht nur nachzuspüren, sondern ihrer Umsetzung auch höchste Anerkennung zu zollen.

Die Braut von Messina ist so großartig und – in Hinsicht auf ihre Wirkung und Rezeption – so problematisch wie kaum ein anderes Werk der klassischen deutschen Literatur. Das Drama hält sich von jeder Gegenwart fern; aus den Tiefen der Vergangenheit ist es immer nur für die nahe und ferne Zukunft bestimmt und damit als Kunst selbst ins Utopische gerückt.

10. *Wilhelm Tell*

Die Erfahrung mit der *Braut von Messina*, das heißt die Einsicht in die Unmöglichkeit, dass durch die poetische Form das Bühnengeschehen, zumal ein monströses, abzudrängen sei in die Bedeutungslosigkeit, veranlasste Schiller, den Stoff zu seinem nächsten Drama wieder aus der Geschichte zu nehmen. Anders als *Wallenstein, Maria Stuart* und *Die Jungfrau von Orleans* behandelt *Wilhelm Tell* ein seit dem 15. Jahrhundert für ›wahr‹ gehaltenes historisches Ereignis, das nicht den Sieg der zerstörerischen Kraft der Geschichte über Menschen und Gesinnungen vor Augen führt, sondern einen politisch und moralisch gerechtfertigten, glücklich endenden Aufstand gegen Tyrannei und Willkürherrschaft feiert. Der Tod des Reichsvogts Geßler, des diese Herrschaft reprä-

sentierenden Bösewichts, ist nicht tragisch, und keiner
der an dem Geschehen unmittelbar Beteiligten hat einen
Grund zur Trauer über dieses gewaltsame Ende, mit dem
sich Menschen aus den Fesseln terroristischer Gewalt befreien. Das Stück ist daher als einziges der Schillerschen
Dramen ein nach poetologischen Regeln konzipiertes
Schauspiel[100], und es ist auf besondere Weise ›historisch‹,
auch wenn es auf einer sagenhaften Überlieferung basiert:
Es unterrichtet über Vorgänge, die im Bewusstsein der
Nachlebenden einen Wendepunkt in der ›wirklichen‹ Geschichte eines Volkes markieren. Dass die Existenz Wilhelm Tells, des wackeren Armbrustschützen und Schiffers
aus Uri, ebenso erfunden ist wie die erlösende Tat selbst,
die zu Beginn des 14. Jahrhunderts zur Befreiung der
Schweizer Urkantone vom Joch der Habsburger geführt
haben soll, mag zwar gegen die davon berichtenden historischen Quellen sprechen, kann aber nicht gegen deren
Verwendung für ein Geschichtsdrama ins Feld geführt
werden.

Nach Schillers Überzeugung gehört es zu den Aufgaben des Historikers, der mehr sein will als ein bloßer Brotgelehrter, die fehlerhaften und unvollständigen
Zeugnisse der Überlieferung so zu ordnen und zu ergän-
zen, dass die Geschichte im ganzen und im einzelnen als
einsichtiges System erkennbar wird.[101] Als Dichter ist
ihm ohnehin daran gelegen, einen vorgefundenen Stoff
zu formen und damit nach seinen Vorstellungen zu deu-

---

100 Dass Schiller die erste gedruckte Fassung der *Räuber* als Schauspiel
  bezeichnete (siehe oben, S. 115), schien ihm schon bald nicht mehr
  angemessen, weshalb er die im selben Jahr erschienene zweite Fassung als Trauerspiel auswies.
101 Siehe dazu unten, S. 421 f.

ten. Sein *Wilhelm Tell* handelt von dem historisch beglaubigten Freiheitsstreben der gegen die Habsburger Herrschaft opponierenden ›Urkantone‹ Schwyz, Uri und Unterwalden, die sich nach dem Tod des deutschen Königs Rudolf I. (1291) zum »Ewigen Bund« zusammenschlossen und denen Heinrich VII. nach der Ermordung Albrechts I. von Österreich (1308) Freibriefe verlieh. Die Übernahme sagenhafter Ausschmückungen, wie sie sich in den Quellen finden, die Schiller eifrig studiert hat[102], soll nicht suggerieren, dass die im Drama geschilderten Begebenheiten ›wirklich‹ geschehen sind, sondern betont die Freiheit des Dichters (und nach Schillers Verständnis auch die des Historikers), die Bedingung der Möglichkeit eines welthistorisch bedeutsamen Ereignisses, wie es im weiteren Prozess der Geschichte gesehen, also interpretiert wurde, dem Publikum anschaulich vorzustellen.

Einen wichtigen Kommentar zu seinem *Wilhelm Tell* hat Schiller in Verse gefasst, die er in das Widmungsexemplar des Schauspiels schrieb, das er am 25. April 1804 an Carl Theodor von Dalberg schickte:

---

102 Von den etwa 20 Quellen, die Schiller benutzt hat, seien die genannt, von denen er sich – für sein Drama später verwendete – Exzerpte gemacht hat: Johannes Müller, *Der Geschichten schweizerischer Eidgenossenschaft [...]*, Tl. 1–2, Leipzig 1786; *Ægidii Tschudii [...] Chronicon Helveticum [...]*, T. 1, Basel 1734; Johann Conrad Faesi, *Genaue und vollständige Staats- und Erdbeschreibung der ganzen Helvetischen Eidgenoßenschaft [...]*, Bd. 1, 2. Aufl., Zürich 1768; Bd. 2, Zürich 1766; Johann Jacob Scheuchzer, *Beschreibung der Natur-Geschichten Des Schweizerlands*, 3 Tle., Zürich 1706–08; Michael Ignaz Schmidt, *Geschichte der Deutschen*, T. 3: *Von Friederich dem Zweyten bis auf den Wenzeslaus [...]*, Ulm 1786. – Vgl. NA 10, 394–412.

Wenn rohe Kräfte feindlich sich entzweyen,
Und blinde Wut die Kriegesflamme schürt,
Wenn sich im Kampfe tobender Partheyen
Die Stimme der Gerechtigkeit verliert,
Wenn alle Laster schaamlos sich befreyen,
Wenn freche Willkühr an das Heilge rührt,
Den Anker lößt, an dem die Staaten hängen,
– Das ist kein Stoff zu freudigen Gesängen!

Doch wenn ein Volk, das fromm die Heerden weidet,
Sich selbst genug, nicht fremden Guts begehrt,
Den Zwang abwirft, den es unwürdig leidet,
Doch selbst im Zorn die Menschlichkeit noch ehrt,
Im Glücke selbst, im Siege sich bescheidet,
– Das ist unsterblich und des Liedes werth.
[...]   (NA 2 I, 179)

Eine Erläuterung dieser Verse erübrigt sich; allenfalls ist der Hinweis angebracht, dass Schiller, wenn er vom »Kampfe tobender Partheyen« und von schamlosen Lastern spricht, auch an den Terror der Französischen Revolution erinnern möchte, nicht anders als in dem 1799 entstandenen *Lied von der Glocke* (»Freiheit und Gleichheit! hört man schallen, / Der ruh'ge Bürger greift zur Wehr, / Die Straßen füllen sich, die Hallen, / Und Würgerbanden ziehn umher, / [...] / Nichts Heiliges ist mehr, es lösen / Sich alle Bande frommer Scheu, / [...].« – NA 2 I, 237).

Auf die Sage von dem Freiheitskampf der Urkantone und der Heldentat Wilhelm Tells war Goethe 1797 auf seiner Schweizer Reise gestoßen. Der Stoff schien ihm so interessant, dass er ihn für ein episches Werk verwenden wollte. »Ich bin fast überzeugt«, schrieb er am 14. Oktober 1797 an Schiller, »daß die Fabel vom *Tell* sich werde episch behandeln lassen, und es würde dabey, wenn es mir, wie ich vorhabe, gelingt, der sonderbare Fall eintreten daß das Mährchen durch die Poesie erst zu seiner vollkommenen Wahrheit gelangte, an statt daß man sonst um etwas zu leisten die Geschichte zur Fabel machen muß.« (NA 37 I, 159.) Schiller ermunterte den Freund in seiner Antwort vom 30. Oktober, den Plan zu verfolgen, der es erlaube, »aus der bedeutenden Enge des gegebenen Stoffes [...] alles geistreiche Leben hervorgehen« zu lassen. »Es wird darinn liegen, daß man, durch die Macht des Poeten, recht sehr beschränkt und in dieser Beschränkung innig und intensiv gerührt und beschäftigt wird.« (FA 12, 337.)

Wahrscheinlich 1800 oder 1801 war Goethe entschieden, das Tell-Epos nicht auszuführen. Schon während der Beschäftigung mit der *Jungfrau von Orleans* begann Schiller, Quellen zur schweizerischen Geschichte zu sammeln, und auch die Arbeit an der *Braut von Messina* hinderte ihn nicht, die Vorarbeiten zum Tell-Drama fortzusetzen. Er habe, schrieb er am 9. September 1802 an Körner, hinsichtlich der Bearbeitung des Stoffes eine »poetische Operation damit vorgenommen«, und so sei das Ganze »aus dem historischen heraus und ins poetische eingetreten« (FA 12, 626). Mitte 1803 beginnt die konzentrierte Arbeit an dem Schauspiel, das »als ein Volksstück [...] Herz und Sinne interessiren« werde (an Iffland, 12. Juli 1803; FA 12, 665). Die Absicht, das Stück in Prosa zu schreiben, gab Schiller schnell auf.

Am 19. Februar 1804 schloss Schiller sein Schauspiel ab, das er am folgenden Tag an Goethe schickte, damit

dieser so schnell wie möglich die Aufführung ins Werk
setzen könne. An der Probenarbeit war Schiller lebhaft
beteiligt, wobei er den Text noch hier und da veränderte,
vor allem erweiterte: Das Lied, das Walther Tell zu Beginn des dritten Akts singt (»Mit dem Pfeil, dem Bogen«), kam hinzu, ebenso das Lied der Barmherzigen
Brüder (»Rasch tritt der Tod den Menschen an«) am
Ende des vierten Akts. Und da Goethe fand, der Apfelschuss (III,3) erfolge ein wenig plötzlich und ohne rechte
Begründung, schrieb Schiller zwei Tage vor der Aufführung noch die Verse, mit denen der Knabe die Schieß-
künste des Vaters in höchsten Tönen preist (»Der Vater
trift den Vogel ja im Flug, / Er wird nicht fehlen auf das
Herz des Kindes.« – NA 10, 215).

Die Uraufführung des Schauspiels am 17. März 1804,
die fünf Stunden dauerte, befriedigte die Zuschauer, so
dass es noch schnell zweimal gegeben wurde. Schiller
selbst zeigte sich im Brief an Körner vom 12. April 1804
zufrieden: »Der Tell hat auf dem Theater einen größern
Effect als meine andern Stücke, und die Vorstellung hat
mir große Freude gemacht. Ich fühle, daß ich nach und
nach des theatralischen mächtig werde.« (FA 12, 694.)
Später kam das Stück unter Goethes Leitung etwa so oft
wie die übrigen ›klassischen‹ Dramen Schillers auf die
Weimarer Bühne, im Durchschnitt einmal pro Jahr, weit
seltener als *Don Karlos*, aber viel häufiger die drei ersten
Stücke des Dichters. Für die Aufführung am 1. Dezember
1804, die Maria Paulowna, die russische Kaisertochter
und weimarische Erbprinzessin, besuchte, nahm Schiller
erhebliche Kürzungen vor, strich u. a. den gesamten fünften Akt, »weil wir«, wie er an Körner schrieb, »des Kai-
sermords nicht erwähnen wollten« (Brief vom 10. De-

zember 1804; FA 12, 721). Wie wichtig ihm aber gerade der letzte Akt war, ergibt sich aus seiner Antwort auf Ifflands Anfrage, ob sich nicht auf den Schluss und auch auf den Tell-Monolog in der Hohlen Gasse verzichten lasse: »Der Casus gehört vor das poetische Forum und darüber kann ich keinen höhern Richter als mein Gefühl erkennen. Auch Goethe ist mit mir überzeugt, daß ohne jenen Monolog und ohne die persönliche Erscheinung des Parricida der Tell sich gar nicht hätte denken lassen.« (An Iffland, 14. April 1804; NA 32, 124.)

In der öffentlichen Kritik fanden die *Tell*-Aufführungen, auch die in Berlin (zuerst am 4. Juli 1804), in Mannheim (zuerst am 15. Juli 1804) und Hamburg (zuerst am 25. September 1804), freundlichen Beifall. Nachdem das Werk, von Cotta verlegt, Ende September, also zur Herbstmesse 1804 erschienen war – *Wilhelm Tell / Schauspiel / von / Schiller. / Zum Neujahrsgeschenk / auf 1805* –, fand es in den führenden Literaturzeitungen zunächst, d. h. bis zum Tod des Dichters, nur wenig Beachtung. Allein in den *Göttingischen gelehrten Anzeigen* erschien am 24. November 1804 eine anonyme Besprechung (aus der Feder des aufklärerischen Juristen Ernst Brandes aus Hannover), in dem manches Lobende, die Darstellung der Charaktere, den Aufbau und die Versifikation betreffend, zu lesen ist, aber auch mit Kritik nicht gespart wird: Das Stück müsse eigentlich *Die Befreyung der Schweizer* heißen, es komme leider »kein Weib von erheblicher Bedeutung« vor, durch die angehängte Parricida-Szene werde dem Ganzen durchaus geschadet etc.; kurzum: der große Dramatiker Schiller habe kein großartiges Stück geschrieben.

Ein Volksstück wollte Schiller mit seinem *Wilhelm*

Tell schreiben, ein Stück, in dem das Volk selbst – geschlossener als die Soldaten im *Wallenstein* und aktiver als die Teilnehmer am Krönungszug in der *Jungfrau von Orleans* – als dramatische Person in Erscheinung tritt und ein wenig handelt, ein Stück auch, das auf die Anerkennung des ›einfachen Volkes‹ zählen konnte, dessen Interesse nicht in erster Linie den ästhetischen Qualitäten eines Werks gilt. Dieses Vorhaben ist dem Dichter durchaus gelungen. Kein anderes seiner Werke ist in Handlungsführung und sprachlicher Darstellung so unmittelbar zugänglich (und verständlich) wie *Wilhelm Tell*, kein anderes ›erzählt‹ soviel und ist im Sinne Brechts so episch, kein anderes macht von volkstümlich klingenden, weil volkstümlich gewordenen Liedeinlagen so reichen Gebrauch. Und dann gibt es da mehr als 50 Verse, die schon bald zu ›geflügelten Worten‹ geworden sind, von »Und mit der Axt hab' ich ihm 's Bad gesegnet« (I,1; NA 10, 136) und »Der brave Mann denkt an sich selbst zulezt« (I,1; NA 10, 138) über »Die Axt im Haus erspart den Zimmermann« (III,1; NA 10, 195) und »Ich thue recht und scheue keinen Feind« (III,1; NA 10, 196) bis zu »Das Alte stürzt, es ändert sich die Zeit, / Und neues Leben blüht aus den Ruinen« (IV,2; NA 10, 238) und »Es kann der Frömmste nicht im Frieden bleiben, / Wenn es dem bösen Nachbar nicht gefällt« (IV,3; NA 10, 247). Kein anderes Werk der deutschen Literatur ist so reich an ›Sprüchen‹, die wie Allerweltsweisheiten benutzt werden und deshalb nicht selten zu dem Fehlschluss verführten, der Autor habe sich ins Triviale verloren – als habe es nicht einer großen Vorstellungs- und Darstellungsgabe bedurft, Maximen und Reflexionen in poetischer Form so zu bündeln, dass sie den Lesern und

Hörern gar nicht als Erfindungen erscheinen, sondern als exakte Pointierungen menschlicher Erfahrungen, Einsichten und Urteile.

Volkstümlich beginnt das Stück in einer naturalistisch detailliert beschriebenen Szenerie: Ein Fischerknabe singt im Kahn, ein Hirtenknabe singt auf dem Berg, ein Alpenjäger singt von einer anderen Seite, sie singen vom Scheiden des Sommers, die Zukunft ist ungewiss. Ein Unwetter droht. So ähnlich könnte es gewesen sein am 28. Oktober 1308. Derweil die drei Zurüstungen treffen, um sich in Sicherheit zu bringen, kommt Konrad Baumgarten, ein biederer Bürger aus Altzellen in Unterwalden, herbeigerannt und bittet um schnelle Hilfe: Er hat, weil Wolfenschießen, der Burgvogt des Kaisers, von seiner Frau Unsittliches verlangt hat, diesen mit der Axt erschlagen. Die Häscher sind ihm auf den Fersen, er will über den See in Sicherheit gebracht werden. Da sich Fischer, Jäger und Hirte nicht trauen, ihm Hilfe zu leisten, hat, während es donnert, Baumgarten Zeit, von Tat und Drangsal zu berichten; und auch als plötzlich Wilhelm Tell auftaucht, wird noch einige Zeit hin und her gesprochen, bis die Rettungsaktion (Tell: »Wo's Noth thut, Fährmann, läßt sich alles wagen.« – NA 10, 138) beginnt und glücklich durchgeführt wird.

Die Szene wechselt nach Schwyz, wo Werner Stauffacher in Gesprächen mit Pfeiffer aus Luzern, dann mit seiner wackeren Frau Gertrud die bedrückende Lage des Landes erörtert. Die Österreicher drangsalieren die Menschen, berauben sie der »alten Freiheit« (NA 10, 141), bringen Gewalt ins »friedgewohnte Thal« (NA 10, 144) und planen weitere Untaten. Gertrud deutet die Lösung an: »Ihr seid *auch* Männer, wisset eure Axt / Zu führen, und dem Muthigen hilft Gott!« (NA 10, 145.) Tell bringt den geretteten Baumgarten in Stauffachers Haus.

Um keinen Zweifel an den obwaltenden Verhältnissen aufkommen zu lassen, werden Unrecht und Gewalt der Herrschenden auf die Bühne gebracht: In Altdorf im Kanton Uri wird eine Zwingburg, eine Art Staatsgefängnis, errichtet, dabei stürzt sich ein Schieferdecker zu Tode; ein Hut wird mitten im Ort auf eine Säule gesetzt; er müsse, so die Weisung des Landvogts, »mit gebognem Knie und mit / Entblößtem Haupt« (I,3; NA 10, 149) gegrüßt werden. Stauffacher, zusammen mit Tell Zeuge der Perversionen, wird in seiner Überzeugung bestärkt, es sei die Zeit zum Widerstand gekommen, und er bittet Tell, sich an den Vorbereitungen zur Rebellion zu beteiligen; doch er wird zurückgewiesen, weil der Retter Baumgartens eine besondere Ansicht vom Weltgeschehen hat und nur die eigene Faust schätzt:

Die schnellen Herrscher sind's, die kurz regieren.
[...]
Ein jeder lebe still bei sich daheim,
Dem Friedlichen gewährt man gern den Frieden.
[...]
Sie werden endlich doch von selbst ermüden,
Wenn sie die Lande ruhig bleiben seh'n.
[...]
Beim Schiffbruch hilft der Einzelne sich leichter.
[...]
Ein jeder zählt nur sicher auf sich selbst.
[...]
Der Starke ist am mächtigsten *allein*.   (NA 10, 151)

Immerhin versichert Tell, bevor er zurückkehrt zu Frau und Kindern, dass er nicht völlig abseits stehen werde, wenn es etwas für ihn zu tun gebe: »Bedürft' ihr meiner zu bestimmter *That*, / Dann ruft den Tell, es soll an mir nicht fehlen.« (NA 10, 152.)

In der letzten Szene des ersten Aufzugs und während des ganzen zweiten Aufzugs ist von Tell nichts zu sehen. Es gilt, die Stunde der Verschwörer vorzubereiten und den Rütli-Schwur zu leisten. Im Hause Walther Fürsts (aus Uri) trifft zunächst Arnold von Melchthal (aus Unterwalden) ein, der Schutz sucht, weil auch er wegen einer Handgreiflichkeit (er hat einem diebischen Buben des Landvogts einen Finger gebrochen) verfolgt wird; dann gesellt sich Stauffacher (aus Schwyz) hinzu, der auf Fürsts Frage, was ihn herführe, antwortet: »Die alten Zeiten und die alte Schweiz.« (NA 10, 155.) Von diesen alten Zeiten ist nun viel die Rede (»Frei war der Schweitzer von Uralters her«; ebd.) und davon, dass ein Aufstand angezeigt sei: »Wenn Uri ruft, wenn Unterwalden hilft, / Der Schwytzer wird die alten Bünde ehren.« (NA 10, 160.) Stauffacher weiß auch, dass Arnolds Vater zur Strafe für die Tat seines entflohenen Sohnes geblendet worden ist.

Am Ende des zweiten Akts kommt es zum Bündnis der zur Erhebung Entschlossenen, aber zunächst muss noch einmal bekräftigt werden, wie notwendig dieses Bündnis ist. Im Hause des in Uri lebenden Freiherrn von Attinghausen – »*ein Greis von fünf und achtzig Jahren, von hoher edler Statur*« (NA 10, 165) – erweist dieser zunächst sechs Knechten seine Huld und setzt sich dann ernsthaft mit seinem Neffen Ulrich von Rudenz auseinander, der die Sache des Vaterlands nicht zu der seinen machen will, weil er in Liebe zum reichen fremden Edelfräulein Bertha von Bruneck gefallen ist. Er schlägt in den Wind, was ihm sein Onkel eindringlich vorhält:

> Verblendeter, vom eiteln Glanz verführt!
> Verachte dein Geburtsland! Schäme dich
> Der uralt frommen Sitte deiner Väter!
> [...]
> O mächtig ist der Trieb des Vaterlands!
> Die fremde falsche Welt ist nicht für dich,
> Dort an dem stolzen Kaiserhof bleibst du
> Dir ewig fremd mit deinem treuen Herzen!
> [...]
> An's Vaterland, an's theure, schließ dich an,
> Das halte fest mit deinem ganzen Herzen.
>
> (II,1; NA 10, 168 und 170)

In der zweiten Szene des zweiten Aufzugs zieht eine Gruppe Bewaffneter (an ihrer Spitze Arnold von Melchthal) zum Rütli, Stauffacher kommt hinzu; von Greueltaten ist die Rede und viel von alten Zeiten, den Zeiten der Väter, von alten Bräuchen, alten Sitten und der alten Freiheit. Stauffacher ist der Wortführer, der die Geschichte der Schweizer Revue passieren lässt und Entscheidendes sagt:

> Wir stiften keinen neuen Bund, es ist
> Ein uralt Bündniß nur von Väter Zeit,
> Das wir erneuern! [...]
> [...]
> Unser ist durch tausendjährigen Besitz
> Der Boden – und der fremde Herrenknecht
> Soll kommen dürfen und uns Ketten schmieden,

Und Schmach anthun auf unsrer eignen Erde?
Ist keine Hülfe gegen solchen Drang?
 eine große Bewegung unter den Landleuten
Nein, eine Grenze hat Tyrannenmacht,
Wenn der Gedrückte nirgends Recht kann finden,
Wenn unerträglich wird die Last – greift er
Hinauf gestrosten Muthes in den Himmel,
[...]
         Wir stehn vor unser Land,
Wir stehn vor unsre Weiber, unsre Kinder!
                      (NA 10, 181 und 184f.)

Und Walther Fürst, der sich inzwischen mit anderen
Kampfeswilligen eingefunden hat, sagt noch einmal, was
nun schon so oft gesagt worden ist:

Abtreiben wollen wir verhaßten Zwang,
Die alten Rechte, wie wir sie ererbt
Von unsern Vätern, wollen wir bewahren,
Nicht ungezügelt nach dem Neuen greifen.
                      (NA 10, 188)

Vereinbart wird, nicht sofort loszuschlagen, sondern einen
günstigen Zeitpunkt abzuwarten. Bevor sich die Versamm-
lung auflöst, schwört jeder »*mit erhobenen drei Fingern*«:
»Wir wollen seyn ein einzig Volk von Brüdern, / In keiner
Noth uns trennen und Gefahr.« Und weiter: »Wir wollen
frey seyn wie die Väter waren, / Eher den Tod, als in der
Knechtschaft leben.« Schließlich: »Wir wollen trauen auf
den höchsten Gott / Und uns nicht fürchten vor der
Macht der Menschen.« (NA 10, 192.)
   Der dritte Aufzug bringt das bekannte Spektakel: Tells

Sohn Walther, mit einer Armbrust spielend, singt ein Lied (»Mit dem Pfeil, dem Bogen, / Durch Gebirg und Thal«; NA 10, 193); der Vater berichtet, wie er einmal Geßler in Angst und Schrecken versetzt hat, und macht sich, die Besorgnisse seiner Frau nicht achtend, zusammen mit seinem tüchtigen Sohn auf den Weg nach Altdorf, wo er seinen Schwiegervater (Walther Fürst) besuchen will. Zu diesem gelangt er nicht, aber dieser zu ihm – als sich des Landvogts Knechte anschicken, den Unbotmäßigen zu arretieren.

Bevor Tell in Altdorf dem dort aufgesteckten Hut die Reverenz verweigert und deshalb von Geßler genötigt wird, einen Apfel vom Kopf des Sohnes zu schießen, wird in einer ziemlich schwachen Szene[103] dargetan, dass Bertha von Bruneck die Freiheitsliebe der Schweizer bewundert (weil auch ihre Freiheit bedroht ist) und Ulrich von Rudenz, den Geliebten, leicht dazu bringen kann, sich seinem Vaterland (wieder) zu verpflichten.

Tell vor dem Hut, Tell vor der Entscheidung: Wohl zögert er zu schießen (»[...] Ich soll / Mit meiner Armbrust auf das liebe Haupt / Des eignen Kindes zielen – Eher sterb ich!« – III,3; NA 10, 213), aber dann schießt er, ermuntert durch seinen Sohn, doch, nach langen Disputen der Umstehenden, die Geßler vergebens umstimmen wollten. Dann geschieht es, der Apfel fällt. Selbst Geßler vermag es nicht zu fassen: »Er hat geschossen? Wie? der Rasende!« (NA 10, 219.) Da Tell gesteht, dass ein zweiter Pfeil, den er in seinen Goller getan hatte, dem Landvogt gegolten hätte,

---

103 Die Liebesgeschichte zwischen Bertha und Ulrich ist zwar nach Schillers Auffassung sinnvoll, weil sie zeigt, was wahre Liebe vermag, aber sie wirkt im Kontext der dramatischen Handlung, die das Stück dominiert, ein wenig deplaziert.

Heinrich George als Geßler und Attila Hörbiger als Tell
Wilhelm Tell. Deutsches Theater Berlin, 1933.
Inszenierung: Ludwig Achaz

wenn der Sohn getroffen worden wäre, wird er festgenommen und, wie Geßler anordnet, für einen Ort bestimmt, »Wo weder Mond noch Sonne dich bescheint, / Damit ich sicher sei vor deinen Pfeilen.« (NA 10, 221.)

Im vierten Akt gelingt Tell auf der Fahrt nach Küsnacht, nachdem ihm auf dem heftig bewegten See das Ruder anvertraut wurde, der Sprung ans rettende Ufer. Derweil haben sich bei dem im Sterben liegenden Attinghausen Männer des Widerstands eingefunden. Auch Walther Tell ist dabei, wenig später kommt seine Mutter, die das in Altdorf Geschehene nicht zu begreifen vermag:

Und ist es möglich? Konnt' er auf dich zielen?
Wie konnt' ers? O er hat kein Herz – Er konnte
Den Pfeil abdrücken auf sein eignes Kind!

(IV,2; NA 10, 233)

Guter Rat ist teuer: Wie ist der Gefangene, dem in den Plänen der Verschworenen offenbar eine besondere Rolle zugedacht war, zu befreien? Immerhin gilt, was nun Attinghausen zugesagt wird: Es wird die Erhebung der drei Kantone an einem noch festzulegenden Tag (an Weihnachten ist gedacht) geben. Das beglückt den Sterbenden; er sieht die freie Schweiz, das gelobte Land; er mahnt mit seinen letzten Worten:

Drum haltet fest zusammen – fest und ewig –
Kein Ort der Freiheit sei dem andern fremd –
Hochwachten stellet aus auf euren Bergen,
Daß sich der Bund zum Bunde rasch versammle –
Seid einig – einig – einig –   (NA 10, 238f.)

Ulrich von Rudenz bekennt sich als Rebell, auch er hat die Tyrannenmacht schmerzlich erfahren müssen; denn seine Bertha ist verschwunden – vermutlich geraubt.

Die Ereignisse in der Hohlen Gasse schließen sich an. Tell erwartet Geßler, den zu töten er entschlossen ist. Bevor er die Tat vollbringt, räsoniert er in einem 91 Verse umfassenden Monolog über die Gründe, die ihn zu seinem Entschluss gebracht haben. Dabei geht es nicht in erster Linie um die Notwendigkeit, das Land von einem Tyrannen zu befreien, sondern darum, das privat erlittene Unrecht zu vergelten, also: sich zu rächen.

Thomas Gisler als Tell
Wilhelm Tell. Altdorf 2004. Inszenierung: Louis Naef

Ich lebte still und harmlos – Das Geschoß
War auf des Waldes Thiere nur gerichtet,
Meine Gedanken waren rein von Mord –
Du hast aus meinem Frieden mich heraus
Geschreckt, in gährend Drachengift hast du
Die Milch der frommen Denkart mir verwandelt,
Zum Ungeheuren hast du mich gewöhnt –
Wer sich des Kindes Haupt zum Ziele sezte,
Der kann auch treffen in das Herz des Feinds.
[...]
[...] an *euch* nur denkt er, lieben Kinder,
Auch jezt – Euch zu vertheidigen, eure holde
                                    Unschuld

Zu schützen vor der Rache des Tyrannen
Will er zum Morde jezt den Bogen spannen!
(IV,3; NA 10, 244 f.)

Tells Pfeil trifft den Bösewicht, das herbeieilende Volk
jubelt, Barmherzige Brüder »*singen in tiefem Ton*«:

Rasch tritt der Tod den Menschen an,
  Es ist ihm keine Frist gegeben,
Es stürzt ihn mitten in der Bahn,
  Es reißt ihn fort vom vollen Leben,
Bereitet oder nicht, zu gehen,
Er muß vor seinen Richter stehen! (NA 10, 255)

Das Finale zeigt zunächst die durch Tells Tat ausgelös-
te Befreiungsaktion der Unterdrückten. In den freudigen
Tumult mischt sich die Nachricht, dass der Kaiser ermordet worden sei. Das Entsetzen über die ruchlose Tat ist
bei denen, die sich gerade der ungerechten Herrschaft
entledigt haben, sehr groß, obwohl gewiss zu sein
scheint, dass der Nachfolger des Ermordeten die wieder-
gewonnene Freiheit der Schweizer Urkantone respektie-
ren werde. Und wenig später erscheint der Mörder, als
Mönch verkleidet, auf der Bildfläche: Johannes Parricida,
Herzog von Schwaben, der Neffe des Königs Albrecht I.,
den er aus niedrigen Motiven (schon) am 1. Mai 1308
umgebracht hatte. Im Gespräch mit Tell wird er darüber
aufgeklärt, dass er, im Gegensatz zu Tell, ein schweres
Verbrechen begangen habe und sich keineswegs mit dem
vergleichen dürfe, der aus achtenswerten Motiven einen
Tyrannen getötet hat. Noch einmal rechtfertigt sich Tell:

> Unglücklicher!
> Darfst du der Ehrsucht blutge Schuld vermengen
> Mit der gerechten Nothwehr eines Vaters?
> Hast du der Kinder liebes Haupt vertheidigt?
> Des Heerdes Heiligthum beschützt? das Schrecklichste,
> Das Lezte von den deinen abgewehrt? (V,2; NA 10, 272)

Tell empfiehlt Parricida, sich in Rom dem Papst anzu-
vertrauen: »beichtet / Ihm eure Schuld und löset eure
Seele« (NA 10, 274). In der letzten Szene wird Tell vom
Volk gefeiert, Bertha reicht Ulrich die Hand zum Bund;
dieser hat das letzte Wort: »Und frei erklär' ich alle meine Knechte.« (NA 10, 277)

Wilhelm Tell ist zweifellos ein Freiheitsdrama, ein
Drama mit glücklichem Ausgang. Es ist verständlich,
dass in Zeiten politischer Bedrängnis das Stück eifrig gebraucht wurde: so in den Zeiten der Besetzung Deutschlands durch die Franzosen 1806–1813, so auch in den
finsteren Jahren nationalsozialistischer Herrschaft – bis
im Juni 1941 Hitler die Theater- und Schulleiter durch
Martin Bormann anweisen ließ, das Stück nicht mehr
aufzuführen und in der Schule nicht mehr zu behandeln.
Doch das Schauspiel steckt voller Fragwürdigkeiten.
Entgegen den poetischen Auslegungs-Andeutungen
Schillers in seinem Widmungs-Gedicht für Carl Theodor
von Dalberg verherrlicht das Stück nicht die revolutionä-
re Tat eines Volkes. Tell ist kein Mitglied der Verschwö-
rergruppe, und er braucht nicht gebeten zu werden, tätig
zu werden. Tell ist ein durch die politische Macht be-
schädigter Privatmann. Er allein soll das geknechtete
Land aus den Fesseln der Tyrannei befreien, denn aufs

Volk wollte der Dichter, der die Greuel der Französischen Revolution mit Abscheu registrierte, keine Karte setzen. Und so wurde die durch die Überlieferung beglaubigte Geschichte einer Volkserhebung zur Dekoration degradiert, und den ehrenwerten Kantonsrebellen Stauffacher, Fürst und Melchthal bleiben nur Nebenrollen.

Der aufrechte Mann Tell aus Uri wurde in seiner Ehre verletzt; weil er sich dem Unrecht widersetzte, wurde er gedemütigt. Da ihm die Flucht gelang, musste er fürchten, dass Frau und Kindern der Tod drohte. Wie anders als durch die Tötung Geßlers hätte er die Bedrohung abwenden können? Warum aber brachte er Geßler nicht um, als dieser ihm befahl, auf das Haupt seines Sohnes zu zielen? Über die Unfassbarkeit des Apfelschusses (der natürlich immer wieder eine beträchtliche theatralische Wirkung erzielt) hat Schiller Tells Frau Hedwig das Nötige sagen lassen. Den Hut nicht zu grüßen, ist anständig; mit versehentlichem »Unbedacht« (III,3; NA 10, 212) die Nichtbeachtung des Huts zu erklären, ist verständlich; den Sohn zu gefährden, um den eigenen Kopf aus der Schlinge zu ziehen, ist anstößig. Und weiter: Das eigene Leben zu riskieren, um die Last von einem Volk zu nehmen, ist ehrenvoll; auf das Wort eines Ganoven, das dieser nicht einmal zu brechen brauchte, unbedacht zu reagieren, ist kläglich.

Tell ist ein sehr einfacher Mann. Er hätte also nicht auf den Apfel, sondern auf Geßler schießen sollen? Vielleicht hätte er sich damit selbst gefährdet – vielleicht auch nicht. Natürlich wäre er auch bedroht gewesen, wenn er den Sohn getroffen hätte; dann hätte es zunächst zwei Tote gegeben, und vielleicht wäre der Todesschütze von Geßlers Handlangern festgenommen worden. Alles wohl erwogen: wenig spricht für den Apfelschuss.

Die moralischen Bedenken gegenüber Tell lässt der Dichter wohl zu, aber er wischt sie weg: Das Schauspiel muss weitergehen. Die Herzlosigkeit Geßlers war noch einmal zu demonstrieren, damit das Fass des Hasses ganz gefüllt werde. In der Hohlen Gasse erinnert sich Tell freilich (für den Zuschauer ist das ganz neu!), dass er ohnehin, auch nach geglücktem Apfelschuss und darauf gewährter Freiheit, entschlossen gewesen sei, bei erster Gelegenheit den Landvogt zu töten. Das wäre dann vermutlich ebenfalls aus dem Hinterhalt geschehen. Tells Erinnerung lässt sich auf verschiedene Weise interpretieren, ohne dass sich damit die Möglichkeit eröffnet, die Beurteilung seiner Person in eine neue Richtung zu lenken.

Geßler stirbt, so scheint es lange Zeit, weil er Tell verständlicherweise in Gewahrsam genommen hat, nachdem dieser ihm freimütig gesagt hat, dass er ihn getötet hätte, wenn ihm der Schuss auf den Apfel missraten wäre. Geßler musste, um Leben und Macht zu erhalten, so handeln. Tell musste schließlich, um des Familienerhalts und -friedens willen, den tödlichen Pfeil abschicken und so die Revolution auslösen, wenn nicht gar im Alleingang besorgen. Mit dem Volk, das ihn als Helden feiert, wird er auch in Zukunft nichts zu tun haben.

Schiller hatte Grund zur Annahme, dass Tells Tun (und Lassen) Kritik hervorrufen könne. Deshalb konzentrierte er das Geschehen auf die befreiende Tat. Dass Geßler, der sich so deutlich als Bösewicht gezeigt hatte, sterben musste, sollte keiner weiteren Begründung bedürfen. Ob die Motive des Täters über jeden Zweifel er-

haben waren, blieb allerdings noch fraglich. Zur Beantwortung der Frage ließ Schiller am Ende Parricida auftreten: So sieht ein Verbrecher aus – der allerhöchsten
Ortes seine Schuld beichten muss, um die Hoffnung aufs
Himmelreich nicht zu verlieren![104] Tell hat nichts zu
beichten. Dass die Konfrontation Schiller wichtig war,
lässt die Vermutung zu, er habe dem Publikum die Inte-
grität Tells zweifelsfrei machen wollen. Das aber kann
nur heißen: Die von ihm für möglich gehaltenen Zweifel
waren seine wirklichen, auf die das Publikum nun erst
aufmerksam wurde.

Schiller schrieb kein revolutionäres und kein antirevo-
lutionäres Stück, aber eines der ihm gemäß gewordenen
Geschichtsauffassung: dass der Fortschritt, wenn es ihn
denn geben könne, in der Rückwendung zur Vergangenheit bestehe. Mit der rückwärtsgekehrten Utopie des
kriegsunwilligen französischen Königs war er in der
Jungfrau von Orleans – mit allem Ernst – ja schon der
Gegenwart und Zukunft äußerst skeptisch begegnet.
Aber wie dort, so kann auch in *Wilhelm Tell* nicht gezeigt werden, dass die Bestrebungen (hier: der edlen Eid-
genossen), das ständig beschworene gute Alte zu restitu-
ieren, von Erfolg gekrönt werden; denn der Einzeltäter
Tell unterläuft die Pläne der Vielen. Während die Rütli-
Verschwörer (allen voran Stauffacher) fast formelhaft an
die gute alte Zeit erinnern, kommt Tell kein einziges Mal
der Gedanke an das, was einmal war. Er will Sicherheit

---

104 Es ist bemerkenswert, dass Schiller im *Wilhelm Tell* sehr viel häufiger (und eindeutiger im christlichen Sinne) von Gott und der Ewigkeit gesprochen hat als in den vorangegangenen Dramen. Wahrscheinlich konzedierte er dem einfachen Schweizer Naturvolk noch
den Glauben, den er selbst längst verloren hatte.

in der Gegenwart und für die Zukunft, und wenn seine Tat anderen nützt, ist ihm das recht. Welche politischen Folgen die Tat im einzelnen (fortgesetzt bis ins 19. Jahrhundert) hatte, wird im Schauspiel nicht behandelt – als passe die Geschichte der freien Schweiz nicht mit dem dramatischen Ereignis des Jahres 1308 zusammen.

In seinem letzten Brief an Wilhelm von Humboldt vom 2. April 1805 hat Schiller gesagt, er hoffe, in seinem »poetischen Streben keinen Rückschritt gethan zu haben, einen Seitenschritt vielleicht, indem es mir begegnet seyn kann, den materiellen Foderungen der Welt und der Zeit etwas eingeräumt zu haben« (FA 12, 735). Es scheint, als habe er damit auf sein »Volksstück«, auf *Wilhelm Tell*, angespielt. In der Tat ist es weniger poetisch als *Die Braut von Messina*. Doch deren Poesie kann sich ja nur schwer behaupten gegenüber der wegen seiner Unwahrscheinlichkeit und Schrecklichkeit für unerheblich gedachten Handlung. Mit seinem *Tell* hat Schiller den nicht ganz überzeugenden Versuch unternommen, die Überlieferung der Geschichte in ein Geschichtsdrama (in ein Drama interpretierter Geschichte) zu verwandeln und gleichzeitig die Auffassung zu begünstigen, es handele sich um die historisch verlässliche Darstellung einer erfolgreichen Freiheitsbewegung.

Wilhelm Tell lässt sich wohl als ein »Seitenschritt«, vielleicht sogar als ein kleiner Seitensprung bezeichnen. Auf die Hauptlinie schwenkte der Dichter wieder mit seinem *Demetrius* ein, an dessen Vollendung ihn der Tod hinderte.

11. Dramatischer Nachlass

Vieles von Schiller Begonnene und einiges von ihm zu
Ende Gebrachte ist nicht auf die Nachwelt gekommen.
Doch nicht wenige Dramenentwürfe und -fragmente haben sich in seinem Nachlass gefunden, darunter *Die
Braut in Trauer*, eine geplante Fortsetzung der *Räuber*,
die sich Schiller schon 1784 vorgenommen hatte und an
deren Ausarbeitung er noch um 1800 dachte (vgl. NA 12,
5–11 und 365–368), und der damit in Zusammenhang
stehende Entwurf eines (vielleicht als Opern-Libretto
vorgesehenen) Dramas *Rosamund oder die Braut in
Trauer* (um 1800; vgl. NA 12, 259–268 und 531–534), ferner das während der Arbeit am *Wallenstein* skizzierte
Kriminalstück *Die Polizey*, geeignet sowohl als Tragödie
wie als Komödie (vgl. NA 12, 89–108 und 429–432),
schließlich die *Agrippina*-Skizze (vermutlich aus dem
Jahr 1800; vgl. NA 12, 149–155 und 484–486) und *Die
Prinzessin von Zelle*, ein Trauerspielplan, den Schiller
1804 während der Arbeit am *Demetrius* einige Zeit verfolgte (vgl. NA 12, 329–346 und 602–604).

Außer dem *Demetrius*, dessen Vollendung Schiller
wahrscheinlich noch im Jahr 1805 geglückt wäre, wenn
er noch einige Monate gelebt hätte, sind Fragmente von
vier Dramen überliefert, die schon so weit gediehen waren, dass Schiller ihre Fortsetzung und Vollendung vermutlich ernsthaft geplant hat: *Die Maltheser*, *Die Kinder
des Hauses*, *Warbeck* und *Die Gräfin von Flandern*.

1788, ein Jahr nach Abschluss des *Dom Karlos*, entschloss sich Schiller, ein mit diesem Trauerspiel historisch in Verbindung stehendes Drama zu schreiben, das
eine Episode aus der Geschichte des Johanniterordens

auf der Insel Malta zum Gegenstand haben sollte: die Be-
lagerung der Festung St. Elmo durch türkische Seestreit-
kräfte im Jahr 1565. La Valette, der Großmeister des Or-
dens, wird bei der Verteidigung der Festung nicht von
den mit ihm verbündeten Spaniern unterstützt, so dass er
sich mit nur wenigen Rittern verteidigen muss. Deren
Forderung, sich durch eine Preisgabe der Festung retten
oder sich durch einen Ausfall dem Feind stellen zu dürfen (in der Gewissheit zu unterliegen), lehnt La Valette
ab, weil er die bedingungslose Verteidigung – und das
heißt: den heroischen Untergang – als nach Geist und
Gesetz christlichen Handelns, wie es in den Ordensre-
geln festgelegt ist, notwendig ansieht. Er ist »ein schöner
menschlicher Charackter und ist in den Fall gesetzt das
unerträgliche zu thun« (NA 12, 42). Er ist bestrebt, seine
Überzeugung auf die Ritter zu übertragen, ohne physischen oder moralischen Druck auf sie auszuüben. »Die
Aufgabe wäre also die Verwandlung einer strengen
pflichtmäßigen Aufopferung in eine freiwillige, mit Liebe
und Begeisterung vollführte.« (NA 12, 45.) So geschieht
es: Die Ritter gehen freiwillig in ihren Untergang. Das
Geschehen wird von einem Chor begleitet, der berichtet,
räsoniert und moralisiert.

Schiller hat an dieser Tragödie, die auf der zwar nicht
›falschen‹, aber hochproblematischen Ideologie von dem
notwendigen Untergang vieler im Glauben vereinten In-
dividuen gründet, immer wieder mal gearbeitet, ernsthaft
erst nach der Vollendung des *Wallenstein*. Am 22. Oktober 1799 teilte er Goethe mit: »[...] das Punctum saliens
ist gefunden, das Ganze ordnet sich gut zu einer einfachen großen und rührenden Handlung.« (NA 30, 109.)
Am 13. Mai 1801 heißt es dann aber in einem Brief an

Körner: »[...] noch fehlt mir das Punctum saliens zu diesem Stück, alles andere ist gefunden.« (FA 12, 570.) Im März 1803 suchte Schiller noch einmal seine »alten Papiere über die Maltheser« (NA 32, 18) hervor, doch wurde dem schon Vorhandenen offenbar nichts Wesentliches hinzugefügt. Sollte Schiller vor dem Problem der Rechtfertigung La Valettes, der durch sein Denken und Handeln tragische Dignität gewinnen sollte, kapituliert haben?

Wegen anderer Gründe hat Schiller vermutlich die Arbeit an der Tragödie *Die Kinder des Hauses*, von der ein detaillierter Entwurf aus der Zeit um 1800 überliefert ist (vgl. NA 12, 109–147), aufgegeben: Es geht um die tragische Analyse eines vor Spielbeginn geschehenen Verbrechens und dessen Entdeckung. Angeregt wurde Schiller durch die Lektüre von Werken des englischen Schriftstellers Horace Walpole, dem Schauerroman *The Castle of Otranto* und der Tragödie *The Mysterious Mother*. Beide Werke, die um 1800 auch die Schauer- und Schicksalsliteratur in Deutschland angeregt haben, handeln von himmelschreienden Untaten, die, da sie der Wahrscheinlichkeitserwartung des zeitgenössischen Publikums (und seiner Sensationslüsternheit) entsprachen, schwerlich durch Poesie hätten als nebensächlich erscheinen, geschweige denn als Stoff ›vertilgt‹ werden können[105] – wie es Schiller, nachdem er *Die Kinder des Hauses* zur Seite gelegt hatte, mit der *Braut von Messina* versucht hat.[106]

Mit der *Gräfin von Flandern* ist es so bestellt: Unter dem 4. Juli 1801, also wenige Monate nach dem Ab-

---

105 Über Schillers Forderung, der Dichter müsse den Stoff durch die Form vertilgen, siehe unten, S. 475.
106 Siehe oben, S. 272f.

schluss der *Jungfrau von Orleans*, findet sich der Eintrag in Schillers Kalender: »Plan zur Gräfin v. Flandern vorgenommen.« (NA 41 I, 151.) Ein Ritterschauspiel mit romantischen Zügen sollte es werden: Die Gräfin wird gedrängt zu heiraten, an Freiern von Stand fehlt es nicht; sie liebt indes den Sohn »eines sehr edeln aber herabgekommenen Geschlechts« (NA 12, 273). Die Verwicklungen sind beträchtlich, doch »nach den bänglichsten Proben und Verwicklungen trägt die List, der Muth und die Liebe diesen Sieg davon.« (NA 12, 274.) Wie sich das alles begeben sollte, hat Schiller in Prosa notiert. Nachdem er drei Blankverse des ersten Auftritts geschrieben hatte, beendete er das Unternehmen, von dem nicht zu sagen ist, welchen Platz es in dem dramatischen Schaffen des Dichters eingenommen hätte.

Ganz anders verhält es sich mit dem *Warbeck*-Fragment. Im Sommer 1799, während der Arbeit an *Maria Stuart*, stieß Schiller auf die Geschichte des aus Belgien stammenden Betrügers Warbek[107], der sich zur Regierungszeit Heinrichs VII. von England »für einen der Prinzen Eduards V. ausgab, welche Richard III. im Tower hatte ermorden lassen.« (Brief an Goethe, 20. August 1799; FA 12, 479.) Warbek fand einflussreiche Helfershelfer, unter ihnen die Herzogin von Brüssel, brachte es bis zur Fürstenwürde (am burgundischen Hof), schließlich wurde er entlarvt und hingerichtet. 1801 machte Schiller bei der Ausarbeitung seines Plans große Fortschritte, im Frühjahr 1802 ließ er ihn für längere Zeit liegen, danach kam gelegentlich Neues hinzu, so dass am Ende nicht nur ausführliche Inhaltsangaben und Prosa-Dialoge (vgl.

---

107 Schiller bediente sich beider Schreibweisen: »Warbek« und »Warbeck«.

NA 12, 157–225), sondern auch längere Vers-Partien (vgl. NA 12, 225–257) einen lebhaften Eindruck von der Tendenz und Qualität des Stückes vermitteln.

Warbek ist kein gewöhnlicher Betrüger. Er ist edel, ja von königlicher Gesinnung (und wie sich ergibt: der uneheliche Sohn Eduards IV. von England); die Rolle, die er spielt, ist seiner Natur ganz gemäß, so sehr, »daß er sich des Betrugs nicht mehr bewußt ist.« (NA 12, 160.) Es werde erforderlich sein, notierte Schiller, »daß sich Warbek immer in seiner doppelten Person zugleich darstelle, das Hohe und das Nichts, das Verehrte und das Verächtliche, das Edle und das Verworfene.« (NA 12, 199.) So lässt sich eine Hinrichtung zu einem tragischen Ende stilisieren, zumal Warbek erst spät über seine Identität informiert wird. Doch da er, konfrontiert mit der Wirklichkeit, nämlich der Erscheinung des wahren Kronprätendenten, sich ›bekennt‹ und »wünscht, daß er nie gebohren wäre« (NA 12, 216), findet er nicht nur sein Selbst, sondern erwirbt sich auch den Anspruch auf ein Weiterleben. Das gedachte Trauerspiel löst sich in einem Schauspiel, also in Wohlgefallen auf. Was bleibt, ist die Dichotomie von Schein und Sein, den Weisen der Existenz, die sich wechselseitig generieren – dieses die Bedingung von jenem und umgekehrt.

Dass Schiller den *Warbeck*-Plan liegen oder gar fallen ließ, hängt sicher damit zusammen, dass ihn ein anderes Betrüger- und Doppelgänger-Sujet seit dem Frühjahr 1804 beschäftigte: die Geschichte des falschen Demetrius, der 1604 in Polen auftauchte, sich in gutem Glauben als Sohn Iwans IV. (des Schrecklichen) und dessen Gemahlin Marfa ausgab und Ansprüche auf den von Boris Gudenow gewaltsam errungenen Zarenthron erhob. Die

Umstände waren ihm zunächst günstig: Nach dem Freitod des Rivalen konnte er 1605 dessen Nachfolge antreten. Doch schon bald gab es Zweifel an seiner Legitimität, für die auch Marfa, seine vermeintliche Mutter, nicht bürgen konnte. Eine Erhebung des Volkes führte schon nach einem Jahr zum Ende der Herrschaft des angemaßten Herrschers; er wurde getötet.

Schiller beschäftigte sich Ende 1804 intensiv mit dem ihn fesselnden Stoff, sammelte historisches Material, entwarf den Plan des Ganzen, skizzierte Situationen, formulierte Dialog-Inhalte und schrieb Vorfassungen einzelner Szenen. Im Januar 1805, nachdem er Racines *Phèdre* übersetzt hatte, begann der Dichter mit der Ausarbeitung, die immer wieder – wie die vorangegangene Arbeit – durch Krankheitsanfälle unterbrochen wurde. »Ich bin zwar jezt ziemlich fleißig«, heißt es im Brief an Körner vom 25. April 1805, »aber die lange Entwöhnung von der Arbeit und die noch zurückgebliebene Schwäche lassen mich doch nur langsam fortschreiten.« (FA 12, 740.) 14 Tage später starb Schiller. Auf seinem Schreibtisch habe, so berichteten Augenzeugen, der Monolog der Marfa (II,1) gelegen, der schließt:

Ich habe nichts als mein Gebet und Flehn,
Das schöpf ich flammend aus der tiefsten Seele,
Beflügelt send ichs in des Himmels Höhn,
Wie eine Heerschaar send ich dirs [der Sonne]
                    entgegen!
                    (NA 11, 52)

Die letzte Fassung des Werks, die sogenannte ›Reichstagsfassung‹, die nur den ersten Aufzug und den Anfang des zweiten Aufzugs enthält, beginnt mit dem Reichstag in Krakau, auf dem Demetrius die polnischen Notablen (an ihrer Spitze: der polnische König Sigismund) davon überzeugen will, dass er legitime Ansprüche auf den russischen Thron habe und ein Krieg gegen Boris Gudenow geführt werden müsse. Die Mehrheit der Versammlung schließt sich ihm an, doch der Woiwode Sapieha erinnert an bestehende Verträge und verhindert durch seinen Einspruch, dass es zu einer förmlichen Kriegsentscheidung kommt:

> Was ist die Mehrheit? Mehrheit ist der Unsinn,
> Verstand ist stets bei wengen nur gewesen.
> [...]
> Man soll die Stimmen wägen und nicht zählen,
> Der Staat muß untergehn, früh oder spät,
> Wo Mehrheit siegt, und Unverstand entscheidet.
>
> (NA 11, 23)

Zur Festigung des Vertrauens wird immerhin Demetrius' Wunsch erfüllt, sich mit Marina, der ehrgeizigen, egoistischen Tochter des Woiwoden von Sendomir, Meischek, zu verbinden. Sie ist »eine kalte Furie« und »glaubt in ihrem Herzen nicht an die Zarische Geburt des Demetrius« (NA 11, 185 und 131). Von ihrer Wirksamkeit als unrechtmäßiger Zarin in spe ist nicht das Beste zu erwarten. – Der zweite, in der letzten Fassung überlieferte Akt spielt in einem Kloster am See Beloroso, in dem Marfa sich nach ihrem totgeglaubten, nun aber, wie es heißt, lebendig erschienenen Sohn sehnt. Demetrius unternimmt derweil, unterstützt von einem polnischen Kosakenheer, erfolgreiche Vorstöße ins Zarenreich.

Wie es weitergehen sollte, ist ausführlich dokumentiert: Dem siegreichen Demetrius jubelt das russische Volk zu; kurz vor der Einnahme Moskaus erfährt er durch den Intriganten, der ihm seine Identität als Sohn des Zaren glaubhaft gemacht hat, die Wahrheit; daraufhin tötet er den Betrugsstifter. Seine Rolle spielt Demetrius weiter, unterstützt von Marfa, die ihn wider besseres Wissen als Sohn ausgibt. In Moskau verliebt sich Demetrius in Axinia, die Tochter des mit Anstand aus dem Leben gegangenen Zaren. Marina besorgt den Tod der Rivalin und bringt es zur Vermählung mit Demetrius, der im Bewusstsein der Unrechtmäßigkeit seines Herrscheramtes ein despotisches Regiment zu führen beginnt, aber schon bald, nun auch von Marfa verlassen, das Opfer einer aufgebrachten Menge wird.

Mag sein, dass Schiller mit *Demetrius*, wäre die Tragödie vollendet worden, sein dramatisches Œuvre gekrönt hätte, mag sein auch nicht. Die oft geäußerte Auffassung, dass sich gerade aus einem fragmentarischen Werk die Größe eines Dichters ablesen lasse, kann sich zwar auf die ästhetischen Überzeugungen der Romantiker stützen, nicht aber auf die Schillers. Und deshalb erscheint es müßig, sich mit endgültigen Urteilen über die Qualität des unvollendeten, aber doch zur Vollendung vorbereiteten Dramas durch Interpretation des reichlich Überlieferten und mit Hilfe von allerlei Spekulationen – und dann, darauf gründend: ohne Wenn und Aber – festzulegen.

Sicher ist: *Demetrius* ist ein Geschichtsdrama äußerster Radikalität, in dem Fragen des Individuums (Legitimität/Illegitimität) und des Staates (Legalität/Illegalität) miteinander verknüpft werden und nur die eine Antwort finden: Dem einzelnen, gedrängt in Verhältnisse, die ihn

zum Werkzeug seines eigenen Untergangs machen, ist so
wenig zu helfen wie einem Gemeinwesen, das immer
zum Spielball von nicht berechenbaren, also auch nicht
zu verhindernden Zufällen wird. Dabei gilt, »daß das
Selbstbestimmungsrecht des Protagonisten der Norm der
Legalität gleichberechtigt gegenübergestellt wird.«[108] Am
Ende kann »Demetrius [...] die Tragödie schließen indem
er in eine neue Reihe von Stürmen hinein blicken läßt
und gleichsam das Alte von neuem beginnt.« (NA 11,
226.) Dass Romanow im Gefängnis eine »Erscheinung«
hat – er »wird zum Thron berufen. Er soll ruhig das
Schicksal reifen lassen und sich nicht mit Blut beflec-
ken.« (NA 11, 185) –, ist schwerlich als Indiz dafür zu
werten, dass der Dichter auf eine glückliche Zukunft
Russlands anspielen wollte. Zu drückend ist die Gegenwart, zu unbestimmt das Kommende. Von frohen Erwartungen wäre wahrscheinlich im vollendeten Drama gar
nicht mehr gesprochen worden – auch nicht im Traum.

Goethe hat im Rückblick auf das für ihn so schreckliche Ereignis des Todes Schillers bemerkt:

Als ich mich ermannt hatte, blickt' ich nach einer entschiedenen großen Tätigkeit umher; mein erster Gedanke war den *Demetrius* zu vollenden. Von dem Vorsatz an bis in die letzte Zeit hatten wir den Plan öfters
durchgesprochen [...]. Frei war ich von aller Arbeit, in
wenigen Monaten hätte ich das Stück vollendet. Es auf
allen Theatern zugleich gespielt zu sehen, wäre die
herrlichste Totenfeier gewesen [...]. Nun aber setzten

---

108 Frank Suppanz, *Person und Staat in Schillers Dramenfragmenten.*
     Zur literarischen Rekonstruktion eines problematischen Verhält-
     nisses, Tübingen 2000, S. 393.

sich der Ausführung mancherlei Hindernisse entgegen
[...]; eigensinnig und übereilt gab ich den Vorsatz auf,
und ich darf noch jetzt nicht an den Zustand denken,
in welchen ich mich versetzt fühlte. Nun war mir
Schiller eigentlich erst entrissen, sein Umgang erst versagt. (*Tag- und Jahreshefte 1805*; MA 14, 129f.)

Es ist kaum auszudenken, was aus einem Schiller-Goe-
thischen *Demetrius* geworden wäre.

II. Lyrik

1. Zur Lyrik in Deutschland um 1770/80 und ihre Wirkung auf die Jugendlyrik Schillers

Die deutsche Literatur weist bis zur Mitte des 18. Jahrhunderts nur wenige Werke auf, die – bezogen auf Quantität, Qualität und Verbreitung – der Weltliteratur zugerechnet werden können; der Rückstand gegenüber anderen europäischen Kulturvölkern (Italien, Spanien, Frankreich, England) war beträchtlich. Das gilt nicht zuletzt für die lyrische Gattung. Zwar wurden Dichter wie Johann Christian Günther (1695–1723) und Barthold Hinrich Brockes (1680–1747) einigermaßen geschätzt, aber ihre Wirkung war nicht dauerhaft, und an der Entwicklung, die sich nach ihnen vollzog, hatten sie kaum Anteil. Von den um 1700 geborenen Dichtern behauptete sich allein Albrecht von Haller (1708–77), wenngleich kaum über seinen Tod hinaus, als Anreger einer jungen Dichtergeneration, die sich aus den Niederungen aufklärerischer Gelehrtenpoesie erheben wollte, um dem Individuum im lyrischen Sprechen Ausdruck zu verleihen. Hallers großes ›Lehrgedicht‹ *Die Alpen*, dessen erste Fassung bereits 1729 entstanden war, wurde nach 1760 zum Credo derer, die angesichts des zunehmenden Sittenverfalls, den die fortschreitende Zivilisation in den Städten und an den Höfen mit sich brachte, die Bewahrung der Menschlichkeit von einem naturverbundenen Leben des einzelnen erwarteten, der fleißig und genügsam seine Pflichten erfüllt und sein Glück nicht zuletzt in liebender Gemeinschaft mit seinesgleichen findet. Von wirklichem Unglück und möglichem Glück zu künden, sah Haller als die vornehmste Aufgabe der Dichter an. Mit der rückwärtsgewandten *Alpen*-Utopie machte Schiller schon in seiner frühen Carlsschulzeit Bekanntschaft; einige seiner frühen Gedichte wie *Die Herrlichkeit der Schöpfung, Hymne an den Unendlichen* und *Die Gröse der Welt* sind erkennbar von ihr inspiriert. Und da sie sich so eng mit dem Ideal des die Natur suchenden sentimentalischen Menschen berührt, wurde das Gedicht auch noch in der zwei Jahrzehnte später geschriebenen Abhandlung *Ueber naive und sentimentalische Dichtung* mit Lob bedacht: »Kraft und Tiefe und ein pathetischer Ernst charakterisiren diesen Dichter. [...] Tiefrührend ist seine Klage, mit energischer, fast bittrer Satyre zeichnet er die Verirrungen des Verstandes und Herzens und mit Liebe die schöne Einfalt der Natur.« (NA 20, 454.)

Kein anderer Dichter hat auf die deutsche Literatur, insbesondere auf die Lyrik, in den letzten Jahrzehnten des 18. Jahrhunderts eine größere Wirkung ausgeübt als Friedrich Gottlieb Klopstock (1724–1803), von dem Goethe in *Dichtung und Wahrheit* sagte: »Nun sollte aber die Zeit kommen, wo das Dichtergenie sich selbst gewahr würde, sich seine eignen Verhältnisse selbst schüfe und den Grund zu einer unabhängigen Würde zu legen verstünde. Alles traf in *Klopstock* zusammen, um eine solche Epoche zu begründen.« (MA 16, 429 f.) Klopstock wirkte durch die reiche Vielfalt seiner lyrischen Produktion wie durch sein bewundertes Hauptwerk, das Versepos *Der Messias*, auf fast alle jüngeren Dichter seiner Zeit, denen er zudem das Bewusstsein vermittelte, sie könnten bei gehöriger Ausbildung ihrer Vermögen (Einbildungskraft, Formbeherrschung und Gemütstiefe) einen Platz jenseits der gemeinen

Wirklichkeit beanspruchen. Der Dichter erhielt durch Klopstock die Würde eines Originalgenies, das sich nicht an Lehrbücher zu binden hat, und die Weihe eines heiligen Sängers, der über Gott, Freiheit und Unsterblichkeit ebenso wie über Liebe, Freundschaft und Tod Wahrheiten im Gewand des Schönen zu verkünden vermag; zu seiner Signatur zählen Enthusiasmus und Pathos.

Schiller hat Klopstock schon mit 14 Jahren kennengelernt, hat freilich, um sich, der eigenen angestrebten Größe wegen, von ihm zu emanzipieren, einige Mühe darauf verwandt, ihn nicht nachzuahmen; er hat ihm sogar schon früh demonstrativ die Bewunderung entzogen, weil er, anders als Wieland, mehr mit dem Himmel als mit der Erde zu tun habe (vgl. *Klopstok und Wieland*; 1779/80; NA 1, 81). Dennoch blieben die sprachschöpferische Kraft und die Formgewandtheit der Klopstockschen Dichtungen für Schiller mustergültig. Die vorsichtige Kritik, die er in *Ueber naive und sentimentalische Dichtung* an dem *Messias*-Sänger übte, lässt sich durchaus auch als Selbstkritik lesen:

Seine Sphäre ist immer das Ideenreich, und ins Unendliche weiß er alles, was er bearbeitet, hinüberzuführen. Man möchte sagen, er ziehe allem, was er behandelt, den Körper aus, um es zu Geist zu machen [...]. Beynahe jeder Genuß, den seine Dichtungen gewähren, muß durch eine Übung der Denkkraft errungen werden; alle Gefühle, die er, und zwar so innig und so mächtig in uns zu erregen weiß, strömen aus übersinnlichen Quellen hervor. Daher dieser Ernst, diese Kraft, dieser Schwung, diese Tiefe [...]. (NA 20, 457)

Nicht durch »eine Übung der Denkkraft«, sondern durch ein unmittelbares Vergnügen an der Darstellung sinnlicher Freuden suchten zur selben Zeit, als Klopstock von Gott und Ewigkeit sang, die Anakreontiker dem Publikum Genuss zu bereiten. Liebe, Wein und unbeschwertes geselliges Treiben wurden in artigen Versen von zahlreichen Dichtern, unter denen es Johann Wilhelm Ludwig Gleim (1719–1803) und Johann Peter Uz (1720–96) zur Meisterschaft brachten, noch und noch gepriesen, anknüpfend an antike Dichter (Anakreon, Horaz), die für die Behandlung des »Carpe diem«-Motivs[1] genügend Vorlagen geliefert hatten. Dass Schiller die Dichter kannte und gelegentlich in ihren Ton einstimmte (auch in parodistischer Absicht), ist mühelos zu erweisen; doch von einem nachhaltigen Einfluss, den sie auf ihn ausgeübt hätten, kann nicht gesprochen werden. Einem anderen Dichter ist er mit größerem Ernst gefolgt: Ewald von Kleist (1715–59).

Kleist, dessen kurzer Nachruhm dadurch befördert wurde, dass er 1759 als preußischer Major in der Schlacht bei Kunersdorf umkam, hat weder durch seine tändelnden Liebesgedichte noch durch seine patriotischen Gesänge Schillers Aufmerksamkeit erregt, sondern durch seine Naturgedichte in der Nachfolge Hallers (*Der Frühling*, 1749), seine Preislieder auf Gottes Schöpfung (*Hymne* [»Groß ist der Herr!«], 1758), vor allem aber durch den Bilderreichtum seiner Gesänge auf Zeit und Ewigkeit. Dem Gedicht *Sehnsucht nach Ruhe* (1744) konnte Schiller noch 1795 einiges abgewinnen, auch wenn er tadelte,

---

1 Horaz' *Carmina* I,11, V. 8: »[...] carpe diem quam minimum credula postero.« (Sinngemäß: »ergreife [genieße] den [heutigen] Tag; denn auf den folgenden ist nicht zu vertrauen.«)

der Dichter werde durch »das ängstliche Bild des Zeital-
ters« verfolgt: »Was er fliehet, ist in ihm, was er suchet, ist
ewig außer ihm« (NA 20, 454). Das kann nun auch wieder
gegen Schiller selbst gewendet werden.

Die Lyrik des 1772 gegründeten Dichterbundes, des
sogenannten ›Göttinger Hains‹, die sich eng an die Dichtungen des schwärmerisch verehrten Klopstock anschloss, hat Schiller wohl gekannt, aber nicht produktiv
auf sich wirken lassen. Die empfindungsvollen Freund-
schafts-, Vaterlands- und Tugendpoesien der Brüder Stolberg, Höltys, Voß', Millers u. a. waren seiner Welt- und
Lebensanschauung ziemlich fremd; und als Gotthold
Friedrich Stäudlin (1758–96) 1781 mit seinem *Schwäbischen Musenalmanach / Auf das Jahr 1782* an die Öffentlichkeit trat, in dem es von ›Hainbund‹-Nachahmun-
gen wimmelt, versuchte Schiller umgehend durch die Publikation seiner *Anthologie auf das Jahr 1782* zu zeigen,
was er von dieser Art zu dichten hielt – gar nichts.

Auch die Gedichte Gottfried August Bürgers (1747–
94), deren erste Sammlung 1778 erschienen war, kannte
Schiller lange bevor er gegen sie 1791 in einer grundsätzlichen Rezension zu Felde zog. Da sich die Kritik hauptsächlich gegen Bürgers mangelnde »Idealisierkunst« (NA
22, 253) richtete, ist sie mühelos auch als eine Kritik
Schillers an seinen eigenen jugendlichen Hervorbringun-
gen zu verstehen. Denn es ist offensichtlich, dass nicht
wenige von ihnen – so *Der Triumf der Liebe, Der Venuswagen, Bacchus im Triller* und *Kastraten und Männer* –
angeregt wurden durch derb-realistische und offen ob-
szöne Reimereien des nach einem Jahrzehnt aufs heftigs-
te getadelten Dichters, von dem es allerdings in *Ueber
naive und sentimentalische Dichtung* halb versöhnlich

heißt, gerade wegen seiner poetischen Qualitäten habe er »unter den höchsten Maaßstab der Kunst« gestellt werden müssen. »Jene Rüge konnte bloß einem wahren Dichtergenie gelten, das von der Natur reichlich ausgestattet war, aber versäumt hatte, durch eigne Kultur jenes seltene Geschenk auszubilden.« (NA 20, 480.)

Zu den wichtigsten Anregern der Schillerschen Jugendlyrik gehört Christian Friedrich Daniel Schubart, dessen politisches Schicksal[2] den obrigkeitskritischen Carlsschüler Schiller mit Zorn und Mitleid erfüllt hat. Die Spuren der gegen Tyrannei und Despotie gerichteten Schubartschen Verse sind in der *Anthologie,* vor allem in dem Gedicht *Die schlimmen Monarchen,* deutlich erkennbar.

Schiller war natürlich, spätestens seit seiner ›Freilassung‹ aus der Carlsschule im Dezember 1780, ein eifriger Leser der in Taschenbüchern und Almanachen verbreiteten Lyrik, die sich selten über das Mittelmaß erhob und deren Einfluss auf die *Anthologie*-Gedichte gering war. Dass er von den dichtenden Mitschülern, vor allem von Karl Philipp Conz, Johann Christoph Friedrich Haug, Johann Wilhelm Petersen und Georg Friedrich Scharffenstein, gelegentliche Anregungen erhalten hat, ist leicht nachzuweisen. Die Befunde bestätigen die verbreitete Ansicht, dass der jugendliche Lyriker weit vom Parnass entfernt war, auf den schon seit Jahren Goethe gelangt war.

Es ist zu vermuten, dass Schiller die vor 1780 schon zahlreich (oft anonym) veröffentlichten Gedichte Goethes kannte; aber der Versuch, sie in den inhaltlich und formal nicht sonderlich originellen Versdichtungen des

2 Siehe oben, S. 30.

Jüngeren wiederzuerkennen, bleibt ohne Ergebnis. Die Unterschiede, die zugleich Abstände bedeuten, sind prinzipieller Art: Schiller hat die Erfahrungen, die er poetisch umsetzte, anders als Goethe, nie als persönliche Erlebnisse, als individuell Besonderes ›verdichtet‹, er hat vielmehr rational gewonnene Ansichten als intersubjektiv vermittelbare Erkenntnisse an die Leser weitergegeben. Es gibt kein ›privates‹ Liebesgedicht Schillers, kein Trauergedicht, in dem sich die unmittelbare Betroffenheit des Dichters ausspricht. Ihm stand nicht die Simplizität des Goetheschen Sprechens, hinter dem sich so vieles verbirgt, zu Gebote. Er tönt und rauscht in seinen Gedichten, oft opernhaft, nicht selten schwülstig, gelegentlich falsch. Er wusste es bald selbst und missbilligte die, wie er 1803 sagte, »wilden Produkte eines jugendlichen Dilettantism, die unsichern Versuche einer anfangenden Kunst« (NA 22, 112). Schon 1789, kurz vor Vollendung seines großen Gedichts *Die Künstler*, äußerte er sich zu seinem lyrischen Talent in einem Brief an Körner: »Das lyrische Fach, das Du mir anweisest, sehe ich eher für ein *Exilium*, als für eine *eroberte Provinz* an. Es ist das kleinlichste und auch undankbarste unter allen.« (Brief vom 25. Februar 1789; FA 11, 394.)

2. Schillers Jugendlyrik

Schillers erstes überliefertes Gedicht, *Der Abend* (NA 1, 3–5), erschien 1776 in dem von Balthasar Haug herausgegebenen *Schwäbischen Magazin von gelehrten Sachen*. Es eine Art Cento, ein aus verschiedenen ›Vorlagen‹ zusammengesetzter lyrischer Erguss, in dem der

kundige Leser Klopstock und Haller, Schubart und
Ewald von Kleist, auch Ossian wiedererkennen kann.

»Die Sonne zeigt, vollendend gleich dem Helden, /
Dem tiefen Thal ihr Abendangesicht« – so beginnt es,
und in den folgenden 97 Versen wird besungen, wozu
der (vielleicht ausgedachte) Anblick der untergehenden
Sonne den Dichter beflügelt, was er sieht und denkt:
»Jezt schwillt des Dichters Geist zu göttlichen Gesängen« (V. 9), »Gold, wie das Gelb gereifter Saaten, / Gold
ligt um alle Hügel her« (V. 26 f.), »Die stille Luft durch-
sumßt der Käfer; / Vom Zweige schlägt die Nachtigall«
(V. 50 f.), »Verstumm Natur umher, und horch der hohen
Harfe, / Dann GOtt entzittert ihr« (V. 67 f.). Am Ende
dringt der »Blik noch tiefer tiefer«: »Dort ist nicht Abend
mehr, nicht Dunkelheit, / Der HErr ist dort und Ewigkeit!« (V. 98 f.)

Das Gedicht ist nicht nur eine Summe variierter Anlei-
hen, sondern auch Ausdruck eines tief empfindenden
Jünglings, der Gott, den er sich dachte, und die Natur,
die er sich ausdachte, preist, um sich über seine Wirklichkeit zu erheben, über seinen falschen Vater, den Herzog, über die naturfeindlichen Gesetze, nach denen dessen Institut funktioniert. Balthasar Haug hatte guten
Grund, dem Gedicht die Bemerkung vorauszuschicken:
»Es dünkt mich, der [...] habe schon gute Autores gelesen, und bekomme mit der Zeit os magna sonaturum.«[3]

Bevor Schiller in seiner *Anthologie auf das Jahr 1782*

---

3 Horaz' *Sermones* I,4, V. 43 f.: »ingenium cui sit, cui mens divinior atque
os / magna sonaturum, des nominis huius honorem.« (Sinngemäß:
»Nur der, der Begabung und göttlichen Geist besitzt, der [wörtlich: der
Mund], der Großes singen wird, verdient die Ehre dieses Namens [ei-
nes Dichters].«)

die große Masse seiner Jugendgedichte (etwa 50), die in
rascher Folge in den Jahren 1780/81 entstanden waren,
veröffentlichte, hatte er einige noch in der Carlsschule
und wenig später geschriebene Werke seiner lyrischen
Muse zum Druck befördert: *Der Eroberer* (im *Schwäbischen Magazin von gelehrten Sachen auf das Jahr
1777*), die hochtönende Abrechnung mit einem verder-
benden Usurpator, dessen Taten dermaleinst gerichtet
werden (»Tiefer, tiefer zur Höll hinab«; V. 100; NA 1, 9),
Der Venuswagen (als selbständige Publikation erschienen, anonym, ohne Ort, ohne Jahr – von Metzler in
Stuttgart vermutlich 1781 verlegt), ein Produkt satirisch-
frivoler Lüsternheit auf dem Hintergrund scheinbarer Sittenstrenge, *Die Entzükung / an Laura* (aufgenommen
von Stäudlin in seinen *Schwäbischen Musenalmanach /
Auf das Jahr 1782*): Außerdem war bereits das erste der
Laura-Gedichte erschienen, jener Liebesexaltationen, die
wahrscheinlich ihre Entstehung dem Umgang des Dichters mit seiner Hauswirtin, der Hauptmannswitwe Louise
Dorothea Vischer[4], verdanken, aber in ihrer Vollmundig-
keit und Stilisiertheit Ausdruck phantastischer erotischer
Vorstellungen sind (»Laura! Welt und Himmel weggeron-
nen / Wähn ich – mich in Himmelsmaienlicht zu son-
nen« – V. 1f.; NA 1, 23). Und schließlich gab es vor der
Anthologie die 1781 und 1782 als Einzeldrucke in die
Welt geschickten Klagelieder aus Anlass von Todeserfah-
rungen: *Trauer-Ode auf den Todt des Hauptmanns
Wiltmaister, Elegie auf den frühzeitigen Tod Johann
Christian Weckerlins* und *Todenfeyer am Grabe Philipp
Friderich von Riegers* – kräftig, aber konventionell, nach

---

4 Siehe oben, S. 49.

anerkannten Vorbildern gedrechselte Preislieder auf die Verstorbenen mit dem Versprechen ewigen Lebens: »Und dann droben finden wir dich wieder / Legen dort das müde Eisen nieder, / Drüken dich an unsre warme Brust« (*Trauer-Ode [...]*; V. 55–57; NA 1, 32); oder: »Schlummre ruhig in der Grabeshöle / Schlummre ruhig bis auf Wiedersehn!« (*Elegie [...]*; V. 109 f.; NA 1, 36); oder: »Wenn die Riesenrüstung stolzer Gröse / Manches grose Heldenherz zerdrükt / Flohst Du frei, entschwungen dem Getöse / Dieser Welt, und bist – beglükt!« (*Todenfeyer [...]*; V. 77–80; NA 1, 39). Os magna sonaturum?

Mit der im Februar 1782 veröffentlichten *Anthologie auf das Jahr 1782* (»Gedrukt in der Buchdrukerei zu Tobolsko«, recte: bei Metzler in Stuttgart) ist es so bestellt: Nachdem zur Herbstmesse 1781 Stäudlin mit seinem *Schwäbischen Musenalmanach* aufgewartet hatte, erregte sich Schiller höchlich, und zwar nicht nur, weil das einzige von ihm dort abgedruckte Gedicht, *Die Entzükung / an Laura*, offenbar vom Herausgeber bearbeitet worden war, sondern auch, weil Stäudlin sich das Ansehen gab, als sei er *der* Experte für schwäbische Literatur und deren Mentor. Schiller sammelte alsbald Beiträge für einen Gegenalmanach. Dessen Erscheinen begleitete er mit einer scharf abrechnenden Rezension über den Stäudlinschen Almanach, die er im 1. Stück des von ihm herausgegebenen *Wirtembergischen Repertoriums der Litteratur* veröffentlichte und in der er einen »Schwall von Mittelmässigkeit« beklagte, ein »Froschgequäke der Reimer«, und nur »hie und da einen wahren Saitenklang der Melpomene« (Schrr. 2, 377; vgl. NA 22, 188) zu loben wusste.

Mit seiner *Anthologie* wollte Schiller zeigen, was schwäbische Poeten, an ihrer Spitze er selbst, zu leisten imstande seien. Er, der heftige *Räuber*-Dichter, wollte die Provokation: Polemik, Satire und Kritik an allerlei gesellschaftlichen Missständen sollten das Publikum aus der Fassung bringen, und gleichzeitig sollte es das nicht Gewöhnliche anerkennen. Schiller wollte nichts für die Ewigkeit, sondern alles nur für den Tag, rasch hingeworfen, improvisiert, vielfältig in Inhalt und Stil. Die Themen Politik, Religion, Liebe, Tod, Philosophie (als Psychologie und Anthropologie) finden sich in kurzen Epigrammen und vielstrophigen Oden, als politische Tendenzlyrik, schwärmerisch empfindsam und im Ton hoher Gedankenlyrik, nicht selten schlicht geschmacklos. Die Programmatik dieses Allerlei erhellt auch eine anonyme – wie gewohnt: selbstkritische – Rezension des Herausgebers, in der freilich auch den ›anderen‹, den »zuckersüssen Schwäzern und Schwäzerinnen« (Schrr. 2, 386) noch einmal der Spiegel vorgehalten wird. Doch die Hauptkritik gilt in diesem Fall dem ungestümen Versemacher und leichtfertigen Herausgeber:

Die Gedichte selbst sind nicht *alle* von den gewöhnlichen; acht *an Laura* gerichtet, in einem eigenen Tone, mit brennender Fantasie und tiefem Gefühl geschrieben, unterscheiden sich vortheilhaft von den übrigen. Aber überspannt sind sie alle, und verrathen eine allzuunbändige Imagination; hie und da bemerke ich auch eine schlüpfrige sinnliche Stelle in platonischen Schwulst verschleyert. [...] Eine strengere Feile wäre indeß durchaus nöthig gewesen, und überhaupt unter den Gedichten selbst eine strengere Wahl –

aber das Buch mußte eben *dick* werden [...], was kümmert es den Anthologisten, ob er unter die Narzissen und Nelken auch hie und da Stinkrosen und Gänseblumen bindet? (Schrr. 2, 384 f.; vgl. NA 22, 133 f.)

Das entschiedene Urteil über seine *Anthologie*-Gedichte hat Schiller unmissverständlich dadurch zum Ausdruck gebracht, dass er in die 1800 erschienene Sammlung seiner ausgewählten Gedichte nur ein einziges aus dieser frühen Publikation aufgenommen hat, nämlich *Meine Blumen* (vgl. NA 1, 103); durch manche Veränderungen wird das nun *Die Blumen* genannte Gedicht auch noch ein (fast) anderes (vgl. NA 2 I, 209).

Der *Anthologie auf das Jahr 1782* wurde keine große Aufmerksamkeit entgegengebracht. Später richtete sich das Hauptinteresse der Rezipienten auf die Frage, wer sich hinter der Laura-Gestalt verberge, der Schiller so lebhaft huldigt. Die Hauptmannswitwe Vischer wird es ja wohl gewesen sein, aber aus den Gedichten erfährt der Leser nicht viel von ihr, und hätte Schiller sie nicht im Sinn gehabt, wären seine Gedichte weder besser noch schlechter. Das Lob der Geliebten tönt so:

Mädchen halt – wohin mit mir du Lose?
Bin ich noch der stolze Mann? der Grose?
   Mädchen, war das schön?
Sieh! Der Riese schrumpft durch dich zum Zwerge,
Weggehaucht die aufgewälzten Berge
   Zu des Ruhmes Sonnenhöhn.

Abgepflücket hast du meine Blume,
Hast verblasen all die Glanzfantome
Narrentheidigst[5] in des Helden Raub.
Meiner Plane stolze Pyramiden
Trippelst du mit leichten Zefyrtritten
Schäkernd in den Staub.

(*Vorwurf / an Laura*, V. 1–12; NA 1, 92)

Anders wird es in anderen Gedichten gesagt, aber ähnlich schlecht. Schillers Liebeslyrik war kaum je (ebenso wie seine Naturlyrik) die Umsetzung von ›Erlebnissen‹; sie ist in der Regel die Versifizierung einer Liebestheorie, mit der sich Schiller schon auf der Carlsschule vertraut gemacht hatte, durch das Studium Adam Fergusons und verschiedener englischer Moralphilosophen. In seiner zweiten Carlsschulrede, *Die Tugend in ihren Folgen betrachtet*, die er am 10. Januar 1780 aus Anlass des Geburtstags Franziskas von Hohenheim, der Geliebten des Herzogs, hielt, bestimmte Schiller die Liebe kurzerhand als »das grose Band des Zusammenhangs aller denkenden Naturen« (NA 20, 32), und dieser Gedanke gefiel ihm auch später noch.

Der Angesungenen den Namen Laura zu geben, war nicht sonderlich originell; die Laura-Sonette Petrarcas, in denen die Geliebte (anders als etwa im Minnesang) als reale Person besungen wird, hatten schon längst auf die deutsche Lyrik eingewirkt, und in den Jahrzehnten vor 1780 wimmelte es in Deutschland von Laura-Gedichten. Auch Lessing, Klopstock, Gleim und Hölty machten die Mode mit. In die Reihe dieser Autoren fügte sich Schiller – wenig überzeugend – ein.

---

5 Narrenteidigen: Narretei treiben.

Die geglücktesten *Anthologie*-Gedichte Schillers sind
diejenigen, die erkennen lassen, dass sie vom Verfasser
der *Räuber* stammen: politische, Weltanschauungs-Ge-
dichte. Dazu gehören *Die Kindsmörderin* (NA 1, 66–69)
und *Die schlimmen Monarchen* (NA 1, 124–127).

Die Kindsmörderin wurde durch die um 1780 weitver-
breitete Literatur über das Problem der Kindstötung
durch unverheiratete Mütter angeregt, insbesondere wohl
durch ein Gedicht Stäudlins, *Setha, die Kindermörderin*,
und einen Aufsatz von Helfrich Peter Sturz, *Ueber Lin-
guets Vertheidigung der Todesstrafen* (1776). Schillers
Gedicht ist der Monolog einer Mutter, die, voll Verzweiflung über die Ähnlichkeit ihres Kindes mit dem untreuen
Vater, das Neugeborene tötet, den Vater verflucht und
ihm dann – verzeiht. Sie geht mit Gottvertrauen ihrem
Tod auf dem Schafott entgegen. Eine Anklage gegen die
erbarmungslose Justiz ist das allenfalls indirekt; doch soll
der Verzweifelten mitleidig gedacht werden, und die
Schluss-Strophe spricht eine ernstgemeinte Warnung aus:

> Trauet nicht den Rosen eurer Jugend,
> Trauet, Schwestern, Männerschwüren nie!
> Schönheit war die Falle meiner Tugend,
> Auf der Richtstatt hier verfluch ich sie! –

Die schlimmen Monarchen, ein Seitenstück zu
Schubarts *Die Gruft der Fürsten*, sind ein aufrühreri-
sches Gedicht gegen Verderbtheit und Willkür der Fürsten. Schiller schöpfte hier aus seinen Erfahrungen, die er
mit seinem Landesherrn gemacht hatte, dem schon zu
Lebzeiten eigentlich Toten, der sich im Spiegel der Vergangenheit erkennen müsste:

Traurig funkelt auf dem Todenkasten
Eurer Kronen, der umperlten Lasten,
　　Eurer Szepter undankbare Pracht.
Wie so schön man Moder übergoldet!
Doch nur Würmer werden mit dem Leib besoldet,
　　Dem – die Welt gewacht.　(V. 43–48)

In einfachen Versen, einfachen Reimen, aber mit großen
Worten wird am Ende der Untergang der sittenlosen Despotie verkündet – durch die Macht des poetischen, des
enthüllenden Worts:

Berget immer die erhabne Schande
Mit des *Majestätsrechts* Nachtgewande!
　　Bübelt[6] aus des Thrones Hinterhalt.
Aber zittert für des Liedes Sprache,
Kühnlich durch den Purpur bohrt der Pfeil der Rache
　　Fürstenherzen kalt.

　In der Rezension der *Anthologie* nannte Schiller *Die
schlimmen Monarchen* unter den Gedichten, die sich
durch »starke, kühne und wahrpoetische Züge« (Schrr.
2, 385; vgl. NA 22, 133 f.) auszeichneten.
　Zwischen der Stuttgarter Jugendlyrik und den großen
Gedichten der frühen Weimarer Jahre (*Die Götter Griechenlandes* und *Die Künstler*) hat sich Schiller nur selten in der ihm zunächst so wenig zusagenden Gattung
versucht. In der späten Mannheimer Zeit (1784/85) entstanden vermutlich die Gedichte *Freigeisterei der Leidenschaft* und *Resignation*, wenig später, schon in Dres-

───────────────

6 Bübeln: sich wie ein (böser) Bube, ein Schurke betragen.

den, kam *An die Freude* hinzu. Alle drei Gedichte
erschienen Anfang 1786 im zweiten Heft der *Thalia*.

Freigeisterei der Leidenschaft (NA 1, 163–165) behandelt ein Schillersches Lieblingsthema: den Konflikt zwischen Sinnenglück und Seelenfrieden, den Verlust des
Glücks, den vergeblichen Versuch, Frieden zu finden. Das
Gedicht, mit dem Schiller (wie auch mit *Resignation*) in
jeder Hinsicht – inhaltlich, formal, gedanklich – einen
deutlichen Sprung über seine *Anthologie*-Beiträge hinaus
gemacht hat, klagt die Geliebte an, die liebt, aber nicht
›richtig‹, weil sie schon (unglücklich?) verheiratet ist und
aus Tugendhaftigkeit die freie Liebe nicht zulässt; auch
gegen den Gott, der den Liebesschmerz zulasse und verfüge, dass der Weg zum Himmelreich durch die Hölle führe, erhebt sich das lyrische Ich, dem die ungehinderte
Entfaltung von Liebesneigungen allein ein menschenwür-
diges Dasein verspricht. Das Gedicht ist kühn und ›groß‹
in seiner Art, ein Hymnus auf die befreite Geschlechtlich-
keit, hinweg sich erhebend über alle Konventionen und
Traditionen, pathetisch in jeder Strophe. Die erste Strophe zeigt es so gut wie die letzte:

> Nein – länger länger werd ich diesen Kampf nicht
>   kämpfen,
>   den Riesenkampf der Pflicht.
> Kannst du des Herzens Flammentrieb nicht dämpfen,
>   so fodre, Tugend, dieses Opfer nicht.
> [...]
> O *diesem* Gott laßt unsre Tempel uns verschließen,
>   kein Loblied feire ihn,
> Und keine Freudenträne soll ihm weiter fließen,
>   er hat auf immer seinen Lohn dahin!

Von den ersten neun der insgesamt 22 Strophen der *Freigeisterei der Leidenschaft* nahm Schiller 1800 in die Sammlung seiner Gedichte sechs Strophen auf und überschrieb sie mit *Der Kampf*; darin kommt nur noch der leidende Liebende vor.

Fast vollständig und mit nur wenigen Varianten fand hingegen *Resignation* (NA 1, 166–169) Eingang in die Sammlung von 1800. Auch dieses Gedicht handelt von einer gescheiterten Liebe, von dem Kampf zwischen vermeintlicher Pflicht und tatsächlicher Neigung, aber in neuer Wendung, da die Frage nach der im Jenseits möglichen Bestrafung für ›sündhaftes‹ Handeln gestellt und bedacht wird. Das Gedicht, das den Untertitel *Eine Phantasie* trägt, spielt geschickt mit den Gegensätzen einer gewesenen harmonischen Welt und der gegenwärtigen zerrissenen, der immer zweigeteilten.

> Auch ich war in Arkadien geboren,[7]
>   auch mir hat die Natur
> an meiner Wiege Freude zugeschworen,
> auch ich war in Arkadien geboren,
>   doch Tränen gab der kurze Lenz mir nur.

Arkadien ist nicht mehr einholbare Vergangenheit. Die dem Menschen vorgelegte Alternative, so glaubt ein »Jüngling«, lautet: Zeit oder Ewigkeit, irdisches oder

---

7 So lautet die übliche Übersetzung des formelhaften Ausspruchs »Et in Arcadia ego«, der sich auf Bildern italienischer und französischer Maler des 16./17. Jahrhunderts findet. Bei Nicolas Poussin, auf einem seiner im 18. Jahrhundert durch viele Nachbildungen bekannten Gemälde, bezieht sich der Spruch allerdings auf den Tod, da er auf einem Sarkophag, inmitten einer arkadischen Landschaft, angebracht ist, also soviel heißt wie: Auch mich (den Tod) gibt es in Arkadien.

himmlisches Glück, Genuss oder Hoffnung. Nachdem er sich die Lebensfreuden versagt hat, fordert er von einem imaginären Richter seinen »Lohn«, wird aber von einem unsichtbaren »Genius«, der leicht erkennbar die höchst unchristliche, nämlich epikuräische Lebensauffassung des Dichters vertritt, belehrt, dass es in der Ewigkeit nicht anders sei als im ›wirklichen‹ Leben:

> Zwei Blumen blühen für den weisen Finder,
>   sie heißen *Hofnung* und *Genuß*.
>
> Wer dieser Blumen Eine brach, begehre
>   die andre Schwester nicht.
> Genieße wer nicht glauben kann. Die Lehre
> ist ewig wie die Welt. Wer glauben kann, entbehre.
> Die Weltgeschichte ist das Weltgericht.
>
> [...]
> was man von der Minute ausgeschlagen
>   gibt keine Ewigkeit zurük.   (V. 89–95 und 99 f.)

Schillers berühmtestes *Thalia*-Gedicht ist die Ode *An die Freude* (NA 1, 169–172), dessen Text Beethoven für den Schlusschor seiner 9. Symphonie benutzt hat. Das Gedicht entstand in geselliger Runde und sollte keinen poetischen Ansprüchen genügen. Die meisten Verse des schnell zusammengereimten, klingelnden Gedichts sind niveaulos wie diese: »*Freude* sprudelt in Pokalen, / in der Traube goldnem Blut / trinken Sanftmut Kannibalen, / Die Verzweiflung Heldenmut – –« (V. 73–76).

Am 21. Oktober 1800 urteilte Schiller über sein berühmtestes Gedicht, das zugleich auch eines seiner schlechtesten ist, in einem Brief an Körner:

Die *Freude* [...] ist nach meinem jetzigen Gefühl durchaus fehlerhaft, und ob sie sich gleich durch ein gewißes Feuer der Empfindung empfiehlt, so ist sie doch ein schlechtes Gedicht und bezeichnet die Stufe der Bildung, die ich durchaus hinter mir laßen mußte um etwas ordentliches hervorzubringen. Weil sie aber einem fehlerhaften Geschmack der Zeit entgegen kam, so hat sie die Ehre erhalten, gewißermaaßen ein Volksgedicht zu werden. (FA 12, 538)

3. *Die Götter Griechenlandes* und *Die Künstler*

Im Sommer 1787 siedelte Schiller nach Weimar über, im Mai 1789 zog er als Professor der Philosophie nach Jena um. In den vier Jahren von 1787 bis 1791 widmete er sich fast ausschließlich dem Studium der Geschichte und der Ausarbeitung seiner historischen Schriften, in den folgenden vier Jahren standen philosophische Arbeiten im Mittelpunkt seiner schriftstellerischen Tätigkeit. Nach *Dom Karlos* ruhte für ungefähr ein Jahrzehnt die konzentrierte Beschäftigung mit den reichlich vorhandenen dramatischen Projekten[8], und auch die Produktion von Gedichten wurde für viele Jahre eingestellt. Zwischen 1785 und 1795 entstanden nur zwei größere lyrische Werke, die allerdings beide (bis heute) einen hervorragenden Platz in Schillers Œuvre einnehmen, da sie den Weg des Dichters markieren, der zu seiner Klassizität führte: *Die Götter Griechenlandes* und *Die Künstler*. Die Anregung zu diesen Gedichten kam von Wieland, der von Schiller dringend Beiträge für seinen *Teutschen Merkur* wünschte.

8 Siehe oben, S. 314–323.

Die Götter Griechenlandes (NA 1, 190–195) schrieb Schiller im Frühjahr 1788; unmittelbar nach der Fertigstellung, im März desselben Jahres, kam das Gedicht an die Öffentlichkeit und sorgte für eine erhebliche Bewegung in der literarischen Welt. »Wieland rechnete auf mich bei dem neuen Merkurstück«, meldete Schiller seinem Freund Körner am 17. März 1788, »und da machte ich in der Angst – ein Gedicht. [...] es ist doch ziemlich das Beste das ich neuerdings hervorgebracht habe und die Horazische Correctität [...] wird Dir neu daran seyn.« (FA 11, 285.) Das heißt: Schiller war vielleicht mit der Behandlung des Metrums zufrieden (das allerdings mit Horaz nichts zu tun hat: fünffüßige Trochäen, verbunden durch Kreuzreime, der jeweils letzte Vers einer Strophe verkürzt zu einem vierhebigen Trochäus); aber gewiss hielt er die Behandlung der antiken Mythologie für geglückt.

Das Gedicht besteht aus 25 Strophen zu je acht Versen. Es ist eine Klage über den Verfall des Guten und Schönen in christlicher Zeit bei gleichzeitigem Preis der antiken, für immer verlorenen Vielgötter-Welt. Es beginnt:

> Da ihr noch die schöne Welt regiertet,
> an der Freude leichtem Gängelband
> glücklichere Menschenalter führtet,
> schöne Wesen aus dem Fabelland!

Mit vielen Beispielen, wie diese schöne Welt aussah, geht es weiter. Ein harmonisches Zeitalter wird gefeiert, in dem Kunst und Natur, Menschen, Götter und Halbgötter, in dem das Schöne, Gute und Wahre noch nicht ge-

sondert waren – ein stilisiertes Arkadien-Bild, das keineswegs Schillers Imagination entsprang, sondern verbreiteten klassizistischen Vorstellungen von Künstlern und Historikern entsprach. Ähnlich erscheint sieben Jahre später das Bild der Antike in Schillers Abhandlung *Ueber naive und sentimentalische Dichtung.*
Exakt die Hälfte des Gedichts, also 100 Verse, benötigt Schiller, um das alte Griechenland in leuchtenden Farben zu malen. Dann erfolgt der radikale Bruch: Mit dem Erscheinen und der Herrschaft des christlichen Gottes wird die Einheit der Welt zerstört. Die Verse 101–104 leiten die Klage ein:

> Wohin tret ich? Diese traurge Stille,
> kündigt sie mir meinen Schöpfer an?
> Finster, wie er selbst, ist seine Hülle,
> mein Entsagen – was ihn feiern kann.

Zunächst wird die Wende zu einem neuen Zeitalter noch vergleichend bestimmt: »Damals trat kein gräßliches Gerippe / vor das Bett des Sterbenden [...]« (V. 105 f.), oder: »Nach der Geister schrecklichen Gesetzen / richtete kein heiliger Barbar« (V. 113 f.); dann aber finden die Sehnsucht nach dem Verlorenen und der Schmerz über das Gewordene unmittelbaren Ausdruck:

> Schöne Welt, wo bist du? – Kehre wieder,
> holdes Blüthenalter der Natur!
> Ach! nur in dem Feenland der Lieder
> lebt noch deine goldne Spur.
> [...]

> Alle jene Blüthen sind gefallen
> von des Nordes winterlichem Wehn.
> *Einen* zu bereichern, unter allen,
> mußte diese Götterwelt vergehn.
> (V. 145–148 und 153–156)

Dieser Eine, Christus, herrscht nun »auf Saturnus umgestürztem Thron« (V. 180). Das Fazit, ganz resigniert und ohne Hoffnung auf eine Wendung zu einer erneut glücklichen Zeit, lautet: »Da die Götter menschlicher noch waren, / waren Menschen göttlicher.« (V. 191 f.)

Schillers Gedicht rief wegen seines anscheinend offenen Affronts gegen das Christentum entschiedenen Protest hervor. Am heftigsten erregte sich Friedrich Leopold Graf zu Stolberg, der im August 1788 *Gedanken über Herrn Schillers Gedicht: Die Götter Griechenlandes* veröffentlichte, in denen er bündig erklärte, dass wahre Kunst nicht gotteslästerlich sein dürfe und dass ein Dichter sich nicht auf Kosten des Christentums mit den Phantastereien der griechischen Götterlehre abgeben dürfe. In die Diskussion griff Schiller nicht öffentlich ein, doch was er am 25. Dezember 1788 an Körner schrieb, ist als deutliche Kritik an der Stolbergschen Grundsatzposition zu verstehen:

> Der Künstler und dann vorzüglich der Dichter behandelt niemals das *wirkliche* sondern immer nur das *idealische* oder das kunstmäßig ausgewählte aus einem wirklichen Gegenstand. [...] Der Gott den ich in den Göttern Griechenlands in Schatten stelle ist nicht der Gott der Philosophen, oder auch nur das wohlthä-

tige Traumbild des großen Haufens, sondern er ist eine aus vielen gebrechlichen schiefen Vorstellungsarten zusammen geflossene Mißgeburt [...]. Der Dichter der sich *nur* Schönheit zum Zweck setzt, aber dieser heilig folgt, wird am Ende alle andern Rücksichten, die er zu vernachläßigen schien, ohne daß ers will oder weiß, gleichsam zur Zugabe mit erreicht haben [...]. (FA 11, 362 f.)

Ganz zufrieden blieb Schiller mit seinem Gedicht nicht. In die Sammlung von 1800 nahm er nur 14 Strophen der ursprünglichen Fassung auf und fügte ihnen zwei neugedichtete hinzu, darunter die nun letzte Strophe, in der es resümierend heißt:

> Ja sie kehrten heim und alles Schöne
> Alles Hohe nahmen sie mit fort,
> [...]
> Was unsterblich im Gesang soll leben
> Muß im Leben untergehn. (NA 2 I, 367)

Mit seinem Gedicht *Die Künstler* (NA 1, 201–214) gab sich Schiller mehr Mühe als mit jedem anderen. Er arbeitete an ihm von Oktober 1788 bis Februar 1789. Schließlich wurde es mit 481 Versen sein allerlängstes. Es erschien im März 1789, genau ein Jahr nach den *Göttern Griechenlandes*, und ist in gewisser Weise die Fortsetzung dieses Gedichts, mit Einblicken in eine nicht völlig korrumpierte Gegenwart und Ausblicken auf eine bessere Zukunft, da es der Misere der Geschichte mit der Hoffnung begegnet, Veränderung sei möglich.

Das Gedicht, das sich schon äußerlich von dem voran-

gegangenen durch größeren Formenreichtum unterscheidet – die insgesamt 33 Strophen sind unterschiedlich lang
(acht Verse hat die kürzeste Strophe, 32 die längste), ebenso die Verse (dreihebig ist der kürzeste Vers, siebenhebig
der längste), und auch das Reimschema ist nicht festgelegt –, beginnt mit dem Preis auf die kulturelle Leistung
der Menschheit, wie sie sich in der Gegenwart darstellt:

> Wie schön, o Mensch, mit deinem Palmenzweige
> stehst du an des Jahrhunderts Neige,
> in edler stolzer Männlichkeit,
> mit aufgeschloßnem Sinn, mit Geistesfülle,
> voll milden Ernsts, in thatenreicher Stille,
> der reifste Sohn der Zeit,
> frey durch Vernunft, stark durch Gesetze,
> durch Sanftmuth groß [...]

Der Preis wird ausgeweitet, und schon bald schließt sich
die Begründung für den erfreulichen Befund an: Es ist
die Kunst, die den Menschen, der sie »allein« hat (V. 33),
in besonderer Weise auszeichnet, die ihn zur Sittlichkeit
und zur Wahrheit führt. »Nur durch das Morgenthor des
Schönen / drangst du in der Erkenntniß Land.« (V. 34 f.)
Unabhängig vom jeweiligen Weltzustand befördert die
Kunst, insbesondere die Dichtung, unermüdlich den geschichtlichen Fortschritt, allen Rückschlägen barbarischen Terrors trotzend, Stagnationen und Retardationen
immer wieder überwindend, so dass die Utopie nicht
abstrakt erscheint, am Ende werde es den Künstlern gelingen, die entzweite Welt in einen glücklichen Zustand
hinüberzuführen, in dem Schönheit und Wahrheit zur
Identität gelangen:

> Sie selbst, die sanfte Cypria,
> umleuchtet von der Feuerkrone
> steht dann vor ihrem mündgen Sohne
> entschleyert – als Urania;[9]
> [...]   (V. 433–436)

Dass dieser Zustand durch das Wirken der Kunst und nur durch die Kunst erreicht werden kann, wird Schiller in seiner Abhandlung *Ueber die ästhetische Erziehung des Menschen* philosophisch erläutern, und der Ort der wiedergefundenen Welteinheit, der in dem Gedicht schon beiläufig »Elysium« (V. 77) genannt wird, erfährt in *Ueber naive und sentimentalische Dichtung* eine genauere Bestimmung.

Der Weg ist lang und beschwerlich: Zwar ist das Ziel schon von altersher »im Symbol des Schönen und des Großen« (V. 44) vorgegeben, und einst, in vorgeschichtlicher Zeit, gab es ja auch nicht die unselige Trennung, die das Los des sterblichen Menschen bestimmt, die Trennung in Sittlichkeit und Sinnlichkeit, in Pflicht und Neigung, die Dichotomie von Wahrheit und Schönheit, aber dieses Wissen ermöglicht nicht die Restitution des Gewesenen, sondern ist allenfalls Antrieb, auf dem Weg in einen neuen glücklichen Zustand energisch voranzugehen. Dabei hilft die aus der Geschichte gewonnene Erfahrung, dass stets, wenn die Menschheit in Barbarei verfiel, die Kunst sich der Realität entgegenstellte und die Idee der Freiheit machtvoll behauptete – seit Homer (vgl. V. 232–234). Und nicht fraglich sollte sein, dass die Wis-

---

9 Cypria: Beiname der Venus (der am Strand von Zypern Schaumgeborenen) als Göttin der Schönheit; Urania: hier Beiname der Venus (die Himmlische) als Göttin der Wissenschaft.

senschaft den Fortschritt nur befördern kann, wenn sie sich der Leitung der Künstler anvertraut:

> Der Schätze, die der Denker aufgehäufet,
> wird er in euren [der Künstler] Armen erst sich freun,
> wenn seine Wissenschaft, der Schönheit zugereifet,
> zum Kunstwerk wird geadelt seyn –   (V. 402–405)

Schillers Entwurf einer gesitteten schönen Welt ist durchaus optimistisch. Er ist geknüpft an die Zuversicht, dass durch die Kunst jedem Unheil gewehrt und das allgemeine Heil herbeigeführt werden könne. Nur ein wenig Skepsis schwingt in dem beschwörenden Appell mit, den der Dichter gegen Ende an die Künstler richtet.

> Der Menschheit Würde ist in eure Hand gegeben,
> bewahret sie!
> Sie sinkt mit euch! Mit euch wird die Gesunkene sich
> heben!
> (V. 443–445)

Das große Gedicht fand in der öffentlichen Kritik nicht die von Schiller erhoffte Resonanz. In zwei Rezensionen der Brüder August Wilhelm und Friedrich Schlegel wurde das Gedicht zwar im großen und ganzen gelobt, doch fehlte es nicht an Einwänden gegenüber einigen allzu dunklen Stellen. (Vgl. NA 2 II A, 192.) Der Dichter selbst war nach über einem Jahrzehnt mit seinem Gedicht gar nicht mehr einverstanden: »Leider ist daßelbe durchaus unvollkommen und hat nur einzelne glückliche Stellen [...].« (Brief an Körner, 21. Oktober 1800; FA 12, 538.)

4. Schillers Lyrik des klassischen Jahrzehnts

Mehr als sechs Jahre hat Schiller, nach der quälend mühevollen Arbeit an den *Künstlern*, kein Gedicht geschrieben. Mit Problemen der lyrischen Gattung hat er sich allerdings während der Zeit seiner poetischen Abstinenz in zwei Rezensionen grundsätzlich beschäftigt. Im Januar 1791 erschien in der *Allgemeinen Literatur-Zeitung* seine Kritik der Gedichte Gottfried August Bürgers, mit der zweifellos auch die eigene Jugendlyrik vor ein unbarmherziges Tribunal gezogen wurde. In der Einleitung wird bestimmt:

> Alles, was der Dichter uns geben kann, ist seine *Individualität*. Diese muß es also werth seyn, vor Welt und Nachwelt ausgestellt zu werden. Diese seine Individualität so sehr als möglich zu veredeln, zur reinsten herrlichsten Menschheit hinaufzuläutern, ist sein erstes und wichtigstes Geschäft, ehe er es unternehmen darf, die Vortreflichen zu rühren. Der höchste Werth seines Gedichtes kann kein andrer seyn, als daß es der reine vollendete Abdruck einer interessanten Gemüthslage eines interessanten vollendeten Geistes ist. (Schrr. 6, 316; vgl. NA 22, 246 f.)

Bürger wird in der Rezension einer unangebrachten Popularitätssucht geziehen, die ihn die eigentliche Aufgabe der Kunst habe übersehen lassen – »glückliche Wahl des Stoffs und höchste Simplicität in Behandlung desselben«. (Schrr. 6, 318; vgl. NA 22, 248.) Bevor Schiller sich mit einzelnen Gedichten Bürgers beschäftigt, verkündet er eine Art Magna Charta der poetischen Kunst, an die er

sich, als er sein lyrisches Geschäft wiederaufnahm, sehr
wohl wird erinnert haben:

> Eine der ersten Erfodernisse des Dichters ist Idealisi-
> rung, Veredlung, ohne welche er aufhört, seinen Na-
> men zu verdienen. Ihm kommt es zu, das Vortreffliche
> seines Gegenstandes, (mag dieser nun Gestalt, Emp-
> findung oder Handlung seyn, *in* ihm oder *außer* ihm
> wohnen,) von gröbern, wenigstens fremdartigen Bey-
> mischungen, zu befreyen, die in mehrern Gegenstän-
> den zerstreuten Strahlen von Vollkommenheit in ei-
> nem einzigen zu sammeln, einzelne, das Ebenmaaß
> störende Züge der Harmonie des Ganzen zu unterwer-
> fen, das Individuelle und Locale zum Allgemeinen zu
> erheben. (Vgl. Schrr. 6, 323 und NA 22, 253)

Über die Gedichte Friedrich Matthissons urteilte
Schiller in einer Rezension, die im September 1794 in
der *Allgemeinen Literatur-Zeitung* erschien, sehr viel
freundlicher als über Bürgers Gedichte. Das mag auch
damit zu tun haben, dass Schiller wünschte, Matthisson
möge an den *Horen* mitarbeiten. (Vgl. dazu Schillers
Brief an Matthisson vom 25. August 1794; FA 11, 707 f.)
Die Rezension enthält wieder allgemeine ›Vorschriften‹,
an die sich Matthisson zu seinem und seiner Leser
Vorteil weitgehend gehalten habe. Auch sie lassen sich
verstehen als theoretisierende Vorbereitung der poetischen Praxis, die Schiller wiederaufzunehmen genötigt
war, da er sich zur Herausgabe von zwei Periodica
entschlossen hatte. Viele Sätze beschreiben das Programm einer Dichtung, die der Rezensent alsbald –
nach jahrelanger Auseinandersetzung mit Grundfragen

der Ästhetik[10] – der Öffentlichkeit vorlegte. Die radikale Forderung nach Idealisierung der Kunst, wie sie in der Bürger-Rezension erhoben worden war, wird nicht wiederholt; aber sie ist auch nicht aufgegeben, wenn es heißt, die Dignität der Poesie verlange, dass sie sich über die immer nur zufällige Wirklichkeit der behandelten Gegenstände ins Allgemeine, das allein Wahrheit verbürge, erheben müsse:

> Von jedem Dichterwerke werden [...] folgende zwey Eigenschaften unnachlaßlich gefodert: *erstlich*: nothwendige Beziehung auf seinen Gegenstand (objective Wahrheit); *zweytens*: nothwendige Beziehung dieses Gegenstandes, oder doch der Schilderung desselben, auf das Empfindungsvermögen (subjective Allgemeinheit). In einem Gedicht muß alles *wahre Natur* seyn, denn die Einbildungskraft gehorcht keinem andern Gesetze, und erträgt keinen andern Zwang, als den die Natur der Dinge ihr vorschreibt; in einem Gedicht darf aber nichts *wirkliche* (historische) *Natur* seyn, denn alle Wirklichkeit ist mehr oder weniger Beschränkung jener allgemeinen Naturwahrheit. (Schrr. 10, 240f.; vgl. NA 22, 269)

Im Mai 1794 schloss Schiller mit dem Tübinger Verleger Cotta einen Vertrag über die Herausgabe der Monatsschrift *Die Horen* ab, drei Monate später verpflichtete er sich gegenüber dem Neustrelitzer Verleger Michaelis zur Herausgabe eines jährlich zur Herbstmesse erscheinenden Musenalmanachs. Die Zeitschrift erschien 1795–97,

---

10 Siehe dazu unten, S. 452–464.

der Almanach (auf die Jahre 1796 bis 1800) 1795–99. Dadurch setzte sich Schiller unter Druck: An beiden Periodica musste er sich natürlich mit eigenen poetischen Beiträgen beteiligen.

Der *Musen-Almanach für das Jahr 1796* brauchte erst im Sommer 1795 zusammengestellt zu werden, für *Die Horen* gab es bis August 1795 nur Gedichte anderer Autoren; dann meldete sich Schiller, nach sechseinhalbjähriger Abstinenz, mit *Das Reich der Schatten* als Lyriker in der Öffentlichkeit zurück. Zuvor waren, seit Juni, ein paar andere Gedichte entstanden, darunter *Natur und Schule*. August Wilhelm Schlegel, dem viel daran lag, mit Schiller in nähere Beziehung zu kommen, dankte diesem am 13. Oktober 1795 »für den ganz neuen und seltnen Genuß, den mir Ihre Gedichte (denn von wem wäre *das Reich der Schatten* und *Natur und Schule* sonst?) gewährt haben« (NA 35, 381). Darauf antwortete Schiller am 29. Oktober:

Ihre Zufriedenheit mit den *Schatten* und mit *Natur und Schule* ist mir sehr erfreulich. Diese Gedichte zeichnen nebst noch einigen andern meinen Uebergang von der Speculation zur Poesie. Ich hoffe aber, wenn ich nur Zeit und Stimmung finde, nicht immer so ängstlich mehr am Ufer der Philosophie hinsteuren zu müssen, sondern etwas weiter ins freye Meer der Erfindung zu segeln. (FA 12, 80)

Der Lyriker Schiller tat sich bis zuletzt schwer, »ins freye Meer der Erfindung zu segeln«; denn an dem Dilemma, das er im Brief an Goethe vom 31. August 1794 benannt hat, änderte sich grundsätzlich nichts: »[...] gewöhnlich übereilte mich der Poet, wo ich philosophieren sollte, und der philosophische Geist, wo ich dichten wollte.« (FA 11, 710.) Erst mit einigen der wenigen Gedichte seiner letzten Lebensjahre ist es Schiller gelungen, sich aus den Fesseln der Begriffe zu lösen und – freilich durch ›Quellenstudium‹ und Nachdenken zusammengebrachte – ›Erlebnisse‹ unmittelbar zur Anschauung zu bringen. Zu diesen Gedichten gehört auch *Das Lied von der Glocke.*

Im Juni 1795 also nahm Schiller seine lyrische Produktion wieder auf. Nach *Poesie des Lebens* (NA 1, 433), »einer gereimten Epistel«, wie er den Versuch im Brief an Goethe vom 12. Juni abschätzend charakterisierte (FA 11, 829), entstand mit *Der Tanz* (NA 1, 228) das erste Gedicht dieser Zeit, das der Dichter der Veröffentlichung (im *Musen-Almanach für das Jahr 1796*) für wert erachtete. Zur gleichen Zeit, als das Gedicht geschrieben wurde, erschienen in den *Horen* die letzten der Briefe *Ueber die ästhetische Erziehung des Menschen*, in denen auch von Musik die Rede ist. Es sei nicht opportun, heißt es da, unmittelbar nach dem Genuss schöner Musik, aus »reger Empfindung« heraus, »zu abgezogenem Denken« kommen zu wollen, denn es stehe »auch die geistreichste Musik *durch ihre Materie* noch immer in einer größern Affinität zu den Sinnen [...], als die wahre ästhetische Freyheit dultet« (NA 20, 381). Wie der Übergang von der durch Sinneseindrücke dominierten Empfindung zum Denken in Freiheit vor sich gehen könne, soll in *Der Tanz* anschaulich werden, entsprechend der Bestimmung: »Die Musik in ihrer höchsten Veredlung muß Gestalt werden, und mit der ruhigen Macht der Antike auf uns wirken [...].« (Ebd.)

Gestaltgewordene Musik ist der Tanz, ist das Sich-Winden und Schweben, das vom Irdischen fortstrebt hin zu »Elysiums Hain« (V. 4). In der ersten Hälfte des Gedichts wird die Bewegung der Töne in die Bewegung von »Leibern« (V. 3) übersetzt, wird durch Sprache die Empfindung einer alles umschließenden Harmonie erweckt. Die zweite Hälfte, beginnend mit »Ewig zerstört und ewig erzeugt sich die drehende Schöpfung« (V. 17), bringt die Auslegung dieses ins Mythische gewendeten Spiels, und zwar im Sinne der Schillerschen Überzeugung, dass der Tanz (der »englische«) »das treffendste Sinnbild der behaupteten eigenen Freiheit und der geschonten Freiheit des andern« sei (an Körner, 23. Februar 1793; NA 26, 216f.). Die Freiheit kann sich nur behaupten, weil die Tanzenden durch »ein stilles Gesetz« (V. 18) gelenkt werden, weil sie durch »des Wohllauts mächtige Gottheit« (V. 23) vor jeder Willkür gefeit sind. Unter dieses Gesetz der Kunst sollten die Menschen ihr Tun stellen; doch die Wirklichkeit sieht bekanntlich anders aus, was der Dichter im letzten Vers, rhetorisch fragend, in Erinnerung bringt: »Handelnd fliehst du das Maaß, das du im Spiele doch ehrst?«

Der Tanz ist nicht nur wegen seines Inhalts, der Darstellung eines Kunst-Ereignisses und dessen Interpretation, bemerkenswert, sondern auch wegen der gewählten Form, mit der Schiller »der ruhigen Macht der Antike« Geltung verschaffen wollte. Er hat für sein Gedicht jenes Metrum gewählt, das bei den Alten die Form des Epigramms und der Elegie bestimmte, das klassische Distichon, das, bei allem Maß und aller Ordnung, durch die Verschiedenartigkeit der es bildenden Verse (Hexameter, Pentameter) Spannungen und deren Lösungen, Prägnanz und Polarisierung, im Ansatz auch die Verbindung von epischer Breite und dramatischer Verknappung möglich macht. Das Distichon, das Schiller meisterhaft beherrschte wie kaum ein anderer deutscher Dichter, ist das poetische Mittel, mit dem er seine Ufer-Philosophie aufs Meer der Poesie führen wollte. Ganz gelang ihm das nicht, weil er die Belehrung durch Spekulation allenfalls zurückdrängen, nicht aber völlig aufgeben konnte.

Dem *Tanz*-Gedicht ließ Schiller, vermutlich im Juli 1795, *Die Macht des Gesanges* (NA 1, 225 f.) folgen: fünf Strophen mit je zehn Versen, kreuzgereimt jeweils die ersten acht, paargereimt die letzten beiden, die Kadenz der vierhebig jambischen Verse in den Kreuzreimen weiblich und männlich sorgfältig wechselnd – eine kunstgewerblich geformte Philosophie der wunderbaren poetischen Kunst, die gewaltig »aus nie entdeckten Quellen« (V. 10) strömt, mit den Parzen verbündet, die »des Lebens Faden drehn« (V. 12), und das »bewegte Herz« sowohl »in das Reich der Todten« wie »himmelwärts« (V. 16–18) führt. Die Dichtung erhebt sich über die Sinnenwelt und schenkt dem Menschen die ihm zukommende »Geisterwürde« (V. 33): »Den hohen Göttern ist er eigen« (V. 35). So geht es weiter. Die versifizierte Schönheitslehre des als Fortsetzung und Komplement der *Künstler* gedachten Gedichts ist ein schnell hingeworfenes Gelegenheitsgedicht, ebenso wie *Die Ideale* (NA 1, 234–237), die bald danach entstanden. Auch dieses Gedicht, in Aufbau und Metrum der *Macht des Gesanges* ähnlich, ist eher (lebens-)philosophisch als poetisch. Das lyrische Ich bemerkt den Verlust all dessen, was die »goldne Zeit« (V. 6) seines Lebens einst bestimmt hat, wird dadurch angeregt, sich die Vergangenheit erinnernd zu vergegenwärtigen, und zieht, mit einem Blick auf die Zukunft, Bilanz, die dann doch nicht ohne erfreuliche Aussichten ist; denn es bleiben »Der *Freundschaft* leise zarte Hand« (V. 94) und »*Beschäftigung*, die nie ermattet« (V. 99), die »von der großen Schuld der Zeiten / Minuten, Tage, Jahre streicht.« (V. 103 f.)

In seinen ersten *Musen-Almanach* nahm Schiller noch etliche seiner mehr oder weniger geglückten Epigramme auf, darunter *Deutschland und seine Fürsten*:

Große Monarchen erzeugtest du, und bist ihrer würdig,
Den Gebietenden macht nur der Gehorchende groß.
Aber versuch es, o Deutschland, und mach' es deinen
Beherrschern
Schwerer, als Könige groß, leichter, nur Menschen zu
seyn!   (NA 1, 229)

Auch das *Der beste Staat* überschriebene Distichon ist dauerhaft zitierfähig:

»Woran erkenn ich den besten Staat?« Woran du die
beste
Frau kennst; daran mein Freund, daß man von beiden
nicht spricht.
(NA 1, 238)

In rascher Folge produzierte Schiller in jenen Wochen des Sommers 1795, um seinen Almanach zu füllen, Gedicht um Gedicht, darunter *Spruch des Confucius* (NA 1, 229), das dem rechten Verhältnis des Menschen zur dreifachen Zeit, der langsam nahenden Zukunft, der schnell vergehenden Gegenwart und der still stehenden Vergangenheit, gilt. Das Thema dieses Gedichts ergänzte Schiller später (1799) in *Spruch des Konfucius* (NA 2 I, 413) mit einer ›Vermessung‹ des Raums, die dem Menschen bedeutet, dass er rastlos ins Weite streben, sich in die Breite entfalten und in die Tiefe steigen müsse, denn: »Nur Beharrung führt zum Ziel, / Nur die Fülle führt zur Klarheit / Und im Abgrund wohnt die Wahrheit.« (V. 14–16.)

In Schillers erstem Almanach erschien auch *Pegasus in der Dienstbarkeit* (NA 1, 230–232), die witzig und unterhaltsam formulierte Reim-Epistel über das geflügelte Musenross Pegasus, das einem armen Poeten Geld einbringen soll, das aber zu gewöhnlicher Pferdearbeit nicht brauchbar und deshalb auch nicht verkäuflich ist. Es ist, selbst göttlich, für den Gott bestimmt: Apoll besteigt es und verschwindet mit ihm »am fernen Aetherbogen« (V. 92) – auf den Helikon.

Gar nicht witzig, sondern sehr ernsthaft ist das Gedicht, dem Schiller seinen Ruf als edler Sänger edler Frauen verdankt und das die höchst problematischen Frauenbilder seiner Jugendlyrik den dankbaren Rezipienten (nicht nur den weiblichen!) aus Augen und Sinnen rückte: *Würde der Frauen* (NA 1, 240–243): »Ehret die Frauen! Sie flechten und weben / Himmlische Rosen ins irrdische Leben, / Flechten der Liebe beglückendes Band.« Auf acht ›Frauenstrophen‹, die von erfreulichen Zuständen, Gemütsbewegungen und sanften Tätigkeiten, von Scham, Sitte und unverdorbener Natur berichten, folgen jeweils ›Männerstrophen‹, die Gegenteiliges hervorkehren: rastlose, auch heftige Geschäftigkeit, wildes Gebaren, Neigung zur Destruktion, Überheblichkeit. Am Ende kommt es soweit, dass der Mann getadelt wird, weil er »die schöne Mitte« (V. 111) verliert, während sich die Frauen-Apotheose ins höchste Allgemeine schraubt: »Aus der bezaubernden Einfalt der Züge / Leuchtet der Menschheit Vollendung und Wiege, / Herrschet des Kindes, des Engels Gewalt.« – Öffentliche Kritik, am schonungslosesten von Friedrich Schlegel, gab es dann doch (vgl. NA 2 I, 235 f.), und ihr trug Schiller Rechnung, als er 1800 seine Gedichtsammlung zusammenstellte: Von den ursprünglich 17 Strophen strich er kurzerhand acht ersatzlos, darunter die letzten sechs. Dadurch wurde das Gedicht nicht gut, aber besser.

Da ihm *Die Horen* wichtiger waren als der Almanach, gab Schiller in die Zeitschrift jene Gedichte, die er für seine besten hielt. Es sind dies im Jahr 1795 *Das Reich der Schatten, Das verschleierte Bild zu Sais, Natur und Schule* und das vom Dichter meistgeschätzte Gedicht: *Elegie.*

Das im Juni und August 1795 entstandene und bald darauf veröffentlichte Gedicht *Das Reich der Schatten* (NA 1, 247–251) führte wegen seines Titels bei einem Teil des Publikums zur falschen Auffassung, es handle sich um eine Darstellung der Unterwelt; deshalb nannte Schiller es später (1800) *Das Reich der Formen* (vgl. NA 2 I, 118), schließlich (1804) *Das Ideal und das Leben* (NA 2 I, 396–400). Mit diesem Titel war endlich klar, dass es in dem Gedicht um den Gegensatz zwischen der geschichtlichen Wirklichkeit und dem erwarteten – mit »Reich der Schatten« tatsächlich missverständlich bezeichneten – Ideal vollkommener Harmonie alles Lebendigen geht.

Das Gedicht setzt ein mit der Evokation der Götter im Olymp, deren Leben »Ewig klar und spiegelrein und eben« dahinfließt; dem wird das Schicksal der Irdischen entgegengestellt: »Zwischen Sinnenglück und Seelenfrie-

den / Bleibt dem Menschen nur die bange Wahl.« (V. 7 f.)
In den folgenden 17 Strophen geht es in erster Linie um
die Frage, ob es möglich sei, sich aus den Beschränkun-
gen der Sinnlichkeit zu lösen und die »Pfade aufwärts
zur Unendlichkeit« (V. 18) zu finden. Darüber hinaus
aber wird das näherliegende und daher ›realistischere‹
Ziel ins Auge gefasst, das immerhin denkbare Glück
schon im Diesseits – »in des Todes Reichen« (V. 22) – zu
erreichen. Dazu bedarf es des Mutes, sich von der »Angst
des Irrdischen« (V. 38) zu lösen und sich ganz der
»Schönheit« (V. 40) hinzugeben; nur in ihr wird der Vorschein der ewigen Seligkeit den Menschen frei machen
»von allen Pflichten« (V. 54) und ihn »der Menschheit
Götterbild« (V. 63) erkennen lassen.

Die Antithesen, die das Gedicht behandelt (Ideal und
Leben, Diesseits und Jenseits, siegende Schönheit und
scheiternde Tat) werden in den Strophen 9–16, die wechselnd mit »Wenn« und »Aber« beginnen, mit sich stei-
gernder Eindringlichkeit in poetische Bilder gedrängt.
Zusammengefasst wird Schillers Philosophie des zur Seligkeit führenden Schönen in den beiden letzten Strophen. Die heroischen Taten des Herkules werden erinnert, denen sein Übertritt in den Olymp folgt; dort
gelangt er zur höchsten Seligkeit: »Und die Göttin mit
den Rosenwangen / Reicht ihm lächelnd den Pokal.«
(V. 179 f.) Dieser Aufstieg in den Olymp ist ein wenig
überraschend, da es in dem Gedicht doch um diesseitiges
Glück geht: »Aber dringt biß in der Schönheit Sphäre, /
Und im Staube bleibt die Schwere / Mit dem Stoff, den
sie beherrscht, zurück.« (V. 111–113.) Das Schicksal des
tatenreichen und schließlich verklärten Herkules ist also
allegorisch zu verstehen: Wer sich gegen die rohe Wirk-

lichkeit behauptet wie er (der Halbgott!), kann darauf
hoffen, in der Schönheit das Glück zu finden, das der
Mythos auch für den Olymp verspricht. Schillers Schönheitslehre erweist sich in diesem Gedicht als eine Utopie,
von der wenig später in *Ueber naive und sentimentalische Dichtung* gesagt wird, dass sie ans Ende der Geschichte, ins Reich der Seligen, Elysium genannt, gehöre.
Es bleibt das Postulat, der Mensch solle sich dorthin auf
den Weg machen.

Für *Das verschleierte Bild zu Sais* (NA 1, 254–256)
hat Schiller ein für die Lyrik ungewöhnliches Metrum gewählt, nämlich den Blankvers, also das klassische Vers-
maß des deutschen Dramas. Es berichtet von einem bewegenden Ereignis, das sich an den Mythos des Isis-Tem-
pels anschließt, nach dem sich in dessen Innerem ein
heiliger ›Kasten‹ befinde, der von Sterblichen nicht geöffnet werden dürfe. Im Gedicht ist es die Göttin Isis selbst,
die sich als »ein verschleiert Bild von Riesengröße«
(V. 20) einem wissbegierigen Jüngling präsentiert. Sie ist
die Wahrheit, die nicht entschleiert werden darf, weil es
den Sterblichen nicht vegönnt ist, ihrer teilhaftig zu werden. Der Jüngling quält sich einige Zeit, dann übertritt er
das Gebot und wird mit Gram und frühem Tod bestraft.
»Weh dem, der zu der Wahrheit geht durch Schuld, / Sie
wird ihm nimmermehr erfreulich seyn.« (V. 84 f.) Dass die
Wahrheit sich in der Schönheit verbirgt und nur durch
deren Besitz gefunden werden kann, sagt das Gedicht
nicht, statt dessen: Die (absolute) Wahrheit ist nichts für
den Menschen. Dann gelangt er also auch nicht zur
Schönheit?

Das später von Schiller *Der Genius* (vgl. NA 2 I, 108
und 302 f.) genannte Gedicht *Natur und Schule* (NA 1,

252 f.) knüpft inhaltlich an *Das verschleierte Bild zu Sais* und formal an das folgende Gedicht *Elegie* an: im antiken Distichen-Versmaß wird, angeregt durch einen fragenden Jüngling, erörtert, wie der Mensch, allen Hindernissen zum Trotz, »zu Wahrheit und Recht« (V. 14) kommen könne. Der fragende Jüngling ist, ohne es zu wissen, im Besitz der Wahrheit; denn er entstammt der alten Welt, die der Wissenschaft nicht bedurfte, nicht des Gangs »in diese Tiefen« (V. 9), aus denen in modernen Zeiten die Wahrheit ans Licht gebracht werden muss. Hereingefallen in eine Welt der Unwissenheit und Ungewissheit, ist der Genius (das Genie) in seiner »köstlichen Unschuld« (V. 51) ohne Reflexion wissend und gesetzgebend durch den Gott, der ihm »im Busen gebeut« (V. 58): »Einfach gehst du und still durch die eroberte Welt«, dem »spielenden Kind« gleich, dem »glückt, was dem Weisen mislingt« (V. 60 und 62). Das Bild der ›schönen Seele‹ wird hier skizziert, das Schiller in den Abhandlungen *Ueber Anmuth und Würde* und *Ueber naive und sentimentalische Dichtung* in vielen Prosa-Sätzen beschrieben hat.

Natur und Schule ist das philosophische Vorspiel der wichtigsten aller poetischen Produktionen, die Schiller 1795 hervorgebracht hat, der später *Der Spaziergang* (vgl. NA 2 I, 109 und 308–314) genannten *Elegie* (NA 1, 260–266). Das Gedicht umfasst 108 (in der späteren Fassung 100) Distichen. Es bringt Natur, Geschichte und Kunst in einen fasslichen Zusammenhang und ist ein wahres ›Menschheitsgedicht‹, wie es in dieser Ausführlichkeit, philosophischen Tiefe und Präzision, ja auch in dieser Schönheit Schiller nicht wieder geglückt ist. Hier gelang es ihm, sich vom Ufer der Philosophie zu lösen und ins Meer der Poesie zu steuern.

Das Schöne ist die – von Schiller erinnerte, wenn nicht ausgedachte – Natur, der »Berg mit dem röthlich stralenden Gipfel« (V. 1), der Wald, das Gebirge, die Wiese; Bienen, Schmetterlinge, Lerche. Die Natur ist, resistent gegenüber allen Geschichtsveränderungen, das Bleibende »in immer veränderter Schöne« (V. 209), ist das der Menschheit zu allen Zeiten Unverlierbare.

> Unter demselben Blau, über dem nehmlichen Grün
> Wandeln die nahen und wandeln vereint die fernen
> Geschlechter,
> Und die Sonne Homers, siehe! sie lächelt auch uns.
> (V. 214–216)

So wird die Natur zur Allegorie der Kunst und ist mit ihr eins und allgemein, symbolisch erhöht als das endlich Unendliche, dessen Geheimnis der Dichter offenbar zu machen weiß. Doch die unbefangene Naturanschauung bringt nicht allein lieblich Harmonisches in den Blick, sondern auch das einander Entgegenstehende »zwischen der ewigen Höh und der ewigen Tiefe« (V. 37), Erhabenes mithin, das die Erinnerung wachruft an das Gewalttätige der Geschichte, aus der »die Liebe verschwand« (V. 44), in der »entbrennen in feurigem Kampf die eifernden Kräfte« (V. 77), in der den Menschen »der Natur züchtiger Gürtel zu eng« (V. 146) wird, kurzum: in der die Welt verrohte. Die Klage (Elegie) über den Gang der Geschichte erscheint um so bewegender, als die Vorzeit in prächtigen Farben ausgemalt wird.

Schiller war mit seiner *Elegie* hochzufrieden. »Mein eigenes Dichtertalent«, schrieb er am 29. November 1795 an Humboldt, »hat sich, wie Sie gewiß gefunden haben werden, in diesem Gedichte erweitert: noch in keinem ist der *Gedanke* selbst so poetisch gewesen und geblieben, in keinem hat das Gemüth so sehr als *Eine* Kraft gewirkt.« (FA 12, 98) Schon am 23. Oktober hatte Humboldt höchstes Lob gezollt:

> Ich gestehe offenherzig, daß unter allen Ihren Gedichten, ohne Ausnahme, dieß mich am meisten anzieht, und mein Innres am lebendigsten und höchsten bewegt. [...] Das eigentliche poetische Verdienst scheint mir in diesem Gedicht sehr groß; fast in keinem Ihrer übrigen sind Stoff und Form so mit einander amalgamirt, erscheint alles so durchaus als das freie Werk der Phantasie. (NA 35, 392)

Die poetische Ernte für *Die Horen* fiel 1796 und 1797 mager aus; dafür wurden die Musenalmanache um so reicher bestückt. Der Almanach auf das Jahr 1797, der im Herbst 1796 erschien, brachte nach Goethes Eingangsgedicht *Alexis und Dora* zunächst das feinsinnige Gedicht *Das Mädchen aus der Fremde* (NA 1, 275), die Allegorie der schenkenden Poesie, deren schönste Gabe den Liebenden zugedacht wird, lieferte mit *Klage der Ceres* (NA 1, 279–282) eine Allegorie des Wechsels von Blühen und Vergehen in der Natur (einmal jährlich darf Ceres ihre in die Unterwelt geraubte Tochter Proserpina wiedersehen, der Schmerz über den Verlust tönt lauter als die Freude über das stets zu Erwartende), feierte in dem Gedicht *Der Besuch* (NA 1, 289), das später *Dithyrambe* (vgl. NA 2 I, 111 und 188) genannt wurde, den Dichter, dem die Gunst der Götter zuteil wird, da er, mit Nektar getränkt, glaubt, einer der ihren zu sein. Die anscheinend leicht hingewor-

fenen Verse entbehren, wie die meisten der zahlreich ein-
gestreuten Epigramme des Almanachs, der philosophischen Schwere; auch die ernste *Klage der Ceres* ist weit
spielerischer (und damit ›anmutiger‹) als zum Beispiel
Das Reich der Schatten, in dem der Dichter Metaphysik
und Ästhetik vereinen möchte. Unter den Epigrammen
hat *Würde des Menschen* nichts von seinem eindringlich
mahnenden, ganz unschillerisch erscheinenden Imperativ
verloren: »Nichts mehr davon, ich bitt euch. Zu essen
gebt ihm, zu wohnen, / Habt ihr die Blöße bedeckt, giebt
sich die Würde von selbst.« (NA 1, 278.)[11]

Im Mittelpunkt des *Musen-Almanachs für das Jahr
1797* stehen die von Goethe und Schiller gemeinsam ver-
fassten *Tabulae votivae* (NA 1, 291–303), 103 Epigramme, die meisten in Form eines Distichons, sowie die *Xenien* (NA 1, 309–360), 414 Distichen, mit denen die
Freunde gegen die kulturellen (im wesentlichen: literarischen) und politischen Verhältnisse ihrer Zeit heiter und
grimmig zu Felde zogen. Schillers Anteil an beiden Zyklen ist mit etwa 70 % mehr als doppelt so hoch wie der
Goethes (vgl. NA 2 II A, 341–356).

Schillers *Tabulae votivae*[12] sind zum großen Teil prä-
gnante Urteile über das Wesen und die Bedeutung
menschlichen Tuns und Seins, menschlicher Tugenden
und Laster, auch Urteile über politische Verhältnisse, die
Gebrechlichkeit der Welt und die immergleichen fatalen
Beschränktheiten. Es sind – als Ergebnisse von Erfahrun-

---

11 Das Distichon sagt, was Brecht am Ende des zweiten Akts seiner
Dreigroschenoper von Mac singen lässt: »Erst kommt das Fressen,
dann kommt die Moral.«

12 *Tabulae votivae* waren bei den Römern Tafeln mit Bildern und In-
schriften als Weihegeschenke für geleistete Hilfe und erbetenen Bei-
stand der Götter.

gen – Überzeugungen, die nicht nur als Spruchweishei-
ten für Poesiealben geeignet sind, etwa diese:

Zweyerley Wirkungsarten

Wirke Gutes, du *nährst* der Menschheit göttliche
Pflanze,
Bilde Schönes, du streust *Keime* der göttlichen aus.

(Nr. 4)

Die moralische Kraft

Kannst du nicht schön empfinden, dir bleibt doch
vernünftig zu wollen,
Und als ein Geist zu thun, was du als Mensch nicht
vermagst. (Nr. 8)

Die Philosophien

Welche wohl bleibt von allen den Philosophieen?
Ich weiß nicht,
Aber die Philosophie, hoff ich, soll immer bestehn.

(Nr. 39)

Mein Glaube

Welche Religion ich bekenne? Keine von allen,
Die du mir nennst! »Und warum keine«? Aus
Religion. (Nr. 41)

Wahl

Kannst du nicht *allen* gefallen durch deine That und
dein Kunstwerk,
Mach es *wenigen* recht, *vielen* gefallen ist schlimm.

(Nr. 83)

Sprache

Warum kann der lebendige Geist dem Geist nicht
erscheinen!
Spricht die Seele so spricht ach! schon die *Seele* nicht
mehr. (Nr. 84)

Mit den *Xenien*[13] ist es anders bestellt. Sie sind keine
Distichen-Anthologie, sondern ein in sich geschlossenes
Werk, das Ende 1795 von Goethe angeregt wurde und bis
August 1796 als Gemeinschaftswerk, an dem Schiller
schon bald den Hauptanteil hatte, zusammengetragen
wurde. Veranlasst wurden die Distichen durch öffentliche
Rezensionen, in denen mit oberlehrerhafter Selbstgefällig-
keit die Werke der ›Klassiker‹, vor allem Schillers *Horen*-
Beiträge, kritisch gemustert worden waren. Schnell weitete sich der Plan aus: Nicht nur den Kritikern, sondern der
zeitgenössischen deutschen Literatur insgesamt galt die
halb scherzhafte, halb ernsthafte Polemik, und darüber
hinaus gerieten die politischen »Schreckensmänner«[14],
die deutschen Anhänger der Französischen Revolution,
ins Visier der *Xenien*-Dichter.

Nachdem Schiller aus insgesamt über 900 Distichen
die *Tabulae votivae* ausgewählt hatte, stellte er im August 1796 aus der verbliebenen Masse die sorgfältig in
Gruppen geordneten 414 *Xenien* zusammen, die er sei-

---

13 *Xenia* (›Gastgeschenke‹) ist das 13. der 15 Bücher mit insgesamt 1557
   Epigrammen und Kurzgeschichten des lateinischen Dichters Martial
   (um 40–102 n. Chr.) überschrieben; darin wird die Lasterhaftigkeit der
   damaligen römischen Gesellschaft geschildert und karikiert.
14 Das von Goethe stammende, gegen den Revolutionsfreund Johann
   Friedrich Reichardt gerichtete Xenion *Verfehlter Beruf* lautet: »Schreckensmänner wären sie gerne, doch lacht man in Deutschland / Ihres
   Grimmes, der nur mäßige Schrifften zerfleischt.« (Nr. 215.)

nem Musenalmanach einverleibte. Nach einer Einleitung
werden zunächst mehr oder weniger versteckte Angriffe
gegen verschiedene (bis heute nicht in allen Fällen iden-
tifizierte) Kollegen geführt, bevor dann die erste Breitsei-
te gegen einen besonders enragierten *Horen*-Kritiker,
den Breslauer Schulmann Johann Kaspar Friedrich Manso, abgefeuert wird. Distichen gegen die Literatur- und
Philosophiekritik im allgemeinen, gegen einzelne Litera-
tur- und Philosophiekritiker, dann gegen – unter Stern-
zeichen rubrizierte – populäre Schriftsteller schließen
sich an. Es folgt ein Flüsse-Zyklus, in dem auf Eigenar-
ten, besonders auf Defizite politischer Staatsgebilde und
Kulturregionen in Deutschland aufmerksam gemacht
wird; und wieder wendet sich die Aufmerksamkeit einer
Reihe von Autoren zu, gründlich dem Berliner Aufklärer
Friedrich Nicolai, der Schillers Philosophie nicht verstand und dafür nun in 23 Xenien gezüchtigt wurde,
gründlich auch dem Komponisten Johann Friedrich Reichardt, der als Freund der Französischen Revolution
Goethes Missfallen erregt hatte und deshalb 21 Xenien
auf sich zog. Die Angriffe gegen Nicolai und Reichardt
bilden den Mittelteil des Werks, das in weiteren Zyklen
geordnet fortgesetzt wird: gegen die überbordende Alma-
nach-Literatur, gegen Friedrich Schlegel, den kecken
Kritiker Schillers, gegen das zeitgenössische Drama. Ein
großer Unterwelt-Zyklus, in dem Shakespeare (hier
Herakles genannt) den beliebtesten deutschen Stücke-
schreibern begegnet (daraus bildete Schiller später das
Gedicht *Shakespears Schatten*; NA 2 I, 306 f.), beschließt das Ganze.

Von den vielen Themen, die in den *Xenien* behandelt
werden, kommt der Französischen Revolution eine beson-

dere Bedeutung zu. Nicht nur Reichardt wurde wegen seiner Sympathie mit den französischen Umwälzungen angegriffen, auch anderen galt die Kritik, etwa dem 1794 in Paris gestorbenen Johann Georg Forster, zu dem Schiller, wenig geschmackvoll, das Distichon *Unglückliche Eilfertigkeit* einfiel: »Ach, wie sie *Freyheit* schrien und *Gleichheit*, geschwind wollt ich folgen, / Und weil die Trepp' mir zu lang däuchte, so sprang ich vom Dach.« (Nr. 337.)

Entsprechend ihrem Programm, die gesamte deutsche Literatur zu mustern, gingen Schiller und Goethe in ihrer Kritik auch an den anerkannten Nobilitäten der Zeit (Klopstock, Wieland, Jean Paul u. a.) nicht vorbei. Klopstocks *Messias* gelten Schillers mit *Der erhabene Stoff* überschriebene Verse: »Deine Muse besingt, wie Gott sich der Menschen erbarmte, / Aber ist das Poesie, daß er erbärmlich sie fand?« (Nr. 22.)

Es gibt, wie in den *Tabulae votivae,* auch in den *Xenien* nicht wenige Verse Schillers, denen nicht nur historisches Interesse gebührt; sie sind so aktuell, dass sie nach Jahrhunderten noch die Aufmerksamkeit des Publikums verdienen, beispielsweise die folgenden:

Das deutsche Reich

Deutschland? aber wo liegt es? Ich weiß das Land nicht
zu finden,
Wo das gelehrte beginnt, hört das politische auf.

(Nr. 95)[15]

---

15 Das folgende Distichon, *Deutscher Nationalcharacter,* das so häufig als Ausdruck des Schillerschen Kosmopolitismus zitiert wird, stammt von Goethe: »Zur *Nation* euch zu bilden, ihr hoffet es, Deutsche, vergebens, / Bildet, ihr könnt es, dafür freyer zu Menschen euch aus.«

Moralische Zwecke der Poesie

»Bessern, bessern soll uns der Dichter«! So darf denn
auf eurem
Rücken des Büttels Stock nicht einen Augenblick
ruhn?   (Nr. 177)

Böse Zeiten

Philosophen verderben die Sprache, Poeten die Logik,
Und mit dem Menschenverstand kommt man durchs
Leben nicht mehr.
(Nr. 310)

Griechische und moderne Tragödie

Unsre Tragödie spricht zum Verstand, drum zerreißt sie
das Herz so,
Jene setzt in Affekt, darum beruhigt sie so!   (Nr. 325)

Aufgelößtes Räthsel

Endlich ist es heraus, warum uns Hamlet so anzieht,
Weil er, merket das wohl, ganz zur Verzweiflung uns
bringt.   (Nr. 328)

Der *Xenien*-Almanach war erfolgreich wie kein anderer Almanach der Zeit; er brachte es auf drei Auflagen.
Eine Flut von Gegenschriften, in Versen und Prosa, er-
goss sich über die amüsierten Verfasser der ›Stachelver-
se‹, so dass sich Cotta, der Verleger, einige Zeit eine Fortsetzung des kecken Unternehmens wünschte. Doch
schon am 15. November 1796 schlug Goethe vor: »[...]
nach dem tollen Wagestück mit den Xenien müssen wir
uns blos großer und würdiger Kunstwerke befleißigen

und unsere proteische Natur, zu Beschämung aller Gegner, in die Gestalten des Edlen und Guten umwandeln.« (NA 36 I, 383.) In dieser Zeit war Goethe mit *Herrmann und Dorothea*, Schiller mit *Wallenstein* beschäftigt.

Die Kunstwerke für den folgenden Almanach entstanden in den Monaten Mai bis September 1797. Es waren im wesentlichen Balladen, die von den Freunden zum großen Teil in enger Abstimmung miteinander ausgeführt wurden: Goethes *Der Zauberlehrling*, *Der Schatzgräber*, *Die Braut von Corinth* und *Der Gott und die Bajadere*, Schillers *Der Taucher* (NA 1, 372–376), *Der Handschuh* (NA 1, 366f.), *Der Ring des Polykrates* (NA 1, 363–365), *Ritter Toggenburg* (NA 1, 368–370), *Die Kraniche des Ibycus* (NA 1, 385–390) und *Der Gang nach dem Eisenhammer* (NA 1, 392–398).

Schillers Balladen zeichnen sich fast ausnahmslos durch spannende, meist aus historischen Quellen gewonnene Handlungen, durch effektvolle sprachliche Gestaltung und den üppigen Gebrauch moralisierender Sentenzen aus; von diesen fanden nicht wenige als geflügelte Worte Eingang in den Sprachschatz weiter Bevölkerungskreise.[16] Die dramatischen Elemente sind entschieden stärker als die epischen, die lyrischen kommen durch die souverän beherrschte, kunstvoll variierte Verssprache zur Geltung. Nur wenige Tage benötigte der

---

16 Einige Beispiele: »Und es wallet und siedet und brauset und zischt«, »Und der Mensch versuche die Götter nicht«, »Laßt Vater genug seyn das grausame Spiel« (*Der Taucher*, V. 31, 94 und 141); »Die Damen in schönem Kranz« (*Der Handschuh*, V. 6); »Er stand auf seines Daches Zinnen, / Und schaute mit vergnügten Sinnen / [...]«, »Das hört der Gastfreund mit Entsetzen«, »Mir grauet vor der Götter Neide, / Des Lebens ungemischte Freude / Ward keinem Irdischen zu Theil«, »Hier wendet sich der Gast mit Grausen« (*Der Ring des Polykrates*,

Dichter meist, um niederzuschreiben, was er doch für die
Ewigkeit gedacht hat: *Der Taucher, Der Handschuh* und
Der Ring des Polykrates entstanden kurz nacheinander
im Juni 1797.

Die Belehrungen, die Schiller erteilt, liegen fast stets
offen zutage, auch dann, wenn sie nicht wörtlich zitiert
werden: Der Mensch soll die Götter nicht versuchen
(*Der Taucher*); er soll den selbstlos Liebenden nicht aus
Laune in Todesgefahr bringen (*Der Handschuh*); das
Übermaß seines Glücks kann ein Menetekel sein (*Der
Ring des Polykrates*)[17]; schwere Schuld rächt sich, durch
das Eingreifen ›von oben‹, schon auf Erden (*Die Kraniche des Ibycus*); wer reinen Sinnes ist, wird von Gott be-
schützt (*Der Gang nach dem Eisenhammer*). Schiller
verfuhr bei der Verfertigung der meisten seiner Balladen
kaum anders als Fabeldichter, die nach Lessings Bestimmung so vorzugehen pflegen: »Wenn wir einen allgemei-

V. 1 f., 49, 52–54 und 91); »Zum Kampf der Wagen und Gesänge /
[...]«, »Und munter fördert er die Schritte«, »Wer zählt die Völker,
nennt die Nahmen, / Die gastlich hier zusammen kamen?«, »Wohl
dem, der frei von Schuld und Fehle / Bewahrt die kindlich reine Seele!« »Die Scene wird zum Tribunal.« (*Die Kraniche des Ibycus*, V. 1,
25, 89 f., 121 f. und 182.) Flügel bekamen auch Verse der im nächsten
Jahr (1798) erschienenen Balladen, zum Beispiel: »Was rennt das
Volk, was wälzt sich dort / Die langen Gassen brausend fort?«,
»Muth zeiget auch der Mameluk, / Gehorsam ist des Christen
Schmuck« (*Der Kampf mit dem Drachen*; V. 1 f. und 277 f.); »Zu Dio-
nys dem Tirannen schlich / Möros, den Dolch im Gewande«, »Was
wolltest du mit dem Dolche, sprich!«, »Zurück! du rettest den Freund
nicht mehr«, »Der fühlt ein menschliches Rühren«, »Ich sey, gewährt
mir die Bitte, / In eurem Bunde der dritte.« (*Die Bürgschaft*, V. 1 f., 4,
106, 132 und 139 f.)

17 Zu bedenken ist allerdings, dass die Götter keinen Schuldlosen, der
vom Glück geradezu verfolgt wird, strafen: Polykrates von Samos ist
ein Tyrann, von dessen gewaltsamem Ende (523/522 v. Chr.) die Geschichte berichtet.

nen moralischen Satz auf einen besondern Fall zurück-
führen, diesem besondern Falle die Wirklichkeit erthei-
len, und eine Geschichte daraus dichten, in welcher man
den allgemeinen Satz anschauend erkennt: so heißt diese
Erdichtung eine Fabel.«[18]

Allein im *Ritter Toggenburg* wird eine schöne und
traurige Geschichte erzählt: Da ein Ritter von seiner Geliebten nur ›platonisch‹ geliebt werden kann, zieht er in
den Krieg, kehrt, getrieben von Sehnsucht, zurück, und
zwar einen Tag nach dem Eintritt der Geliebten, »des
Himmels Braut« (V. 38), in ein Kloster. Eine Hütte baut
er sich in der Nähe und ist glücklich, zuweilen »das
theure Bild« sehen zu dürfen, »Ruhig, engelmild« (V. 62
und 64). Diese Verbindung trennt erst der Tod:

> Und so saß er, eine Leiche,
>   Eines Morgens da,
> Nach dem Fenster noch das bleiche
>   Stille Antlitz sah.   (V. 77–80)

Mit keiner anderen Ballade hat sich Schiller soviel Zeit
gelassen, mit keiner anderen, begleitet von kritischen Hinweisen Goethes, so geplagt wie mit den *Kranichen des
Ibycus*. Die Mühe hat sich wohl gelohnt: Der Dichter hat
keine bessere Ballade geschrieben. Sie bringt es auf 23
Strophen zu je acht Versen, in streng einheitlichem Metrum: vierhebige Jamben mit gleichmäßig wechselnden
weiblichen und männlichen Kadenzen und gleichmäßi-

---

18 Gotthold Ephraim Lessing, *Sämtliche Werke*, hrsg. von Karl Lach-
mann, 3. Aufl., besorgt durch Franz Muncker, Bd. 7, Stuttgart 1891,
S. 446. – Der Satz ist bei Lessing, um seine Wichtigkeit im Kontext der
Abhandlung über die Fabel hervorzuheben, gesperrt gedruckt.

gem Reimschema. Diese Uniformität führt nicht zur Eintönigkeit, weil das Geschilderte ungemein spannend, ja dramatisch ist: Ibycus ist auf dem Weg zu den Festspielen in Korinth, ein Kranichschwarm begleitet ihn; »in Poseidons Fichtenhayn« (V. 11), also an geheiligter Stätte, wird er überfallen und ermordet. Sterbend bittet er die Kraniche, sie möchten seines »Mordes Klag« (V. 47) erheben. Der Getötete wird gefunden, nach Korinth gebracht, dort betrauert; die Suche nach den Mördern erscheint aussichtslos. Das Folgende spielt im Theater: Ein Tragödienchor, der Chor der Eumeniden, der Rachegöttinnen, weckt Bewunderung und Schaudern der Zuschauer:

> So schreiten keine irrdschen Weiber,
> Die zeugete kein sterblich Haus!
> Es steigt das Riesenmaaß der Leiber
> Hoch über menschliches hinaus. (V. 101–104)

Sie deklamieren Verse über Unschuldige und Schuldige und kündigen die Aufklärung des Verbrechens an:

> [...] wehe wehe, wer verstohlen
> Des Mordes schwere That vollbracht,
> Wir heften uns an seine Sohlen,
> Das furchtbare Geschlecht der Nacht!
> (V. 125–128)

Die Reaktion der ergriffenen Zuschauer wird beschrieben, da ertönt der Ruf:

> »Sieh da! Sieh da, Timotheus,
> Die Kraniche des Ibycus!« – (V. 155 f.)

Einer der Mörder hat es seinem Mordgesellen zugerufen, als das Kranichheer über das Theater hinzog. Zu spät wird ihm bewusst, dass er sich und seinen Kumpanen mit diesem Ruf verraten hat.

> Man reißt und schleppt sie vor den Richter,
> Die Scene wird zum Tribunal,
> Und es gestehn die Bösewichter,
> Getroffen von der Rache Strahl. (V. 181–184)

Das Besondere des Gedichts ist nicht in erster Linie die Einheit von Lyrischem, Epischem und Dramatischem, auch nicht die erzählte Geschichte selbst. Die Idee, dass alle Schuld gesühnt wird, und zwar durch die Nemesis, findet zwar ihren angemessenen Ausdruck, aber darüber hinaus wird das ›Werkzeug‹ der Rachegöttin benannt: Es ist die Macht der das Verbrechen benennenden und seine Bestrafung erzwingenden Poesie. Nicht die als Eumeniden auftretenden Mitglieder des Chors bewirken, weil sie nun einmal da sind und klagen, dass scheinbar Zufälliges (der Kranichflug) in einen sinnvollen Zusammenhang gebracht wird mit der Situation im Theater, sondern das, was sie sagen, was der Dichter sie sagen lässt im weiten Rund, zieht die Kraniche, gleichsam planmäßig, an; und so wird die Poesie zur Sachwalterin der Parzen, demonstriert ihre Zuständigkeit bei dem Bemühen, eine aus den Fugen geratene Welt wieder zu ordnen. Das klingt noch, entsprechend dem Glauben an die mögliche Verbesserung schlechter Verhältnisse durch das Schöne, sehr optimistisch. Wenig später wird dieser Glauben, der ja schon nicht mehr mit der Wirksamkeit einer überirdischen Gerichtsinstanz rechnet, in Frage gestellt: Dann bleibt, wie es die Elegie *Nänie* sagt, nur noch das bloße Vorhandensein des Schönen als Klagelied über die Hinfälligkeit des Schönen; aber immerhin ist das auch »herrlich« (*Nänie*, V. 13) und kann nicht ohne Wirkung bleiben.

In den Musenalmanach des folgenden Jahres fügte Schiller zwei weitere Balladen ein: Das hohe Lied der aufopferungsvollen, alle Hindernisse überwindenden und schließlich einen Tyrannen zur Menschlichkeit bewegenden Freundschaft, *Die Bürgschaft* (NA 1, 421–425), und die Erzählung von dem tapferen Ritter, der einen Drachen tötet, obwohl der (regierende) Großmeister des Malteser-Ordens verboten hatte, sich dem Ungeheuer zu nähern, da es schon zahlreiche Menschenopfer gekostet hatte: *Der Kampf mit dem Drachen* (NA 1, 412–420). In dieser mit 300 Versen längsten Ballade Schillers werden in epischer Breite die Vorbereitungen des Kampfes und ebenso breit die schließlich von Erfolg gekrönten Attacken gegen das Untier geschildert. Der Ordensmeister sieht in der Aktion allerdings eine sündhafte Übertretung der Gehorsamspflicht und verfügt: »Dich hat der eitle Ruhm bewegt, / Drum wende dich aus meinen Blicken« (V. 285 f.). Als der Jüngling die Strafe akzeptiert und davongeht, erfüllt der Meister den Wunsch der umstehenden Menge, der auch der seine (und natürlich der aller Leser) ist, und ruft den reuigen, wieder ganz gehorsam gewordenen Helden zurück:

> Und spricht: Umarme mich mein Sohn!
> Dir ist der härtre Kampf gelungen.
> Nimm dieses Kreuz, es ist der Lohn
> Der Demuth, die sich selbst bezwungen. (V. 297–300)

Die Worte des Glaubens (NA 1, 379), neben den Balladen das wichtigste Gedicht Schillers im *Musen-Almanach für das Jahr 1798* und vom Dichter selbst sehr geschätzt, wurde offenbar angeregt durch die Postulate der Kantischen *Critik der practischen Vernunft* (Gott, Freiheit und Unsterblichkeit), an die zu glauben Schiller seinen Lesern dringend empfiehlt. Ein Satz aus Rousseaus *Du contrat social* (»L'homme est né libre, & par-tout il est dans les fers«) wird variiert zu »Der Mensch ist frey geschaffen, ist frey, / Und würd er in Ketten gebohren« (V. 7 f.), aus einem Vers in Albrecht von Hallers Gedicht *Die Tugend* (»Freund! die Tugend ist kein leerer Nahme«) wird »Und die Tugend, sie ist kein leerer Schall« (V. 13), und unmittelbar auf Kants Ausführungen über das Dasein Gottes geht das dritte ›Wort‹ zurück: »Und ein Gott ist, ein heiliger Wille lebt, / Wie auch der menschliche wanke« (V. 19 f.). Das Gedicht schließt:

> Die drey Worte bewahret euch, innhaltschwer,
>   Sie pflanzet von Munde zu Munde,
> Und stammen sie gleich nicht von aussen her,
>   Euer Innres giebt davon Kunde,
> Dem Menschen ist aller Werth geraubt,
> Wenn er nicht mehr an die drey Worte glaubt.
>
>   (V. 25–30)

Die Worte des Glaubens ergänzte Schiller später, vermutlich im Herbst 1799, durch *Die Worte des Wahns* (NA 2 I, 371). Darin wird vor drei Irrtümern gewarnt: dass in der Welt des Irdischen »das Rechte, das Gute wird siegen« (V. 8), dass »das bulende Glück / Sich dem Edeln vereinigen werde« (V. 13 f.) und dass »dem

ird'schen Verstand / Die Wahrheit je wird erscheinen«
(V. 19f.). Dem Menschen bleibt allein, sich »den himmlischen Glauben« (V. 26) zu bewahren.

Das Glück ist nicht von dieser Welt, aber es kann doch
in ihr sein – wenn die Götter es schenkten. Das schöne,
in wohlgesetzten Distichen geschriebene Gedicht *Das
Glück* (NA 1, 409–411), das Schiller im *Musen-Almanach für das Jahr 1799* veröffentlichte, handelt davon:

> Selig, welchen die Götter, die gnädigen, vor der Geburt
> schon
> Liebten, welchen als Kind Venus im Arme gewiegt,
> Welchem Phöbus die Augen, die Lippen Hermes
> gelöset,
> Und das Siegel der Macht Zeus auf die Stirne
> gedrückt! (V. 1–4)

Der ohne eigenes Verdienst mit der Gabe des Glücks
beschenkte Götterliebling verkörpert die nur schönen
Seelen eigene Anmut; und diese erscheint im göttlichen
Gesang, der den, der – weil er würdig ist – zu hören versteht, in einen Zustand der Seligkeit zu setzen vermag und
ihm, der nicht selbst glücklich sein kann, doch Anteil am
Glück gewährt. »Freue dich, daß die Gabe des Lieds vom
Himmel herabkommt, / Daß der Sänger dir singt, was ihn
die Muse lehrt« (V. 55f.). So ist Schiller noch einmal zurückgekehrt zu Grundüberlegungen seiner drei großen
Abhandlungen *Ueber Anmuth und Würde, Ueber die ästhetische Erziehung des Menschen*[19] und *Ueber naive
und sentimentalische Dichtung*[20], wissend, dass inner-

19 Siehe dazu unten, S. 469f.
20 Siehe unten, S. 480f.

halb der Schranken der Wirklichkeit das Göttliche nur
wirkt, wenn es geglaubt wird. Dem Glauben an den Chris-
tengott hing Schiller, als er den Hymnus auf das Glück
schrieb, schon längst nicht mehr an. Aber es mochte hilfreich sein, über das gemeine Alltägliche hinauszudenken.

Zu seinem letzten, nur noch unwillig besorgten Musen-
almanach, dem für 1800, steuerte Schiller sein von den
meisten Zeitgenossen (auch von Goethe) und den Nachlebenden (vor allem denen des 19. Jahrhunderts) überaus
geschätztes, von einigen Zeitgenossen (besonders von den
Romantikern) und vielen Nachlebenden gering geachtetes
Lied von der Glocke (NA 2 I, 227–239) bei. Es ist so zeit-
und gesellschaftsbezogen, dass es in der Tat eher als historisches Dokument denn als Zeugnis qualitätsvoller klassischer Lyrik bleibenden Wert hat. Beifall und Kritik wurden und werden im wesentlichen durch den Inhalt des
Gedichts bestimmt, weshalb die Auseinandersetzung mit
der ebenso kunstvollen wie einfachen Form oft unter-
bleibt oder zu kurz kommt. In der Tat ist das Gedicht, das
auch an die Schrecken des Revolutionsterrors erinnert
(»Da werden Weiber zu Hyänen / Und treiben mit Entsetzen Scherz«; V. 365 f.), in erster Linie ein Preislied auf bürgerliche Tugenden, indem es die Idealisierung von (schon
1800 in West- und Mitteleuropa!) antiquiert wirkenden
Familien- und Geschlechterverhältnissen forciert betreibt:
»Vom Mädchen reißt sich stolz der Knabe, / Er stürmt in's
Leben wild hinaus« (V. 58 f.); »Lieblich in der Bräute Lo-
cken / Spielt der jungfräuliche Kranz« (V. 94 f.); »Der
Mann muß hinaus / In's feindliche Leben« (V. 106 f.);
»Und drinnen waltet / Die züchtige Hausfrau« (V. 116 f.).
Das fein geordnete, klischeehaft ›ausgestellte‹ Familienle-
ben, das sich Schiller zurechtlegte, sollte freilich nichts

anderes sein als das Gleichnis für den erwünschten allgemeinen Frieden, den die Glocke, der eigentliche ›Gegenstand‹ des ein wenig zu lang geratenen Gedichts, am Ende
einläuten möchte: gegen die Schrecken aller Kriege, gegen
Herrschsucht und Gewalt. *Das Lied von der Glocke* enthält schöne Verse äußerster Schlichtheit, hinter denen
eine fast religiöse Inbrunst erkennbar ist:

> Holder Friede,
> Süße Eintracht,
> Weilet, weilet
> Freundlich über dieser Stadt!
> Möge nie der Tag erscheinen,
> Wo des rauhen Krieges Horden
> Dieses stille Thal durchtoben,
> Wo der Himmel,
> Den des Abends sanfte Röthe
> Lieblich malt,
> Von der Dörfer, von der Städte
> Wildem Brande schrecklich strahlt!　　(V. 321–332)

Haben die Romantiker auch darüber gelacht? Und war
ihnen die Hoffnung nichts wert, die Glocke werde »an
die Sternenwelt« grenzen und »eine Stimme seyn von
oben« (V. 400 f.)?

Nachdem sich Schiller von seinem Musenalmanach
getrennt hatte (um für seine wichtigeren Arbeiten, die
dramatischen, keine Zeit zu verlieren), betätigte er sich
nur noch gelegentlich auf dem lyrischen Felde. Die Gelegenheit zu einem seiner besten Gedichte bot sich ihm
Ende 1799, nachdem er vier Wochen um das Leben seiner Frau, die nach der Geburt des dritten Kindes dem

Tod nahe war, gebangt hatte. *Nänie* (NA 2 I, 326) ist die Klage über die Sterblichkeit alles Seienden – nun auch: die von jeher erfahrene Sterblichkeit des Schönen – überschrieben, eine Klage, die im letzten Distichon mit einer nur schwach tröstenden Versicherung endet:

Auch das Schöne muß sterben! Das Menschen und
Götter bezwinget,
Nicht die eherne Brust rührt es des stygischen Zeus.
Einmal nur erweichte die Liebe den Schatten-
beherrscher,
Und an der Schwelle noch, streng, rief er zurück
sein Geschenk.
Nicht stillt Afrodite dem schönen Knaben die Wunde,
Die in den zierlichen Leib grausam der Eber geritzt.
Nicht errettet den göttlichen Held die unsterbliche
Mutter,
Wann er, am skäischen Thor fallend, sein Schicksal
erfüllt.
Aber sie steigt aus dem Meer mit allen Töchtern des
Nereus,
Und die Klage hebt an um den verherrlichten Sohn.
Siehe! Da weinen die Götter, es weinen die Göttinnen
alle,
Daß das Schöne vergeht, daß das Vollkommene
stirbt.
Auch ein Klaglied zu seyn im Mund der Geliebten ist
herrlich,
Denn das Gemeine geht klanglos zum Orkus hinab.

Weit also ist es mit dem Dichter der Ideale gekommen. Es hätte also nur eines letzten Blicks, eines letzten

Schritts bedurft, um auch über die Herrlichkeit des vergänglichen Schönen nur noch den Mantel des Schweigens breiten zu können. In einem seiner späten Gedichte, *Kassandra* (NA 2 I, 255–258), drei Jahre vor seinem Tod geschrieben, hat Schiller die Sängerin und Seherin aus Troja als eine um das Leben Betrogene betrauert, die von der Zukunft eingeholt wird, bevor diese sich erfüllt. Die Schlussverse lassen kein Ende mit Schrecken, sondern einen Schrecken ohne Ende erwarten:

> Eris schüttelt ihre Schlangen,
> Alle Götter flieh'n davon,
> Und des Donners Wolken hangen
> Schwer herab auf Ilion. (V. 125–128)

Der Geschichtspessimismus, in den Schiller seit seiner Arbeit am *Wallenstein* immer tiefer hineingetrieben wurde, hat seinen späten lyrischen Werken ihr unverwechselbares Gepräge, hat ihnen Gewicht und Würde verliehen. Sehnsüchtig hofft der Dichter, dass die Geschichte eine Wendung zum Besseren nehme; schwermütig konstatiert er, dass sich die Hoffnung wohl nicht erfüllen werde, auch wenn sie, um der Kunst willen, die in ihrer Realität einen Vorschein des Idealen aufleuchten lassen kann, nicht aufgegeben werden dürfe. Schiller, dessen Menschheits-Utopie im Laufe der Jahre immer mehr ihre Konkretheit verlor, steht eben, wie seine späten Dramen und einige seiner geglückten Gedichte belegen, am Eingang zur Moderne, die nicht nur den Glauben an Gott verloren hat, sondern auch die Autonomie des Individuums gegenüber den kontingenten Geschichtsmächten zerfallen sieht.

III. Erzählliteratur

1. *Verbrecher aus Infamie*

Als Schiller im April 1785 in Sachsen eintraf, war gerade das erste Heft der von ihm herausgegebenen Zeitschrift *Thalia* (noch *Rheinische Thalia* genannt) erschienen, verlegt von Schwan in Mannheim, aber auf Schillers Kosten. Das Unternehmen konnte fortgesetzt werden, weil sich Göschen in Leipzig bereit fand, die weiteren Hefte – ohne die Regionalbezeichnung »Rheinische« – zu verlegen, und ein ansehnliches Honorar in Aussicht stellte. Die Schwierigkeiten, denen sich Schiller konfrontiert sah, ergaben sich aus dem Umstand, dass es ihm an Mitarbeitern fehlte, die der Zeitschrift ein ›pluralistisches‹ Ansehen hätten geben können. Im ersten Heft fand das Publikum ausschließlich Beiträge des Herausgebers (darunter den Anfang des *Dom Karlos*). Für das zweite Heft lieferte Huber den Aufsatz *Ueber moderne Größe*; alle anderen Beiträge (einschließlich der Mercier-Übersetzung *Philipp der Zweite, König von Spanien*) steuerte Schiller bei.

Spätestens seit dem Erscheinen von Goethes *Die Leiden des jungen Werthers* (1774) hatte die Erzählliteratur in Deutschland, wie vorher schon in England und Frankreich, Hochkonjunktur. Vor allem die in Romanen episch breit geschilderten Schicksale von Menschen, die durch Liebe und Leidenschaft, Krankheit und Tod, Verbrechen und Wohltun, durch Abenteuer in der Nähe und in der Ferne ausgezeichnet waren, faszinierten mehr und mehr ein lesehungriges Publikum, das weniger poetisch bewegt, als informiert und (spannend) unterhalten sein wollte. Noch war unter den ›Kennern‹ die Meinung weitverbreitet, die Schiller 1795 in *Ueber naive und sentimentalische Dichtung* äußerte: dass der Romanschreiber nur ein »Halbbruder« des Dichters sei (NA 20, 462). Da Schiller glaubte, an erzählende Literatur in Prosa seien keine hohen ästhetischen Ansprüche zu stellen, war er der Auffassung, zu ihrer Verfertigung bedürfe es nicht der sorgsamen ›Feile‹; die Wünsche des Publikums ließen sich einfach, das heißt dann auch: schnell befriedigen.

Um das zweite Heft der *Thalia*, das schließlich im Februar 1786 erschien, zu füllen, schrieb Schiller im Herbst 1785 eine Erzählung, die er am 29. November seinem Verleger zuschickte: *Verbrecher aus Infamie / eine wahre Geschichte*. Mit dem Werk, das er nicht als Dichtung betrachtete, konnte er in doppelter Hinsicht zufrieden sein: Die Hauptarbeit an *Dom Karlos* war kaum unterbrochen worden, und das Publikum bekam, was ihm die Zeitschrift wert machen konnte. Schon die Versicherung, es handele sich um »eine wahre Geschichte«, war geeignet, ein reges Interesse zu erregen und das Ansehen des Periodikums zu befördern. Die äußerst spannend erzählte Geschichte berichtet von einem Kriminalfall, den Jakob Friedrich Abel, Schillers Lehrer auf der Carlsschule, von seinem mit dem Kasus unmittelbar befassten Vater erfahren und weitererzählt hatte.[1] Der Sonnenwirt Friedrich Schwan (bei Schiller: Christian Wolf), hochbegabt, von seiner Mutter verwöhnt, von seinem Vater aufs strengste behandelt, gerät schon früh auf die schiefe Bahn. Die für ein ausschweifendes Leben notwendigen

---

1 Siehe auch oben, S. 112.

Geldmittel besorgt er sich durch Diebstähle und kommt deshalb ins Gefängnis. Nach Verbüßung der Strafe gelobt er Besserung, wenn ihm ein geliebtes Mädchen den Bund fürs Leben verspricht. Bevor er den Weg der Tugend beschreiten kann, wird Schwan noch einmal inhaftiert. Diese als ungerecht empfundene Strafe lässt ihn zu einem Rasenden werden. Vergehen und Strafen folgen nun einander in rascher Folge. Schließlich findet Schwan doch Ruhe im Glück der Ehe – bis er wegen verjährter Untaten aufs neue vor die Schranken des Gerichts soll. Schwan erschießt seinen Häscher, taucht ab in den Untergrund, wird Anführer einer Räuberbande. Endlich gefasst, erwartet ihn der Scharfrichter.

Aus den vielen wahren Begebenheiten machte Schiller eine ziemlich kurze, aber nicht weniger wahre Erzählung (vgl. Schrr. 4, 61–87; NA 16, 7–29), die hinsichtlich der Komposition und der sprachlichen Durchformung durchaus den Erzählungen Heinrich von Kleists, etwa dessen *Michael Kohlhaas*, oder auch Annette von Droste-Hülshoffs *Die Judenbuche* an die Seite gestellt werden kann. Ein kleiner Umweg leitet zum eigentlichen Thema, das mit dem Titel angedeutet wird: Wie wird ein Mensch zum Verbrecher? (Es wird sofort gesagt: »aus Infamie«, was soviel heißt wie: aus Ehrverlust.) »Die Heilkunst und Diätetik, wenn die Aerzte aufrichtig seyn wollen, haben ihre besten Entdekungen und heilsamsten Vorschriften vor Kranken- und Sterbe-Betten gesammelt.« (Schrr. 4, 61.) So beginnt die Geschichte, um bald *in medias res* zu kommen: »In der ganzen Geschichte des Menschen ist kein Kapitel unterrichtender für Herz und Geist, als die Annalen seiner Verirrungen.« (Ebd.; vgl. NA 16, 7.) Darüber lässt sich Schiller, bevor er über die »Verirrungen« im einzelnen berichtet, eindringlich vernehmen: dass nichts einfacher und nichts komplizierter sei als das menschliche Herz, das immer bewegt werde durch das ihm Zukommende und immer urteile nach der Art des ihm Zugekommenen. Aus der Feststellung: »Es bleibt eine Lüke zwischen dem historischen Subjekt und dem Leser« (Schrr. 4, 62; vgl. NA 16, 8) entwickelt Schiller anscheinend Regeln für einen um Wahrheit bemühten Autor, Regeln, die natürlich für den Leser bestimmt sind, der mit allem Respekt behandelt wird. Es gehe ihm, versichert der Erzähler, natürlich nicht darum, die Neugier des Lesers zu befriedigen und ihn durch einen hinreißenden Vortrag zu blenden. »[...] diese Manier ist eine Usurpation des Schriftstellers und beleidigt die republikanische Freiheit des lesenden Publikums« (Schrr. 4, 63; vgl. NA 16, 8). Eine Falle stellt sich der Schriftsteller Schiller freilich doch, wenn er seine Absicht zu erkennen gibt, in den Kopf des Täters Einblick zu nehmen. Er will also dem Publikum nahelegen, seiner Interpretation der Vorgänge, die er nach einem tiefen Blick in die Seele des Verbrechers und den daraus resultierenden Einsichten gewonnen hat, zuzustimmen. Diese Einsichten, die sich auf die Taten des Täters Wolf beziehen, sind höchst bemerkenswert und belegen zweierlei: dass den Autor die Anthropologie, die Wissenschaft vom Menschen (wie er wurde, wie er ist, wie er sein soll), intensiv beschäftigte und dass er auf der Basis seelenkundlicher Erkenntnisse zu Erklärungen moralischen Verhaltens gelangte, mit denen er den Standard der zu seiner Zeit sich langsam entwickelnden Psychologie weit hinter sich ließ.

Nachdem der Erzähler seine Leser von seiner Autorität rhetorisch emanzipiert hat, kann er ihnen vortragen, was er für richtig hält und ihnen für richtig zu halten anträgt. Christian Wolf, bemüht, die Nachteile, die ihm (wie Franz Moor) von der Natur zugefallen sind, zu korrigieren, wird Wilddieb, kommt ins Gefängnis, bleibt danach ein Aussätziger und begeht neue Straftaten, die ihn schließlich im Zuchthaus in die Gesellschaft von Schwerstverbrechern bringen. »Die Richter sahen in das Buch der Geseze, aber nicht *einer* in die Gemüthsfassung des Beklagten.« (Schrr. 4, 67; vgl. NA 16, 11 f.) In seinem Rechenschaftsbericht erinnert sich Wolf, dass er in diesem Kreis der Verlorenen sich selbst verlor: »Alle Menschen hatten mich beleidigt, denn alle waren besser und glüklicher als ich. Ich betrachtete mich als den Märtirer des natürlichen Rechts, und als ein Schlachtopfer der Geseze.« (Schrr. 4, 68; vgl. NA 16, 12.)

Da Christian Wolf vor der Justiz einmal im Zuge ist, lässt ihn der Erzähler alles berichten, was mit und in ihm vorgegangen ist, nichts als die Wahrheit, weil im Angesicht des Todes nicht gelogen werden darf: wie ihn alle mieden, als er aus dem Zuchthaus entlassen worden war, wie ihm Johanne, die einst Geliebte, als Soldatendirne, von Krankheit entstellt, entgegenkam, wie er umherirrte und nur einen Wunsch hatte: »Ich wollte Böses thun, soviel erinnere ich mich noch dunkel. Ich wollte mein Schiksal verdienen.« (Schrr. 4, 70; vgl. NA 16, 14.) Christian Wolf zieht es wieder als Wilddieb in die Wälder. Einmal begegnet ihm der Jäger Robert, der einst auch um Johanne gebuhlt und den Konkurrenten durch eine Anzeige zum ersten Mal ins Gefängnis gebracht hatte. »Rache und Gewissen rangen hartnäkig und zweifelhaft, aber die Rache gewanns, und der Jäger lag todt am Boden.« (Schrr. 4, 71; vgl. NA 16, 16.) Das Selbstbekenntnis, das etwa die Hälfte der Geschichte einnimmt, beschließt Schiller mit Wolfs Eintritt in die Räuberbande.

Für den Epilog ist wieder der Erzähler zuständig. Wolf beschließt, künftig ein ehrbares Leben zu führen, bittet seinen Landesherrn um Gnade; doch dieser antwortet ihm nicht. Wolf will in den Diensten des preußischen Königs ein braver Soldat werden, wird aber, weil er an einer Stadtgrenze dem Torschreiber verdächtig vorkommt, festgehalten und zum Amtshaus gebracht. Ein Fluchtversuch misslingt. »[...] eine schwere Hand drükt unsichtbar gegen ihn, die Uhr seines Schiksals ist abgelaufen, die unerbittliche Nemesis hält ihren Schuldner an.« (Schrr. 4, 84; vgl. NA 16, 27.) Christian Wolf könnte sich, da er nicht erkannt worden ist, aus seiner Gefangenschaft herausreden, aber er ist seines schlechten Gewissens, seiner Not, seines Lebens müde. Dem Oberamtmann, der ihn verhört, sagt er, was diesen in Erschrecken versetzt: »Schreiben sie es ihrem Fürsten, wie sie mich fanden, und daß ich selbst aus freier Wahl mein Verräther war – daß *ihm* Gott einmal gnädig seyn werde, wie *er* jezt mir es seyn wird – bitten sie für mich, alter Mann, und lassen sie dann auf ihren Bericht eine Träne fallen: Ich bin der Sonnenwirth.« (Schrr. 4, 86 f.; vgl. NA 16, 29.)

Mit *Verbrecher aus Infamie* bekundet Schiller, wie in seinen frühen Dramen und Gedichten, seine Sympathie mit bemerkenswerten Verbrechern, den Depravierten der Gesellschaft, den durch die Natur Benachteiligten, die keine Chance haben, weil das Räderwerk der Geschichte eine Konstruktion einer rächenden Justiz ist, die in der – im 18. Jahrhundert noch weitgehend gültigen – *Peinlichen Gerichtsordnung Kaiser Karls V.* (1532) ihre Ausprägung gefunden hat. Schiller plädiert in seiner Erzäh-

lung für eine Gerechtigkeit, die sich auf die Erforschung
von Motiven, Seelenzuständen und äußeren Zwängen,
die einer kriminellen Handlung vorausgehen und zu ihr
führen, konzentriert, also die individuelle Situation eines
Täters bei der Zumessung des Strafmaßes berücksichtigt
und dabei auch die Möglichkeit einer Verbrechenspräven-
tion in Betracht zieht. Christian Wolf, dem reuigen Sün-
der, wird kein Platz in der Gesellschaft, in der er sich so
gern als nützlich erweisen möchte, eingeräumt. »Er fieng
an zu hoffen, daß er noch rechtschaffen werden *dürfte*,
weil er bei sich empfand, daß er es *könnte*.« (Schrr. 4, 81;
vgl. NA 16, 24.) Diese Hoffnung erfüllte sich nicht.

Die in ihrer Tendenz eindeutige Erzählung ist, anders
als *Michael Kohlhaas* und *Die Judenbuche*, in ihrer
Ausführung nicht ganz gelungen. Schiller macht dem Leser zu wenig plausibel, dass Christian Wolf ein im Grunde guter Mensch ist, der am Gutsein nur gehindert wird
durch eine rücksichtslose Gesellschaft und durch unein-
sichtige Richter, die das Todesurteil verhängen, ohne sich
um die Gründe und Ursachen eines Verbrechens zu
kümmern. Welcher Leser (1786 oder heute) wird Anlass
haben, sich mitschuldig zu fühlen am Untergang dieses
von der Natur benachteiligten und deshalb bedauerns-
werten Menschen? Wer ist der böse Nebenbuhler Robert,
der Jägerbursche, wirklich? Wer ist der Landesherr, der
die Bitte um Gnade nicht erhört? Wer ist das Gesindel,
das im Gefängnis aus dem Verirrten einen Bösewicht
macht? Warum wird Wolf zu Hass und Rache getrieben?
Die Fragen lassen sich alle beantworten, und dann zeigt
sich, dass Wolf ein durchaus ›gemischter Charakter‹ (im
Sinne Lessings) ist; kein erhabener, kein großer Verbrecher nach dem Muster Karl Moors, kein Teufel wie Franz

Moor; er ist zu bemitleiden, aber in seinem Handeln nicht zu rechtfertigen und schon gar nicht zu achten. Deshalb – und weil die ›Gegenparteien‹ kaum Kontur gewinnen – ist Schillers rasch hingeworfene Brotarbeit keine Flammenschrift gegen die verkehrten Gesinnungen der vielen, die noch nicht den Ausgang aus ihrer selbstverschuldeten Unmündigkeit gefunden hatten[2], und gegen die Willkür der wenigen Herrschenden, die ihre Sicherheit nicht zuletzt durch die Anwendung eines Gesetzbuches aus dem Jahr 1532 behaupten konnten. Aber als ein literarisches Werk beachtlicher Qualität sollte die Erzählung kanonisiert bleiben.

Als Schiller 1792 seine Geschichte im ersten Band seiner *Kleineren prosaischen Schriften* wieder veröffentlichte, variierte er den Text ein wenig (strich beispielsweise den ersten Absatz; vgl. NA 16, 405 f.), versuchte aber vor allem, durch einen neuen Titel das Missverständnis auszuräumen, Christian Wolf selbst könne als infam angesehen werden, und machte durch die Voranstellung des bestimmten Artikels aus dem allgemeinen Fall einen besonderen. *Der Verbrecher aus verlorener Ehre* heißt es nun. Dadurch hat er die Anklage gegen die böse ungerechte Welt deutlich relativiert – wie es seinem Text entspricht.

2. *Der Geisterseher*

Schiller, der sich auf dem Feld der Lyrik zwar wie im Exil vorkam[3], aber dennoch mit den Großen (genauer: *dem* Großen) in dieser Gattung wetteiferte, hielt von seinen

---

2 Siehe oben, S. 107.
3 Siehe oben, S. 330.

erzählerischen Qualitäten ziemlich wenig. Da nun aber das lektürebeflissene Publikum spannende Geschichten zu lesen begehrte, kam er ihm als Herausgeber der *Thalia*, der nicht nur für öffentliche Anerkennung, sondern auch für finanziellen Gewinn arbeitete, freundlich entgegen. 1786 begann er ohne rechte Begeisterung mit der Niederschrift seines Romans *Der Geisterseher. / aus den Papieren des Grafen von O.*, dessen ersten Teil er ins vierte *Thalia*-Heft, das im Januar 1787 erschien, aufnahm. Die Fortsetzungen, an denen Schiller mit nie ganz zu verdrängender Unlust immer nur schrieb, wenn das Erscheinen eines weiteren Heftes der Zeitschrift dies erforderlich machte, fanden Eingang in die folgenden vier Hefte.

Der Geisterseher wurde nicht zu Ende geschrieben. Ungefähr zur selben Zeit wie der letzte Teil erschien das ganze Roman-Fragment, von Göschen verlegt, im November 1789 als selbständige Publikation, mit einzelnen Varianten und einem rasch hinzugefügten neuen Schluss (des Fragments). Mit der Notiz »Ende des ersten Bandes« wurde dem Publikum Hoffnung auf eine Fortsetzung gemacht. Der große Erfolg des Werks veranlasste Schiller, 1792 und 1798 neubearbeitete Ausgaben auf den Markt zu bringen, die durch Streichungen, Zusätze, vor allem durch Umstellungen von Texten in mancher Hinsicht ein wenig ›fasslicher‹ erscheinen als der Text des Erstdrucks.

Zahlreich sind die Klagen, die Schiller über den Zwang führte, den er sich mit der Entscheidung für den *Geisterseher* auferlegt hatte. Während der Arbeit an der ersten Fortsetzung heißt es: »Dem verfluchten Geisterseher kann ich bis diese Stunde kein Interesse abgewinnen;

welcher Dämon hat ihn mir eingegeben!« (Brief an Körner, 6. März 1788; FA 11, 281.) Und elf Tage später: »Der
Geisterseher, den ich eben jezt fortsetze, wird schlecht –
schlecht, ich kann nicht helfen; es gibt wenige Beschäftigungen [...], bei denen ich mir eines sündlichen Zeitauf-
wands so bewußt war, als bei dieser Schmiererei. Aber
bezahlt wird es nun einmal [...].« (FA 11, 286.) Und nach
zwei Monaten ist der Autor über die positive Resonanz
beim Publikum höchlich erstaunt; die Fortsetzung wird
sich also lohnen, wie er dem Freund mitteilt: »Soviel ist
indessen gewiß, daß ich mir diesen Geschmack des Publicums zu Nutzen machen und soviel Geld davon ziehen werde, als nur immer möglich ist.« (NA 25, 59.) Weitere Äußerungen des Unmuts und der Erwartung reichen
Geldsegens schließen sich in der Folge an. So heißt es
am 17. April 1789, kurz vor dem Antritt der Jenaer Professur, in einem Brief an Caroline von Beulwitz und
Charlotte von Lengefeld: »Die Zeit kommt nun mit star-
ken Schritten heran, wo ich meine Bude in Jena eröfnen
muss. Ueber dem verwünschten Geisterseher habe ich
noch gar nicht darauf denken können, was ich meinen
Herrn Studenten in den ersten Collegien vorsetzen werde
[...].« (FA 11, 414f.) Als Göschen, der Verleger, Ende
1789 Schiller bittet, dieser möge eine Abhandlung über
den Dreißigjährigen Krieg schreiben, und dafür ein üppi-
ges Honorar (400 Taler[4]) verspricht, ist das Urteil über
den *Geisterseher* schnell gefällt: Der Roman, dessen
Fortsetzung von vielen Lesern dringend gewünscht wird,
bleibt Fragment. Bald beginnt die Arbeit an dem großen
Geschichtswerk.

---

4 Der Kaufwert dieses Betrags entspricht etwa 8000–9000 Euro.

Der Geisterseher[5] ist ein fesselnder, politisch brisanter Kolportage-, Schauer-, Abenteuer-, Verschwörer-, Geheimbund-, Religions- und Kriminalroman. Das Interesse des zeitgenössischen Publikums wurde in besonderem Maße dadurch angeregt, dass sich die geschilderten Ereignisse um eine Person zu drehen scheinen, die sich im Sommer 1786 öffentlich in eine Diskussion über das Treiben der Jesuiten, über Geheimbund-Aktivitäten, über Magie und Geisterbeschwörungen, über Wunderheilungen und Teufelsaustreibungen eingeschaltet hatte: Im Juliheft der *Berlinischen Monatsschrift* hatte Prinz Friedrich Heinrich Eugen, ein Neffe des württembergischen Herzogs Carl Eugen, versichert, der Verkehr mit Geistern sei aus religiösen Gründen als unbestreitbare Realität anzusehen. Das klang sehr jesuitisch und hatte den schon vorher in Württemberg gehegten Verdacht genährt, der Prinz stehe kurz vor der Konversion zum Katholizismus und damit werde den vorwiegend protestantischen Untertanen des Herzogtums die Hoffnung geraubt, nach dem Ableben des katholischen Carl Eugen wieder von einem Protestanten regiert zu werden. Das Gespenst des Jesuitismus ging um: Seitdem Papst Clemens XIV. 1773 den Orden aufgehoben hatte, galten ihre Mitglieder als besonders umtriebig und staatsgefährdend; ihre Wirksamkeit wurde für nicht geringer erachtet als die der Geheimbünde (Freimaurer und Illuminaten), die sich nach allgemeiner Auffassung zum Ziel gesetzt hatten, auf eine für die Öffentlichkeit nicht erkennbare Weise die herr-

---

5 Die folgenden Bemerkungen beziehen sich auf die erste, in der *Thalia* erschienene Fassung des Roman-Fragments. Bei den Zitaten wird nicht auf die letzte Fassung, die der NA als Druckvorlage diente (NA 16, 45–184), verwiesen.

schende Ordnung umzustürzen. Das Gewimmel der
Dunkelmänner machte sich breit in Herzen und Köpfen
und führte zu oft phantastischen Darstellungen – auch in
Schillers Roman.

Mit einer anderen Sensation der Zeit hat Schiller im
Geisterseher souverän gespielt: mit der Erscheinung des
hochberühmten und berüchtigten italienischen Schwind-
lers Giuseppe Balsamo, der sich als Alexander Graf von
Cagliostro durch die Welt trieb, Wunderheilungen besorgte, das Freimaurerwesen in England reformierte,
Geister erscheinen ließ und von geheimnisvollen Visio-
nen viel Aufhebens machte. Am französischen Hof Lud-
wigs XVI. scheiterte er schließlich, als er 1785 ein kostbares Halsband, mit dem – auf seine Empfehlung – der in
Ungnade gefallene Kardinal Rohan die Gunst der Königin Marie-Antoinette wiedergewinnen wollte, durch eine
Komplizin nach England verkaufen ließ. Die Entdeckung
des Betrugs führte dazu, dass Cagliostro des Landes verwiesen wurde. Seine Geschichte setzte auch in Deutschland viele Federn in Bewegung. Die kurländische Schrift-
stellerin Elisa von der Recke veröffentlichte zunächst
einen Aufsatz, bald darauf ein vielgelesenes Buch, *Nachricht von des berüchtigten Cagliostro Aufenthalte in
Mitau, im Jahre 1779, und von dessen dortigen magischen Operationen* (1787), das Schiller für sein Unternehmen, nachdem schon der Anfang des *Geistersehers*
erschienen war, gut gebrauchen konnte. Andere Quellen,
besonders solche über Geisterbeschwörungen, benutzte
er, der Romandichter wider Willen, mit leichter Hand.
Dass er als Ort der Handlung Venedig bestimmte, hatte
den einfachen Grund, dass diese Stadt als die geheimnis-
vollste und gefährlichste des Abendlands galt, die Stadt

der unentdeckten Morde und Verschwörungen, die Stadt der Bleidächer, das Zentrum des Jesuitismus. Die Beschäftigung mit Wilhelm Heinses Roman *Ardinghello* (1787), der zum großen Teil in Venedig spielt, hat in Schillers Werk ebenfalls deutliche Spuren hinterlassen.

Der Romanschreiber bedient sich, um mögliche Zweifel der Leser an der Authentizität des Berichteten zu zerstreuen, des einfachen, seit Goethes *Werther* auch in Deutschland geläufigen Mittels, das Erfundene als Aufzeichnungen eines wahrheitsliebenden Dritten auszugeben, dem der Gedanke an eine Bekanntmachung des von ihm unmittelbar Erlebten ganz fern ist. Schiller, der Autor, versteckt sich als Herausgeber hinter dem Grafen von O., aus dessen Papieren er gewissermaßen nur zitiert. Der erste Satz soll dem Leser suggerieren, dass der Graf besonderes Vertrauen verdient, weil er offenbar ein Landsmann der über die »magischen Operationen« Cagliostros unterrichteten Elisa von der Recke ist: »Es war auf meiner Zurükreise nach Kurland im Jahr 17** um die Karnevalszeit, als ich den Prinzen von *** in Venedig besuchte.« Weitere Informationen schließen sich bald an: Dieser Prinz »lebte hier unter dem strengsten Incognito, weil seine geringe Apanage ihm nicht verstattete, die Hoheit seines Rangs zu behaupten. [...] Als der dritte Prinz seines Hauses hatte er keine Aussicht zur Regierung. [...] Er war Protestant [...].« (Schrr. 4, 196–198.)

Eines Abends, als Prinz und Graf auf dem Markusplatz spazieren, tritt ein maskierter Mann auf sie zu und erklärt: »Wünschen sie sich Glük Prinz [...]. Um Neun Uhr ist er gestorben« (Schrr. 4, 199). Der Mann, dem Aussehen nach ein Armenier, verschwindet und bleibt für einige Zeit unauffindbar. Nach sechs Tagen erfährt der Prinz,

dass zur angegebenen Zeit sein Vetter, der als Thronfol-
ger bestimmt war, gestorben sei. Und schon ist wieder
der Armenier zur Stelle und sorgt für weitere Verwirrung:
Der Prinz sei erkannt, der Senat von Venedig werde ihm
die gebührende Ehre bezeugen, und es sei auch Geld angekommen.

Der verwirrte Prinz versucht, dem Geheimnis des
Fremden auf die Spur zu kommen, wird dabei aber mehr
und mehr in Verwirrung gestürzt, weil mit ihm viel Son-
derbares geschieht und er sich von Übersinnlichem umstellt und bedroht sieht. Er stimmt zu, einer Geisterbeschwörung beizuwohnen, die ein sizilianischer Magier
inszeniert. Er wünscht sich, dass ein im Kampf gefallener
Freund, der Marquis von Lanoy, erscheine, der den Satz
fortsetzen solle, den er einst sterbend begonnen hat: »In
einem Kloster auf der Flandrischen Gränze lebt eine – –«
(Schrr. 4, 213). Während der Sitzung überschlagen sich,
unter heftigen Donnerschlägen, die absonderlichsten Ereignisse: »[...] über dem Kamine zeigte sich eine menschliche Figur, in blutigem Hemde, bleich und mit sterben-
dem Gesicht.« Diese Figur macht einer Nachfolgerin
Platz: »[...] eine andre körperliche Gestalt, blutig und
blaß wie die erste aber schreklicher, erschien an der
Schwelle.« Sie ist gegen einen auf sie abgefeuerten Pisto-
lenschuss gefeit und scheint der vom Prinzen gesuchte
Marquis zu sein. Die erbetene Antwort auf die Frage, wer
in dem Kloster an der flandrischen Grenze lebe, wird von
der Erscheinung bereitwillig erteilt: »Meine Tochter«.

Der Geist rät dem Prinzen, an sich selbst zu denken.
Aber wie? »In Rom wirst du es erfahren«. Der Magier,
der zwischendurch ohnmächtig geworden war, sieht sich
beim Erwachen dem Armenier, der als russischer Offizier

Teilnehmer (und, wie sich später ergibt, Mitarrangeur) der Geisterbeschwörung war, gegenüber, »drehte sich um, sah ihm genauer ins Gesicht, that einen lauten Schrei und stürzte zu seinen Füßen«. (Schrr. 4, 215–217.) Dabei lässt es der Herausgeber der gräflichen Papiere zunächst einmal bewenden. Er schließt mit dem Versprechen: »(Die Fortsezzung folgt).«

Mit der Fortsetzung der rätselhaften Geschichte spannte Schiller seine Leser auf die Folter. Erst nach 16 Monaten erfuhren sie Neuigkeiten – wieder Unheimliches, Verwirrendes, das keine Ordnung, keinen Zusammenhang erkennen ließ. Polizei dringt in den Saal des unheimlichen Geschehens ein, nimmt den Sizilianer, außerdem »den Wirth nebst seinen Hausgenossen« (Schrr. 4, 218) fest; und bald zeigt sich, dass die Veranstaltung ein grandioses Betrugsmanöver war, in dem der nun verschwundene Armenier, von dem der Anführer der Häscher sagt, er sei »ein Offizier der Staatsinquisition« (Schrr. 4, 222), offenbar eine wichtige Rolle spielte. Im Gefängnis berichtet der Sizilianer dem Prinzen und seinen Begleitern (dem Grafen von O. und einem englischen Lord) detailliert, mit welchen Mitteln ihm das Geisterbeschwörungs-Spektakel gelungen sei. Doch wichtiger als diese Eröffnungen werden die Ausführungen über den vermeintlichen Armenier (oder Russen), von dem, so der Sizilianer, keiner wisse, woher er stamme und wohin er gehe: »Bei uns kennt man ihn nur unter dem Nahmen des *Unergründlichen.* [...] Niemand ist, der ihn Speise nehmen sah, nie ist ein Weib von ihm berührt worden, kein Schlaf besucht seine Augen [...].« Zur Mitternachtsstunde pflege er zu verschwinden, dann kehre er immer wieder »bleich und abgemattet« zu den Menschen zurück.

»Der allgemeine Glaube ist, daß er in dieser geheimniß-
vollen Stunde Unterredungen mit seinem Genius halte.
Einige meinen gar, er sei ein *Verstorbener*, dem es ver-
stattet sei, drei und zwanzig Stunden vom Tag unter den
Lebenden zu wandeln [...].« (Schrr. 4, 231–233.)

Der Sizilianer berichtet dann in epischer Breite eine
dramatische Geschichte, die sich Jahre zuvor in der Familie des Marchese del M**nte, eines Anhängers der
Kabbala, bei Neapel zugetragen habe: wie dessen älterer
Sohn Jeronymo kurz vor der Hochzeit mit Antonie, der
Tochter des Grafen von C***tti verschwand; wie dessen
Bruder Lorenzo sich weigerte, Antonie zu heiraten, weil
er, wie er immer wieder beteuerte, nicht sicher war, dass
mit der Rückkunft Jeronymos, der in die Hände von
Seeräubern gefallen sein mochte, nicht mehr gerechnet
werden konnte; wie schließlich er, der sizilianische Magier, durch eine Geisterbeschwörung Gewissheit über
das Schicksal des Verschollenen herbeiführen wollte.
Und so geschah's: »Der Todte selbst erschien in barbari-
schem[6] Sklavenkleid, eine tiefe Wunde am Halse. [...]
Ehe er wegging, streifte er noch einen Ring vom Finger,
den man nach seiner Verschwindung auf dem Fußboden
liegen fand. Als die Gräfinn [Antonie] ihn genauer in's
Gesicht faßte, war es ihr Trauring.« (Schrr. 4, 243 f.) Bei
der Hochzeit, die Antonie und Lorenzo nun begehen
konnten, taucht ein Franziskanermönch auf, »der unbeweglich wie eine Säule stand, langer hagrer Statur und
aschbleichen Angesichts, einen ernst und traurigen Blick
auf das Brautpaar geheftet.« (Schrr. 4, 245.) Es ist kein
andrer als der Armenier, der nach Mitternacht für die

---

6 Gemeint ist vermutlich »berberischem«.

neuerliche Erscheinung Jeronymos sorgt; dieser nennt den Bruder seinen Mörder und macht sich davon. Lorenzo bricht zusammen, beichtet und stirbt; sein Vater folgt ihm wenig später in den Tod. In einem Brunnen auf dem Grundstück der Familie findet sich das Skelett Jeronymos.

Der scharfsinnige Prinz versucht in einem langen Gespräch mit dem Grafen von O., diesen davon zu überzeugen, dass es sich bei dem Sizilianer um einen nichtswürdigen Betrüger in Diensten des Armeniers handelt. Die rationalen Argumente, die er beibringt, leuchten dem Grafen allerdings nicht ein, und so wird auch der Leser die Zweifel seines berichtenden Gewährsmanns teilen. Rätselhaft bleibt dem Prinzen nur, wie der Armenier vom Tod des Vetters in Windeseile Kunde erhalten haben konnte.[7] (Das Rätsel wird natürlich auch in der Folge nicht gelöst, so dass sich immerhin dem Leser die einfache Erklärung aufdrängen kann, der genaue Zeitpunkt des unnatürlichen Todes sei irgendwann dem Armenier mitgeteilt oder gar von ihm selbst bestimmt worden.)

Wieder schließt dieser Teil des Romans – sein »Erstes Buch« – mit einem Knäuel von Verwirrungen und Verwirrtheiten; aber es fehlt auch nicht an einem deutlichen Hinweis auf die Katastrophe:

Sein [des Prinzen] schreckliches Schicksal ist geendigt, längst hat sich seine Seele am Thron der Wahrheit gereinigt, vor den auch bald die meinige treten wird –

---

7 Der Armenier macht kurz nach neun Uhr die Mitteilung, dass der Erbprinz um neun Uhr gestorben ist. Diese Mitteilung nennt der Prinz von *** im Gespräch mit dem Grafen von O. eine »Prophezeihung«, die über seine »Fassungskraft« gehe (Schrr. 4, 259).

aber – man verzeihe mir die Thräne, die dem Andenken meines theuersten Freunds unfreiwillig fällt – aber
zur Steuer der Gerechtigkeit schreib' ich es nieder: Er
war ein edler Mensch und gewiß wär' er eine Zierde
des Thrones geworden, den er durch ein Verbrechen
ersteigen zu wollen, sich bethören ließ. (Schrr. 4, 261)

Im zweiten Buch berichtet der Graf zunächst von entscheidenden Veränderungen, die mit dem Prinzen vorge-
fallen waren: Er, der in seiner Jugend die Pein einer rigiden christlichen Erziehung hatte ertragen müssen und
deshalb seit langem der Religion entfremdet war, kehrte
nun zu ihr zurück: »Er war mit der Kette entsprungen,
und eben darum mußte er der Raub eines jeden Betrie-
gers werden, der sie entdeckte und zu gebrauchen verstand.« (Schrr. 4, 263f.) Und anderes war geschehen: Der
Prinz, der nicht mehr in der Sicherheit des vordem gepflegten Incognito lebte, versuchte, seinem Stand Ansehen zu verschaffen, indem er sich durch eifrige Lektüre
bildete. Er las freilich die falschen Bücher, solche, die in
ihm verderbliche Leidenschaften erweckten, und solche,
die seinen Kopf mit falschen Begriffen füllten.
  Noch dieses erlebte der Graf: Der Prinz schloss sich
einer geheimen Gesellschaft an, die sich »Bucentauro«[8]
nannte, »die unter dem äußerlichen Schein einer edeln
vernünftigen Geistesfreiheit die zügelloseste Lizenz der
Meinungen wie der Sitten begünstigte« (Schrr. 4, 266).
Diese Gesellschaft verführte den Prinzen zu allerlei Aus-

8 Das ist der Name des Prunkschiffes von Venedig (»Goldene Barke«),
mit dem der Doge am Fest Christi Himmelfahrt ins Meer hinauszufah-
ren pflegte, wo er zum Zeichen der Vermählung mit der Adria dieser einen Ring ›schenkte‹.

schweifungen, mit denen er (nicht anders sollen die Leser sich das wohl denken) seinen Untergang beschleu-
nigte.

Der Graf von O. verabschiedet sich, als es mit den
Dingen soweit gekommen ist, weil er an den Hof seines
Herrn zurückgerufen wurde. Der Dichter lässt, um durch
die Verdoppelung der Erzählerperspektive die Glaubwürdigkeit der berichteten Ereignisse zu bekräftigen, einen
zweiten Augenzeugen auftreten, den Baron von F***, der
in neun Briefen, vom 5. Mai bis zum September 17..,
dem Grafen (nun: dem »Grafen von ***«) mitteilt, was
sich in der Folge mit dem bejammernswerten Prinzen begeben hat.[9] Die Turbulenzen häufen sich: Eine anscheinend wichtige Person, der Prinz von **d**, wird eingeführt, aber schon bald wieder aus dem Roman entlassen;
Biondello, ein intimer Kenner Venedigs, tritt in des Prinzen Dienste, hilft mit, das Opfer gedungener Mörder, den
Marchese von Civitella, einen Neffen des Kardinals
A***i, lebendig zu erhalten, und teilt, was er mit seinem
Herrn erlebt, dem Baron mit, der es an den Grafen wei-
tergibt, von dessen Papieren nun der Dichter Gebrauch
macht, um sein Publikum spannend zu unterhalten.

Der Marchese von Civitella avanciert zu einer wichtigen Person des Romans: Er verpflichtet sich den Prinzen, da er ihn aus finanziellen Schwierigkeiten befreit,
so sehr, dass er Macht über ihn gewinnt – natürlich zu
keinem anderen Zwecke als zu dessen beschleunigtem

---

9 Die Datierung der Briefe ist im Erstdruck, vermutlich duch ein Versehen des Dichters oder des Setzers, etwas durcheinandergeraten: Der
vierte Brief stammt vom 12. Juni, der fünfte vom 1. Juli, der sechste
vom 20. Juni; dieses Datum ist wohl auf den 20. Juli zu verbessern (vgl.
Schrr. 4, 325), obwohl es in allen von Schiller autorisierten Ausgaben
bei »20. Junius« geblieben ist.

Niedergang und schließlichem Verderben. Kein Zweifel:
Der Marchese treibt, wie Hochwürden, sein Onkel, ein
böses dunkles Spiel. Bevor darüber Andeutungen fallen
– auch vor der Gewährung des reichen Geldsegens
durch den Marchese –, hat der Dichter den Baron von
F*** einen langen (den vierten) Brief an den Grafen
schreiben lassen, von dem in der zweiten Buchausgabe
des Romans (1792) mehr als die Hälfte, in der dritten
(1798) fast alles gestrichen wurde: *Das philosophische
Gespräch aus dem Geisterseher*, wie der Text in späteren Schiller-Ausgaben genannt wurde (vgl. NA 16,
159–184). In der Tat wirkt dieses Gespräch, das im Januar 1789 geschrieben wurde und als Fortsetzung der *Philosophischen Briefe*[10] gelesen werden kann, wie ein
Fremdkörper im Kontext der sich überstürzenden Handlungen des Romans.

Der Prinz, im Gespräch mit dem Baron, philosophiert
– nicht sonderlich konzise – über Gott und die Welt: auf
jenen sei keine Hoffnung zu setzen, diese gelte es, um
zur Glückseligkeit zu gelangen, lebhaft zu nutzen und
dabei zu erfahren, dass Handlungen nicht als Mittel zu
irgendwelchen Zwecken, Gedanken nicht als Ursachen
irgendwelcher Wirkungen zu schätzen seien. Vom Himmel sei der Mensch durch eine dunkle Decke geschieden:

> Eine tiefe Stille herrscht hinter dieser Decke, keiner,
> der einmal dahinter ist, antwortet hinter ihr hervor
> [...]. Hinter diese Decke müssen alle, und mit Schau-
> dern fassen sie sie an, ungewiß, wer wohl dahinter

---

10 Siehe dazu unten, S. 442–444.

stehe, und sie in Empfang nehmen werde; quid sit id, quod tantum morituri vident.[11] [...]
Sehen Sie nun, lieber Freund, ich bescheide mich gern nicht hinter diese Decke blicken zu wollen – und das weiseste wird doch wohl seyn, mich von aller Neugier zu entwöhnen. [...] Das, was Sie den Zweck meines Daseyns nennen, geht mich jezt nichts mehr an.

(Schrr. 4, 293 f.)

Der Prinz ist nicht recht konsequent in seinen Vorstellungen: Mal bemisst er den Wert eines Menschen nach den Wirkungen seines Tuns, mal setzt er dieses Tun absolut: gut sei es oder böse, unabhängig von den Folgen. Und dann bestimmt er alle Handlungsmotive als innere Kräfte, die zu moralischen Tätigkeiten führen, aus denen sich allein die Glückseligkeit des einzelnen Menschen ergeben könne. Am Ende beklagt der Prinz, dass er nur seinen Fleiß, nicht aber seine Werke (als Wirkungen seines Fleißes) genießen könne, und versucht, sich mit einem Beispiel verständlich zu machen – keineswegs überzeugend:

11 Der lateinische Halbsatz (»was das sei, das nur die zum Tode Bestimmten schauen«) ist die Variation eines Zitats aus Tacitus' *Germania* (Schluss des 40. Kapitels): »quid sit illud, quod tantum perituri vident« (»was jenes sei, das nur die zum Untergang Bestimmten schauen«). – Der von Schiller vermutlich mitbedachte Zusammenhang in der *Germania*: Bei den Langobarden mischt sich an besonderen Festtagen die in einem mit einer Decke verhüllten Fuhrwerk umherfahrende Göttin Nerthus (alias Hertha) unter die Sterblichen; anschließend wird sie von Sklaven in einem See gebadet, in dem diese dann ertränkt werden. – In seiner Abhandlung *Vom Erhabenen* hat Schiller diesen Bericht der *Germania* noch einmal zusammengefasst, kommentierend: »Mit Schauder fragt man sich, was das wohl seyn möge, welches dem der es sieht, das Leben kostet, quod tantum morituri vident.« (NA 20, 191.)

Hunderttausend arbeitsame Hände trugen die Steine
zu den Pyramiden zusammen – aber nicht die Pyramide war ihr Lohn. Die Pyramide ergözte das Auge der
Könige, und die fleißigen Sklaven fand man mit dem
Lebensunterhalt ab. Was ist man dem Arbeiter schuldig, wenn er nicht mehr arbeiten kann, oder nichts
mehr für ihn zu arbeiten seyn wird? Was dem Menschen, wenn er nicht mehr zu brauchen ist? (Schrr. 4,
311)[12]

Dass mit der Einfügung des Gesprächs das ›Gefüge‹
des Romans gestört wird und dass die Philosophie des
Prinzen als ein Bekenntnis der »Freygeisterey« (Schiller
an Körner, 22. Januar 1789; FA 11, 374) nicht in ein
Lehrbuch der Moral gehört, hat Schiller in einem Brief
an Körner vom 9. März 1789 eingeräumt:

Hätte mich der Geisterseher biß jezt für sich selbst als
ein Ganzes intereßirt, oder vielmehr, hätte ich die
Theile nicht früher expediren müssen, als dieses Interesse am Ganzen in mir reif geworden ist: so würde
dieses Gespräch gewiß diesem Ganzen mehr unterge-
ordnet worden seyn. [...] Die Philosophie ist, wie Du
gefunden hast, kein Ganzes, es fehlt ihr an Conse-
quenz – und das macht ihn [den Prinzen] unglücklich,
und diesem Unglück will er dadurch entfliehen, daß er
den *gewöhnlichen* Menschen näher tritt. (FA 11, 397)

12 Es ist denkbar, dass Brecht diese Sätze vor Augen hatte, als er sein an
die Ausbeutung von Sklaven erinnerndes Gedicht *Fragen eines lesenden Arbeiters* (1936) schrieb: »Wer baute das siebentorige Theben? /
In den Büchern stehen die Namen von Königen. / Haben die Könige
die Felsbrocken herbeigeschleppt? / [...]«.

Das Romanfragment eilt seinem Abschluss zu, häuft aber noch einmal die absonderlichsten Vorkommnisse aufeinander: Der Prinz sieht in einer Kirche, die zu besuchen ihm Civitella empfohlen hatte, eine schöne, schwarzgekleidete Frau und gerät außer sich: »Seit ich *das* sah, seitdem dieses Bild hier wohnt – dieses lebendige, mächtige Gefühl in mir: du kannst nichts mehr lieben, als *das*, und in dieser Welt wird nichts anders mehr auf dich wirken!« (Schrr. 4, 320f.) Die Erkundigungen ergeben, dass es sich bei der Schönen vermutlich um eine Griechin handelt, die an jedem Sonnabend von Murano nach Venedig übersetzt, um die Kirche zu besuchen, in der sie der Prinz entdeckt hat.

Civitella sorgt für Ablenkung, indem er den Prinzen zum höchst verlustreichen Glücksspielen verleitet. Alle Schulden werden vom Marchese übernommen.

Biondello erweist sich als treuer Diener seines Herrn, da er den üppigen Angeboten von zwei Advokaten, die ihm Nachrichten über des Prinzen Leben abkaufen wollen, standhaft widersteht.

In Murano findet der Prinz seine Griechin wieder; sie gestattet ihm, dass er sie besucht.

Civitella berichtet, dass er im vergangenen Frühjahr auf Murano einer himmlisch schönen Frau begegnet sei, die sich in Begleitung eines Mannes »in seinen besten Jahren, etwas hager und von großer edler Statur« (Schrr. 4, 338) befand. Dieser übergibt der Frau, die ihm offenbar sehr zugetan ist, beim Abschied ein versiegeltes Paket. »Trauer überzieht ihr Gesicht, da sie es ansieht, und eine Thräne schimmert in ihrem Auge.« (Schrr. 4, 340.) Mit dem Paket ist es nicht genug: Ein Karmelitermönch übergibt der Schönen ein Papier; sie verliert es; Civitella nimmt es an sich, kopiert die chiffrierten Sätze und lässt das Original wieder in die Hände der Frau gelangen. Der Marchese hat den Inhalt des Briefes auswendig gelernt. Mit dieser Erzählung Civitellas endet die *Thalia*-Fassung des Romans.

Die späteren Ergänzungen in den Buchausgaben klären nicht viel auf, vermehren indes die Rätsel: Der Baron berichtet dem Grafen: »Man ist in **** von allen hiesigen Verhältnissen meines Herrn unterrichtet, und die Verläumdung hat ein abscheuliches Gewebe von Lügen daraus gesponnen.«[13] Der Prinz empört sich darüber, dass er an seinen Hof zurückbefohlen wird. Die Griechin, an die der Prinz sich gefesselt hat, ist eine Deutsche geheimnisvoller Abkunft. »Wohin wird das noch kommen, liebster Freund? Ich zittre für die Zukunft. Der Bruch mit seinem Hofe hat meinen Herrn in eine erniedrigende Abhängigkeit von einem einzigen Menschen, von dem Marchese Civitella, gesetzt. Dieser ist jetzt Herr unsrer Geheimnisse, unsers ganzen Schicksals.«

Von einem Unbekannten bekommt der Graf schließlich noch Nachrichten: Der Marchese soll tödlich verwundet sein. »Der Kardinal brütet Rache, und seine Meuchelmörder suchen den Prinzen.« Der Prinz versteckt sich in einem Kloster, erholt sich dort von den Erschütterungen, die ihm der durch Gift besorgte Tod seiner Geliebten zugefügt hat. Ein Billet seiner Schwester lässt den Schluss zu, dass der Prinz inzwischen der katholischen Kirche anheimgefallen ist. Nun eilt der Graf nach Venedig und empfängt dort eine Botschaft des Barons von F***:

13 Zitiert nach der Buchausgabe von 1792 (Leipzig), S. 303. Die folgenden Zitate ebd., S. 312, 315 und 317f. Vgl. Schrr. 4, 344–349 und NA 16, 153–159.

»Reisen Sie zurück, liebster O**, wo Sie hergekommen sind. Der Prinz bedarf Ihrer nicht mehr, auch nicht meiner. Seine Schulden sind bezahlt, der Kardinal versöhnt, der Marchese wieder hergestellt. Erinnern Sie Sich des Armeniers, der uns voriges Jahr so zu verwirren wußte? In *seinen* Armen finden Sie den Prinzen, der seit fünf Tagen – die erste Messe hörte.«
Ich drängte mich nichts desto weniger zum Prinzen, ward aber abgewiesen. An dem Bette meines Freundes erfuhr ich endlich die unerhörte Geschichte.

Der Geisterseher ist heute nicht mehr deshalb bemerkenswert, weil er die Phantasie der Leser in bestimmte Richtungen bewegen kann, und auch nicht wegen der Darstellung mehr oder weniger interessanter Episoden, sondern weil er auf kunstvolle Weise den Blick in geheime Machinationen menschlichen (auch gesellschaftlichen) Handelns, in die möglichen Abgründe des Denkens, in höchst komplexe Beziehungen von Herrschaft und Subordination, in die Dialektik schließlich von Befehlen und Gehorchen öffnet – und wieder verschließt. Es geht um das Widerspiel von anscheinend aufgeklärter und anscheinend finsterer Gesinnung, um das Ineinander von Moral und Unmoral, von Wahrheit und Lüge, von Erkenntnis und Verschleierung. Das Werk, das zum überwiegenden Teil aus Dialogen besteht, ließe sich, wäre es nur zu Ende geschrieben worden, ohne große Mühe zu einem Drama umschreiben und nähme dann wohl einen Platz in der Nähe des (auch) geheimbündlerisch tingierten *Don Karlos* und des turbulent spektakelhaften *Fiesko* ein.
Den Zeitgenossen Schillers erschien vieles vertraut

(Stichworte: Geheime Gesellschaften, Jesuitismus, Geisterbeschwörungen), so dass sie sich vor allem für die
souverän inszenierten Verwicklungen der sich durch-
kreuzenden Handlungssstränge interessierten. Den Nachlebenden ist es, trotz aller Spannung, in die auch sie
noch versetzt werden können, weniger wichtig, mit der
Schilderung der geheimnisvollen Vorgänge ins reine zu
kommen und die Lösungen auszudenken, als sich auf
den Standpunkt des Dichters zu stellen, der in der Einleitung der Buchausgaben von 1792 und 1798 eine Art
Leseanweisung gegeben hat: Das Werk sei »ein Beytrag
zur Geschichte des Betrugs und der Verirrungen des
menschlichen Geistes [...]. Man wird über die *Kühnheit
des Zwecks* erstaunen, den die Bosheit zu entwerfen und
zu verfolgen im Stande ist; man wird über die Seltsam-
keit der *Mittel* erstaunen, die sie aufzubieten vermag, um
sich dieses Zwecks zu versichern.«[14]

Es ist müßig, die zuweilen geäußerte Ansicht zu verfolgen, ein zu Ende geschriebener *Geisterseher* hätte einen
Romantypus in Deutschland begründen können, der eine
andere Richtung hätte vorzeichnen können, als sie schon
bald, in der Nachfolge von Goethes Bildungsroman-Mus-
ter *Wilhelm Meisters Lehrjahre*, ziemlich einseitig verfolgt wurde; denn Schillers Werk ist nicht nur, weil es
Fragment geblieben ist, ein Unicum, das keinen Vorbild-
Charakter hat, sondern auch, weil es in seiner eigenwilligen ›Struktur‹ allenfalls Anregungen für Kriminalroman-
Autoren bietet, die ihr Geschäft nicht besser verstehen.
Und auch die Hauptfigur, der Prinz, ist nicht ›nachzuma-
chen‹; denn er ist als Individuum an seine Zeit und sei-

14 Ebd., S. 3 f. (vgl. Schrr. 4, 196 und NA 16, 45).

nen Ort gebunden, und das Allgemeinmenschliche, das sich an ihm zeigen lässt, übersteigt natürlich seine besondere Geschichte und lässt sich auf vielfältige Weise variieren. Der Prinz ist ein Beispiel für fast alltägliche Verwirrungen des menschlichen Geistes – ein psychologischer Fall von tiefer Bedeutung, beschreibbar, aber letztlich kaum verständlich, weil sich keines Menschen Seele offen zeigt. »In seine eigne Phantasieenwelt verschlossen, war er sehr oft ein Fremdling in der wirklichen« – das verbindet ihn, zum Beispiel, mit so vielen Künstlern, deren Schicksal auch Schiller teilte. »Niemand war mehr dazu gebohren, sich beherrschen zu lassen, ohne schwach zu sein« (Schrr. 4, 197) – das verbindet ihn, zum Beispiel, mit so vielen Liebenden, deren Erfahrungen Schiller, etwa in seinen Beziehungen zu Charlotte von Kalb und Henriette von Arnim, ja auch gemacht hatte.

Anfang September 1790 erschien in der *Allgemeinen Literatur-Zeitung* eine *Geisterseher*-Rezension, deren anonym auftretender Verfasser, der Gothaer Schriftsteller Georg Schatz, spekulierte, wie die Fortsetzung aussehen könne. Der Prinz werde wohl schließlich, so die Mutmaßung, seiner Vernunft völlig beraubt (nicht zuletzt durch seine heftigen Leidenschaften) und ein willfähriges Opfer einer finsteren Glaubensgemeinschaft, die auf ihre Weise für die Auflösung aller Konflikte sorgen werde. Das war etwas zu simpel. »Mein Plan ist ungleich interessanter«, schrieb Schiller dazu am 11. September in einem Brief an Caroline von Beulwitz, »als ihn der Verfaßer dieser Rec[ension] ahndet, und die folgenden Theile könnten alles das Intereße in sich vereinigen, das dem ersten noch fehlt.« (FA 11, 530f.) Der Grund, auf die folgenden Teile zu verzichten, ist nicht nur zu ahnen. Schiller war es

leid, sich aus vorrangig wirtschaftlichen Gründen einer
Schriftstellerei zu widmen, die mit seiner Vorstellung von
›wahrer‹ poetischer Kunst nicht recht übereinstimmen
konnte. Und er war guten Mutes, Finanzkrisen auf andere Weise – schon seit 1787: als Historiker – bewältigen zu
können. Göschens Angebot, 400 Taler für ein Werk über
den dreißigjährigen Krieg zu zahlen, war 1789 zu verlo-
ckend, um es mit Hinweis auf eine vom Publikum gewünschte *Geisterseher*-Fortsetzung auszuschlagen. Und
den Jahren der historischen Arbeit schlossen sich die der
ästhetischen Bemühungen an, und danach erfolgte Schillers Rückkehr zu jener Poesie, für die *Der Geisterseher*
eben nicht repräsentativ ist.

IV. Historische Schriften

1. *Geschichte des Abfalls der vereinigten Niederlande von der Spanischen Regierung*

Schon für *Fiesko*, sein zweites Drama, hatte sich Schiller mit historischen Quellen beschäftigt, um die Ereignisse des Jahres 1547 in Genua wenigstens in Umrissen zu skizzieren.[1] Aber er schrieb das Stück nicht als Historiker, sondern nutzte den überlieferten Stoff lediglich als Material, das ihm als Anregung für seine poetische Imagination, die ihn weit über die geschichtlichen Fakten hinaustrug, willkommen war. Ein wenig enger band er sich an die Historiographie bei der Arbeit am *Don Karlos*.[2] Dass er sich nach dem Abschluss dieses Werks intensiv dem Studium der Geschichte widmen werde, lässt eine Bemerkung während der dramatischen Arbeit ahnen: »Täglich wird mir die *Geschichte* theurer«, heißt es in einem Brief an Körner vom 15. April 1786. »Ich habe diese Woche eine Geschichte des Dreißigjährigen Kriegs gelesen, und mein Kopf ist mir noch ganz warm davon.« (FA 11, 173.) Und schon vor dem Abschluss des *Don Karlos* hatte Schiller im Herbst 1786 dem Leipziger Verleger Siegfried Lebrecht Crusius versprochen, ein Sammelwerk mit historischen Abhandlungen herauszugeben: *Geschichte der merkwürdigsten Rebellionen und Verschwörungen aus den mittlern und neuern Zeiten.*[3] Als

---

1 Siehe dazu oben, S. 136f.
2 Siehe dazu oben, S. 172.
3 Die Sammlung erschien zur Herbstmesse 1788 mit nur wenigen einleitenden Zeilen Schillers: *Nachricht* (vgl. NA 19 I, 184).

eigenen Beitrag sah Schiller eine Darstellung über den Aufstand der Niederländer gegen die Spanier vor. Dieser Beitrag weitete sich nach dem Abschluss des *Don Karlos* so sehr aus, dass er zu einer selbständigen Schrift wurde, die, nachdem Wieland im Januar und Februar 1788 den Anfang in seinem *Teutschen Merkur* vorveröffentlicht hatte, im Oktober 1788 bei Crusius erschien: *Geschichte des Abfalls der vereinigten Niederlande von der Spanischen Regierung. Herausgegeben von Friedrich Schiller. Erster Band.* Einen weiteren Band schrieb Schiller nicht.

Da Körner sein Unbehagen darüber äußerte, dass sich der Freund zur Geschichte hinwendete und damit seine Abwendung von der Dichtkunst zum Ausdruck brachte, versuchte sich Schiller in einem Brief vom 7. Januar 1788 zu erklären:

> Deine Geringschätzung der *Geschichte* kommt mir unbillig vor. Allerdings ist sie willkührlich, voll Lücken und sehr oft unfruchtbar, aber eben das willkührliche in ihr könnte einen philosophischen Geist reitzen, sie zu *beherrschen;* das leere und unfruchtbare einen schöpferischen Kopf herausfodern, sie zu befruchten und auf dieses Gerippe Nerven und Muskeln zu tragen. [...]
> [...] Mit der Hälfte des Werths den ich einer historischen Arbeit zu geben weiß, erreiche ich mehr Anerkennung in der sogenannten gelehrten und in der bürgerlichen Welt als mit dem größten Aufwand meines Geistes für die Frivolität einer Tragödie. [...] Ist nicht das *Gründliche* der Maaßstab nach welchem Verdienste gemessen werden? Das *Unterrichtende,* nehm-

lich das, welches sich dafür ausgibt, von weit höherem
Range, als das bloß Schöne oder Unterhaltende?

(FA 11, 264 f.)

Dass Schiller seine historischen Arbeiten (auch in den
folgenden Jahren) so lebhaft verteidigte, hatte einen für
ihn wichtigen Grund: Der Historiker verdiente mehr als
der Dichter. Und die Anerkennung stellte sich schnell ein,
als Anfang 1789 der Ruf auf eine Jenaer Professur erfolgte.
Dabei behauptete Schiller freilich gegenüber den Zunftge-
nossen eine eigenwillige Position, die sich aus der Überzeugung herleitete, dass der wahre Historiker ein philosophischer – und mehr noch: ein poetischer – Kopf sein
müsse.[4] »Die Geschichte ist überhaupt nur ein Magazin
für meine Phantasie«, schrieb er am 10. Dezember 1788
an Caroline von Beulwitz, »und die Gegenstände müssen
sich gefallen laßen, was sie unter meinen Händen werden.« (FA 11, 350.) Und am 10. Juli 1795, als er nach langer Pause im Begriff war, zur Dichtkunst zurückzukehren,
belehrte er den Historiker Johann Wilhelm Archenholtz:

Auch der Geschichtschreiber muss wie der Dichter
und Historienmahler genetisch und dramatisch zu
werk gehen: er muß die produktive Einbildungskraft
des Lesers ins Spiel zu setzen wißen, und bey der
strengsten Wahrheit ihr den Genuß einer ganz freyen
Dichtung verschaffen.   (FA 12, 26)

Dass er um Wahrheit bemüht sei, versicherte Schiller
in der Vorrede seines ersten großen Geschichtswerks: Da
so viele Quellen Unterschiedliches berichteten, sei es

---

4 Siehe dazu unten, S. 421–423.

»überhaupt schon schwer, sich der Wahrheit zu bemächtigen, die in allen theilweise versteckt, in keiner aber ganz und in ihrer reinen Gestalt vorhanden ist.« Er hoffe, das Publikum werde verstehen, »daß die Geschichte von einer verwandten Kunst etwas borgen kann, ohne deswegen nothwendig zum Roman zu werden.« (NA 17, 8 f.)

Für sein Werk, das, nach einer die Geschichte der Niederlande resümierenden Einleitung (vgl. NA 17, 10–83), nur noch die Vorgeschichte der erfolgreichen Rebellion der Niederlande gegen die Herrschaft der Spanier behandelt, nämlich die Zeit von 1522 (dem Jahr der Einsetzung der Inquisition) bis 1567 (dem Jahr der Abreise der Herzogin von Parma aus den Niederlanden), hat Schiller zwar die einschlägigen Geschichtswerke eifrig benutzt[5], aber es ging ihm nicht in erster Linie darum, Fakten zu vermitteln, sondern darum, den Leser für seine Geschichtsauffassung zu gewinnen. Diese fand ihren eigentümlichen Ausdruck in der psychologisierenden Charakterisierung (also Interpretation) der wichtigsten handelnden Personen und in der Vergleichung besonderer Ereignisse mit dem Allgemeinen der Weltgeschichte.

Die Geschichte der Welt ist sich selbst gleich, wie die Gesetze der Natur, und einfach wie die Seele des Menschen. Dieselben Bedingungen bringen dieselben Er-

---

5 Vor allem Emanuel van Meterens *Eigentlich vnd volkomene Historische beschreibung des Niederlendischen Kriegs* (Arnheim 1614), Jan Wagenaars *Allgemeine Geschichte der Vereinigten Niederlande [...]* (3 Bde., Leipzig 1756–58) und die französische Übersetzung von Robert Watsons *The History of the Reign of Philip the Second, King of Spain: Histoire du regne de Philippe II, roi d'Espagne* (2 Bde., Amsterdam/Rotterdam 1777). Vgl. auch Schillers eigene Quellenangaben (NA 17, 8 f.), des weiteren FA 6, 756–758.

scheinungen zurück. Auf eben diesem Boden, wo jetzt die Niederländer ihrem spanischen Tyrannen die Spitze bieten, haben vor funfzehenhundert Jahren ihre Stammväter, die Batavier und Belgen, mit ihrem römischen gerungen. (NA 17, 21 f.)

Aber gerade deshalb, weil es, wie schon der Prediger Salomo (1,9) wusste, nichts Neues unter der Sonne gibt, versuchte Schiller, sich in das Innere derer, die immer dasselbe, ob Böses oder Gutes, tun, hineinzuversetzen, um auf diese Weise dem Räderwerk der Geschichte auf die Spur zu kommen und dabei auch die Gründe dafür zu finden, dass sich trotz der zu beobachtenden Wiederkehr des Gleichen Veränderungen, ja auch Fortschritte im Geschichtsprozess vollziehen. Er lenkte seine Aufmerksamkeit – als Historiker ebenso wie als Dramatiker – auf alles Großartige, Gewaltsame, auf Rebellionen und Verschwörungen, auf große Verbrechen und merkwürdige Taten der verschiedensten Art – Menschenwerke. Das anscheinend Zufällige sollte in einen Begründungszusammenhang gebracht werden, in dem sich Geschichte als notwendig erweist.

Schillers Geschichtsdarstellung ist immer Menschendarstellung, ist zum großen Teil Reflexion über die anscheinend undurchschaubaren Antriebe menschlichen Handelns, aber auch Betrachtung über den Charakter von Völkern und Religionen, ihre Ursachen und Wirkungen. Die Niederlande vor der Unterwerfung durch Karl V. werden bündig so beschrieben: »Das Genie dieser Nation, durch den Geist des Handels und den Verkehr mit so vielen Völkern entwickelt, glänzte in nützlichen Erfindungen; im Schooße des Ueberflusses und der

Freiheit reiften alle edleren Künst.« (NA 17, 36.) Und
dann die Erkenntnis:

> Nichts ist natürlicher als der Uebergang bürgerlicher
> Freiheit in Gewissensfreiheit. Der Mensch, oder das
> Volk, die durch eine glükliche Staatsverfassung mit
> Menschenwerth einmal bekannt geworden, die das
> Gesetz, das über sie sprechen soll, *einzusehen* ge-
> wöhnt worden sind [...], ein solches Volk und ein sol-
> cher Mensch werden sich schwerer als andre in die
> blinde Herrschaft eines dumpfen despotischen Glau-
> bens ergeben, und sich früher als andre wieder davon
> emporrichten.   (NA 17, 41)

Also wurden die Niederlande protestantisch; also ließ
Karl V. die vom Katholizismus Abgefallenen »durch die
grausamsten Edikte verfolgen« (NA 17, 44). Immerhin
gelang es ihm, durch einige Wohltaten die Sympathie der
Niederländer zu gewinnen, »während daß seine Armeen
ihre Saatfelder niedertraten, seine Statthalter preßten,
und seine Nachrichter schlachteten« (NA 17, 47). Anders dann Philipp II., der »Menschen nur als dienstbare
Organe der Willkühr« behandelte (ebd.). Warum das so
war, weiß der Historiker: »In Spanien gebohren, und unter der eisernen Zuchtruthe des Mönchthums erwachsen,
foderte er auch von andern die traurige Einförmigkeit
und den Zwang, die *sein* Karakter geworden waren.«
(Ebd.) Und: »Zwei Begriffe, sein *Ich*, und was *über* diesem Ich war, füllten seinen dürftigen Geist aus, Egoismus
und Religion sind der Inhalt und die Ueberschrift seines
ganzen Lebens.« (NA 17, 54.)
Bei der Beschreibung der Inquisition ist Schiller (wie

im *Don Karlos*) ganz in seinem Element; er brandmarkt
sie als menschenverachtende Institution und zeichnet
mit erkennbarer Lust am Zeichnen das Grauen der Ur-
teilsvollstreckung und die grässlichen Ereignisse, die ihr
vorangingen:

> Die Vermessenheit ihrer [der Inquisition] Urtheilsprü-
> che kann nur von der Unmenschlichkeit übertroffen
> werden, womit sie dieselben vollstrecket. [...] Mit feier-
> lichem Pompe führt man den Verbrecher zur Richt-
> statt, eine rothe Blutfahne weht voran, der Zusammen-
> klang aller Glocken begleitet den Zug; zuerst kommen
> Priester im Meßgewande, und singen ein heiliges Lied.
> Ihnen folgt der verurtheilte Sünder, in ein gelbes Ge-
> wand gekleidet, worauf man schwarze Teufelsgestalten
> abgemahlt sieht. [...] *Weggekehrt* von dem ewig Ver-
> dammten wird das Bild des Gekreuzigten getragen;
> ihm gilt die Erlösung nicht mehr. [...] und es ist ein
> lebendiger Mensch, dessen Quaalen jezt das Volk so
> schauderhaft unterhalten sollen. (NA 17, 59f.)

Schiller, der dichtende Historiker, schuf kolossale His-
toriengemälde von großer Anschaulichkeit. Die Szene ist
blutrot gefärbt, die Handelnden sind schwarz oder weiß
und wenn sie grau sein mussten, dann waren sie eben
sowohl schwarz wie auch weiß. Auf diese Weise wurden
die Anführer der Rebellion, Egmont und Wilhelm von
Oranien, ins rechte Licht gesetzt. Er sei, heißt es von
diesem, ausgezeichnet gewesen durch »eine geschäftige
feurige Seele, die [...] der List und der Liebe gleich unbe-
tretbar war«; »seine Furcht war früher da, als die Gefahr, und er war ruhig im Tumult, weil er in der Ruhe ge-

zittert hatte [...].« (NA 17, 68f.) Jener erscheint in unge-
trübtem Glanz:

> Höflichkeit, edler Anstand und Leutseligkeit, die lie-
> benswürdigen Tugenden der Ritterschaft, schmückten
> mit Grazie sein Verdienst; in einem freundlichen Gruß
> oder Händedruck verschrieb sich sein überwallendes
> Herz jedem Bürger. Auf einer freien Stirn erschien sei-
> ne freie Seele; seine Offenherzigkeit verwaltete seine
> Geheimnisse nicht besser als seine Wohlthätigkeit sei-
> ne Güter, und ein Gedanke gehörte *allen*, sobald er
> *sein* war. (NA 17, 72)

Wehe denen, die durch zweifelhaftes Betragen Macht
gewonnen und die Blicke auf sich gezogen haben, Heinrich von Broderode etwa, der Anführer der Geusen, dem
der Autor »Eigendünkel« bescheinigt, der ihn dahin
brachte, »mit der Regierung zu schmollen, und [...] ihre
Maasregeln mit verwegenen Schmähungen anzugreifen.«
Und weiter: »Auch er begünstigte im stillen das evangeli-
sche Bekenntniß; weniger aber weil seine beßre Ueberzeugung dafür entschieden, als überhaupt nur, weil es ein
Abfall war. Er hatte mehr Mundwerk als Beredtsamkeit,
und mehr Dreistigkeit als Muth [...].« (NA 17, 159.)
  In die Darstellung der ›Ereignisgeschichte‹ schiebt
Schiller immer wieder erläuternde und die Fakten inter-
pretierende Bemerkungen ein, die dem Leser nahelegen,
den Sinn des Geschehenen nicht anders zu verstehen als
der Historiker, der von diesem Geschehen, nicht selten
mit theatralischen Gesten und ordentlichem Wortgeprän-
ge, Kunde gibt. Zuweilen werden auch, aus jeweils kon-
kretem Anlass, Lebenserfahrungen knapp zusammenge-

fasst, die in einer Sammlung von Maximen und Reflexionen ihren Platz finden könnten, etwa diese: »Wenn es Wahrheiten giebt, deren Wirkung sich auf einen bloßen *Augenblick* einschränkt, so können Erdichtungen, die sich nur *diesen Augenblick* lang halten, gar leicht ihre Stelle vertreten.« (NA 17, 182.)

Schiller betrachtete seine Geschichtsschreibung als Versuch, aus der Kenntnis überlieferter Fakten Wahrheiten zu gewinnen, die über den Augenblick hinaus ihre Wirkungen zeitigten. Die anscheinende Sicherheit seines Urteilens hängt damit zusammen, dass er am Vorabend der Französischen Revolution den Geschichtsverlauf durchaus optimistisch (teleologisch, zielgerichtet) als Fortschritt auf dem Wege zur durch Freiheit zu gewinnenden Menschenwürde angesehen hat. Vier Jahre später schwand dieser Optimismus, nachdem, wie Schiller glaubte, die Macht in Frankreich in die Hände terroristischer Banden gefallen war. Da hatte er sich schon von dem Feld der Geschichte auf das der Philosophie begeben.

2. Kleinere historische Schriften

Am 26. Mai 1789, 22 Tage nach dem offiziellen Beginn des Semesters und drei Wochen nach dem Zusammentritt der französischen Generalstände in Versailles, mit dem die Französische Revolution eingeleitet wurde, hielt Schiller als Professor der Philosophie seine Jenaer Antrittsvorlesung, die im selben Jahr unter dem Titel *Was heißt und zu welchem Ende studiert man Universalgeschichte?* veröffentlicht wurde.[6] Die Wirkung war und

6 Siehe oben, S. 72f.

blieb beträchtlich: Etwa 400 Studenten aller Fakultäten
(die Hälfte der seinerzeit in Jena Immatrikulierten)
drängten sich im größten Hörsaal der Universität, und
bis heute ist die Zahl derer, die dieser historiographi-
schen Programmschrift Aufmerksamkeit schenken, sehr
groß. Schiller selbst berichtete nicht ohne Selbstironie
von dem Ereignis detailliert in einem Brief an Körner
vom 28. Mai: Er habe für seinen Auftritt nicht gleich das
größte Auditorium gewählt (»so kennst Du ja meine Be-
scheidenheit«) und sei dafür auf eine »brillante Art belohnt worden«, weil der notwendige Umzug einen großen Tumult ausgelöst habe. (»Man glaubte anfangs es
wäre Feuerlerm und am Schloß kam die Wache in Bewegung.«) Die Vorlesung habe »Eindruck« gemacht, »den
ganzen Abend hörte man in der Stadt davon reden« (FA
11, 420–422).[7]

Die Antrittsvorlesung beschäftigt sich mit der Frage
nach dem prinzipiellen Unterschied zwischen dem Historiker als Brotgelehrtem und als philosophischem Kopf.
Einleitend heißt es: »Fruchtbar und weit umfassend ist
das Gebiet der Geschichte; in ihrem Kreise liegt die gan-

---

7 Schillers Brief enthält auch einige grundsätzliche Bedenken gegen das
Vorlesungswesen, Bedenken, die immer aktuell geblieben sind: »Indeß
kann ich, wenn ich aufrichtig seyn soll, dem Vorlesungenhalten selbst
noch keinen rechten Geschmack abgewinnen; wäre man der *Empfäng-
lichkeit* und einer gewißen vorbereitenden Fähigkeit bey den Studiren-
den versichert, so könnte ich überaus viel Intereße und Zweckmäßigkeit in dieser Art zu Wirken finden. So aber bemächtigte sich meiner
sehr lebhaft die Idee: daß zwischen dem Catheder und den Zuhörern
eine Art von Schranke ist, die sich kaum übersteigen läßt. Man wirft
Worte und Gedanken hin, ohne zu wißen und fast ohne zu hoffen daß
sie irgendwo fangen, fast mit der überzeugung, daß sie von 400 Ohren
400mal, und oft abentheuerlich, mißverstanden werden. Keine Möglichkeit sich, wie im Gespräch, an die Faßungskraft des andern anzu-
schmiegen.« (FA 11, 422.)

ze moralische Welt.« (NA 17, 359.) So wird gleich die universalistische Sicht der Dinge von dem Historiker, der sich als Philosoph behaupten will, angesprochen. Nur er kann das große Ganze, um das es zu gehen hat, überblicken, ordnen und beurteilen, nicht ohne Berücksichtigung einzelner Daten und Fakten, aber weit über sie und damit über das abgezirkelte Feld des Brotgelehrten hinausgehend. Mit diesem sei es so bestellt: Es sei ihm »bey seinem Fleiß einzig und allein darum zu thun [...], die Bedingungen zu erfüllen, unter denen er zu einem Amte fähig und der Vortheile desselben theilhaftig werden kann« (NA 17, 360). Ärger noch: Die Brotgelehrten »fechten mit Erbitterung, mit Heimtücke, mit Verzweiflung, weil sie bey dem Schulsystem, das sie vertheidigen, zugleich für ihr ganzes Daseyn fechten. Darum kein unversöhnlicherer Feind, kein neidischerer Amtsgehülfe, kein bereitwilligerer Ketzermacher, als der Brodgelehrte.« (NA 17, 361.) Griff Schiller die Zunft an, um sich zu verteidigen? Er war ja nun einmal kein ›gelernter‹ Historiker, kein Quellenforscher, kein Geschichtsschreiber, der das Überlieferte mustert und zusammenhängend so darstellt, als habe es in dem geschilderten Zusammenhang den einzig möglichen Platz.

Der Historiker Schiller verstand sich, mit einer Entschiedenheit wie kein deutscher Historiker vor ihm, als Geschichtsphilosoph, der in der Verbindung mit anderen Wissenschaften zu einer Wahrheit zu kommen trachtete, die jenseits aller Fakten verborgen liegt. Er stellte sich also selbst dar, indem er auf die ihm eigene Schwarz-Weiß-Manier erklärte: »Wo der Brodgelehrte trennt, vereinigt der philosophische Geist. Frühe hat er sich überzeugt, daß im Gebiete des Verstandes, wie in der Sinnen-

welt, alles in einander greife, und sein reger Trieb nach
Uebereinstimmung kann sich mit Bruchstücken nicht be-
gnügen. Alle seine Bestrebungen sind auf Vollendung seines Wissens gerichtet [...].« Auch wenn er einmal irren
sollte, bleibt sein Verdienst unbestreitbar; denn er hat
die Wahrheit immer mehr geliebt als sein System«
(NA 17, 362).

Um als Historiker die Wahrheit zu erforschen, ist es
nötig, die Geschichte zu interpretieren, damit diese in ihrem Fortschreiten gelenkt werden kann. Es geht immer
um die jeweils gegenwärtigen Weltverhältnisse, deren
Gründe in der Vergangenheit aufgespürt werden müssen.
Mit rasch hingeworfenen Beispielen aus der Weltgeschichte bereitet Schiller sein Publikum auf das Dictum
vor: »Aus der ganzen Summe dieser Begebenheiten hebt
der Universalhistoriker diejenigen heraus, welche auf die
heutige Gestalt der Welt und den Zustand der jetzt lebenden Generation einen wesentlichen, unwidersprechli-
chen und leicht zu verfolgenden Einfluß gehabt haben.«
(NA 17, 371.)

Die Gründe der gegenwärtigen Weltverhältnisse werden in der Vergangenheit gesucht, mit dem Ziel, die Zukunft voraussehbar zu machen. Schiller ist nur insofern
Kausalist, als er nicht bestreitet, dass alles Geschehene
Ursachen hat; aber er leugnet, dass der Zusammenhang
der erkennbaren Ursachen immer zweifelsfrei zu bestimmen sei, und weist sich damit als Finalist (Teleologe)
aus: Das allein überlieferte »Aggregat von Bruchstücken« der Weltgeschichte, so sagt er, »verkettet« der
philosophische Kopf »durch künstliche Bindungsglie-
der« und erhebt es so »zum System«. Diese Bindungs-
glieder nimmt er »aus sich selbst heraus, und verpflanzt

sie ausser sich in die Ordnung der Dinge d. i. er bringt einen vernünftigen Zweck in den Gang der Welt, und ein teleologisches Prinzip in die *Weltgeschichte*.« (NA 17, 373 f.)

Am Ende der Vorlesung wird der Universalhistoriker zum wahren Lehrer der Menschheit promoviert – ähnlich wie es kurz zuvor mit dem Künstler geschehen war:[8]

> Unser *menschliches* Jahrhundert herbey zu führen haben sich [...] alle vorhergehenden Zeitalter angestrengt. Unser sind alle Schätze, welche Fleiß und Genie, Vernunft und Erfahrung im langen Alter der Welt endlich heimgebracht haben. Aus der Geschichte erst werden *Sie* lernen, einen Werth auf die Güter legen, denen Gewohnheit und unangefochtener Besitz so gern unsre Dankbarkeit rauben: kostbare theure Güter, an denen das Blut der Besten und Edelsten klebt [...]. (NA 17, 375 f.)

Schillers optimistisch aufklärerische Geschichtsvorstellung änderte sich später radikal. Die Tragödien – von *Wallenstein* bis *Demetrius* –, mit denen Schiller weltliterarische Größe erlangte, handeln wesentlich von der ›an und für sich‹ tragischen Geschichte, der undurchschaubaren, der schicksalhaft zermalmenden.

Aus der Vorlesung des Sommersemesters 1789, der *Einleitung in die Universalgeschichte*, arbeitete Schiller drei Kapitel zu Abhandlungen aus, die er 1790 in der *Thalia* veröffentlichte: zunächst *Die Sendung Moses*[9],

---

8 Siehe oben, S. 348 f.
9 Erschienen im September 1790 im 10. Heft der *Thalia*.

dann[10] *Etwas über die erste Menschengesellschaft nach dem Leitfaden der mosaischen Urkunde* und *Die Gesetzgebung des Lykurgus und Solon.*

Die Sendung Moses ist im wesentlichen eine Auslegung des Buches *Exodus*, und zwar im Stil (und Geist) des aufgeklärten Rationalisten, der die 400jährige Geschichte der in Ägypten unterdrückten Israeliten, die Geschichte des Retters Mose und, andeutungsweise, den Auszug aus Ägypten an viele – als historisch präsentierte – Voraussetzungen knüpft, die der Universalhistoriker, der philosophische Kopf Schiller, zum großen Teil ausgedacht hat, um der Geschichte einen Sinn geben zu können. Das Konstrukt ist nicht deshalb interessant, weil es teilweise falsch ist (etwa: dass die jüdische Gottesvorstellung aus der ägyptischen Mythologie entwickelt worden sei, dass sie später umgedeutet worden sei, um behaupten zu können, das politische Ziel der Befreiung sei durch einen eigenen, einen Nationalgott erreicht worden), und es ist auch nicht sonderlich interessant, weil es sich sehr der Freimaurerschrift *Die Hebräischen Mysterien oder die älteste religiöse Freimaurerey*[11] des Jenaer Philosophen Karl Leonhard Reinhold bedient hat – interessant sind Schillers Ausführungen insbesondere, weil sie entschieden das Postulat vom Dasein Gottes vertreten und damit den unbedingten Nutzen der Religion für die Menschen vertreten. Die Religion, heißt es da, sei »die stärkste und unentbehrlichste Stütze aller Verfassung« (NA 17, 396). Der ›wahre‹ Gott, den Schiller gelegentlich in seiner Abhandlung apostrophiert, ist der abstrakte antlitzlose Vernunftgott, wie ihn die ägyptischen Mysterien gekannt ha-

---

10 Das 11. Heft der *Thalia* erschien im November 1790.
11 Erschienen 1787 mit der Jahreszahl 1788.

ben; diesen habe Mose aus naheliegenden praktischen Erwägungen (und entgegen seinen richtigen Einsichten) anthropomorphisiert, damit die Befreiungsaktion als göttlich geleiteter Kampf den »Hebräern« verständlich werde. Der damit ›geschaffene‹ sich offenbarende Gott, der Gott der Juden und Christen, ist für Schiller nicht weniger bedenklich als der Gottessohn Christus, über den er in *Die Götter Griechenlandes* zu Gericht gesessen hatte.[12] Die Zeit der Offenbarungsreligion sei abgelaufen, die Zeit der Vernunftreligion angebrochen.

In der Abhandlung *Etwas über die erste Menschengesellschaft [...]* wird Schiller noch deutlicher. »An dem Leitbande des Instinkts, woran sie noch jetzt das vernunftlose Thier leitet, mußte die Vorsehung den Menschen in das Leben einführen, und, da seine Vernunft noch unentwickelt war, gleich einer wachsamen Amme hinter ihm stehen.« (NA 17, 398.) So beginnt der Universalhistoriker, der auch hier auf die ›richtige‹, die Vernunftreligion hinsteuert. Ursprünglich, heißt es weiter, habe der Mensch die Anlage gehabt, »das glücklichste und geistreichste aller Thiere« (ebd.) zu werden, doch da er bestimmt gewesen sei, selbst Schöpfer seines Glücks zu sein, habe sich der Abfall von der Natur nicht vermeiden lassen. Selbstbewusst kühn erscheinen die Sätze, mit denen Schiller das dritte Kapitel der *Genesis* umdeutet:

Wenn wir [...] jene Stimme Gottes in Eden, die ihm [dem Menschen] den Baum der Erkenntniß verbot, in eine Stimme seines Instinktes verwandeln, der ihn von diesem Baume zurückzog, so ist sein vermeintlicher Ungehorsam gegen jenes göttliche Gebot nichts anders

12 Siehe oben, S. 343–345.

als – ein Abfall von seinem Instinkte – also, erste Aeu-
ßerung seiner Selbstthätigkeit, erstes Wagestück seiner
Vernunft, erster Anfang seines moralischen Daseyns.

(NA 17, 399)

Auf diese Weise rationalisiert Schiller die biblische Geschichte bis zur Sintflut und ihren Folgen, erklärt Mord
und Totschlag ebenso aus dem freien Willen wie die Her-
ausbildung der Ständegesellschaft und die Etablierung von
Gewaltherrschaften. Der Gott der Juden und der Christen
hat in diesen Vorstellungen keinen Platz mehr. Vor und
über dem Menschen waltet noch die ›Vorsehung‹, ansons-
ten könne der Welt nichts Besseres geschehen, als dass
sich die Menschen, allen voran die Herrschenden, nach
dem kategorischen Imperativ verhielten. Schiller, der in einer Fußnote angibt, dass seine »Ideen auf Veranlassung
eines *Kantischen* Aufsatzes in der Berliner Monatschrift[13]«
entstanden seien, setzt sich über Kants durchaus christlich
geprägte Ansicht hinweg, mit der Vertreibung aus dem Paradies seien dem Menschen dauernde Not und Mühsal
auferlegt worden. Eine Reihe von Beispielen soll zeigen,
wie der Mensch (ohne Gott) in einem »langen, lasterrei-
chen, noch jetzt nicht geendigten Kampf [...] seine Vernunft und Sittlichkeit ausbilden« (NA 17, 401) konnte.

Es scheint, als habe sich Schiller in seiner Abhandlung
nicht nur (kritisch) mit Kant auseinandersetzen, sondern
auch (zustimmend) Gedanken der Französischen Revolution weiterdenken wollen.

Für *Die Gesetzgebung des Lykurgus und Solon* hat

---

13 Gemeint ist Kants im Januar 1786 in der *Berlinischen Monatsschrift*
   erschienene Abhandlung *Muthmaßlicher Anfang der Menschenge-
   schichte.*

sich Schiller, was die historischen Fakten betrifft, weitgehend auf Plutarchs *Parallelbiographien* (in der 1777 erschienenen deutschen Übersetzung von Gottlob Benedict von Schirach), den ersten Band von Johann Christoph Gatterers *Weltgeschichte in ihrem jetzigen Umfange* (1785) und den dritten Teil von Herders *Ideen zur Philosophie der Geschichte der Menschheit* (1787) gestützt. Wesentliche Anregungen erhielt er durch Montesquieus *De l'esprit des lois* (1748).

Die Gesetzgebung, die der sagenhafte Lykurg (der vielleicht im 9. Jahrhundert vor Christus lebte) Sparta gegeben haben soll, ist nach Schiller »ein Meisterstück der Staats- und Menschenkunde« (NA 17, 423) – die Basis eines bewundernswerten Gemeinwesens, das sich aus drohendem Zerfall zu machtvoller Größe erhob, weil die Interessen der Bürger auf die Erhaltung und Entwicklung des Staates, der das Leben aller seiner Untertanen regelte, konzentriert wurden:

> [...] die Gesetzgebung des Lykurgus [...] ist wirklich in sich selbst vollendet, alles schließt sich darinn an einander an, eines wird durch alles, und alles durch eins gehalten. Beßere Mittel konnte Lykurgus wohl nicht wählen, den Zweck zu erreichen, den er vor Augen hatte, einen Staat nemlich, der von allen übrigen isolirt, sich selbst genug und fähig wäre, durch innern Kreislauf und eigne lebendige Kraft sich selbst zu erhalten. (NA 17, 421)

Doch die Volte schließt sich an: diese Gesetzgebung sei »im höchsten Grade verwerflich« (NA 17, 423); denn: »Der Staat selbst ist niemals Zweck, er ist nur wichtig als eine Bedingung unter welcher der Zweck der Menschheit erfüllt werden kann, und dieser Zweck der Menschheit ist kein andrer, als Ausbildung aller Kräfte des Menschen, Fortschreitung.« (Ebd.) Die Folgen der rigiden Gesetze waren verheerend: »Aller Kunstfleiß war aus Sparta verbannt, alle Wissenschaften wurden vernachläßigt, aller Handelsverkehr mit fremden Völkern verboten, alles Auswärtige wurde ausgeschlossen.« (NA 17, 425.)

Das Gesetzgebungs-Gegenmodell wird schnell in der athenischen Verfassung, die am Anfang des 6. vorchristlichen Jahrhunderts von Solon geschaffen wurde, gefunden. Die Voraussetzungen für das wohltätige Werk des Gesetzgebers waren die denkbar günstigsten: Solon war weitgereist, sehr gebildet, mild und weise, »empfindlich für Freude und Liebe« (NA 17, 431) und sogar in der Dichtkunst geübt. Die streitenden Parteien Athens habe er zu versöhnen vermocht und am Ende der Polis gegeben, was diese für Jahrhunderte politisch, geistig und moralisch über alle Staaten strahlend hinausgehoben habe: die Demokratie, die »den Staat dem Menschen dienen ließ« (NA 17, 440).

Ein Seitenblick auf die Gegenwart lässt erkennen: »Bey uns stehen die Gesetze nicht selten in direktem Widerspruch mit den Sitten. Bei den Alten standen Gesetze und Sitten in einer viel schöneren Harmonie. *Ihre* Staatskörper haben daher auch eine so lebendige Wärme, die den unsrigen ganz fehlt [...].« (NA 17, 437.) Es bedurfte also der Rückbesinnung auf die Alten, um die Fortschritte der Geschichte zu sichern und das menschliche Jahrhundert, das Schiller in seiner Antrittsrede so emphatisch ausgerufen hatte, nicht als Utopie eines philosophischen Kopfes ins Dubiose zu ziehen.

3. *Geschichte des Dreyßigjährigen Kriegs*

Nachdem Göschen Ende 1789 Schiller gebeten hatte, ihm für seinen *Historischen Calender* einen Aufsatz über den Dreißigjährigen Krieg zu liefern, machte sich der noch mit der Fortsetzung des wenig geliebten *Geistersehers* beschäftigte Dichter im Frühjahr 1790 an die Arbeit. Bald war abzusehen, dass sich der Aufsatz zu einem Buch ausweiten werde, einem so umfangreichen sogar, dass es in einem einzigen der von Wieland besorgten *Calender* gar keinen Platz finden konnte. Bis zum September wurden die beiden ersten Teile (»Bücher«), in denen die Ereignisse bis zur Schlacht von Breitenfeld (1631) geschildert sind, fertig; sie erschienen wenig später im kleinformatigen *Historischen Calender für Damen für das Jahr 1791* (S. 1–387; NA 18, 9–181) und fanden applaudierende Kritiker und ein zufriedenes Publikum. Das gefiel Schiller, dem die Rezeption bestätigte, was er sich schon vorher gedacht haben mochte: »Ich sehe nicht ein warum ich nicht, wenn ich ernstlich will, der erste Geschichtschreiber in Deutschl[and] werden kann und dem ersten müssen sich doch auf jeden Fall Aussichten öfnen.« (Brief an Körner, 26. November 1790; FA 11, 544.)

Die schwere Krankheit, die Anfang 1791 Schiller überfiel und ihn mehrere Monate lähmte, führte dazu, dass für den folgenden *Calender* die Fortsetzung der *Geschichte des Dreyßigjährigen Kriegs* gering ausfiel; nur der erste Teil des dritten Buches, endend mit den Erfolgen Gustav Adolphs am Rhein im Winter 1631/32, konnte erscheinen (S. 389–472, in ›großzügigem‹ Druck; NA 18, 185–208). Erst Mitte 1792 arbeitete Schiller an seinem Geschichtswerk weiter, ohne großes Engagement (denn er hatte sich inzwischen ganz auf die Philosophie geworfen) und entschieden, es nun genug sein zu lassen. Am 21. September 1792 schrieb er an Körner: »Wünsche mir Glück. Eben schike ich den letzten Bogen Mscrpt fort. Jetzt bin ich frey und will es für immer bleiben.« (NA 26, 151.) Was er noch zustande gebracht hatte, bis hin zu den im fünften Buch geschilderten Ereignissen des Jahres 1635 und einer summarischen Zusammenfassung der mit dem Westfälischen Frieden (1648) endenden Kriegshandlungen, füllte den Hauptteil des *Historischen Calenders für Damen für das Jahr 1793* (S. 473–860; NA 18, 211–385). Die andauernde Beschäftigung mit der Geschichte eines überragenden Feldherrn des Dreißig-jährigen Kriegs, die in diesem zweiten und letzten histo-rischen Großopus Schillers naturgemäß einen beträchtli-chen Raum einnimmt, fand nach sieben Jahren ihren Niederschlag in seinem bedeutendsten Werk, dem Trau-erspiel *Wallenstein*.[14]

Wie für seine übrigen historischen Arbeiten hat es Schiller auch für seine *Geschichte des Dreyßigjährigen Kriegs* nicht an gründlichen Quellenstudien fehlen lassen, über die er aber, anders als in seiner *Geschichte des Ab-falls der vereinigten Niederlande von der Spanischen Regierung*, keine genauen Angaben gemacht hat. Doch konnte es der Geschichtswissenschaft nicht schwerfallen, die wichtigsten Bücher, die Schiller benutzt hat, aufzuspü-ren, zumal sich einige von ihnen nachweislich in seinem Besitz befanden, so die wichtigste Quelle, der fünfte und sechste Teil von Michael Ignaz Schmidts *Geschichte der Deutschen* (1785), außerdem Johann Christoph Krauses

---

14 Siehe dazu oben, S. 192–226.

Lehrbuch der Geschichte des dreyßigjährigen teutschen Krieges und Westphälischen Friedens (1782), Christoph Gottlieb von Murrs *Beyträge zur Geschichte des dreyßig-jährigen Krieges* (1790) und der zweite Teil von Johann Stephan Pütters *Historische Entwickelung der heutigen Staatsverfassung des Teutschen Reichs* (1786).[15]

Schiller beginnt seine *Geschichte des Dreyßigjährigen Kriegs* mit allgemeinen Betrachtungen über die seit der Reformation aufs engste bestehenden Wechselbeziehungen zwischen Politik und Religion. Dabei wird schnell deutlich, für welche Seite in der fürchterlichen Auseinandersetzung der Historiker, der (als philosophischer Kopf) weiß, dass der historistische Traum von einer ›objektiven‹ Darstellung der Ereignisse in der Wirklichkeit keine Erfüllung finden kann, Partei ergreift:

> Es ist sehr schwer zu sagen, was mit der Reformation, was mit der Freyheit des Deutschen Reichs wohl geworden seyn würde, wenn das gefürchtete Haus Oesterreich nicht Parthey gegen sie genommen hätte. So viel aber scheint erwiesen, daß sich die Oesterreichischen Prinzen auf ihrem Wege zur Universalmonarchie durch nichts mehr gehindert haben, als durch den hartnäckigen Krieg, den sie gegen die neuen Meinungen führten. (NA 18, 17)

Die so angedeutete Sympathie für den – im zweiten Satz schon als »Glaubensverbesserung« apostrophierten – Protestantismus, dem Deutschland geistige

---

15 Vgl. die genauen Angaben in NA 41 I (*Schillers Bibliothek*, Nr. 526, 481, 491 und 523). Zu weiteren Quellen vgl. die Zusammenstellung in FA 7, 854–856.

Freiheiten und damit politische Fortschritte verdanke, verführt Schiller hier nicht dazu, ein Bild extremer Gegensätze, des Bösen und Guten, zu zeichnen, weiß und schwarz. Er liefert keine pro-protestantische und anti-katholische Programm- oder gar Tendenzschrift, weil ihn, der sich längst in beträchtlicher Distanz zum Christentum befand, die Auseinandersetzung christlicher Konfessionen, die wechselnden Siege und Niederlagen der religiös motivierten widerstreitenden Heere weniger interessierten als der Prozess der Geschichte, aus dem ein ›System‹ der sich gegenseitig fesselnden und wieder lösenden Kräfte gewonnen werden soll. Diese finden ihren Ausdruck nicht in Parteien und Gruppierungen, nicht in einem wie auch immer gearteten ›Volkswillen‹, sondern in dem Denken und Handeln einzelner überragender Persönlichkeiten, die sich anmaßen und zutrauen, das Schicksal herauszufordern und es auf ihre Weise zu lenken. Die Frage nach rechtem und unrechtem Tun wird bei dieser ›System‹-Suche an den Rand gedrängt.

Schillers Interesse am Dreißigjährigen Krieg, den er als deutschen Krieg in den Kontext der europäischen Machtverhältnisse stellt, ist fast identisch mit seinem Interesse an denen, die diesen Krieg an der Spitze ihrer Heere bestimmt haben: Gustav Adolph von Schweden und Wallenstein. Beide werden im zweiten Buch vorgestellt – als Lichtgestalt jener, als Dämon dieser. *Sie* haben Geschichte gemacht, auf eine Weise, wie es der leidenschaftliche Dramatiker Schiller nur wünschen konnte, der psychologisierende Seelenerforscher, der Sachwalter jeder Größe, auch (und gerade) der dämonischen, auch der verbrecherischen. Gustav Adolph ist Held und Friedensfürst, ist großherzig und weise, hängt dem besseren Glauben an und ist schon ein »Feldherrngenie«, bevor er »auf Deutschem Boden Wunder« tut. (NA 18, 100.)

> In der einen Hand das Schwert, in der andern die Gnade, sieht man ihn jetzt [1631/32] Deutschland von einem Ende zum andern als Eroberer, Gesetzgeber und Richter durchschreiten, in nicht viel mehr Zeit durchschreiten, als ein anderer gebraucht hätte, es auf einer Lustreise zu besehen [...]. (NA 18, 188)

Und nach dem Tod des Helden in der Schlacht bei Lützen stimmt der Historiker-Dichter keine Trauerklage auf den Dahingegangenen an, sondern preist sein Leben und – sein Ende: »Gestern noch der belebende Geist, der große und einzige Beweger seiner Schöpfung – heute in seinem Adlerfluge unerbittlich dahingestürzt, herausgerissen aus einer Welt von Entwürfen, von der reifenden Saat seiner Hoffnungen ungestüm abgerufen [...].« Und doch hat die Geschichte wohlgetan; denn es drohte den Deutschen die Gefahr, von einer fremden Macht annektiert zu werden. Also schließt der Bewunderer des schwedischen Königs: »[...] der größte Dienst, den er der Freyheit des Deutschen Reichs noch erzeigen kann, ist – zu sterben. Die alles verschlingende Macht des Einzelnen zerfällt, und Viele versuchen ihre Kräfte [...].« (NA 18, 280.)

In Schillers Geschichtswerk ist Wallenstein sehr viel eindeutiger ein Verbrecher als Jahre später im *Wallenstein*-Trauerspiel; und doch begegnet ihm auch der Historiker mit geheimer Sympathie, wohl deshalb, weil ihm einige der aufgezählten Eigenschaften durchaus eigen waren, wenigstens in Ansätzen. »Die meisten Offiziere waren seine Geschöpfe, seine Winke – Aussprüche des Schicksals für den gemeinen Soldaten. Grenzenlos war sein Ehrgeitz, unbeugsam sein Stolz, sein gebietherischer Geist nicht fähig, eine Kränkung ungerochen zu erdulden.« (NA 18, 132.) Und wenig später heißt es: »Sein immer arbeitender Kopf brauchte Stille [...]. Immer geschäftig und von großen Entwürfen bewegt, entsagte er allen leeren Zerstreuungen, wodurch andre das kostbare Leben vergeuden.« (NA 18, 134.)

Am Ende dann, nach der erduldeten Schmach der Absetzung durch den Kaiser in Wien, nach seiner Rehabilitierung, nach seinem Aufbegehren, nach seinen glänzenden Siegen und seiner schändlichen Ermordung, erfährt Wallenstein noch einmal eine vorteilhafte Würdigung:

So endigte Wallenstein [...] sein thatenreiches und außerordentliches Leben; durch Ehrgeitz emporgehoben, durch Ehrsucht gestürzt, bey allen seinen Mängeln noch groß und bewundernswerth, unübertrefflich, wenn er Maß gehalten hätte. Die Tugenden des *Herrschers* und *Helden*, Klugheit, Gerechtigkeit, Festigkeit und Muth, ragen in seinem Charakter kolossalisch hervor; aber ihm fehlten die sanftern Tugenden des *Menschen*, die den Helden zieren, und dem Herrscher Liebe erwerben. (NA 18, 327 f.)

Finstere Mächte besorgten schließlich den Fall dieses Großen und bestimmten möglicherweise, die Geschichte klitternd, das Urteil der Nachwelt über ihn: »Durch Mönchsintriguen verlor er zu Regensburg den Kommandostab, und zu Eger das Leben; durch mönchische Künste verlor er vielleicht, was mehr war als beydes, seinen ehrlichen Namen und seinen guten Ruf vor der Nachwelt.« (NA 18, 329.) So bereitete der Geschichtsschreiber die schillernde Dramenfigur Wallenstein vor.

Schiller galt spätestens nach der Veröffentlichung der *Geschichte des Dreyßigjährigen Kriegs* als einer der ersten Historiker Deutschlands. Dieses Ansehen verlor er im 19. Jahrhundert, als die Historisten den Glauben verbreiteten, die Vergangenheit lasse sich mit Hilfe der überlieferten Zeugnisse ziemlich genau so darstellen, wie sie ›wirklich‹ gewesen ist. Zu Ansehen gelangte der Historiker Schiller aber wieder in den letzten Jahrzehnten, als sich gute Gründe für die Überzeugung fanden, dass Geschichte am unterhaltsamsten und am belehrendsten ist, wenn sie – erzählt wird. Horaz hatte von den Dichtern gesagt, sie wollten nützlich sein (belehren) oder erfreuen (unterhalten): »aut prodesse volunt aut delectare poetae«.[16] Dieses und jenes sollten nach Schillers Theorie und Praxis auch die Historiker wollen, die das Bedürfnis verspüren, sich aus der Enge der Brotgelehrsamkeit zu befreien. Aber die Dichtung war ihm dann doch wichtiger, weil sie sich, gründend auf der erfahrenen und erfahrbaren Wirklichkeit, darüber hinausheben kann ins Schöne, in dem die Wahrheit eingeschlossen ist, deren Schein sie, die Dichtung, zu vermitteln vermag.[17]

---

16 *De arte poetica*, V. 333.

17 Goethe hat in seinem Kunstgespräch *Über Wahrheit und Wahrscheinlichkeit der Kunstwerke* (1798) den belehrenden »Anwalt« erklären lassen, dass es bei den Kunstwerken weniger wichtig sei, dass die Darstellungen wahrscheinlich seien, als dass von ihnen der Schein des Wahren ausgehe. Kunstwerke seien »übernatürlich, aber nicht außernatürlich« (MA 4.2, 94). Mit dieser Formel konnte auch der ›Idealist‹ Schiller einverstanden sein.

V. Philosophische Schriften

1. Kleinere Schriften vor dem Studium Kants

Schiller dankt in einer einleitenden Widmungsadresse seiner Dissertation *Versuch über den Zusammenhang der thierischen Natur des Menschen mit seiner geistigen* aus dem Jahr 1780 (und im selben Jahr gedruckt) Carl Eugen, seinem Herzog, dafür, dass dieser viel »zur Aufklärung unseres Verstandes, und zu Verfeinerung unserer Empfindungen« beigetragen und »die Hippokratische Kunst aus der engen Sphäre einer mechanischen Brodwissenschaft in den höhern Rang einer philosophischen Lehre erhoben« habe (NA 20, 37 f.). Die Arbeit will auch mehr ein Beitrag zur Philosophie als zur Medizin sein. Sie beschäftigt sich mit Problemen, die in Schillers späteren philosophischen Abhandlungen immer wieder behandelt werden: In welchem Verhältnis stehen die materiellen (»thierischen«) ›Elemente‹ des Menschen und seine geistigen zueinander? Wie ist der anscheinende Dualismus zu überwinden? Lassen sich die materialistische Auffassung (der Mensch gelangt zum Glück nur als sinnliches Wesen) und die idealistische (der Mensch erwartet das Glück vom Sieg des Geistes über den als Kerker empfundenen Körper) zusammenführen?

Schiller erklärt (nicht sonderlich originell), dass der Mensch von tierischen und geistigen Empfindungen bestimmt werde. Jene seien unmittelbar an den Organismus (die Physis) gebunden und durch den Verstand erfahrbar; diese seien, als nur durch das Denken hervorgerufen, gleichsam körperlos und damit ohne Beziehung zum Sinnenwesen Mensch, dem, wie die Erfahrung lehre, nur durch das Bewusstsein von Körperlichkeit zur Glückseligkeit verholfen werden könne. Die Entwicklungsgeschichte mache zweifelsfrei: »der Mensch mußte Thier seyn, eh er wußte daß er ein Geist war [...].« (NA 20, 56.) Den Zusammenhang zwischen diesem und jenem versucht Schiller durch ein nicht sonderlich überzeugendes Bild zu verdeutlichen:

> Man kann [...] Seele und Körper nicht gar unrecht zweien gleichgestimmten Saiteninstrumenten vergleichen, die neben einander gestellt sind. Wenn man eine Saite auf dem einen rühret [...], so wird auf dem andern eben diese Saite freiwillig anschlagen [...]. Diß ist die wunderbare und merkwürdige Sympathie, die die heterogenen Principien des Menschen gleichsam zu *Einem* Wesen macht, der Mensch ist nicht Seele und Körper, der Mensch ist die innigste Vermischung dieser beiden Substanzen.   (NA 20, 63 f.)

Wo die innige Verbindung von Seele und Geist gestört ist, gerät der Mensch aus dem Gleis, meist mit üblen Folgen. Welche Wirkungen diese Verirrungen der menschlichen Natur zeitigen können, wird an einer Reihe von leicht nachvollziehbaren Beispielen erläutert.

Das harmonische Zusammenspiel der Kräfte ergibt sich für Schiller nicht dadurch, dass Tierisches und Geistiges als Thetisches und Antithetisches in einem Dritten, einer Synthese, dialektisch ›aufgehoben‹ werden, sondern es ist dem Menschen schon ›an und für sich‹ gegeben, als das Gemeinsame des wechselseitig aufeinander Bezogenen.

Wie sehr sich der philosophierende Mediziner zur

Dichtung hingezogen fühlte, fällt jedem Literaturkundi-
gen schnell auf. Die Beispiele, mit denen der Doktorand
seine Thesen belegen will, sind zum großen Teil den ihm
bekannten Dichtungen entnommen, wobei Shakespeares
Werke deutlich bevorzugt werden; außerdem finden sich
Zitate und Paraphrasen aus Werken Ovids, Vergils, Ad-
disons, Klopstocks, Gerstenbergs, Goethes und natürlich
der Bibel. Schließlich wird noch ein englischer Dichter
»Krake« zitiert – das ist Schiller selbst, der seinen Gutachtern erste Proben seiner *Räuber* anbietet.[1]

Am 26. Juni 1784 hielt Schiller vor der »Kurfürstlichen
deutschen Gesellschaft«, deren Mitglied er seit fast einem
halben Jahr war, einen Vortrag *Vom Wirken der Schaubühne für das Volk*, der bei seiner ersten Veröffentlichung in der *Rheinischen Thalia* (1785) die Überschrift
*Was kann eine gute stehende Schaubühne eigentlich
wirken?* erhielt und beim erneuten Druck – im vierten
Teil der *Kleineren prosaischen Schriften* (1802) – mit
dem schon im 19. Jahrhundert missverständlichen Titel
Die Schaubühne als eine moralische Anstalt betrachtet
versehen wurde.[2]
    Schillers Ausführungen, die in manchen Formulierun-

---

1 Siehe auch oben, S. 113–115.
2 Missverständlich ist der Titel, weil der Begriff »moralisch« nicht nur
  »sittlich« im engen Sinn der Moralphilosophie bedeutete, sondern
  auch das Psychische, das allgemein Geistige, das über das einge-
  schränkt Tugendhafte weit hinausreicht, umfasste. In Nietzsches ab-
  schätziger, auf Viktor von Scheffels Trivialepos *Der Trompeter von
  Säkkingen* (1854) anspielender Formulierung von Schiller als »Moral-
  Trompeter von Säckingen« (in: *Götzen-Dämmerung oder Wie man
  mit dem Hammer philosophirt*, Bd. 2, Leipzig 1889 [recte 1888],
  S. 69) wird der Begriff im Sinne von (unerträglich) moralisierend gebraucht.

gen mit seiner Dissertation übereinstimmen[3], lassen sich
lesen als Reflexionen über sein bisheriges dramatisches
Schaffen, besonders als Kommentar seines ein Vierteljahr
zuvor erschienenen Trauerspiels *Kabale und Liebe.* Der
Redner fordert vom Dramatiker, dass sein Werk »Men-
schen- und Volksbildung« befördere (NA 20, 88), dass es
»die Bildung des Verstands und des Herzens mit der
edelsten Unterhaltung« vereinige (NA 20, 90), dass es,
dies vor allem, den Menschen die Wahrheit sage.

> Die Gerichtsbarkeit der Bühne fängt an, wo das Gebiet
> der weltlichen Geseze sich endigt. Wenn die Gerech-
> tigkeit für Gold verblindet, und im Solde der Laster
> schwelgt, wenn die Frevel der Mächtigen ihrer Ohn-
> macht spotten, und Menschenfurcht den Arm der Ob-
> rigkeit bindet, übernimmt die Schaubühne Schwerd
> und Waage, und reißt die Laster vor einen schreckli-
> chen Richterstuhl. Das ganze Reich der Phantasie und
> Geschichte, Vergangenheit und Zukunft stehen ihrem
> Wink zu Gebot.   (NA 20, 92)

Nach einiger Zeit erinnert der Redner noch einmal an
den besonderen Nutzen, den die Schaubühne für eine
»merkwürdige Klasse von Menschen« habe: »Hier nur
hören die Großen der Welt, was sie nie oder selten hören – Wahrheit; was sie nie oder selten sehen, sehen sie
hier – den Menschen.« (NA 20, 97.) Glaubte Schiller

---

3 Dafür nur dieses Beispiel: »Unsre Natur, gleich unfähig, länger im Zustand des Thiers fortzudauren, als die feinern Arbeiten des Verstands
fortzusezen, verlangte einen mittleren Zustand, der beide widerspre-
chenden Enden vereinigte, die harte Spannung zu sanfter Harmonie
herabstimmte, und den wechselsweisen Uebergang eines Zustands in
den andern erleichterte.« (NA 20, 90.)

wirklich, dass Fürsten aus Unkenntnis am Volk vorbeire-
gierten und, wenn sie als eifrige Theaterbesucher Kenntnisse erwürben, die Fehler ihrer Herrschaft korrigierten?

Die Schaubühne hält aber auch »der großen Klasse
von Thoren den Spiegel« vor (NA 20, 94); und mehr
noch: sie ist »eine Schule der praktischen Weißheit, ein
Wegweiser durch das bürgerliche Leben« (NA 20, 95),
»sie lehrt uns auch gerechter gegen den Unglücklichen
seyn« (NA 20, 96). Der Dramatiker, wenn er sein Hand-
werk beherrscht und seine Pflicht tut, ist ausersehen, das
Zeitalter der Aufklärung in ein aufgeklärtes[4] voranzu-
bringen: »Richtigere Begriffe, geläuterte Grundsäze, rei-
nere Gefühle fließen von hier durch alle Adern des
Volks; der Nebel der Barbarei, des finstern Aberglaubens
verschwindet, die Nacht weicht dem siegenden Licht.«
(NA 20, 97 f.)

Schiller sprach nicht über das Drama als poetische
Kunst. Seine Schlusswendung, dass der Zuschauer in der
»künstlichen Welt« der Bühne »die wirkliche [Welt]«
hinwegträume und sich dabei »selbst wieder gegeben«
werde (NA 20, 100), ist eher als ein – vielleicht unfreiwil-
liger – Salto aus dem Kreis des zuvor Gesagten zu verstehen als ein Hinweis auf die Macht der aus der beklagenswerten Wirklichkeit befreienden, diese transzendieren-
den Poesie.

Es kann schwerlich entschieden werden, wie ernst
Schiller es mit seinem zur Schau gestellten Optimismus
nahm. Seine Rede war ja auch dazu bestimmt, seine

---

4 In seiner Abhandlung *Beantwortung der Frage: Was ist Aufklärung?*
hat Kant auf die Frage: »Leben wir jetzt in einem *aufgeklärten Zeitalter?*« geantwortet: »Nein, aber wohl in einem Zeitalter der *Aufklärung.*« (*Werke* [wie S. 258, Anm. 88], S. 59.)

Mannheimer Geldgeber davon zu überzeugen, dass er mit seinem nächsten Drama, das er längst unter der Feder hatte, aufs glänzendste alles erfüllen werde, was er vom Schaubühnendichter forderte. Sein Kalkül ging nicht auf; denn kurz nach seinem rhetorischen Gesellenstück wurde sein Theaterdichter-Vertrag nicht verlängert. Und viel öffentlichen Applaus bekam er für die veröffentlichte Rede nicht. Dass er sie später selbst nicht sonderlich schätzte, ergibt sich aus dem einfachen Umstand, dass er sie erst 1802 in den letzten Band seiner (seit 1792 erschienenen) *Kleineren prosaischen Schriften* aufnahm.

In einem Brief an den Meininger Bibliothekar Wilhelm Friedrich Hermann Reinwald, seinen späteren Schwager, vom 14. April 1783 behandelte Schiller mit philosophischem Nachdruck die für ihn verwandten Themen der Freundschaft, der (platonischen) Liebe und der Dichtkunst, Themen, die ihn bei seiner Arbeit am *Don Karlos* intensiv beschäftigten. Seine Ausführungen enthalten Sätze wie diese:

> Wenn Freundschaft und platonische Liebe nur eine Verwechslung eines fremden Wesens mit dem unsrigen, nur eine heftige Begehrung seiner Eigenschaften sind, so sind beide gewisermasen nur eine andre Wirkung der Dichtungskraft – oder beßer: Das was wir für einen *Freund*, und was wir für einen Helden unsrer Dichtung empfinden ist eben das.   (FA 11, 71)

Mehrere Passagen des Schillerschen Briefes finden sich, zum Teil wörtlich, zum Teil sinngemäß, in den *Philosophischen Briefen* wieder, die 1786 im dritten Heft der *Thalia* als zwischen Julius und Raphael gewechselte Briefe erschienen.[5] Der Text dieser Briefe entstand also spätestens in den Jahren 1783–85, einzelne Gedanken weisen weiter zurück, bis in die Carlsschulzeit. Dem *Anthologie*-Gedicht *Die Freundschaft* hat Schiller den Hinweis hinzugefügt: »(aus den Briefen Julius an Raphael; einem noch ungedruckten Roman)« (NA 1, 110).

Zu einem Roman (einem Briefroman modischer Art) sind die Episteln nicht gediehen. Es blieb bei einem vergleichsweisen kurzen Text (vgl. NA 20, 107–129). Einer »Vorerinnerung« schließen sich zwei Briefe von Julius an Raphael an, die dieser, um nicht nur passiv zu bleiben, mit einer kurzen Beurteilung, also einer Selbstkritik des Verfassers, beantwortet. Darauf übersendet Julius dem Freund »einen verlorenen Aufsaz«, *Theosophie des Julius*, der sich in fünf Kapiteln über »Die Welt und das denkende Wesen«, »Idee«, »Liebe«, »Aufopferung« und »Gott« auslässt.

Die *Philosophischen Briefe* sind nicht nur die literarische Umsetzung unmittelbarer Lebenserfahrungen des Autors, sondern auch das Ergebnis philosophischer Studien, der Lektüre vor allem Shaftesburys, Fergusons und Leibniz', vielleicht auch des schwäbischen Theosophen Friedrich Christoph Oetinger, dessen Schriften in Schillers Elternhaus mit Andacht rezipiert wurden. Die Resultate des Angelesenen und Erfahrenen fasste Schiller in der *Theosophie des Julius* zusammen.

»Das Universum ist ein Gedanke Gottes. Nachdem dieses idealische Geistesbild in die Wirklichkeit hinübertrat, [...] ist der Beruf aller denkenden Wesen in diesem

5 Im siebten Heft der *Thalia* (1789) folgte noch ein Brief Raphaels an Julius – ein Brief Körners an Schiller. Vgl. NA 21, 156–160.

vorhandenen Ganzen die erste Zeichnung wieder zu finden, [...] das Gebäude rükwärts auf seinen Grundriß zu
übertragen« (NA 20, 115). So beginnen die Überlegungen, die versprechen, aus der Wirkung (dem Universum)
die Ursache (Gott) zu rekonstruieren, mit dem Ziel,
durch die behauptete Kausalität des Gewordenen die Fi-
nalität seines Ursprungs entdecken zu können. Aus dem
Plan Gottes, wäre er bekannt, ließen sich Folgerungen
für die Zukunft der Welt gewinnen. »[...] ich fange an zu
glauben, daß sogar das künftige Schiksal des menschlichen Geistes im dunkeln Orakel der körperlichen Schöpfung vorher verkündigt ligt.« (NA 20, 116.)

Was Schiller unter einer (oder der) Idee versteht, ist
einstweilen nichts anderes als die Idee der Vollkommenheit, die jedem Menschen eingeboren sei und die sich äußere als »Wohlgefallen an Wahrheit, Schönheit und Tugend«, wodurch die eigene »Veredlung« (NA 20, 119)
möglich werde. Das ist schlichte Popular-Philosophie,
die des jungen Schiller enthusiastische Vorstellung der
›wahren‹ Liebe aber nur vorbereiten sollte. Die feurige
Berührung zweier Seelen, heißt es dann, führe zum
wechselseitigen Austausch ihrer Empfindungen, die zwar
nicht identisch, aber doch in Harmonie zusammenstim-
mend werden. Zur wahren Liebe gehört wie selbstverständlich die Bereitschaft zur Aufopferung des Liebenden für den Geliebten, des Freundes für den Freund. So
geht es noch, wenig originell, eine Zeitlang weiter. Und
es bleibt bei den ›einfachen‹ Ansichten, auch im Ab-
schnitt über Gott.

Gott und Natur sind eins, denn »die Natur ist ein unendlich getheilter Gott« (NA 20,124). Zur Verdeutlichung dieser (nicht beweisbaren) These wählt Schiller

ein Bild, das ihm die von ihm studierte Literatur (Ferguson, Leibniz) nahegelegt hat: »Wie sich im prismatischen
Glase ein weißer Lichtstreif in sieben dunklere Stralen
spaltet, hat sich das göttliche *Ich* in zahllose empfinden-
de Substanzen gebrochen.« (Ebd.) Würden sich die Substanzen harmonisch vereinigen, wären sie – Gott. Das
führt zum Grundgedanken, dass sich das Getrennte
durch die Liebe vereinigen lasse; denn diese »ist die Leiter, worauf wir emporklimmen zu Gottähnlichkeit«
(ebd.).

Der Schluss der Abhandlung, geschrieben vermutlich
von dem um viele Erfahrungen reicher, also skeptisch gewordenen Autor, zieht die vorgetragenen Ansichten in
Zweifel: »Unser ganzes Wissen läuft endlich, wie alle
Weltweisen übereinkommen, auf eine conventionelle
Täuschung hinaus, mit welcher jedoch die strengste
Wahrheit bestehen kann. Unsre reinsten Begriffe sind
keineswegs *Bilder* der Dinge, sondern bloß ihre nothwendig bestimmte und coexistirende *Zeichen*.« (NA 20,
126 f.) Eine solche Formulierung lässt vermuten, Schiller
habe, vielleicht aus zweiter Hand, davon erfahren, dass
Kant inzwischen mit seiner *Critik der reinen Vernunft*
(1781) neue Maßstäbe philosophischen Denkens gesetzt
hatte. Damit ließe sich erklären, warum die *Philosophischen Briefe* keine Rundung erfahren haben. Doch
Schiller hielt sie, auch nach der ersten intensiven Auseinandersetzung mit dem großen Königsberger Philosophen, für wichtig genug, um sie gleich im ersten Band
seiner *Kleineren prosaischen Schriften* (1792) aufs neue
zu veröffentlichen.

Die *Philosophischen Briefe* schließen das Jugendwerk
Schillers ab. Mit *Don Karlos*, den erzählerischen Werken

Verbrecher aus Infamie und *Der Geisterseher* sowie den Gedichten *Die Götter Griechenlandes* und *Die Künstler* wird eine kurze ›mittlere Phase‹ bestimmt, die zur grundsätzlichen Neubesinnung in der Ästhetik, theoretisch und praktisch, geführt hat. Zu dieser Neubesinnung haben Schillers Erfahrungen als Geschichtsprofessor ebenso beigetragen wie seine Begegnung mit dem Tod, der ihn Anfang 1791 bedrohte.

2. *Ueber Anmuth und Würde*

Die schwere Krankheit, die Schiller Anfang 1791 überfiel und von der er sich nie mehr ganz erholen konnte, bedeutete auch in der Geschichte seines Denkens und seiner schriftstellerischen Arbeit eine wichtige Zäsur. Auf dem Krankenlager begann er mit dem intensiven Studium von Kants *Critik der Urtheilskraft* (1790), dem er noch 1791 die erste Beschäftigung mit dessen *Critik der practischen Vernunft* (1788) und der *Critik der reinen Vernunft* (1781) anschloss. Schillers philosophische Aufsätze der folgenden Jahre, beginnend mit *Ueber den Grund des Vergnügens an tragischen Gegenständen* (1792)[6], sind nicht zuletzt das Ergebnis seiner Auseinandersetzung mit Kant. Das gilt insbesondere für die Abhandlung *Ueber Anmuth und Würde*.

Um die *Thalia* fortzusetzen, habe er sich, schrieb Schiller am 27. Mai 1793 an Körner, »dieser Tagen mit 2 Aufsätzen dafür beschäftigt. Der eine handelt von *Anmuth und Würde*, der andre ist über *pathetische Darstellung*.« (FA 11, 637.) Schon im Juni erschien der erste

6 Siehe unten, S. 452–464.

Aufsatz im zweiten Heft der *Neuen Thalia* des Jahrgangs 1793, zur selben Zeit brachte ihn Göschen als selbständige Publikation auf den Markt.

Die Gedanken, die Schiller in seiner Abhandlung entwickelt, schließen sich eng an die Vorstellungen an, die er in den im Januar und Februar 1793 geschriebenen Briefen an Körner, den sogenannten »Kallias-Briefen«, über das Wesen des Schönen entwickelt hat. Nichts anderes wird darin versucht, als »einen Begriff der Schönheit objectiv aufzustellen und ihn aus der Natur der Vernunft völlig a priori zu legitimiren« (Brief vom 25. Januar 1793; NA 26, 175); damit wollte Schiller, der glaubte, auf Kants Schultern zu stehen und daher weiter als dieser schauen zu können, dessen in der *Critik der Urtheilskraft* entwickelte Schönheitslehre überbieten. Es genügte ihm nicht, was Kant bestimmt hatte, etwa mit den Sätzen: »Das Schöne ist das, was ohne Begriffe, als Objekt eines allgemeinen Wohlgefallens vorgestellt wird«[7]; und: »*Schönheit* ist Form der *Zweckmäßigkeit* eines Gegenstandes, sofern sie, *ohne Vorstellung eines Zwecks*, an ihm wahrgenommen wird.« Solches befriedigte Schiller nicht, weil er es für nur logisch, aber nicht ästhetisch gedacht ansah und weil ihm der Begriff der Zweckmäßigkeit nicht genehm war, weil damit vom Eigentlichen des Schönen, das sich als vollkommen müsse erkennen lassen, abgelenkt werde. Vollkommen kann nun freilich vieles sein, das nichts mit dem Ästhetischen zu tun hat; deshalb bedarf es, um zu begreifen, was Schönheit sei, einer genaueren Bestimmung, die Schiller bereits in seinem

---

7 So die Überschrift des Paragraphen 6 (Kant, *Werke* [wie S. 258, Anm. 88], Bd. 8, S. 288). – Mit dem folgenden Zitat schließt Kant § 17, *Vom Ideale der Schönheit*, ab (ebd., S. 319).

ersten »Kallias-Brief« gibt: »Ich bin [...] überzeugt, daß
die Schönheit nur die Form einer Form ist, und daß das
was man ihren Stoff nennt schlechterdings ein geformter
Stoff seyn muß. Die Vollkommenheit ist die Form eines
Stoffes, die Schönheit hingegen ist die Form dieser Vollkommenheit; die sich also gegen die Schönheit wie der
Stoff zu der Form verhält.« (NA 26, 176.) Damit präludiert Schiller ein zentrales Thema seiner Briefe *Ueber die
ästhetische Erziehung des Menschen*: dass der Künstler
den Stoff durch die Form ›vertilgen‹ müsse.[8]

Was Schiller, über Kant hinausgehend, besonders am
Herzen lag, war das Problem der notwendigen Auflösung
des dem Menschen eigentümlichen Antagonismus von
Sinnlichkeit und Sittlichkeit, mithin der Zusammenführung beider Kräfte durch die Kunst. Für Kant war das
Schöne allenfalls Symbol des Sittlichguten; für Schiller
war im Schönen das Sittlichgute enthalten. Gleichsam
formelhaft hat er im Brief an Körner vom 8. Februar
1793 dekretiert: »Schönheit [...] ist nichts anders als Freiheit in der Erscheinung.« (NA 26, 183.) Wie das zu verstehen ist, wird in *Ueber Anmuth und Würde* dargelegt.

Schiller unterscheidet in seiner Abhandlung zunächst
zwischen einer bewegten (oder beweglichen) Schönheit,
die nur einem moralischen Wesen zukommen kann, das
sich willkürlich, also bewusst frei bewegt, und einer stati-
schen (architektonischen, ›fixen‹) Schönheit, die von der
Natur bestimmt ist und auch einen menschlichen Körper
auszeichnen kann. »Die Würde seiner sittlichen Bestimmung kann [...] der Mensch nicht in Anschlag bringen
[...], wenn er den Preis der Schönheit behaupten will;

---

8 Siehe dazu unten, S. 475.

hier ist er nichts als ein Ding im Raume, nichts als Erscheinung unter Erscheinungen.« (NA 20, 257.) Und
weiter: »Die architektonische Schönheit des Menschen
ist [...] *der sinnliche Ausdruck eines Vernunftbegriffs*«
(NA 20, 261), was heißt: Menschen können von der Natur dazu bestimmt werden, schön zu sein. Das genügt
nicht, um sie als anmutig erfahren zu können.

Schillers Begriff der Anmut (wie der meist synonym
gebrauchte Begriff der Grazie) ist geknüpft an die Bedingung, unter der allein die wahre, nämlich die ›bewegli-
che‹ Schönheit (als »Freiheit in der Erscheinung«) wirklich werden kann: dass »die Person oder das freye Prin-
cipium im Menschen es auf sich nimmt, das Spiel der
Erscheinungen zu bestimmen« (NA 20, 263), und zwar
so, dass es sich unter kein Naturgesetz beugt, um der Gefahr zu entgehen, »daß sich die Anmuth zuletzt [...] in
architektonische Schönheit verwandelt« (NA 20, 265).
Aber der Wille allein führt noch nicht zur Anmut. Vielmehr muss sich ihm ein moralischer Zustand der Person
zugesellen, aus dem heraus »die *Form des Willens* (die
Gesinnung)« (NA 20, 268) wie selbstverständlich (natürlich, notwendig) der frei bestimmten Erscheinung ihren
(schönen) Ausdruck verleiht. Von dieser Festlegung ist es
nicht weit bis zu dem von Schiller erst nach vielen Deli-
berationen erreichten Ziel: Die Anmut ist »Ausdruck einer schönen Seele«, in der »Sinnlichkeit und Vernunft,
Pflicht und Neigung harmoniren« (NA 20, 288 f.). Sie ist
also nicht nur eine ästhetische, sondern auch eine ethi-
sche (moralische) Größe. Als frei erscheinende Schönheit in Bewegung ist sie naturgemäß beim weiblichen
Geschlecht häufiger zu finden als beim männlichen.

Die Würde charakterisiert Schiller als »Ausdruck einer

erhabenen Gesinnung« (NA 20, 289); diese beweist sich, indem sie sich in der Auseinandersetzung zwischen der Gesetzgebung der Natur, die den Menschen als sinnliches Wesen dominiert, und der Gesetzgebung der Vernunft, die des Menschen Sittlichkeit bestimmt, mit Nachdruck auf die Seite der letzteren stellt. »Beherrschung der Triebe durch die moralische Kraft ist *Geistesfreiheit*, und *Würde* heißt ihr Ausdruck in der Erscheinung.« (NA 20, 294.) Die moralisch beherrschten Triebe sind, da naturgemäß, unwillkürlich; sie sind oft so mächtig, dass der Widerstand gegen sie mit Leiden, ja mit Tod erkauft werden muss. In einer derartigen Grenzsituation erweist es sich, wie würdig, wie erhaben der Mensch zu sein vermag.

Mögen sich Anmut und Würde als zwei verschiedene Erscheinungsweisen der Freiheit des Menschen in der Regel auch entgegenstehen, so ist ihr Zusammenschluss nach Schillers Ansicht doch nicht grundsätzlich ausgeschlossen: sind sie »in derselben Person *vereinigt*, so ist der Ausdruck der Menschheit in ihr vollendet, und sie steht da, gerechtfertigt in der Geisterwelt, und freygesprochen in der Erscheinung.« (NA 20, 300.) Wie aber soll das geschehen, wenn mit der Anmut bereits das Zusammenspiel von Sinnlichem und Sittlichem gegeben und das Ideal des Menschseins erreicht ist? Wie eine Vereinigung von Anmut und Würde wirklich werden kann, versucht Schiller gegen Ende seiner Abhandlung (keineswegs überzeugend) am Beispiel der Liebe zu zeigen, die dem Anmutigen gilt, aber, um nicht zur (tierischen) Begierde zu verkommen, der in Würde bezeugten gegenseitigen Achtung der liebenden Partner bedarf. Es scheint, dass Schiller den Dualismus brauchte, um mit einer Versöhnungsgeste über ihn hinausweisen zu können.

Kant sprach in der zweiten Auflage seiner Schrift *Die Religion innerhalb der Grenzen der bloßen Vernunft* (1794) anerkennend von der »mit Meisterhand verfaßten Abhandlung« Schillers, erklärte, dass er »in den wichtigsten Prinzipien einig« mit dem Verfasser sei, bedauerte allerdings, dass dieser ihn bei der Behandlung moralischer Fragen unnötig missverstanden habe.[9]

Goethe erinnerte sich noch 1817, dass ihm die Lektüre von *Ueber Anmuth und Würde* Verdruss bereitet hatte:

> Sein [Schillers] Aufsatz [...] war eben so wenig ein Mittel mich [in den Jahren nach Goethes Rückkehr aus Italien] zu versöhnen. Die Kantische Philosophie, welche das Subjekt so hoch erhebt, indem sie es einzuengen scheint, hatte er mit Freuden in sich aufgenommen, sie entwickelte das Außerordentliche was die Natur in sein Wesen gelegt, und er, im höchsten Gefühl der Freiheit und Selbstbestimmung, war undankbar gegen die große Mutter, die ihn gewiß nicht stiefmütterlich behandelte. Anstatt sie selbstständig, lebendig vom Tiefsten bis zum Höchsten gesetzlich hervorbringend zu betrachten, nahm er sie von der Seite einiger empirischen menschlichen Natürlichkeiten. Gewisse harte Stellen sogar konnte ich direkt auf mich deuten, sie zeigten mein Glaubensbekenntnis in einem falschen Lichte [...]. (MA 12, 87)

Geärgert hatte Goethe wahrscheinlich Schillers in eine Anmerkung geschobene Ansicht (NA 20, 275), dass zuweilen ein Genie, ebenso wie eine architektonische

---

9 Vgl. Kant, *Werke* (wie S. 258, Anm. 88), Bd. 7, S. 669 f. (Anmerkung).

Schönheit, nichts anderes sei als »ein bloßes *Naturer-zeugniß*« und zu Unrecht oft mehr bewundert werde »als erworbene Kraft des Geistes«. Dass einem Genie »ein ge-wißer Geburtsadel« zugesprochen wird, missbilligte der in jeder Hinsicht bürgerliche und zudem schwer um sei-ne Sittlichkeit, seine Poesie und seine physische Existenz ringende Schiller höchlich. Da Goethe ihn 1793 noch auf weiter Distanz hielt, mochte sich der demonstrativ Ignorierte zu dem Seitenhieb provoziert gefühlt haben, mit dem er am Frauenplan für Aufmerksamkeit sorgte.

Die Abhandlung *Ueber Anmuth und Würde*, schnell hingeworfen[10] und daher oft weitschweifig und ein wenig redundant, passt weder umstandslos in das moralphiloso-phische noch in das ästhetische Fach. Sie beschäftigt sich mit anthropologischen Fragen, die Schiller seit jeher inter-essierten: Durch welche Anlagen und welche Vermögen ist der zur Glückseligkeit strebende Mensch ausgezeichnet? Wie ist es ihm möglich, den Riss, der ihn (wie die Welt) teilt, zu schließen? Ist die Hoffnung auf durch Menschen gelingende Veränderung der Wirklichkeit hin zu einem ausgedachten Ideal eine bloß abstrakte oder eine konkre-te Utopie? Diese Fragen beschäftigten Schiller auch in sei-nen nächsten großen Abhandlungen; darin werden sie, mit konzentriertem Blick auf die möglichen Leistungen der Kunst, konziser und plausibler beantwortet.

---

10 Natürlich hat Schiller die Abhandlung nicht, wie er im Brief an Körner vom 27. Mai 1793 glauben machen will, in wenigen Tagen geschrieben. Aber mehr als drei Wochen wird er für die Niederschrift nicht ge-braucht haben. Das ist um so erstaunlicher, als sich zahlreiche philoso-phische Schriften nachweisen lassen, die in irgendeiner Weise in seine Arbeit Eingang gefunden haben, neben den eigenen Schriften und de-nen Kants solche von Sulzer, Shaftesbury, Henry Home, Edmund Bur-ke, Mendelssohn u. a. Vgl. dazu im einzelnen NA 21, 216–218.

Die kleineren Abhandlungen zur Tragödientheorie führen erwartungsgemäß nahe an Schillers ›Spezialgebiet‹, seine Tragödienpraxis, heran.

3. Abhandlungen zur Tragödientheorie, über das Erhabene und das Schöne

Schon während der Arbeit an der *Geschichte des Dreyßigjährigen Kriegs* und vor der gründlichen Beschäftigung mit Kant skizzierte Schiller seine erste tragödientheoretische Abhandlung, die sich an eine Vorlesung über die Tragödie[11] im Sommersemester 1790 anschloss: *Ueber den Grund des Vergnügens an tragischen Gegenständen*. Die Erkrankung im folgenden Jahr unterbrach die Arbeit, die erst Ende 1791 abgeschlossen werden konnte. Sie erschien im Januar 1792 im ersten Stück der *Neuen Thalia*.

Das Publikum, führt Schiller aus, vergnügt sich an Tragödien nicht, weil seine Sinne befriedigt werden, und nicht, weil es moralische Lehrsätze billigt, mit denen der Künstler sein Werk beschwert, und auch nicht, weil es sich frei über das Geschehen, dessen Zweckmäßigkeit unmittelbar erfahrbar ist, erheben kann, sondern weil es sich bestätigt sieht in dem, was die Vernunft, angeregt durch die tragische Handlung, ihm zu denken und zu urteilen ermöglicht und nahelegt.

---

11 Die einstündige Vorlesung fand freitags um 6 Uhr statt; sie war angekündigt unter dem Titel *Artis tragicae theoriam illustrabit exemplis quae tragicorum principes tam veteres quam recentiores subministrabunt* (Berthold Litzmann, *Schiller in Jena [...]*, Jena 1889, S. 134).

Tragische Ereignisse erwecken Unlust, Schmerz, Leid. Sie sind nicht durch die ›schöne‹ Kunst, die den Menschen in Freiheit setzt, zu annihilieren, sondern bedürfen, um ›aufgehoben‹ werden zu können, der Einsicht in die Angemessenheit dessen, was die Sinne als zweckwidrig empfinden. Um verständlich zu machen, wie es zu dieser Einsicht kommen kann, führt Schiller die Kategorie der Erhabenheit in seine Überlegungen ein. In seiner unmittelbar nach *Ueber Anmuth und Würde* geschriebenen Abhandlung *Vom Erhabenen* hat er einleitend definiert:

> *Erhaben* nennen wir ein Objekt, bey dessen Vorstellung unsre sinnliche Natur ihre Schranken, unsre vernünftige Natur aber ihre Ueberlegenheit, ihre Freyheit von Schranken fühlt; gegen das wir also *physisch* den Kürzern ziehen, über welches wir uns aber *moralisch* d. i. durch Ideen erheben.
> Nur als Sinnenwesen sind wir abhängig, als Vernunftwesen sind wir frey.   (NA 20, 171)

Diese Definition liegt der Vorstellung zu Grunde, die Schiller in *Ueber den Grund des Vergnügens an tragischen Gegenständen* von der Wirkung des Erhabenen so formuliert:

> Das Gefühl des Erhabenen besteht einerseits aus dem Gefühl unsrer *Ohnmacht* und Begrenzung, einen Gegenstand zu umfassen, anderseits aber aus dem Gefühl unsrer *Uebermacht,* welche vor keinen Grenzen erschrickt, und dasjenige sich *geistig* unterwirft, dem unsre sinnlichen Kräfte unterliegen.   (NA 20, 137)

So kommt es dazu, dass die Unlust über ein tragisches Geschehen in das Vergnügen der Erkenntnis zu verwandeln ist – den Widrigkeiten der Natur lasse sich »unter der höchsten Gesetzgebung der Vernunft« (NA 20, 139) Paroli bieten. Um diesen Zweck zu erreichen, muss der Dichter auch seinen tragischen Helden mit diesem Vermögen ausstatten: leiden zu können im Bewusstsein seiner moralischen Superiorität.

Der theatererfahrene Schiller hat nicht die Illusion, dass er mit seinen Überlegungen beim »großen Haufen« etwas ausrichten könne: »[...] auch das wahrste und höchste Erhabene ist, wie man weiß, Vielen Ueberspannung und Unsinn, weil das Maaß der Vernunft, die das Erhabene erkennt, nicht in allen dasselbe ist.« (NA 20, 144.) Zur Beförderung des Vernunftgebrauchs schrieb und veröffentlichte er in rascher Folge eine Reihe weiterer Abhandlungen, in deren Mittelpunkt Überlegungen zum Verhältnis des Tragischen mit dem Erhabenen stehen.

Bereits im März 1792 erschien – im zweiten Stück der *Neuen Thalia* – sein Aufsatz *Ueber die tragische Kunst,* der ebenfalls aus seiner Vorlesung im Sommer 1790 entstanden war. In Anlehnung an Lessings *Hamburgische Dramaturgie,* Mendelssohns *Ueber die Empfindungen* (1755) und Grundprinzipien der Kantischen Ästhetik geht er der Frage nach, worin »die Quellen des Vergnügens« (NA 20, 151), das durch die Affekte des Mitleids und der Rührung ausgelöst wird, liegen. Die Antwort ist so klar wie einfach (und für Schiller längst nicht mehr originell): Der Mensch als moralisch-sittliches Wesen erhebt sich über die Zwänge der Natur und des Schicksals,

die zu Traurigem und Schauderhaftem, zu Leiden und
Mitleiden führen, und dies um so leichter, je gewisser in
ihm »ein deutliches Bewußtseyn einer teleologischen
Verknüpfung der Dinge, einer erhabenen Ordnung, eines
gütigen Willens« (NA 20, 157) wirksam ist. Damit sich
das Mitleid im gebotenen Mittelmaß (nicht zu schwach,
nicht zu heftig) überhaupt rühren kann, bedarf es der
Kunst des Tragödiendichters, dem Geschehen die rechte
Lebhaftigkeit, unzweifelhafte Wahrheit, Vollständigkeit
und eine bis an die Grenze des Erträglichen reichende
Dauer zu verleihen. Dabei sei es zweckmäßig, den Zuschauer durch rasch wechselnde Empfindungen vor Er-
mattung zu bewahren, weil dieser erst »am Ende den
Sieg erlangen« (NA 20, 163) sollte – den Sieg des freien
Willens über den nicht abzuwendenden Zwang der zur
Tragik führenden Verhältnisse.

Seine Überlegungen zusammenfassend, gelangt Schiller – bevor er am Ende betont, dass eine Tragödie nicht
über Ereignisse der Geschichte belehren, sondern mit
den Mitteln der Poesie rühren solle[12] – zu einer an Aris-
toteles und Lessing orientierten Tragödiendefinition, die
für seine späteren Dramen, vom *Wallenstein* bis zum
Demetrius, Gültigkeit behielt:

Die Tragödie wäre demnach dichterische Nachahmung
einer zusammenhängenden Reihe von Begebenheiten
(einer vollständigen Handlung), welche uns Menschen

12 Der Gedanke wird in der Abhandlung *Vom Erhabenen*, leicht variiert, noch einmal wiederholt: »[...] es ist die *poetische*, nicht die historische Wahrheit, auf welche alle ästhetische Wirkung sich gründet.
Die poetische Wahrheit besteht aber nicht darinn, daß etwas wirklich
geschehen ist, sondern darinn, daß es geschehen konnte, also in der
innern Möglichkeit der Sache.« (NA 20, 218.)

in einem Zustand des Leidens zeigt, und zur Absicht hat, unser Mitleid zu erregen. (NA 20, 164)

In der Abhandlung *Vom Erhabenen* – mit dem erklärenden Zusatz: »(Zur weitern Ausführung einiger Kantischen Ideen.)« –, die im September 1793 im dritten Stück des Jahrgangs 1793 der *Neuen Thalia* erschien, erweitert und variiert Schiller sein Lieblingsthema, nun genauer als zuvor die in Kants *Critik der Urtheilskraft* ausgeführten Ansichten des Erhabenen (mit der Einteilung in das dynamisch Erhabene und das mathematisch Erhabene) reflektierend. Schiller unterscheidet zwischen dem theoretisch und dem praktisch (dynamisch) Erhabenen. Jenes bedeutet eine Gefährdung des Erkenntnisvermögens, dieses eine Gefährdung der physischen Existenz des Menschen. Da nun »der Trieb der Selbsterhaltung [...] eine viel lautere Stimme als der Vorstellungstrieb« erhebt (NA 20, 174), wird das dynamisch Erhabene zum eigentlichen Prüfstein des um die »praktische Unabhängigkeit von der Natur« (NA 20, 176) ringenden freien Willens.

Eine sonderbare Wende unternimmt Schiller, indem er sich vom Thema der Erhabenheit im Leiden, also auch vom Leiden des tragischen Helden, für eine kleine Weile verabschiedet und dies damit begründet, es sei selten, dass der Geist im Angesicht drohender physischer Vernichtung seine Freiheit behalten könne. Damit mag er sich vielleicht der Wirklichkeit nähern, bringt aber Verwirrung in die Vorstellung von der Größe eines tragischen Helden (auch eines erhabenen Verbrechers), die früher für die Definition der Tragödie so wichtig war. Nun sagt Schiller, es gehe nur um den »Fall [...], wo das

furchtbare Objekt uns zwar seine Macht sehen läßt, aber
sie nicht gegen uns richtet, wo wir uns vor demselben *sicher wissen.*« (NA 20, 179.) So müsse es sein, »wenn das
Furchtbare uns gefallen soll« (ebd.). Doch bald ist Schiller, nach einem Abstecher in die Moral- und Religions-
philosophie, wieder bei der Erhabenheit im Leiden, das
sich beweist im geistigen Widerstand gegen die zum Untergang führenden schrecklichen Mächte, von denen die
der Natur (Sturm, Gewitter, Steinschlag, Überschwem-
mung u. ä.) natürlich ausgenommen sind.

Den ersten Teil seiner Abhandlung, den Schiller später
nicht noch einmal veröffentlicht hat, beschließt er mit einem *Das Pathetischerhabene* überschriebenen Kapitel,
in dem er »das Affekt erregende«, als »Grund des Erhabenen«, pathetisch nennt; und auch hier gilt: »Erhaben
wird das Pathetische bloß allein durch das Bewußtseyn
unsrer moralischen, nicht unsrer physischen Freyheit.«
(NA 20, 193.)

Der zweite Teil der Abhandlung, den Schiller 1801 in
den dritten Band seiner *Kleineren prosaischen Schriften*
aufgenommen hat, erhielt dort die Überschrift *Ueber das
Pathetische.* Wieder erfährt der Leser: »Der letzte Zweck
der Kunst ist die Darstellung des Uebersinnlichen und
die tragische Kunst insbesondere bewerkstelligt dieses
dadurch, daß sie uns die moralische Independenz von
Naturgesetzen im Zustand des Affekts versinnlicht.« (NA
20, 196.) Der Affekt wird durch Pathos bis zum gerade
noch Erträglichen gesteigert, bis zu dem Punkt, an dem
der Kampf gegen ihn, gegen den Zustand des Leidens,
noch nicht aussichtslos erscheint. Doch durch die obsie-
gende Freiheit wird das Leiden nicht vernichtet, sondern
es bleibt als physisch Bedrohendes erhalten. Daher ist es

nötig, dass der Künstler alles daran setzt, in seinem Werk »den Helden als moralische Person bey uns in Achtung zu setzen« (NA 20, 210). Aber damit ist es noch nicht getan.

In Anlehnung an Gedanken, die Schiller in seinen Briefen *Ueber die ästhetische Erziehung des Menschen* entwickelt hat, wird schon am Schluss des Aufsatzes *Vom Erhabenen* im Hinblick auf die wahre Poesie einiges gesagt, das mit den bislang im Vordergrund stehenden Überlegungen zur erhebenden Funktion geglückter Präsentationen des Tragischen nicht mehr viel zu tun hat. Nun werden auf einmal die Darstellung, die Form, das Wie, das freie Spiel poetischer Einbildungskraft zu Charakteristika der Kunst (auch der tragischen), die Schiller im Prolog zu seinem *Wallenstein* »heiter« genannt hat. »Den Menschen moralisch auszubilden, und Nationalgefühle in dem Bürger zu entzünden ist zwar ein sehr ehrenvoller Auftrag für den Dichter [...]. Aber was die Dichtkunst mittelbar ganz vortrefflich macht, würde ihr, unmittelbar, nur sehr schlecht gelingen. Die Dichtkunst führt bey dem Menschen nie ein besondres Geschäft aus [...].« (NA 20, 219.)

Diese Bestimmung bedeutet freilich, dass es der Dichtung, auch der tragischen, um mehr gehen muss als um die Darstellung der Erhabenheit eines Menschen im Zustand des Leidens, um einen ›Stoff‹ also, der interessant sein mag, moralisch erhebend und vielleicht auch belehrend, aber unter dem Aspekt der Kunst nur beliebig ist. Diese Auffassung, die sich im letzten Jahrzehnt Schillers zur Überzeugung verfestigte, macht verständlich, warum die Hauptpersonen seiner klassischen Trauerspiele (*Wallenstein*, *Maria Stuart* und *Die Braut von Messina*) sowie der Tragödie *Die Jungfrau von Orleans* allesamt keine ›reinen‹ tragischen Helden und Heldinnen sein sollen, sondern derart ›gebrochen‹ sind, dass sie als Opfer geschichtlicher Zwänge, die so zufällig wie notwendig, auf jeden Fall kontingent erscheinen, enden. Indem auf diese Weise die dramatischen Handlungen die Identifizierung des Zuschauers und Lesers mit einem einzelnen hindern, wird der Freiraum geschaffen für die Konzentration auf die poetische Form des Werks, von der allein nach Schillers noch einige Jahre behaupteter und nie vollständig aufgegebener Annahme eine ästhetische Erziehung (und mit ihr: eine Verbesserung der Welt) zu erwarten sei. Wie das zu denken ist, wird in den Briefen *Ueber die ästhetische Erziehung des Menschen* erörtert.

Einmal im Zuge, schrieb Schiller, vermutlich auch 1793, noch einen Aufsatz *Ueber das Erhabene*, den er aber erst 1801 im dritten Band seiner *Kleineren prosaischen Schriften* zum Druck beförderte. Der Grund für diese späte Veröffentlichung mag darin zu sehen sein, dass im wesentlichen schon Bekanntes in neuen Wendungen und Windungen wiederholt wird, vielleicht aber auch darin, dass hier eine Überlegung angestellt wird, die mit dem Postulat der Autonomie der Dichtung, nach der sich der Dichter nicht von lebenspraktischen Zwecken leiten lassen darf, schwerlich zusammenstimmen kann. Schiller setzt nun auf einmal ganz auf einen besonderen Fall des Moralischen: Es seien Situationen denkbar, in denen sich ein Mensch nicht gegen Gewalt auflehne, sondern sich ihr »freywillig« unterwerfe (NA 21, 39). Das aber bedeutet, dass ein Dichter, der einen solchen Fall als Gegenstand wählt, um eine praktische Hand-

lungsmöglichkeit vorzustellen, die auf nichts anderes als
die physische Vernichtung des über die Sinnenwelt erhabenen Menschen hinausläuft, dass ein solcher Dichter moralische Konsequenzen von seinem (moralischen)
Werk erwartet. (In diesem Fall wenigstens die Anerkennung der Entscheidung durch das Publikum.) Der Freitod ist gewiss ein philosophisches, ein theologisches und
auch ein soziologisches Problem – ein ästhetisches ist er
nicht, wenngleich es natürlich jedem Künstler freisteht,
es zum Inhalt seines Œuvre zu machen.[13]

Eine andere These ist unter dem Aspekt der zweckfrei-
en Kunst ebenfalls nicht ganz unproblematisch: dass die
Schönheit dem Menschen das Bewusstsein seiner Freiheit gebe, »weil die sinnlichen Triebe mit dem Gesetz der
Vernunft harmonieren«, und das Erhabene auch, freilich
auf andere Weise, das Gefühl der Freiheit vermittele,

---

13 Die Personen, die in Schillers Dramen auf offener Bühne Hand an
sich legen, um ein unerträglich oder aussichtslos gewordenes Leben
zu beenden, beweisen damit keineswegs eine erhabene Gesinnung.
Franz Moor in den *Räubern*, Ferdinand von Walter in *Kabale und
Liebe*, die Gräfin Terzky im *Wallenstein* und Don Cesar in der *Braut
von Messina* mögen aus verständlichen Gründen handeln – als Muster siegender ›Freiheitshelden‹ werden sie keinem Zuschauer erscheinen. Auf verschiedene Weise anders ist es mit Max Piccolomini und
Thekla im *Wallenstein* und Johanna in der *Jungfrau von Orleans* bestellt. Max und Johanna suchen den Tod in der Schlacht. Aber auch
sie können kaum zu Mitleid rühren und ihr Tun zur Nachahmung
empfehlen: Max flieht aus der Welt, bevor er sie kennengelernt hat,
und hat keine Bedenken, die ihm anvertrauten Pappenheimer in den
Tod zu schicken; Johanna ist als Werkzeug ihres Gottes nicht von dieser Welt, sie sucht das Himmelreich, nachdem sie gewiss sein kann,
dass ihr dort ewige Freude beschieden wird. Allein Thekla, die ihrem
Geliebten freiwillig folgt, weil ihr Schmerz unerträglich groß ist und
weil sie keine Chance sieht, in einer verrohten Welt ein würdiges Leben zu führen, lässt mit ihrer Entscheidung den Anflug einer erhabenen Gesinnung erkennen.

»weil die sinnlichen Triebe auf die Gesetzgebung der Vernunft keinen Einfluß haben« (NA 21, 42). Wird der Genuss der schönen (heiteren) Kunst dadurch gestört, dass sich das Bewusstsein von der Größe erhabenen Tuns in den Vordergrund drängt? Die hier vorgetragene Idee von der Doppelfunktion des Theaters: sowohl ästhetisch zu sein als auch moralisch zu wirken, berührt sich freilich mit dem, was Schiller in anderen Abhandlungen ausgeführt hat. Aus dem Dilemma befreit sich der Ästhetiker erst, nach Vorüberlegungen in *Vom Erhabenen*, in seinen Briefen *Ueber die ästhetische Erziehung des Menschen*.

Von den kleineren Arbeiten der ›philosophischen Periode‹ Schillers (1791–95) sind die Aufsätze *Zerstreute Betrachtungen über verschiedene ästhetische Gegenstände*, erschienen im Herbst 1794 (im fünften Heft des Jahrgangs 1793 der *Neuen Thalia*), und *Gedanken über den Gebrauch des Gemeinen und Niedrigen in der Kunst*, erschienen erst 1802 (als Lückenbüßer?) im letzten Band der *Kleineren prosaischen Schriften*, als Supplemente der vorangegangenen Abhandlungen von Interesse, aber nicht als Zeugnisse fortschreitender Erkenntnisse auf dem Felde der Ästhetik. In den *Zerstreuten Betrachtungen [...]* füllt Schiller eine Lücke seiner bisherigen Untersuchungen über das Erhabene, indem er sich als gewissenhafter Kant-Adept auch mit dessen Erklärungen des mathematisch Erhabenen auseinandersetzt; in den *Gedanken über den Gebrauch des Gemeinen und Niedrigen [...]* wird erläutert, warum die Sätze unzweifelhaft richtig sind: »*Gemein* ist alles, was nicht zu dem *Geiste* spricht, und kein anderes als ein sinnliches Interesse erregt«, und: »Noch eine Stuffe unter dem Gemeinen steht das *Niedrige* [...]. Das Gemeine zeugt bloß von einem fehlenden Vorzug, der sich wünschen läßt, das Niedrige von dem Mangel einer Eigenschaft, die von jedem gefordert werden kann.« (NA 20, 241 f.) Als Beispiele für den Gebrauch des Niedrigen in der Kunst (warum »Kunst«?) erwähnt Schiller zwei Schauspiele, deren Verfasser (Iffland und Schröder) aber nicht genannt werden.

Zwei Abhandlungen, die zu größeren Teilen auch 1793 geschrieben wurden, überarbeitete und vervollständigte Schiller 1795, als er Beiträge für seine *Horen* brauchte. Ins neunte und elfte Stück 1795 brachte er *Von den nothwendigen Grenzen des Schönen besonders im Vortrag philosophischer Wahrheiten*, ins dritte Stück des folgenden Jahres *Ueber den moralischen Nutzen ästhetischer Sitten*[14] – zwei sich ergänzende Aufsätze, mit denen Schiller seinen schon vorher veröffentlichten ästhetischen Schriften nichts grundsätzlich Neues hinzufügte. Immerhin nutzt er die Gelegenheit, seinem Kontrahenten Fichte zu antworten, dessen Abhandlung *Ueber Geist und Buchstab in der Philosophie in einer Reihe von Briefen* er für *Die Horen* nicht angenommen hatte (vgl. FA 12, 12–18 und 753–759), worauf Fichte ihn wegen der Unverständlichkeit seiner (Schillers) Diktion angegriffen hatte (vgl. NA 35, 229–233). Nun also erfahren die Leser: »Bey dem wissenschaftlichen Vortrag werden die Sinne ganz und gar abgewiesen, bey dem schönen werden sie ins Interesse gezogen.« (NA 21, 13.) Doch ist damit nur der für

---

14 Die Abhandlung basiert auf dem Brief, den Schiller am 3. Dezember 1793 an den Erbprinzen Friedrich Christian von Augustenburg geschrieben hat (vgl. NA 26, 322–333).

schön gehaltene Vortrag gemeint, der darauf abzielt, den
Verstand abzulenken; dagegen ist festzustellen: »Das
wahrhaft Schöne gründet sich auf die strengste Bestimmt-
heit, auf die genaueste Absonderung, auf die höchste innere Nothwendigkeit« (ebd.). Das heißt nichts anderes,
als dass die Kunst (die Schönheit) sowohl die Sinne wie
die Vernunft befriedigt und der Wissenschaft bei der
Wahrheitsfindung in nichts nachsteht, ihr sogar überlegen
ist. Das ist ebenso bekannt wie das Dictum: »Die moralische Bestimmung des Menschen fodert völlige Unabhängigkeit des Willens von allem Einfluß sinnlicher Antriebe,
und der Geschmack, wie wir wissen, arbeitet ohne Unter-
laß daran, das Band zwischen der Vernunft und den Sinnen immer inniger zu machen.« (NA 21, 21 f.)

Auch der letzte Aufsatz, den Schiller, als er sich bereits
wieder der Poesie zugewandt hatte, veröffentlichte, bietet
für den Kenner des Verfassers (und Kants) kaum mehr als
Selbstverständliches und eine Reihe von kaum bestreitba-
ren Feststellungen, die teilweise allerdings den Rang von
bedenkenswerten Maximen behaupten, etwa diese:

> Moralischen Gemüthern, denen aber die aesthetische
> Bildung fehlt, gibt die Vernunft unmittelbar das Gesetz
> [...]. In aesthetisch verfeinerten Seelen ist noch eine
> Instanz mehr, welche nicht selten die Tugend ersetzt,
> wo sie mangelt, und da erleichtert, wo sie ist. Diese In-
> stanz ist der Geschmack.   (NA 21, 31)

Noch einmal raffte sich Schiller in den Jahren 1794
und 1795 in einer großen Anstrengung auf, um einem interessierten Publikum in zwei großen, bis heute nicht
veralteten Abhandlungen seine inzwischen gereiften, un-

ter dem Einfluss Goethes geklärten Ansichten über die Lösung ästhetischer, insbesondere poetologischer Probleme vorzutragen. Diese Ansichten waren zu eigenartig, um das Interesse der Zeitgenossen, geschweige denn ihren Beifall finden zu können.

4. *Ueber die ästhetische Erziehung des Menschen*

Nachdem Schiller die Vorbereitungen für die Herausgabe der Zeitschrift *Die Horen* abgeschlossen hatte, kündigte er das Unternehmen in verschiedenen Zeitungen, zuerst am 10. Dezember 1794 in der *Allgemeinen Literatur-Zeitung*, öffentlich an. Die Ankündigung beginnt:

> Zu einer Zeit, wo das nahe Geräusch des Kriegs das Vaterland ängstiget, wo der Kampf politischer Meynungen und Interessen diesen Krieg beynahe in jedem Zirkel erneuert, und nur allzuoft Musen und Grazien daraus verscheucht, wo weder in den Gesprächen noch in den Schriften des Tages vor diesem allverfolgenden Dämon der Staatscritik Rettung ist, möchte es eben so gewagt als verdienstlich seyn, den so sehr zerstreuten Leser zu einer Unterhaltung von ganz entgegengesetzter Art einzuladen.   (Schrr. 10, 266; vgl. NA 22, 106)

Schiller verspricht den Lesern seiner Zeitschrift:

> Mitten in diesem politischen Tumult soll sie für Musen und Charitinnen einen engen vertraulichen Zirkel schließen, aus welchem alles verbannt seyn wird, was mit einem unreinen Partheygeist gestempelt ist. Aber

indem sie sich alle Beziehungen auf den *jetzigen* Weltlauf und auf die *nächsten* Erwartungen der Menschheit verbietet, wird sie über die vergangene Welt die
Geschichte, und über die kommende die Philosophie
befragen, wird sie zu dem Ideale veredelter Menschheit, welches durch die Vernunft aufgegeben, in der Erfahrung aber so leicht aus den Augen gerückt wird,
einzelne Züge sammeln, und an den stillen Bau besse-
rer Begriffe, reinerer Grundsätze und edlerer Sitten,
von dem zuletzt alle wahre Verbesserung des gesellschaftlichen Zustandes abhängt, nach Vermögen geschäftig seyn.   (Schrr. 10, 267; vgl. NA 22, 106 f.)

Die Ankündigung gehört zu den inhaltlich wie rhetorisch bemerkenswertesten nicht-poetischen Texten Schillers. Sie ist nichts anderes als eine Programmschrift der
klassischen deutschen Literatur, wie sie von Goethe und
Schiller, die seit dem Sommer 1794 freundschaftlich verbunden waren, praktiziert werden sollte. »Man wird streben«, heißt es in der Ankündigung weiter, »die Schönheit zur Vermittlerinn der Wahrheit zu machen, und
durch die Wahrheit der Schönheit ein daurendes Fundament und eine höhere Würde zu geben.« (Schrr. 10, 267;
vgl. NA 22, 107.)

Als Schiller so effektvoll an die Öffentlichkeit trat,
wusste er natürlich schon, dass sich sein Versprechen, die
Zeitschrift werde mit der Politik nichts zu tun haben,
nicht erfüllen werde. Schon der erste Beitrag im ersten
Horen-Stück, Goethes *Erste Epistel*, spricht von wenig
erfreulichen Verhältnissen der Gegenwart und erteilt Rat-
schläge, wie »das Wohl des Menschengeschlechtes, /

Unsrer Deutschen besonders« (V. 11 f.; MA 4.1, 660) zu
befördern sei, und der dritte Beitrag, Goethes *Unterhaltungen deutscher Ausgewanderten*, sagt mit dem ersten
Satz, dass es (auch) um Politik geht: »In jenen unglücklichen Tagen, welche für Deutschland, für Europa, ja für
die übrige Welt die traurigsten Folgen hatten, als das Heer
der Franken durch eine übelverwahrte Lücke in unser Vaterland einbrach [...].« (MA 4.1, 436.) Am entschiedens-
ten aber bezog der Herausgeber selbst im zweiten Beitrag,
der die ersten neun Briefe der Abhandlung *Ueber die
ästhetische Erziehung des Menschen* enthält, politisch
Position, freilich mit der erklärten Absicht, einen Weg aus
den beklagenswerten Zuständen seiner Zeit zu weisen.

Die Abhandlung, deren zweiter Teil (mit den Briefen
10–16) im zweiten und deren letzter Teil (mit den Briefen
17–27) im sechsten *Horen*-Stück (im Februar und Juni
1795) erschienen, ist die umgearbeitete Fassung der Briefe, die Schiller in den Monaten Juli bis November 1793
dem Erbprinzen Friedrich Christian von Augustenburg
geschrieben hatte, als Dank für dessen großzügiges Geld-
geschenk in schwerer Notlage.[15] Mit einigen Änderun-
gen[16] veröffentlichte Schiller die Abhandlung, die mit
dem 27. Brief nicht abgeschlossen, sondern abgebrochen
wurde, noch einmal im dritten Band seiner *Kleineren
prosaischen Schriften* (1801).

15 Siehe oben, S. 75.
16 Die wichtigste Änderung geht auf eine Anregung Körners zurück. Der
Terminus »Sachtrieb«, den Schiller zunächst gebrauchte, klinge
»hart«, schrieb Körner dem Freund am 11. Januar 1795 (NA 35, 126).
Dieser machte daraus dann »Stofftrieb«, und fortan haben sich alle Interpreten daran, also an die veränderte Version und damit an die zweite Fassung der Abhandlung, gehalten. Auch die folgenden Bemerkungen beziehen sich auf die Fassung von 1801 (nach NA 20, 309–412).

Mit der Kant nacheifernden, schon in *Ueber Anmuth und Würde* angekündigten »Analytik des Schönen« (NA 20, 261) wollte Schiller Grundsätze der Kunst aufdecken, nach denen sich die Funktion des Schönen und nicht zuletzt die Möglichkeit, den Menschen durch Kunst zu erziehen, bestimmen ließen. Dabei nimmt er den Ausgang von den Erfahrungen, die er in seiner Gegenwart, in der durch die Französische Revolution bestimmten Welt, gemacht hat. »Ich möchte nicht gern in einem andern Jahrhundert leben«, heißt es schon bald, »und für ein andres gearbeitet haben. Man ist eben so gut Zeitbürger, als man Staatsbürger ist [...].« (NA 20, 311.) Freilich sei die Zeit dem Schönen entrückt; nicht der Geist, sondern das materielle Bedürfnis herrsche allerorten »und beugt die gesunkene Menschheit unter sein tyrannisches Joch. Der *Nutzen* ist das große Idol der Zeit [...].« (Ebd.)

Im dritten Brief wird Schiller konkreter. Er spricht, ähnlich wie in anderen Abhandlungen, vom Menschen als einem physischen und einem sittlichen Wesen, von einem Naturstaat und einem Vernunftstaat und davon, dass die Sittlichkeit gefördert werden müsse, weil nur so der Weg zum Handeln aus Vernunft geebnet werden könne. Dann wird ausgemalt, wie es mit den Verhältnissen von Geist und Materie, von Staat und Individuum, von Subjekten und Objekten bestellt sein kann, mit der vorausweisenden Erkenntnis: »*Totalität* des Charakters muß [..] bey dem Volke gefunden werden, welches fähig und würdig seyn soll, den Staat der Noth mit dem Staat der Freyheit zu vertauschen.« (NA 20, 318.) Der Kenner weiß, was gemeint ist: der Staat der sich als ›Freiheit in der Erscheinung‹ präsentierenden Kunst, der ästhetische Staat.

Um darzutun, warum die Welt verbessert werden müsse, malt Schiller die Schrecknisse der gegenwärtigen Verhältnisse, den katastrophalen Zustand des ›Staates der Not‹ in lebhaften Farben aus:

> Hier Verwilderung, dort Erschlaffung: die zwey Auessersten des menschlichen Verfalls, und beyde in Einem Zeitraum vereinigt.
> In den niedern und zahlreichern Klassen [dem 3. und 4. Stand] stellen sich uns rohe gesetzlose Triebe dar, die sich nach aufgelöstem Band der bürgerlichen Ordnung [gemeint ist, mit Blick auf die Französische Revolution, die ›aufgelöste‹ Feudalordnung des Ancien Régime] entfesseln, und mit unlenksamer Wuth zu ihrer thierischen Befriedigung eilen. [...]
> Auf der andern Seite geben uns die civilisirten Klassen den noch widrigern Anblick der Schlaffheit und einer Depravation des Charakters, die desto mehr empört, weil die Kultur selbst ihre Quelle ist.   (NA 20, 319f.)

Es folgen Erläuterungen, nach denen sich zusammenfassend ergibt: »So sieht man den Geist der Zeit zwischen Verkehrtheit und Rohigkeit, zwischen Unnatur und bloßer Natur, zwischen Superstition und moralischem Unglauben schwanken, und es ist bloß das Gleichgewicht des Schlimmen, was ihm zuweilen noch Grenzen setzt.« (NA 20, 320f.) Und wieder hält sich Schiller bei Zustandsschilderungen der ›wirklichen‹ Welt auf: bei der Welt der Griechen, in der alles besser war, da sich in ihr die Natur »mit allen Reizen der Kunst und mit aller Würde der Weisheit vermählte« (NA 20, 321). Der Rückgriff auf die Antike ist aus heuristischen Gründen wichtig;

denn das Konstrukt verschärft die Zivilisations- und Kulturkritik, die Schiller an seinem Zeitalter übt. Und wieder ist er bei den antagonistischen Kräften, die sich bekriegen, solange sie nicht durch die Kunst befriedet und zusammengeführt werden. Was zu geschehen hat, wird aufs deutlichste angegeben: »Der Charakter der Zeit muß sich also von seiner tiefen Entwürdigung erst aufrichten, dort der blinden Gewalt der Natur sich entziehen, und hier zu ihrer Einfalt, Wahrheit und Fülle zurückkehren; eine Aufgabe für mehr als Ein Jahrhundert.« (NA 20, 329.)

Bevor Schiller seine Gedanken über die Kunst entwickelt, erweist er noch dem vernünftigen Menschen, dem Philosophen, seine Reverenz. Auch er ist bestimmt, aufzuklären und zu erziehen, indem er das Horazische »sapere aude«[17] in die Köpfe der Menschen bringt, um so »die Hindernisse zu bekämpfen, welche sowohl die Trägheit der Natur als die Feigheit des Herzens der Belehrung entgegen setzen« (NA 20, 331). Aufs neue konstruiert Schiller eine Problemlage, die als Sackgasse beschrieben wird: Es sei nicht damit zu rechnen, dass sich durch die »theoretische Kultur«, deren Repräsentanten die Philosophen nun einmal sind, »unter den Einflüssen einer barbarischen Staatsverfassung der Charakter veredeln« (NA 20, 332) lasse. Um das Ziel der Veredlung zu erreichen, bedürfe es der Kunst, die von außen auf den Staat und den einzelnen Bürger einwirken könne.

Der Künstler ist zwar der Sohn seiner Zeit, aber schlimm für ihn, wenn er zugleich ihr Zögling oder gar noch ihr Günstling ist. [...] aus dem reinen Aether sei-

17 Siehe oben, S. 258, Anm. 88.

ner dämonischen Natur rinnt die Quelle der Schönheit herab, unangesteckt von der Verderbniß der Ge-
schlechter und Zeiten, welche tief unter ihr in trüben
Strudeln sich wälzen.[18] [...] Ehe noch die Wahrheit ihr
siegendes Licht in die Tiefen der Herzen sendet, fängt
die Dichtungskraft ihre Strahlen auf, und die Gipfel
der Menschheit werden glänzen, wenn noch feuchte
Nacht in den Thälern liegt.
Wie verwahrt sich aber der Künstler vor den Verderb-
nissen seiner Zeit [...]? Wenn er ihr Urtheil verachtet.
Er blicke aufwärts nach seiner Würde und dem Gesetz
[...]; er [...] strebe, aus dem Bunde des Möglichen mit
dem Nothwendigen das Ideal zu erzeugen. Dieses präge er aus in Täuschung und Wahrheit, präge es in die
Spiele seiner Einbildungskraft, und in den Ernst seiner
Thaten, präge es aus in allen sinnlichen und geistigen
Formen und werfe es schweigend in die unendliche
Zeit.   (NA 20, 333 f.)[19]

Nach diesen rhetorisch-poetischen Aufschwüngen, mit
denen Schiller das Fundament seiner zwar verständlichen, aber nicht ›realistischen‹ Kunstlehre gelegt hat:
dass der Künstler sich freihalten könne vom Unrat der
Wirklichkeit, setzt endlich das Nachdenken ein über die

18 Vgl. dazu Schillers Gedicht *Das Glück* (siehe oben, S. 378 f.).
19 Der letzte Satz gefiel offenbar Hegel. Am 30. August 1795 schrieb er
   an Schelling über die öffentliche Kritik, die dessen transzendentalphilosophische Schrift *Ueber die Möglichkeit einer Form der Philosophie überhaupt* (1795) gefunden hatte, und beruhigte den Freund:
   »Ueber die Folgen, die das Mißverstehen Deiner Grundsätze für Dich
   haben könnte, bist Du erhaben. Du hast schweigend Dein Werk in die
   unendliche Zeit geworfen [...].« (*Briefe von und an Hegel*, hrsg. von
   Johannes Hoffmeister, Bd. 1, Hamburg 1952, S. 30.)

Bedingungen der Möglichkeit von Kunst, um dann deren Wirklichkeit als Rettungsmittel des Staats und der ganzen Menschheit mit Nachdruck zu empfehlen. Die Schönheit, das wird gleichsam ehern festgelegt, ist »eine nothwendige Bedingung der Menschheit«, deren »Begriff« auf induktivem Weg, durch das Sammeln und Ordnen von generalisierbaren Erfahrungen – »durch Wegwerfung aller zufälligen Schranken« (NA 20, 340f.) – gewonnen werden könne. Durch die Analyse von ›Zuständen‹ eines Menschen lasse sich auf dessen ›Wesen‹, auf den Menschen als ›Person‹ schließen, deren Grund »die Idee des absoluten, in sich selbst gegründeten Seyns, d. i. die *Freyheit*« (NA 20, 342) sei. Dieser Grund ist selbst als Idee stofflos; er ist inhaltlose Form.

Sinnlichkeit / Sittlichkeit, Anmut / Würde, Natur / Kultur (Vernunft), Freiheit / Notwendigkeit, Trieb / Geist – Schillers Denken kreist um Dualismen, um sich gegenseitig ausschließende Determinanten menschlichen Seins und Handelns, darüber hinaus um die Möglichkeit ihrer Bündelung in der von einem Dritten bewirkten Entfaltung ihrer sich schließlich wechselseitig ergänzenden Kräfte. Nun statuiert Schiller einen weiteren Dualismus, den von Form und Inhalt (Materie, Stoff); und er sucht wieder nach dem Dritten als einer Kraft, die das Entgegengesetzte verbindet.

Zwei Triebe, sagt Schiller, bestimmen uns, »das Nothwendige *in uns* zur Wirklichkeit zu bringen und das Wirkliche *ausser uns* dem Gesetz der Nothwendigkeit zu unterwerfen« (NA 20, 344) – der sinnliche Trieb und der geistige, der Stofftrieb[20] und der Formtrieb. Alles,

---

20 Zunächst »Sachtrieb« genannt; siehe S. 466, Anm. 16.

was in der Zeit zur Erscheinung kommt, was dem Menschen begegnet und wodurch er sich darstellt, ist an Stoff, an Materie gebunden; darauf richtet sich der Stofftrieb. Daneben ist der Formtrieb wirksam, der »von dem absoluten Daseyn des Menschen oder von seiner vernünftigen Natur« ausgeht und bestrebt ist, den Menschen »in Freyheit zu setzen, Harmonie in die Verschiedenheit seines Erscheinens zu bringen« (NA 20, 345f.). Um zur »Einheit der menschlichen Natur« (NA 20, 347) zu kommen, sei es erforderlich, Form- und Stofftrieb zunächst in ihren je eigenen Grenzen zu halten (sie gleichsam zu separieren), um wechselseitige Übergriffe zu verhindern; dann sei die Möglichkeit ihrer Verbindung zu erkunden. Die Prüfung ergibt: Der Spieltrieb ist der Vermittler, in dem die beiden anderen »vereinigt wirken« (NA 20, 354). Das Abgesonderte und daher im Menschen nur zufällig Existierende (der begrenzte Formtrieb hier, der begrenzte Stofftrieb dort) wird als notwendig erfahren, wenn der Künstler auf spielerische Weise »Form in die Materie und Realität in die Form« (ebd.) bringt. Die sinnlichen Empfindungen und Affekte werden mit der Vernunft in Übereinstimmung gebracht, und dadurch verschwindet auch der Zwang, den die moralischen Gesetze ausüben. Mit der ›Entdeckung‹ des Spieltriebs ergänzt Schiller die Reihe der Kantischen Postulate der praktischen Vernunft (Gott, Freiheit und Unsterblichkeit) um ein die Grundlegung der Ästhetik bestimmendes Postulat der Urteilskraft.

Schiller, der so vieles daran setzt, Kant zu überbieten und das System der Schönheit rational zu erweisen, macht einen weiteren kühnen Schritt, indem er bündig erklärt, was Spiel sei, nämlich: »was weder subjektiv noch

objektiv zufällig ist, und doch weder äußerlich noch in-
nerlich nöthigt« (NA 20, 357). Von dieser Festlegung auf
das höchste menschliche Vermögen, die ihm angeborenen
gegensätzlichen Triebe (der Sinnlichkeit und der Sittlichkeit) zu vereinigen, ist es nur noch ein kurzer Schritt zu
der prägnant und wahrhaft ›klassisch‹ formulierten Überzeugung: »[...] um es endlich auf einmal herauszusagen,
der Mensch spielt nur, wo er in voller Bedeutung des
Worts Mensch ist, und *er ist nur da ganz Mensch, wo er
spielt.*« (NA 20, 359.) So wird ein Ideal vorgestellt, von
dem Schiller nicht annahm, dass es von dieser Welt ist.
Denn auch die Kunst ist nie vollkommen; nie frei von
Beimischungen der Materie und nie Ausdruck eines zeit-
unabhängigen oder gar die Zeit aufhebenden Spiels. Weil
Schiller das wusste (wie jeder seiner Leser), unternahm er
später (in *Ueber naive und sentimentalische Dichtung*)
einen neuen Versuch, die Qualität von Kunstwerken –
seien diese spielerisch zustande gekommen oder nicht –
zu bestimmen, und zwar so, dass der Rezipient Maßstäbe
bei der Beurteilung dieser Werke in die Hand bekommt.
Doch einstweilen ist noch vom Spiel als dem die Wirklichkeit des Schönen ermöglichenden Trieb die Rede und
(aufs neue) davon, dass durch die Schönheit »der sinnliche Mensch zur Form und zum Denken geleitet« und
»der geistige Mensch zur Materie zurückgeführt« werde
(NA 20, 365).

Die Gretchenfrage ist noch unbeantwortet: Wie funktioniert die Vermittlung zwischen Empfindung und Denken, Stoff und Form, Materie und Geist, Sinnlichkeit und
Sittlichkeit, eine Vermittlung, die das Schöne leisten soll?
Eines und dasselbe kann das ganz und gar Verschiedene
schwerlich werden; da es nicht in einer Synthese ›aufge-

hoben‹ werden kann (das wäre so etwas wie eine *coinci-dentia oppositorum*), soll es miteinander verbunden wer-den – durch Freiheit. Am Anfang steht die Erkenntnis, dass sich die menschlichen Grundtriebe ihrer Natur nach gegenseitig paralysieren, wenn sie sich mit derselben Hef-tigkeit gegen den jeweils anderen durchsetzen wollen. Das durch den freien Willen geäußerte Bedürfnis, die Auseinandersetzung zwischen der Sinnlichkeit, die von der Vernunft bedroht ist, und der Sittlichkeit, die ›an und für sich‹ ohne jeden Inhalt (Stoff) ist, auf ein gleichsam neutrales Terrain zu verlagern, führt dazu, dass der Mensch in »eine mittlere Stimmung« geführt wird, »in welcher das Gemüth weder physisch noch moralisch ge-nöthigt, und doch auf beyde Art thätig ist« (NA 20, 375). Diesen durch Freiheit ermöglichten »Zustand der realen und aktiven Bestimmbarkeit« nennt Schiller »den *ästhe-tischen*« (ebd.). Dieser Zustand ist, da der Mensch sich in ihm als »*Null*« (NA 20, 377) erfährt, frei von allen Pressionen der Sinnlichkeit und der Sittlichkeit; er macht den – nun autonomen – Menschen offen für die Aufnah-me des autonom Schönen, hebt ihn hinaus über die Zu-sammenhänge der immer nur flüchtigen Zeit. Ästhetisch ist also der Mensch, der im Bewusstsein seiner Freiheit das Geschenk des Schönen annimmt, auf ihm als unver-lierbarem Besitz seine Existenz gründet, und der als seine vornehmste Aufgabe begreift, einen ästhetischen Staat vorzubereiten, in dem die Politik – bestimmt als Aus-übung physischer Macht – ›vertilgt‹ sein wird.

Schillers transzendentalphilosophische Überlegungen sind nicht unverständlich, vielleicht nicht einmal verstie-gen, aber sie haben nicht die erwartete Anerkennung ge-funden und schon gar nicht die Wirklichkeit zum Besse-

ren verändert, weil sie auf der einen Seite zu dem durch
Fehlinterpretationen verbreiteten Missverständnis geführt
haben, es sei dem Verfasser der ästhetischen Briefe letztlich um eine Ästhetisierung der Politik gegangen. Auf der
anderen Seite hat die gegensätzliche Intention des Autors, die Kunst ins Idealische zu übersteigern, die naheliegende Kritik der Empiriker, der ›realistisch‹ Denkenden, hervorgerufen.

Wie sehr sich Schiller in den ästhetischen Zustand des
Menschen hineingedacht hat, wird aus einigen Folgerungen deutlich, die er wie selbstverständlich aus dem von
ihm erhobenen Befund zieht. So bestimmt er beispielsweise, dass sich die verschiedenen Künste (Dichtung, Musik, bildende Kunst) in ihren Wirkungen annähern, wenn
sie auf ein durch Freiheit für das Schöne empfänglich gewordenes Publikum treffen. Und auf das Verhältnis von
Form und Stoff noch einmal zurückkommend, dekretiert
er: »In einem wahrhaft schönen Kunstwerk soll der Inhalt
nichts, die Form aber alles thun [...]. Darinn also besteht
das eigentliche Kunstgeheimniß des Meisters, *daß er den
Stoff durch die Form vertilgt* [...].« (NA 20, 382.) Aber
gehört zur Meisterschaft nicht das Spiel, durch das Form
und Stoff harmonisch vereinigt werden? Schiller ist mit
seinem Dekret in der Realität, ist bei sich selbst angekommen: Über die Qualität von Dichtungen entscheidet nie
der behandelte Stoff (Inhalt), sondern immer nur die ihm
aufgeprägte Form. Mit großer Anstrengung, freilich ohne
durchschlagenden Erfolg hat der Dichter in seiner *Braut
von Messina* versucht, die Gültigkeit dieser These zu bekräftigen.[21] Es ist nicht wahrscheinlich, dass bei diesem

---

21 Siehe dazu oben, S. 287–289.

Versuch des Dichters Spieltrieb eine wichtige Rolle gespielt hat. Das ändert natürlich nichts an der Gültigkeit
des Spieltrieb-Postulats für das ästhetische Gebäude, an
dessen Fundament sich Schiller so enthusiastisch wie
energisch zu schaffen machte und dessen Vollendung er
in ferner Zukunft erwartete.

In seinen letzten Briefen wendet sich Schiller aus der
Zukunft in die Gegenwart zurück, da er von der Aufgabe
der Kultur – der zwar noch unvollkommenen, aber dennoch schönen Kunst – spricht, auf den Menschen, der sich
ihr im vorästhetischen Zustand öffnet, einzuwirken. »Es
gehört [...] zu den wichtigsten Aufgaben der Kultur, den
Menschen auch schon in seinem bloß physischen Leben
der Form zu unterwerfen, und ihn, so weit das Reich der
Schönheit nur immer reichen kann, ästhetisch zu machen,
weil nur aus dem ästhetischen, nicht aber aus dem physischen Zustande der moralische sich entwickeln kann.«
(NA 20, 385). Also ist das Ästhetische die Voraussetzung
des Moralischen? Das Fundament des Schillerschen
Schönheitsgebäudes bekommt Risse; denn nicht länger
wird die These vertreten, dass die auf das Sinnliche und
das Sittliche ausgerichteten Triebe im Spiel (durch das
Schöne) vereinigt werden müssen, sondern nun wird,
durchaus einsichtig, gesagt, dass bei dem Bemühen des
Menschen, sich aus den Zwängen des Sinnlichen zu befreien, um ein moralisches Wesen zu werden, die Kultur
hilfreich, wenn nicht gar notwendig ist. Das aber heißt:
ohne das Schöne ist es um die Sittlichkeit schlecht bestellt.
Ist diese erreicht, lässt sich an Höheres, an Endgültiges, an
die absolute Freiheit im Reich des absolut Schönen denken. Zu diesem Gedanken kehrt Schiller im letzten Brief
seiner Abhandlung noch einmal wie im Triumph zurück:

Mitten in dem furchtbaren Reich der Kräfte und mitten in dem heiligen Reich der Gesetze baut der ästhetische Bildungstrieb unvermerkt an einem dritten fröhlichen Reiche des Spiels und des Scheins[22], worin er dem Menschen die Fesseln aller Verhältnisse abnimmt, und ihn von allem, was Zwang heißt, sowohl im physischen als im moralischen entbindet. (NA 20, 410)

In seiner letzten großen Abhandlung gibt Schiller diesem Reich einen Namen, der das Ende der Geschichte bezeichnet: Elysium.

5. *Ueber naive und sentimentalische Dichtung*

Schiller hat seine Briefe *Ueber die ästhetische Erziehung des Menschen* wahrscheinlich nicht fortgesetzt, weil er sich nach einem Jahr des intensiven Umgangs mit Goethe gedrängt fühlte, einen Plan in die Tat umzusetzen, den er schon 1793 gefasst und von dessen beginnender Ausführung er Körner am 12. September 1794 berichtet hatte. Er arbeite, heißt es da, »an einem Aufsatz über *Natur* und *Naivheit*, der mich immer mehr feßelt, und mir vorzüglich zu gelingen scheint.« (FA 11, 724.) In Gesprächen mit Goethe erweiterte sich das Projekt; es erschien schon bald zweckmäßig, nicht nur das Naive, sondern auch dessen Gegenpol, das Sentimentale (in

---

22 Das von Schiller vorgestellte ›Dritte Reich‹ weist deutliche Parallelen auf zu dem von Stefan George propagierten geistigen Reich der Zukunft, das auch als *Neues Reich* (so der Titel der letzten – 1928 erschienenen – Gedichtsammlung Georges) auch nicht anders als ästhetisch gedacht war – kompromisslos fundamentalistisch. Vgl. besonders das Gedicht *Der Dichter in Zeiten der Wirren*.

Schillers Terminologie: das Sentimentalische), in die Behandlung aufzunehmen.

Die vielfachen Verpflichtungen, denen Schiller als Herausgeber des *Musen-Almanachs* und der *Horen* nachkommen musste, verhinderten, dass die Arbeit früher als im September 1795 endgültig in Angriff genommen werden konnte. In drei Teilen, mit den Überschriften *Ueber das Naive, Die sentimentalischen Dichter* und *Beschluß der Abhandlung über naive und sentimentalische Dichter, nebst einigen Bemerkungen einen charakteristischen Unterschied unter den Menschen betreffend*, erschien die Abhandlung von November 1795 bis Januar 1796 in drei *Horen*-Stücken. Bei der erneuten Veröffentlichung im zweiten Teil seiner *Kleineren prosaischen Schriften* (1800)[23] gab Schiller der Abhandlung, die von der zeitgenössischen Kritik fast ganz unbeachtet blieb, den Titel *Ueber naive und sentimentalische Dichtung*.[24]

Die Abhandlung, mit der Schiller seine »philosophische Bude« schloss (an Goethe, 17. Dezember 1795; FA 12, 110), ist in mehrfacher Hinsicht bemerkenswert: als eine Art gedrängter Literaturgeschichte, als poetologischer Versuch, Typen von Dichtungen und Dichtern zu beschreiben, und auch als anthropologische Schematisie-

---

23 Die Tatsache, dass Schiller *Ueber naive und sentimentalische Dichtung*, zusammen mit *Ueber Anmuth und Würde* und *Ueber die nothwendigen Grenzen beim Gebrauch schöner Formen*, in den zweiten Band seiner *Kleineren prosaischen Schriften* aufnahm und erst im dritten Band (1801) *Ueber die ästhetische Eriehung des Menschen, in einer Reihe von Briefen*, zusammen mit *Ueber das Erhabene* und *Ueber das Pathetische [...]*, folgen ließ, mag etwas über seine Wertschätzung der eigenen philosophischen Schriften erkennen lassen.

24 Nach dieser Fassung (wiedergegeben auch in NA 20, 413–503), die gegenüber dem Erstdruck nur geringfügige Veränderungen aufweist, wird im folgenden zitiert.

rung (oder Klassifizierung) sich unterscheidender Weisen
menschlicher Existenz. Leicht erkennbar ist, dass Schiller eine Standortbestimmung seiner selbst – als Beispiel
eines sentimentalischen Dichters – unternommen hat.

Es beginnt mit Betrachtungen über die Natur, die »als
das freiwillige Daseyn, das Bestehen der Dinge durch
sich selbst, die Existenz nach eignen und unabänderli-
chen Gesetzen« (NA 20, 413) definiert wird. Im Stande
der Natur befand sich einst auch der Mensch, der nun,
nachdem er aus ihr herausgefallen ist, seine Würde im
Gebrauch der Vernunft und des freien Willens zu behaupten sucht, aber danach strebt, mit Hilfe der Kultur
zur Natur zurückzukehren. Allein einem naiven Natur-
wesen könne die Auszeichnung der Genialität zukommen: »Naiv muß jedes wahre Genie seyn, oder es ist keines. Seine Naivetät allein macht es zum Genie [...]. Un-
bekannt mit den Regeln, den Krücken der Schwachheit
und den Zuchtmeistern der Verkehrtheit, bloß von der
Natur oder dem Instinkt, seinem schützenden Engel, geleitet, geht es ruhig und sicher durch alle Schlingen des
falschen Geschmackes [...].« (NA 20, 424.)

Das Genie, das ganz Natur ist, handelt »mit anspruch-
loser Simplicität und Leichtigkeit [...]. Dadurch allein le-
gitimiert es sich als Genie, daß es durch Einfalt über die
verwickelte Kunst triumphiert.« (Ebd.) Durch das Epi-
theton »verwickelt« vermeidet Schiller den Eindruck,
das naive Genie sei zur Kunstproduktion gar nicht in der
Lage. In der Tat ist die Kunst des Genies, des naiven
Dichters zum Beispiel, von anderer, eben ganz einfacher
Art – sie ist vollkommen. Da die naive Denkart auch ihren naiven Ausdruck verlangt, da sich »durch innere
Nothwendigkeit die Sprache aus dem Gedanken« entwi-

ckelt, sind Denken und Sprechen des Genies nicht geschieden. »Eine solche Art des Ausdrucks, wo das Zeichen ganz in dem Bezeichneten verschwindet, [...] ist es,
was man in der Schreibart vorzugsweise genialisch und
geistreich nennt.« (NA 20, 426.) Damit wird gesagt, was
die wahre, die symbolische Kunst (nach Schillers Auffassung: die Kunst Goethes) ausmacht: die Indifferenz des
Gesagten und Bedeutenden, des Allgemeinen und Besonderen; eine Kunst mithin, die keine Interpretation er-
fordert, diese nicht einmal zulässt.

Schiller beklagt den im Laufe der Geschichte eingetretenen Natur-Verlust des Menschen und macht so die
Forderung plausibel, dass der moderne Mensch (nicht
nur der Künstler) alles daransetzen müsse, die Natur
wiederzugewinnen. Bei diesem Bemühen helfe es, das
Vergangene zu kennen und sich zu erinnern an die Wirklichkeit »der schönen Natur [...], welche die alten *Griechen* umgab«, die unter einem »glücklichen Himmel«
(NA 20, 429) wie selbstverständlich auch die schönsten
Dichtungen hätten hervorbringen können, ohne darüber
zu reflektieren. Wie die Kunst, so die Götterlehre der Alten: sie »war die Eingebung eines naiven Gefühls, die
Geburt einer fröhlichen Einbildungskraft, nicht der grü-
belnden Vernunft, wie der Kirchenglaube der neuern Na-
tionen [...].« (NA 20, 431.)

Die endgültige Hinwendung zu Dichtern und Dicht-
werken alter und neuer Zeit beginnt mit der Behauptung
(deren ›Richtigkeit‹ nicht jeden Zweifel ausschließt):

Die Dichter sind überall, schon ihrem Begriffe nach, die
Bewahrer der Natur. Wo sie dieses nicht ganz mehr
seyn können, und schon in sich selbst den zerstörenden

> Einfluß willkührlicher und künstlicher Formen erfahren oder doch mit demselben zu kämpfen gehabt haben, da werden sie als die *Zeugen*, und als die *Rächer* der Natur auftreten. Sie werden entweder Natur *seyn*, oder sie werden die verlorene *suchen*. (NA 20, 432)

Damit ist die Kennzeichnung der naiven und der sentimentalischen Dichter erfolgt. Die Vermutung, die sich nach den vorangegangenen Ausführungen aufgedrängt hat: dass es wahre Naivität nur in alten Zeiten gegeben habe, dieser Vermutung tritt Schiller in einem ersten Ausflug in die Literaturgeschichte entgegen. Shakespeare, so heißt es, sei durchaus mit Homer zu vergleichen; beide Dichter reflektierten nicht über die von ihnen behandelten Gegenstände, sondern stellten sie nur als Teile ihrer selbst dar. Ein naiver Dichter in geschichtlicher Zeit ist also nicht ganz ausgeschlossen; auf einen weiteren Fall wird Schiller später noch anspielen. Doch grundsätzlich bleibt es dabei, dass »Dichter von dieser naiven Gattung [...] in einem künstlichen Weltalter nicht so recht mehr an ihrer Stelle« sind (NA 20, 435), und so kann es auch bei Schillers Denken in Gegensätzen bleiben: Das Begriffspaar Natur/Unnatur wird durch die Begriffspaare naiv/sentimentalisch und antik/modern fixiert.

Bevor sich Schiller wieder dem sentimentalischen Dichter zuwendet, gibt er ein weiteres Mal eine knappe Charakterisierung des Naiven: »So lange der Mensch noch reine, es versteht sich, nicht rohe Natur ist, wirkt er als ungetheilte sinnliche Einheit, und als ein harmonirendes Ganze.« (NA 20, 436.) Die naive Darstellung der nun als Wirklichkeit bezeichneten Natur ist also selbst Natur, während »in dem Zustande der Kultur [...] die Erhebung der Wirklichkeit zum Ideal oder, was auf eins hinausläuft, *die Darstellung des Ideals den Dichter machen muß.*« (NA 20, 437.) Jede naive Dichtung rührt den Leser oder Hörer prinzipiell gleich, mag die Empfindung des Rezipienten schwächer oder stärker sein. Bei der sentimentalischen Dichtung ist das anders, weil die Reflexionen des Dichters, um verstanden zu werden, wieder der Reflexion bedürfen und weil die Art der Auseinandersetzung mit dem Ideal, das sich gegen die Wirklichkeit stellt, zu ganz verschiedenen Ergebnissen führen kann.

Die sentimentalischen Dichter, von denen Schiller im Verlauf seiner Abhandlung viele als Repräsentanten der einzelnen Dichtarten nennt[25], gehen mit der Wirklichkeit satirisch um, wenn sie deren Abstand zum Ideal entweder tadelnd oder spottend darstellen; sie können ihr aber auch elegisch begegnen, wenn sie das Ideal selbst so behandeln, dass »das Wohlgefallen an demselben herrschende Empfindung wird« (NA 20, 448) und der er-

---

25 Vgl. im besonderen NA 20, 446–465. Dort werden – in dieser Reihenfolge – Lessing, Lukian, Cervantes, Fielding, Sterne, Voltaire, Ovid, Ossian, Rousseau, Haller, Ewald von Kleist, Klopstock, Uz, Denis, Geßner, Johann Georg Jacobi, Gerstenberg, Hölty, Göckingk, Goethe, Miller, Thümmel, Heinse, Wieland, Manso, Crébillon d. J., Marmontel, Laclos und Diderot zum Teil von Schiller bloß erwähnt, zum Teil mit Blick auf einzelne Werke in sein Dichter- und Dichtarten-Schema eingeordnet. Andere Dichter werden an anderen Stellen, vor allem im Zusammenhang der Erörterungen über die Idylle (vgl. NA 20, 478–480), in die Untersuchung einbezogen. – Unter den modernen (sentimentalischen) Dichtern gilt Schillers größte Hochachtung Klopstock. Goethe ist ihm der am wenigsten ›moderne‹ Dichter seiner Zeit und deshalb der allergrößte: klassisch in seiner Naivität, seiner Nähe zu den Alten, vertraut indes auch mit der sentimentalischen, das Gemüt erhebenden und niederdrückenden Reflexionspoesie, wie sein *Werther* und sein *Torquato Tasso* belegten.

kennbare Abstand zur Wirklichkeit die Klage über das
Unverhältnis hervorruft. Daneben gibt es eine Spezial-
form der Elegie, in der das Ideal so zur Darstellung gelangt, dass die Empfindung über den Mangel ganz zu-
rückgedrängt wird und nichts bleibt als die Freude über
das Ideal, in dem die Wirklichkeit als Natur erscheint.
Dieser speziellen Elegie gibt Schiller einen besonderen
Namen: »*Idylle* in weitester Bedeutung« (NA 20, 449).
Doch dann, nach einem erneuten Streifzug durch die Literaturgeschichte, wird *diese* Art der Idylle nicht mehr
näher ins Auge gefasst, da es nun um die Verwirklichung
der allerhöchsten Form der Poesie geht, der Idylle in ihrer präzisesten und damit engsten Bedeutung.

Das Idyllen-Kapitel ist das Herzstück der Schillerschen
Abhandlung, Ausdruck seiner Sehnsucht nach dem Vollkommenen, seiner Hoffnung auf die Verwirklichung des
Reichs der Schönheit durch den sentimentalischen Dichter. Die Idylle stellt die unschuldige und glückliche
Menschheit dar, sie gab es »*vor dem Anfange der Kultur*
in dem kindlichen Alter der Menschheit« (NA 20, 467),
und dorthin haben die Idyllendichter bisher die in ihren
Werken geschilderten Ereignisse verlegt; sie haben sich
ausgedacht, was einmal war: »Alle Völker, die eine Geschichte haben, haben ein Paradies, einen Stand der Unschuld, ein goldnes Alter« (NA 20, 468); die Hirtenidylle
hat dort ihren Platz gefunden. Doch diese Idylle lenkt
den Menschen nur auf seinen Ursprung zurück, sie ima-
giniert ein längst vergangenes Arkadien, kann aber »weder für das Herz noch für den Geist völlig befriedigend«
sein (NA 20, 470). Da es für einen sentimentalischen
Dichter, der an die Wirklichkeit seiner Zeit gefesselt ist,
nur darum gehen kann, durch das Streben nach einem

zu verwirklichenden Ideal Aussichten für eine glückli-
chere Zukunft zu eröffnen, muss er sich konzentrieren
auf das, was er von der für das Ende der Geschichte erfüllten Verheißung poetisch ›vorwegnehmen‹ kann: die
Aufhebung der Dissonanz zwischen Wirklichkeit und
Ideal. Den Ort, in den die Geschichte münden wird, den
Ort des ungetrübten (idyllischen) Glücks nennt Schiller
Elysium. Der Idyllendichter, so lautet einer der einfachsten und zugleich wichtigsten Sätze der ganzen Abhandlung, führe »den Menschen, der nun einmal nicht mehr
nach *Arkadien* zurückkann, bis nach *Elisium*« (NA 20,
472).

Der Begriff dieser Idylle ist der Begriff eines völlig auf-
gelösten Kampfes sowohl in dem einzelnen Menschen,
als in der Gesellschaft, einer freyen Vereinigung der
Neigungen mit dem Gesetze, einer zur höchsten sittlichen Würde hinaufgeläuterten Natur, kurz, er ist kein
andrer als das Ideal der Schönheit auf das wirkliche
Leben angewendet. Ihr Charakter besteht also darinn,
daß *aller Gegensatz der Wirklichkeit mit dem Ideale*
[...] vollkommen aufgehoben sey [...]. (Ebd.)

Nach vielen Erläuterungen seiner Idyllen-Vorstellung
fasst Schiller im letzten Teil seiner Abhandlung schon
Gesagtes noch einmal zusammen: Der naive Dichter, der
durch die Natur begünstigt ist, wirkt als Einheit und
stellt das Ganze der Menschheit in der Wirklichkeit dar.
Der sentimentalische Dichter, dem die Einheit durch die
Übermacht des Denkens abhanden gekommen ist, strebt
ihre Wiederherstellung an, indem er seinen beschränkten
Zustand in einen unendlichen zu überführen trachtet.

Dichtung als Annäherung an die Ewigkeit – mit dieser
Auffassung entspricht Schiller der poetischen und poetologischen Doktrin der Frühromantiker, die das durch den
von ihnen verlachten Dichter des *Lieds von der Glocke*
bereits geöffnete Tor der Moderne weit aufstießen. Doch
wichtiger ist: Schiller wollte mit seinen Überlegungen je-
dermann klar machen, dass er, der sich für das Muster eines sentimentalischen Dichters hielt, sich hinter Goethe,
dem viel von einem naiven Genie eignete, nicht zu ver-
stecken brauche. Er sei und bleibe zwar gegenüber Goethe »ein poetischer Lump«, heißt es einmal (im Brief an
Körner vom 27. Juni 1796; NA 28, 231), aber kurz zuvor
hat er bekannt, dass er in seinen »muthvollesten Augen-
blicken« sicher sei, dass er Vorzüge gegenüber Goethe
habe wie dieser gegenüber ihm: »Man wird uns [...] verschieden specificieren, aber unsere Arten nicht unterord-
nen, sondern unter einem höhern idealischen Gattungsbegriffe einander coordinieren.« (An Humboldt, 21.
März 1796; FA 12, 162.) Die Spezifizierung ist in *Ueber
naive und sentimentalische Dichtung* zu finden, der
Gattungsbegriff ist kein anderer als der des Dichters, und
von der Notwendigkeit der Koordinierung ist in der Abhandlung auch die Rede: »Denn endlich müssen wir es
doch gestehen, daß weder der naive noch der sentimentalische Charakter, für sich allein betrachtet, das Ideal
schöner Menschlichkeit ganz erschöpfen, das nur aus der
innigen Verbindung beyder hervorgehen kann.« (NA 20,
491.)

Der Mut, den sich Schiller zuweilen gemacht hat,
wenn er sich mit Goethe verglich, drängt sich im ab-
schließenden Teil seiner Abhandlung deutlich vor, wenn
er etwa als einen Vorzug des sentimentalischen Dichters

angibt, seine Gegenstände seien viel umfassender als die des naiven Dichters und ihre Behandlung setze »die unbedingte Freyheit des Ideenvermögens« voraus, eine gleichsam besondere Freiheit, die dem naiven Dichter fehle – weil er sie nicht brauche. »Durch seine Natur muß das naive Genie alles thun, durch seine Freyheit vermag es wenig [...].« (NA 20, 474 f.) Auch sei die Gefahr nicht von der Hand zu weisen, dass die »schöne Zusammenstimmung zwischen Empfinden und Denken« (NA 20, 477) dadurch gestört werde, dass sich das Gemeine vordränge, das gerade in naiven Werken oft anzutreffen sei – in naiv sein wollenden Werken der nacharkadischen Welt, da das Naive »doch nur eine *Idee*« (ebd.) sein könne. An dieser Stelle macht Schiller das Naive – wenigstens das seiner Zeit – zum Sentimentalischen, und Goethe wird auf diese Weise, ohne genannt zu werden, in den (ehrenvollen) Kreis der Shakespeare, Lope de Vega, Molière, Goldoni und anderer einbezogen, in deren Werken es viele »Trivialitäten« (NA 20, 479) gebe. Die triviale deutsche Gegenwartsliteratur wird mit der Bemerkung abqualifiziert: »Nichts aber ist widerwärtiger, als wenn der platte Charakter sich einfallen läßt, liebenswürdig und naiv seyn zu wollen [...]. Daher denn auch die unsäglichen Platitüden, welche sich die Deutschen unter dem Titel von naiven und scherzhaften Liedern vorsingen lassen [...].« (Ebd.)

Auf den letzten Seiten der Abhandlung beschäftigt sich Schiller mit einem »sehr merkwürdigen psychologischen Antagonism unter den Menschen in einem sich kultivierenden Jahrhundert« (NA 20, 491): dem zwischen dem Realisten und dem Idealisten. Wird von Dichtungen alles fortgenommen, was sie zu Dichtungen macht, bleibt von den Dichtern nichts übrig als die nüchterne Beobachtungsgabe des naiven und der Spekulationsgeist des sentimentalischen Dichters, des Idealisten hier und des Realisten dort. Der Realist sieht, dass alles Seiende allein im Zusammenhang mit anderem besteht; er kann und will die Welt nicht durch allgemeine Gesetze (der Vernunft) erklären, er akzeptiert die Gesetze der ihn bestimmenden Natur. Auch in moralischer Hinsicht ist er beschränkt, da er subjektiv nur auf Grund äußerer Ursachen und bestimmt durch äußere Zwecke handelt, wobei er allerdings durch »das absolute Ganze der Natur« (NA 20, 494) eine objektive Rechtfertigung (und Begründung) seines Handelns erfährt. Demgegenüber nimmt der Idealist »aus sich selbst und aus der blossen Vernunft seine Erkenntnisse und seine Motive« (ebd.) und bemüht sich, »biß zu Wahrheiten zu dringen, die nichts mehr voraussetzen und die Voraussetzung von allem andern sind« (NA 20, 495). Die Konsequenzen liegen auf der Hand: Der Blick auf das Ganze macht es schwer, das Einzelne zu erfassen, das ja nicht durch allgemeine Gesetze, sondern nur durch zufällige Regeln zu erklären ist.

Es scheint, dass Schiller mit den Bestimmungen des Realisten und Idealisten noch einmal die Kluft sichtbar machen wollte, die ihn seiner Ansicht nach von Goethe schied. Da mag es tröstlich sein zu wissen, »daß das Ideal menschlicher Natur unter beyde [den Realisten und den Idealisten] vertheilt, von keinem aber völlig erreicht ist« (NA 20, 500).

In Schillers späteren Dramen, vor allem im *Wallenstein*[26], fehlt es nicht an realistisch und idealistisch den-

---

26 Siehe oben, S. 214–216.

kenden und handelnden Figuren, die immer dann Unheil anrichten, wenn sie ihre Grundpositionen karikaturistisch verzerren und sich von einem ›falschen‹ Realismus oder einem ›falschen‹ Idealismus leiten lassen. (Vgl. NA 20, 501–503.) Aus dem traurigen Befund ergeben sich trübe Aussichten: Der Gang der Geschichte wird von lauter Verkehrtheiten bestimmt.

Auch wenn die Abhandlung dem Leser Probleme macht, weil sie in systematischer und in terminologischer Hinsicht nicht immer stringent ist und sowohl durch variierende Wiederholungen als auch durch Digressionen die Hauptlinien der Argumentation zuweilen verlässt, bleibt doch unbestreitbar, dass sie unter allen philosophischen Werken Schillers den ersten Platz behauptet. Sie ist ein wichtiger Beitrag zur Theorie der modernen Literatur und findet aus guten Gründen immer wieder Interpreten und Beurteiler, die gewöhnlich vor den Schwächen des Werks nicht die Augen verschließen, aber seinen dauerhaften Rang und Wert nicht bestreiten.

Es gibt in *Ueber naive und sentimentalische Dichtung* etliche poetologische Überlegungen, die im Ansatz stecken geblieben, aber so interessant sind, dass ihre weitere Ausführung, für die es wohl gesonderter Abhandlungen bedurft hätte, als dringendes Desiderat erscheint. Dazu gehört vor allem die Begründung der Annahme, dass die Komödie die Krone der dramatischen Gattung sei. Die Komödie, sagt Schiller, sei, als das Produkt eines naiven Dichters, geeignet, im Zuschauer die »Freyheit des Gemüths [...] hervorzubringen« und diese Freiheit »durch beständige Abwehrung der Leidenschaft« zu erhalten. Die Komödie verfolge daher einen wichtigeren Zweck als die das Gemüt stetig an- und aufregende Tragödie, und sie würde im Idealfall »alle Tragödie überflüssig und unmöglich machen« (NA 20, 445 f.). Dermaleinst, so lässt sich nach Schillers Theorie folgern, wäre es auch dem sentimentalischen Dichter möglich, Komödien zu dichten – in Elysium.

Ende 1795, während der Arbeit an *Ueber naive und sentimentalische Dichtung*, hatte Schiller einen schönen Traum: es könne ihm gelingen, eine Idylle zu schreiben, wie er sie als vollkommene sentimentalische Dichtung in seiner Abhandlung beschrieben hat. Am 30. November 1795 entwickelte er in einem Brief an Wilhelm von Humboldt seine Idee: »Alle meine poetischen Kräfte spannen sich zu dieser Energie noch an – das Ideal der Schönheit objektiv zu individualisieren [...].« Die Idylle als »Gegenstück der hohen Comödie« (deren Gegenstand nicht das Ideal, sondern die Wirklichkeit sei) habe die Aufgabe, »ohne Beihülfe des Pathos einen hohen ja den höchsten poetischen Effekt hervorzubringen«. Auch der Gegenstand der Idylle war schon gefunden: »Die Vermählung des Herkules mit der Hebe würde der Inhalt meiner Idylle seyn. Ueber diesen Stoff hinaus giebt es keinen mehr für den Poeten [...].« (FA 12, 101 f.) Und dann schwingt sich Schiller zur poetischen Beschreibung der höchsten Poesie auf:

Denken Sie sich aber den Genuß, lieber Freund, in einer poetischen Darstellung alles Sterbliche ausgelöscht, lauter Licht, lauter Freyheit, lauter Vermögen – keinen Schatten, keine Schranke, nichts von dem allen mehr zu sehen – Mir schwindelt ordentlich, wenn ich an diese Aufgabe – wenn ich an die Möglichkeit ihrer

Auflösung denke. Eine Scene im Olymp darzustellen, welcher höchste aller Genüsse! Ich verzweifle nicht ganz daran, wenn mein Gemüth nur erst ganz frey und von allem Unrath der Wirklichkeit recht rein gewaschen ist: ich nehme dann meine ganze Kraft und den ganzen ätherischen Theil meiner Natur noch auf einmal zusammen, wenn er auch bey dieser Gelegenheit rein sollte aufgebraucht werden.   (FA 12, 103)

Der Traum erfüllte sich nicht, er konnte sich nicht erfüllen. Wusste Schiller das nicht? Es mögen ihm schnell Zweifel gekommen sein, ob es ihm gelingen könne, vor allen anderen in Elysium anzukommen. Aber wenigstens noch ein halbes Jahr beschäftigte er sich mit dem Idyllenplan. Auf der Rückseite eines Briefes Wilhelm von Humboldts vom 24. Mai 1796 notierte er sechs Titel noch zu schreibender Gedichte, darunter: *Herkules im Himmel* (NA 2 I, 422). Zu dieser Zeit hatte er sich bereits wieder sehr diesseitigen, sehr ernsten Dingen zugewandt. Die Arbeit am *Wallenstein* verdrängte die Ausführung auch anderer poetischer Vorhaben. Die Nachwelt sollte es dem Dichter danken, dass er dem Trauerspiel, das sein Opus maximum et optimum wurde, drei Jahre lang seine Kraft widmete. Auch damit schuf er, wie es seine Theorie vorsah, ein heiteres Kunstwerk, das zur ästhetischen Erziehung gebraucht werden könnte, wenn der Ernst des Lebens nicht immer wieder dazu führte, die Geschenke der Musen und Grazien[27] gering zu achten.

---

27 Siehe oben, S. 464.

Bibliographische Hinweise

Abgekürzt zitierte Werkausgaben

FA Friedrich Schiller: Werke und Briefe in zwölf Bänden. [Frankfurter Ausgabe.] Hrsg. von Otto Dann, Heinz Gerd Ingenkamp [u. a.]. Frankfurt a. M. 1988–2004.

FA/Goethe Johann Wolfgang Goethe: Sämtliche Werke, Briefe, Tagebücher und Gespräche. [Frankfurter Ausgabe.] Hrsg. von Karl Eibl [u. a.]. 40 Bde. Frankfurt a. M. 1985–99.

MA Johann Wolfgang Goethe: Sämtliche Werke nach Epochen seines Schaffens. Münchner Ausgabe. Hrsg. von Karl Richter in Zusammenarbeit mit Herbert G. Göpfert [u. a.]. 21 Bde. München 1985–1998.

NA Schillers Werke. Nationalausgabe. 1940 begr. von Julius Petersen. Fortgef. von Lieselotte Blumenthal, Benno von Wiese, Siegfried Seidel. Hrsg. [seit 1991] von Norbert Oellers. Bde. 1–42. Weimar 1943–2005.

Schrr. Schillers sämmtliche Schriften. Historisch-kritische Ausgabe. Im Verein mit A. Ellissen [u. a.] hrsg. von Karl Goedeke. 15 Tle. [in 17 Bdn.]. Stuttgart 1867–1876.

WA Goethes Werke. Hrsg. im Auftrage der Großherzogin Sophie von Sachsen. [Weimarer Ausgabe.] 143 Bde. in 4 Abteilungen. Weimar 1887–1919.

Weitere Schiller-Ausgaben, Briefwechselausgaben

Sämmtliche Werke. Hrsg. von Christian Gottfried Körner. 12 Bde. Stuttgart/Tübingen 1812–15.

Sämtliche Werke. Säkular-Ausgabe. Hrsg. von Eduard von der Hellen. 16 Bde. Stuttgart [1904/05].

Sämtliche Werke. Historisch-kritische Ausgabe in 20 Bänden. Hrsg. von Otto Güntter und Georg Witkowski. Leipzig [1910/11].

Sämtliche Werke. Hrsg. von Gerhard Fricke und Herbert G. Göpfert. 5 Bde. München 1958/59. – Neue Ausg. hrsg. von Peter-André Alt, Albert Meier und Wolfgang Riedel. 5 Bde. München/Wien 2004.

Sämtliche Werke in 10 Bänden. Hrsg. von Hans-Günther Thalheim [u.a.]. Berlin/Weimar 1980ff.

Briefe. Kritische Gesamtausgabe. Hrsg. von Fritz Jonas. 7 Bde. Stuttgart/Leipzig/Berlin/Wien [1892–96].

Briefwechsel zwischen Schiller und Goethe. 6 Tle. Stuttgart/Tübingen 1828/29.

Briefwechsel zwischen Schiller und Wilhelm v. Humboldt. Mit einer Vorerinnerung über Schiller und den Gang seiner Geistesentwicklung. Von W. von Humboldt. Stuttgart/Tübingen 1830.

Schillers Briefwechsel mit Körner. 4 Tle. Berlin 1847.

Schiller und Lotte. 1788. 1789. [Hrsg. von Emilie von Gleichen-Rußwurm.] Stuttgart/Augsburg 1856. – Vollständige Ausgabe hrsg. von Wilhelm Fielitz. 3 Tle. Stuttgart 1879.

Schiller's Briefwechsel mit seiner Schwester Christophine und seinem Schwager Reinwald. Hrsg. von Wendelin von Maltzahn. Leipzig 1875.

Briefwechsel zwischen Schiller und Cotta. Hrsg. von Wilhelm Vollmer. Stuttgart 1876.

Friedrich Schiller – August Wilhelm Schlegel. Der Briefwechsel. Hrsg. von Norbert Oellers. Köln 2005.

Dokumente (chronologisch)

Schiller und Goethe im Urtheile der Zeitgenossen. Gesammelt und hrsg. von Julius W. Braun. 1. Abt.: Schiller. 3 Bde. Leipzig [Bd.3: Berlin] 1882.

Schillers Persönlichkeit. Urtheile der Zeitgenossen und Documente. Gesammelt von Max Hecker und Julius Petersen. 3 Tle. Weimar 1904–09.

Schiller im Urteil des zwanzigsten Jahrhunderts. Stimmen über Schillers Wirkung auf die Gegenwart. Eingeführt von Eugen Wolff. Jena 1905.

Schillers Tod und Bestattung. Nach den Zeugnissen der Zeit dargestellt von Max Hecker. Leipzig 1935.

Schiller und die Romantiker. Briefe und Dokumente. Hrsg. und eingel. von Hans Heinrich Borcherdt. Stuttgart 1948.

Schiller und sein Kreis in der Kritik ihrer Zeit. [Hrsg.] von Oscar Fambach. Berlin 1957.

Schiller – Zeitgenosse aller Epochen. Dokumente zur Wirkungsgeschiche Schillers in Deutschland. Hrsg. von Norbert Oellers. 2 Tle. Frankfurt a. M. [T. 2: München] 1970/76.

Schiller in Deutschland 1781–1970. Materialien zur Schiller-Rezeption. Für die Schule hrsg. von Eva D. Becker. Frankfurt a. M. / Berlin / München 1972.

Schiller-Debatte 1905. Dokumente zur Literaturtheorie und Literaturkritik der revolutionären deutschen Sozialdemokratie. Hrsg. von Gisela Jonas. Berlin 1988.

Bibliographien

Wenzel, Carl Gustav: Aus Weimars goldenen Tagen. Bibliographische Jubelfestgabe zur hundertjährigen Geburtstagsfeier Friedrich von Schiller's. Dresden 1859.

Schiller-Bibliothek. Verzeichniß derjenigen Drucke, welche die Grundlage des Textes der Schiller'schen Werke bilden. Aus dem Nachlaß von Paul Trömel. [Hrsg. von Heinrich Brockhaus.] Leipzig 1865. [Nachdruck Leipzig 1924.]

Goedeke, Karl [Schiller-Bibliographie bis 1892 in:] Grundriß zur Geschichte der deutschen Dichtung. Bd. 5. 2. Aufl. Dresden 1893.

Vulpius, Wolfgang: Schiller-Bibliographie 1893–1958. Weimar 1959.

– Schiller-Bibliographie 1959–1963. Berlin/Weimar 1976.

Wersig, Peter: Schiller-Bibliographie 1964–1974. Berlin/Weimar 1977.

Bärwinkel, Roland / Natalija I. Lopatina / Günther Mühlpfordt: Schiller-Bibliographie 1975–1985. Berlin/Weimar 1989.

Raabe, Paul / Ingrid Bode: Schiller-Bibliographie 1959–1961. In: Jahrbuch der Deutschen Schillergesellschaft 6 (1962).

Bode, Ingrid [seit 1974: Ingrid Hannich-Bode]: Schiller-Bibliographie 1962–1998. In: Jahrbuch der Deutschen Schillergesellschaft 10 (1966); 14 (1970); 18 (1974); 23 (1979); 27 (1983); 31 (1987); 35 (1991); 39 (1995); 43 (1999).

Dambacher, Eva [seit 2002: unter Mitarbeit von Herman Moens]: Schiller-Bibliographie 1999–2003. In: Jahrbuch der Deutschen Schillergesellschaft 44–48 (2000–04).

Inventare des Goethe- und Schiller-Archivs. Bd. 1: Schillerbestand. Redaktor Gerhard Schmid. Weimar 1989.

Literatur über Schiller

a) Nachschlagewerke und Sammelwerke (chronologisch)

Wurzbach von Tannenberg, Constant: Das Schiller-Buch. Festgabe zur ersten Säcular-Feier von Schillers Geburt 1859. Wien [1859].

Schiller-Denkmal [Reden 1859]. 2 Bde. Berlin 1860.

Erläuterndes Wörterbuch zu Schiller's Dichterwerken. Unter Mitw. von Karl Goldbeck bearb. von Ludwig Rudolph. 2 Bde. Berlin 1869.

Schiller-Halle. Alphabetisch geordneter Gedanken-Schatz aus Schiller's Werken und Briefen. Hrsg. von Moritz Zille. Leipzig 1870.

Großheim, Emil von: Lexikon zur Schiller-Litteratur. Quakenbrück 1900.

Wernly, Julia: Lexikon der ästhetisch-ethischen Terminologie Friedrich Schillers. Leipzig 1909.

Rubinstein, Susanna: Lexikalischer Schiller-Kommentar. Berlin-Friedenau [1913].

Schiller. Reden im Gedenkjahr 1955. Hrsg. von Bernhard Zeller. Stuttgart 1955.

Schiller in unserer Zeit. Beiträge zum Schillerjahre 1955. Hrsg. vom Schiller-Komitee [der DDR] 1955. Weimar 1955.

Piana, Theo: Friedrich Schiller. Bild-Urkunden zu seinem Leben und Schaffen. Weimar 1957.

Wilpert, Gero von: Schiller-Chronik. Sein Leben und Schaffen. Stuttgart 1958. – 2. Aufl. Stuttgart 2000.

Zeller, Bernhard: Schiller. Eine Bildbiographie. München 1958.

Friedrich Schiller. Dichter der Nation. 1759–1805. Sein Leben. Sein Werk. Seine Zeit. In Bildern und Dokumenten. Hrsg. von Ursula Wertheim. Berlin 1959.

Der Menschheit Würde. Dokumente zum Schiller-Bild der deutschen Arbeiterklasse. Ausgewählt und eingeleitet von Günther Dahlke. Weimar 1959.

Schiller 1759/1959. Commemorative American Studies. Hrsg. von John R. Frey. Urbana 1959.

Wissenschaftliche Konferenz über das Schaffen Friedrich Schillers. 6.–9. November 1959 in Weimar. Referate und Diskussionen. Weimar 1959. (Sonderheft der »Weimarer Beiträge. Zeitschrift für deutsche Literaturgeschichte«. 1959.)

A Schiller Symposium. In Observance of the Bicentenary of Schiller's Birth. Hrsg. von A. Leslie Willson. Austin 1960.

Schiller. Bicentenary Lectures. Hrsg. von F. Norman. London 1960.

Schiller. Reden im Gedenkjahr 1959. Hrsg. von Bernhard Zeller. Stuttgart 1961.

Dichter über ihre Dichtungen. Friedrich Schiller. Hrsg. von Bodo Lecke. 2 Bde. München 1969/70.

Schiller. Zur Theorie und Praxis der Dramen. Hrsg. von Klaus L. Berghahn und Reinhold Grimm. Darmstadt 1972.

Friedrich Schiller zur Geschichtlichkeit seines Werkes. Hrsg. von Klaus L. Berghahn. Königstein i. Ts. 1975.

Schillers »Wallenstein«. Hrsg. von Fritz Heuer und Werner Keller. Darmstadt 1977.

Friedrich Schiller. Eine Dokumentation in Bildern. Ausgew. und erl. von Bernhard Zeller und Walter Scheffler. Frankfurt a. M. 1977.

Friedrich Schiller. Kunst, Humanität und Politik in der späten Aufklärung. Ein Symposium. Hrsg. von Wolfgang Wittkowski. Tübingen 1982.

Schiller. Das dramatische Werk in Einzelinterpretationen. Hrsg. von Hans-Dietrich Dahnke und Bernd Leistner. Leipzig 1982.

Schau · Bühne. Schillers Dramen 1945–1984. Eine Ausstellung des Deutschen Literaturarchivs und des Theatermuseums der Universität zu Köln. Hrsg. von Hans-Dieter Mück und Helmut Grosse. Marbach a. N. 1984.

Unser Commercium. Goethes und Schillers Literaturpolitik. Hrsg. von Wilfried Barner, Eberhard Lämmert und Norbert Oellers. Stuttgart 1984.

Friedrich Schiller. Angebot und Diskurs. Zugänge, Dichtung, Zeitgenossenschaft. Hrsg. von Helmut Brandt. Berlin/Weimar 1987.

Schiller und die höfische Welt. Hrsg. von Achim Aurnhammer, Klaus Manger und Friedrich Strack. Tübingen 1990.

Schiller. Aspekte neuerer Forschung. Hrsg. von Norbert Oellers. Berlin 1990. (Sonderheft der »Zeitschrift für deutsche Philologie«. Bd. 109.)

Schillers Dramen. Neue Interpretationen. Hrsg. von Walter Hinderer. Stuttgart 1979. – Neue Ausg.: Schillers Dramen. Interpretationen. Stuttgart 1992.

Schiller als Historiker. Hrsg. von Otto Dann, Norbert Oellers und Ernst Osterkamp. Stuttgart/Weimar 1995.

Schiller heute. Hrsg. von Hans-Jörg Knobloch und Helmut Koopmann. Tübingen 1996.

Gedichte von Friedrich Schiller. Interpretationen. Hrsg. von Norbert Oellers. Stuttgart 1996.

Schiller-Handbuch. Hrsg. von Helmut Koopmann in Zus. mit der Deutschen Schillergesellschaft Marbach. Stuttgart 1998.

Schiller. Bilder und Texte zu seinem Leben. Hrsg. von Axel Gellhaus und Norbert Oellers. Köln/Weimar/Wien 1999.

Schillers Leben in Briefen. Hrsg. [und komm.] von Helmut Koopmann. Weimar 2000.

Lautenbach, Ernst: Lexikon Schiller-Zitate. München 2003.

b) Monographien (alphabetisch)

Abusch, Alexander: Schiller. Größe und Tragik eines deutschen Genius. Berlin 1955.

Alt, Carl: Schiller und die Brüder Schlegel. Weimar 1904.

Alt, Peter-André: Schiller. Leben – Werk – Zeit. 2 Bde. München 2000.

Alt, Peter-André: Friedrich Schiller. München 2004.

Amann, Wilhelm: »Die stille Arbeit des Geschmacks«. Die Kategorie des Geschmacks in der Ästhetik Schillers und in den Debatten der Aufklärung. Würzburg 1999.

Barone, Paul: Schiller und die Tradition des Erhabenen. Berlin 2004.

Behler, Constantin: Nostalgic Teleology: Friedrich Schiller and the Schemata of Aesthetic Humanism. Bern [u.a.] 1995.

Bellermann, Ludwig: Schillers Dramen. Beiträge zu ihrem Verständnis. 2 Tle. Berlin 1889.

Belling, Eduard: Die Metrik Schillers. Breslau 1883.

Berger, Karl: Schiller. Sein Leben und seine Werke. 2 Bde. München 1905–09.

Berger, Kurt: Die Balladen Schillers im Zusammenhang seiner lyrischen Dichtung. Berlin 1939.

Berghahn, Klaus L.: Schiller. Ansichten eines Idealisten. Frankfurt a. M. 1986.

Bernauer, Joachim: »Schöne Welt, wo bist du?« Über das Verhältnis von Lyrik und Poetik bei Schiller. Berlin 1995.

Berns, Gisela N.: Greek Antiquity in Schiller's »Wallenstein«. Chapel Hill / London 1985.

Bethge, Wolfgang: Das energische Princip. Ein Schlüsselbegriff im Denken Friedrich Schillers. 2 Tle. Heidelberg 1995.

Binder, Hermann: Schiller. Wille und Werk. Stuttgart/Berlin/ Leipzig [1927].

Bloch, Peter-André: Schiller und die französische klassische Tragödie. Düsseldorf 1968.

Boas, Eduard: Schiller's Jugendjahre. Hrsg. von Wendelin von Maltzahn. 2 Bde. Hannover 1856.

Böckmann, Paul: Schillers Geisteshaltung als Bedingung seines dramatischen Schaffens. Dortmund 1925.

Bolten, Jürgen: Friedrich Schiller. Poesie, Reflexion und gesellschaftliche Selbstdeutung. München 1985.

Borchmeyer, Dieter: Tragödie und Öffentlichkeit. Schillers Dramaturgie im Zusammenhang seiner politisch-ästhetischen Theorie und die rhetorische Tradition. München 1973.

– Macht und Melancholie. Schillers »Wallenstein«. Frankfurt a. M. 1988.

Buchwald, Reinhard: Schiller. 2 Bde. Leipzig 1937.

Busch, Ernst: Die Idee des Tragischen in der deutschen Klassik. Halle a.d. Saale 1942.

Cunningham, Kathleen: Schiller und die französische Klassik. Bonn 1930.

Cysarz, Herbert: Schiller. Halle a.d. Saale 1934.

Damm, Sigrid: Das Leben des Friedrich Schiller. Eine Wanderung. Frankfurt a.M. / Leipzig 2004.

Darsow, Götz-Lothar: Friedrich Schiller. Stuttgart/Weimar 2000.

Dod, Elmar: Die Vernünftigkeit der Imagination in Aufklärung und Romantik. Eine komparatistische Studie zu Schillers und Shelleys ästhetischen Theorien in ihrem europäischen Kontext. Tübingen 1985.

Dörr, Volker C.: Schiller. Frankfurt a.M. 2005.

Düntzer, Heinrich: Schillers lyrische Gedichte erläutert. 3 Bde. Wenigen-Jena 1866.

Düsing, Wolfgang: Schillers Idee des Erhabenen. Köln 1967.

Dyck, Martin: Die Gedichte Schillers. Figuren der Dynamik des Bildes. Bern/München 1967.

Eggli, Edmond: Schiller et le romantisme français. 2 Bde. Paris 1927.

Engel, Bernhard Carl: Schiller als Denker. Prolegomena zu Schillers philosophischen Schriften. Berlin 1908.

Fähnrich, Hermann: Schillers Musikalität und Musikanschauung. Hildesheim 1977.

Floß, Ulrich: Kunst und Mensch in den ästhetischen Schriften Friedrich Schillers. Versuch einer kritischen Interpretation. Köln/Wien 1989.

Frey, Gisa: Der junge Schiller als Psychologe. Zürich 1966.

Fricke, Gerhard: Der religiöse Sinn der Klassik Schillers. Zum Verhältnis von Idealismus und Christentum. München 1927.

Friedl, Gerhard: Verhüllte Wahrheit und entfesselte Phantasie. Die Mythologie in der vorklassischen und klassischen Lyrik Schillers. Würzburg 1987.

Fuhrmann, Helmut: Zur poetischen und philosophischen Anthropologie Schillers. Vier Versuche. Würzburg 2001.

Fulda, Daniel: Wissenschaft aus Kunst. Die Entstehung der mo-

dernen deutschen Geschichtsschreibung 1760–1860. Berlin /
New York 1996.

Garland, Henry B.: Schiller. The Dramatic Writer. A Study of
Style in the Plays. Oxford 1969.

Gerhard, Melitta: Schiller und die griechische Tragödie. Weimar
1919.

– Schiller. Bern 1950.

Gerhard, Ute: Schiller als ›Religion‹. Literarische Signaturen des
XIX. Jahrhunderts. München 1994.

Gerlach, Harald: »Man liebt nur, was einen in Freyheit setzt.«
Die Lebensgeschichte des Friedrich Schiller. Weinheim/Basel
2004.

Glück, Alfons: Schillers »Wallenstein«. München 1976.

Godel, Rainer: Schillers »Wallenstein«-Trilogie. Eine produk-
tionstheoretische Analyse. St. Ingbert 1999.

Golther, Wolfgang: Schiller. Leipzig 1925.

Graham, Ilse: Schiller's Drama. Talent and Integrity. London
1974. – Dt. Übers.: Schiller, ein Meister der tragischen Form.
Darmstadt 1974.

Grün, Karl: Friedrich Schiller als Mensch, Geschichtschreiber,
Denker und Dichter. Ein gedrängter Kommentar zu Schiller's
sämmtlichen Werken. Leipzig 1844.

Guthke, Karl S.: Schillers Dramen. Idealismus und Skepsis. Tü-
bingen/Basel 1994.

Haller-Nevermann, Marie: Friedrich Schiller. Ich kann nicht
Fürstendiener sein. Eine Biographie. Berlin 2004.

Hartmann, Julius: Schillers Jugendfreunde. Stuttgart/Berlin 1904.

High, Jeffrey L.: Schillers Revolutionskonzept und die Französische Revolution. Lewiston/Queenston/Lampeter 2004.

Hinderer, Walter: Der Mensch in der Geschichte. Ein Versuch
über Schillers »Wallenstein«. Königstein i. Ts. 1980.

– Von der Idee des Menschen. Über Friedrich Schiller. Würzburg 1998.

Hoffmeister, Karl: Schiller's Leben, Geistesentwickelung und
Werke im Zusammenhang. 5 Tle. Stuttgart 1838–42.

Hofmann, Michael: Schiller. Epoche – Werke – Wirkung. München 2003.

Jolles, Matthijs: Dichtkunst und Lebenskunst. Studien zum Problem der Sprache bei Friedrich Schiller. Hrsg. von Arthur Groos. Mit einem Nachw. von Elizabeth M. Wilkinson. Bonn 1980.

Kaiser, Gerhard: Vergötterung und Tod. Die thematische Einheit von Schillers Werk. Stuttgart 1967.

Keller, Werner: Das Pathos in Schillers Jugendlyrik. Berlin 1964.

Koopmann, Helmut: Friedrich Schiller. 2 Bde. Stuttgart 1966.

– Schiller. Eine Einführung. München/Zürich 1988.

Körner, Josef: Romantiker und Klassiker. Die Brüder Schlegel in ihren Beziehungen zu Schiller und Goethe. Berlin 1924.

Kraft, Herbert: Um Schiller betrogen. Pfullingen 1978.

Kuberka, Felix: Der Idealismus Schillers als Erlebnis und Lehre. Heidelberg 1913.

Kühnemann, Eugen: Schiller. München 1905.

Leibfried, Erwin: Schiller. Notizen zum heutigen Verständnis seiner Dramen. Frankfurt a. M. / Bern / New York 1985.

Ludwig, Albert: Schiller und die deutsche Nachwelt. Berlin 1909.

Lutz, Hans: Schillers Anschauungen von Kultur und Natur. Berlin 1928.

Mann, Michael: Sturm- und Drang-Drama. Studien und Vorstudien zu Schillers »Räubern«. Bern/München 1974.

Mann, Thomas: Versuch über Schiller. Frankfurt a. M. 1955.

Martinson, Steven D.: Harmonious Tensions. The Writings of Friedrich Schiller. Newark/London 1996.

May, Kurt: Friedrich Schiller. Idee und Wirklichkeit im Drama. Göttingen 1948.

Mein, Georg: Die Konzeption des Schönen. Der ästhetische Diskurs zwischen Aufklärung und Romantik: Kant, Moritz, Hölderlin, Schiller. Bielefeld 2000.

Michelsen, Peter: Der Bruch mit der Vater-Welt. Studien zu Schillers »Räubern«. Heidelberg 1979.

Middell, Eike: Friedrich Schiller. Leben und Werk. Leipzig 1980.

Minor, Jacob: Schiller. Sein Leben und seine Werke. 2 Bde. Berlin 1889/90. [Unvollendet.]

Müller, Ernst: Schiller. Intimes aus seinem Leben. Berlin 1905.

– Der junge Schiller. Tübingen/Stuttgart 1947.

Müller, Marion: Zwischen Intertextualität und Interpretation.

Friedrich Schillers dramaturgische Arbeiten 1796–1805. Karls-ruhe 2004.

Naumann, Ursula: Schiller, Lotte und Line. Eine klassische Dreiecksgeschichte. Frankfurt a. M. / Leipzig 2004.

Oellers, Norbert: Schiller. Geschichte seiner Wirkung bis zu Goethes Tod 1805–1832. Bonn 1967.

– Schiller. Stuttgart 1993.

– Friedrich Schiller. Zur Modernität eines Klassikers. Hrsg. von Michael Hofmann. Frankfurt a. M. / Leipzig 1996.

Palleske, Emil: Schiller's Leben und Werke. 2 Bde. Berlin 1858/ 1859.

Petersen, Julius: Schiller und die Bühne. Berlin 1904.

Petsch, Robert: Freiheit und Notwendigkeit in Schillers Dra-men. München 1905.

Pieper, Heike: Schillers Projekt eines ›menschlichen Menschen‹. Eine Interpretation der »Briefe über die ästhetische Erziehung des Menschen« von Friedrich Schiller. Lage 1997.

Pikulik, Lothar: Der Dramatiker als Psychologe. Figur und Zu-schauer in Schillers Dramen und Dramentheorie. Paderborn 2004.

Pilling, Claudia / Diana Schilling / Mirjam Springer: Schiller. Reinbek bei Hamburg 2002.

Pongs, Hermann: Schillers Urbilder. Stuttgart 1935.

Portig, Gustav: Schiller in seinem Verhältnis zur Freundschaft und Liebe sowie in seinem inneren Verhältnis zu Goethe. Hamburg/Leipzig 1894.

Pott, Hans-Georg: Die Schöne Freiheit. Eine Interpretation zu Schillers Schrift »Über die ästhetische Erziehung des Men-schen in einer Reihe von Briefen«. München 1980.

Prüfer, Thomas: Die Bildung der Geschichte. Friedrich Schiller und die Anfänge der modernen Geschichtswissenschaft. Köln/Weimar/Wien 2002.

Przyklink, Steffi: Das Fremdwort beim jungen Schiller. Greifs-wald 1935.

Pugh, David: Dialectic of Love. Platonism in Schiller's Aesthe-tics. Montreal/London/Buffalo 1996.

– Schiller's early dramas. A critical history. Rochester/Wood-bridge 2000.

Rainer, Ulrike: Schillers Prosa. Poetologie und Praxis. Berlin 1988.

Ranke, Wolfgang: Dichtung unter Bedingungen der Reflexion. Interpretationen zu Schillers philosophischer Poetik und ihren Auswirkungen im »Wallenstein«. Würzburg 1990.

Reed, Terence J.: Schiller. Oxford / New York 1991.

Riecke-Niklewski, Rose: Die Metaphysik des Schönen. Eine kritische Lektüre der Versöhnung in Schillers »Über die ästhetische Erziehung des Menschen in einer Reihe von Briefen«. Tübingen 1986.

Riedel, Wolfgang: Die Anthropologie des jungen Schiller. Zur Ideengeschichte der medizinischen Schriften und der »Philosophischen Briefe«. Würzburg 1985.

– »Der Spaziergang«. Ästhetik der Landschaft und Geschichtsphilosophie der Natur bei Schiller. Würzburg 1989.

Roßbach, Nikola: »Das Geweb ist satanisch fein.« Friedrich Schillers »Kabale und Liebe« als Text der Gewalt. Würzburg 2001.

Rudloff-Hille, Gertrud: Schiller auf der deutschen Bühne seiner Zeit. Berlin/Weimar 1969.

Ruppelt, Georg: Schiller im nationalsozialistischen Deutschland. Der Versuch einer Gleichschaltung. Stuttgart 1979.

Safranski, Rüdiger: Schiller oder Die Erfindung des Deutschen Idealismus. München/Wien 2004.

Sautermeister, Gert: Idyllik und Dramatik im Werk Friedrich Schillers. Zum geschichtlichen Ort seiner klassischen Dramen. Stuttgart 1971.

Schaefer, Ulfried: Philosophie und Essayistik bei Friedrich Schiller. Subordination – Koordination – Synthese. Philosophische Begründung und begriffliche Praxis der philosophischen Essayistik Friedrich Schillers. Würzburg 1995.

Scherr, Johannes: Schiller und seine Zeit. Leipzig [1859].

Schings, Hans-Jürgen: Die Brüder des Marquis Posa. Schiller und der Geheimbund der Illuminaten. Tübingen 1996.

Schnaß, Franz: Der Dramatiker Schiller. Leipzig 1914.

Schneider, Sabine M.: Die schwierige Sprache des Schönen. Moritz' und Schillers Semiotik der Sinnlichkeit. Würzburg 1998.

Schröder, Gert: Schillers Theorie ästhetischer Bildung zwischen neukantianischer Vereinnahmung und ideologiekritischer Verurteilung. Frankfurt a.M. [u.a.] 1998.

Schulte-Bünte, Matthias: Die Religionskritik im Werk Friedrich Schillers. Frankfurt a.M. [u.a.] 1993.

Sharpe, Lesley: Friedrich Schiller. Drama, Thought and Politics. Cambridge [u.a.] 1991.

Springer, Mirjam: »Legierungen aus Zinn und Blei«. Schillers dramatische Fragmente. Frankfurt a.M. [u.a.] 2000.

Staiger, Emil: Friedrich Schiller. Zürich 1967.

Storz, Gerhard: Der Dichter Friedrich Schiller. Stuttgart 1959.

Stransky-Stranka-Greifenfels, Werner von: ... so ists Symmetrie und Schönheit gewesen ... Zu Vorlagen und Struktur von Friedrich Schillers Schauspiel »Die Räuber«. Stockholm 1998.

Strich, Fritz: Schiller. Sein Leben und sein Werk. Leipzig 1912.

Suppanz, Frank: Person und Staat in Schillers Dramenfragmenten. Zur literarischen Rekonstruktion eines problematischen Verhältnisses. Tübingen 2000.

Süvern, W[ilhelm]: Über Schillers »Wallenstein« in Hinsicht auf griechische Tragödie. Berlin 1800.

Tomaschek, Karl: Schiller in seinem Verhältnisse zur Wissenschaft. Wien 1862.

Tschierske, Ulrich: Vernunftkritik und ästhetische Subjektivität. Studien zur Anthropologie Friedrich Schillers. Tübingen 1988.

Ueding, Gert: Schillers Rhetorik. Idealistische Wirkungsästhetik und rhetorische Tradition. Tübingen 1971.

– Friedrich Schiller. München 1990.

Unfer Lukoschitz, Rita: Friedrich Schiller in Italien (1785–1861). Eine quellengeschichtliche Studie. Berlin 2004.

Utz, Peter: Die ausgehöhlte Gasse. Stationen der Wirkungsgeschichte von Schillers »Wilhelm Tell«. Königstein i.Ts. 1984.

Veil, Wolfgang H.: Schillers Krankheit. Eine Studie über das Krankheitsgeschehen in Schillers Leben und über den natürlichen Todesausgang. Leipzig 1936. – Neue Ausg.: Naumburg a.d. Saale 1945.

Viehoff, Heinrich: Schiller's Gedichte erläutert und auf ihre Veranlassungen, Quellen und Vorbilder zurückgeführt nebst Variantensammlung. 3 Bde. 4.Aufl. Stuttgart 1872.

Weltrich, Richard: Friedrich Schiller. Geschichte seines Lebens und Charakteristik seiner Werke. Bd. 1. Stuttgart 1899. [Unvollendet.]

Wentzlaff-Eggebert, Friedrich-Wilhelm: Schillers Weg zu Goethe. Tübingen/Stuttgart 1949.

Wiese, Benno von: Friedrich Schiller. Stuttgart 1959.

Wilkinson, Elizabeth M. / L. A. Willoughby: Schillers Ästhetische Erziehung des Menschen. Eine Einführung. München 1977.

Wölfel, Kurt: Friedrich Schiller. München 2004.

Wolff, Karl: Schillers Theodizee bis zum Beginn der Kantischen Studien. Leipzig 1909.

[Wolzogen, Caroline von:] Schillers Leben, verfaßt aus Erinnerungen der Familie, seinen eignen Briefen und den Nachrichten seines Freundes Körner. 2 Tle. Stuttgart/Tübingen 1830.

Wychgram, Jakob: Schiller. Bielefeld 1895.

Zymner, Rüdiger: Friedrich Schiller. Dramen. Berlin 2002.

Verzeichnis der Abbildungen

sen. In: Schau · Bühne. Schillers Dramen 1945–1984. Eine
Ausstellung des Deutschen Literaturarchivs und des Thea-
termuseums der Universität zu Köln. Hrsg. von Hans-Die-
ter Mück und Helmut Grosse. Marbach a. N. 1984. S. 405.
– Mit Genehmigung der Rosemarie Clausen-Nachlaß GbR,
Hamburg.

185 Paul Herwig als Karlos und René Dumont als Posa in Schillers *Don Karlos* in der Inszenierung von Sebastian Nübling
an den Kammerspielen in München 2004. Foto: Andreas
Pohlmann. – Mit Genehmigung von Andreas Pohlmann,
München.

206 Soldaten des Lagers in Schillers *Wallenstein* in der Inszenierung von Hansgünther Heyme am Schauspielhaus Köln
1970. Foto: Stefan Odry. In: Schau · Bühne. Schillers Dramen 1945–1984. Eine Ausstellung des Deutschen Literaturarchivs und des Theatermuseums der Universität zu Köln.
Hrsg. von Hans-Dieter Mück und Helmut Grosse. Marbach a. N. 1984. S. 444. – Mit Genehmigung von Stefan
Odry, Celle.

218 Gustaf Gründgens als Wallenstein in Schillers *Wallenstein*
in der Inszenierung von Ulrich Erfurth in Hamburg 1959.
Foto: Rosemarie Clausen. – Mit Genehmigung der Rosemarie Clausen-Nachlaß GbR, Hamburg.

241 Heidemarie Hatheyer als Maria und Maria Wimmer als Eli-
sabeth in Schillers *Maria Stuart* in der Inszenierung von
Karl Heinz Stroux am Schauspielhaus Düsseldorf 1957.
Foto: Jürgen Theis.

245 Gerd Böckmann als Burleigh und Elisabeth Orth als Elisabeth in Schillers *Maria Stuart* in der Inszenierung von Andrea Breth am Burgtheater Wien 2001. Foto: Bernd Uhlig. –
Mit Genehmigung von Bernd Uhlig, Berlin.

249 Therese Affolter als Jungfrau und Christoph Waltz als Lionel in Schillers *Jungfrau von Orleans* in der Inszenierung
von Jürgen Flimm am Schauspielhaus Köln 1985. Foto:
Hermann und Clara Baus. – Mit Genehmigung von Hermann und Clara Baus, Köln.

265 Patrycia Ziolkowska als Jungfrau in Schillers *Jungfrau von
Orleans* in der Inszenierung von Stefan Otteni am Schau-

spielhaus Bonn 2003, Foto: Thilo Beu. – Mit Genehmigung von Thilo Beu, Bonn.

288 Elisabeth Trissenaar als Donna Isabella und der Chor in Schillers *Braut von Messina* in der Inszenierung von Ruth Berghaus an der Freien Volksbühne Berlin 1990. Foto: Pressefoto Binder, Berlin. – © Pressefoto Binder, Berlin.

305 Heinrich George als Geßler und Attila Hörbiger als Tell in Schillers *Wilhelm Tell* in der Inszenierung von Ludwig Achaz am Deutschen Theater Berlin 1933.

307 Thomas Gisler als Tell in Schillers *Wilhelm Tell* in der Inszenierung von Louis Naef in Altdorf 2004. Foto: Christoph Hirtler. – Mit Genehmigung der Tellspiel- und Theatergesellschaft, Altdorf (Schweiz).

Register

Schillers Werke

Personen

Nicht berücksichtigt sind die in Schillers Werken vorkommenden Personen der Geschichte sowie die Verfasserinnen und Verfasser von Feuilletons, Pamphleten und literaturwissenschaftlichen Veröffentlichungen.